미래 산업사회를 선도하는 창조경제 육성전략

시스템 어프로치!
생태계전략

시스템 어프로치!
생태계전략

미래 산업사회를 선도하는 창조경제 육성전략

박철우, 고혁진, 이병윤, 손웅희, 손병호, 박창우, 윤성원
김광선, 여인국, 김선우, 김동수, 서종현, 이상희, 송위진

푸른사상
PRUNSASANG

서언

　2013년 8월, 봉준호 감독이 마르크 로셰트와 자크 로브의 프랑스 만화 『설국열차(Le Transperceneige)』를 원작으로 동명의 영화를 만들었다. <설국열차(Snow piercer)>는 먼 미래를 배경으로 하는 SF 액션 스릴러 영화다. 이 영화에서 과학자들은 지구온난화를 막으려고 노력하지만, 더워진 지구를 냉각시키기 위하여 대기권에 살포한 냉각물질이 지구 전체를 얼어붙게 만들고, 예전에 공룡들이 멸종했듯이 인간도 멸종 위기에 처한다는 이야기다. 결국, 빙하시대에 마지막으로 남은 인간들은 자급자족이 가능한 기차에서 살아간다. 이 기나긴 열차는 지구를 순환하며 얼어붙지 않기 위해서 계속 움직여야만 한다. 기차는 춥고 배고픈 사람들이 바글대는 빈민굴 같은 맨 뒤쪽의 꼬리 칸, 그리고 선택된 사람들이 댄스파티, 술과 마약까지 즐기며 호화로운 객실을 뒹굴고 있는 앞쪽 칸 등으로 구성되며, 열차 안의 세상, 더 나아가 세상은 결코 평등하지 않다는 것을 말하고 있다. 내용은 이렇다. 기차가 달리기 시작한 17년 째, 꼬리 칸의 젊은 지도자 '커티스'는 긴 세월 준비해온 폭동을 일으켜, 기차의 심장인 엔진을 장악, 꼬리 칸을 해방시키고 마침내 기차 전체를 해방시키기 위해 절대 권력자 '윌포드'가 도사리고 있는 맨 앞쪽 엔진 칸을 향해 질주한다는 이야기다. 밖은 완전히 얼어붙었기에 아무도 열차에서 나갈 수 없다. 열차에 처음 탑승했을 때 어떤 칸에 올랐는지가 17년 동안 자기 위치를 결정했다. 꼬리 칸의 사람들은 바퀴벌레를 원료로 한 '단백질바'로 연명한다. 앞 칸으로 갈수록 스시바, 온실정원, 수영장, 수족관, 댄스클럽, 사우나 등을 갖춘 풍요로운 세상이 나온다. 맨 앞은 설국열차를 돌리는 엔진 칸이다. 이곳을 차지하는 자가 설국열차의 자원을 통제한다는 내용이다. 영화가 시사하는 바가 워낙 다양해 여러 가지로 해석되고 있지만 내겐 생태계 측면에서 특별한 의미로 해석되는 부분이 있다.

젊은 지도자 커티스가 메이슨을 볼모로 꼬리 칸에서 엔진 칸으로 한 칸 한 칸 나아가면서 수족관과 스시바가 있는 칸에 도착했을 때다. '메이슨'이 스시바에서 커티스에게 이야기한다. '1년에 두 번 스시를 먹는다. 왜냐면 수족관 생태계를 유지하기 위해서는 1년에 두 번 인위적으로 생물 개체수를 조절해줘야 생태계가 유지되기 때문'이라고 말이다. 설국열차는 외부와 단절된 폐쇄 생태계다. 더 확장될 수 없다. 수족관도 마찬가지다. 주변 환경과 분리된 상태에서 생산자와 소비자가 공존하며 유지되는 안정된 생태계이기 때문에 자연적으로 조절되지 못한다면 인위적으로 조절해야 한다. 생태계의 중요성을 알 수 있는 사례이다.

다른 우화가 하나 있다. 사슴을 아끼는 어느 마을에서 사슴을 괴롭히는 늑대와 맹수를 잡기로 하고 이들을 보는 대로 사냥했다. 그 후, 사슴들의 천국이 돌아왔으나 몇 해가 지난 뒤 마을 사람들이 당초 생각했던 것과는 다른 사건이 일어났다. 즉, 사슴이 급격히 불어남에 따라 산에 자라는 풀이 모자라게 되어 풀뿌리까지 먹어치웠고, 결국 사슴들은 굶어 죽게 되었다. 이 사례는 먹이사슬의 복합적인 인관관계가 있는 생태계 문제로서 여러 시사점을 얻을 수 있다. 첫째, 이는 시스템(생태계) 전체를 고려한 해결책이라기보다는 하위 시스템 위주의 해결책이었다. 둘째, 문제해결방안의 선택기준이 잘못 선정되었다. 셋째, 시간적인 차원을 고려하지 않았다는 점이다. 시스템에 주어진 목표달성이 효과적으로 이루어지기 위해서는 시스템을 하위 시스템으로 분할하여 하위 시스템 간의 충돌이나 알력을 조정해야 한다. 하나의 하위 시스템만을 고려한 최적치는 시스템 전체를 고려하여 구한 최적치보다 그 효과가 적다. 생태계를 하나의 시스템으로 볼 때, 생태계 전체의 성과를 이룬다는 점에서 부분최적화 즉, 하위 시스템의 효율성보다는 시스템 전체의 유효성을 추구하는 것이 생태계 관점의 접근, 시스템적 어프로치라고 할 수 있다. 결국 생태계 전체를 바라보는 시각이 필요하다.

사람이 사는 세상에서 생태계를 바라보는 시각도 유사하다. 다만 매우 복잡할 뿐이다. 사실 한정된 시장에서 가치사슬상의 변화, 즉, 생태계의 변화가 생기면 누군가는 피해를 입는다. 누군가의 시장을 빼앗아 와야 하기 때문이다. 또한 다시 안정된 생태계 질서가 만들어질 때까지 급격한 변화를 감내해야 한다. 새로운 질서를 찾지 못하면 생태계는 파멸하고 만다. 변화를 통해서 생태계가 더 확장되고, 발전할 수도 있다면 함께 공존할 수 있다. 물론 생태계가 확장되지 못하면 누군가는 사라져야 한다. 모두가 행복할 수 있는 시장, 그런 시장의 질서를 만드는 것, 복잡한 생태계를 합리적으로 만드는 고민이 필요한 시점이다. 바로 이것이 생태계에 관심을 갖는 이유이다.

2013년 11월
전체 필자를 대신하여 박철우

제3부 소통과 연계가 만들어가는 미래

미래를 밝히는
생태계전략

서론

창조경제와 생태계

생태계의 개념과 유형

산업 생태계 통합적 분석방법

I장 서론

1. 생태계 관점의 사고 필요성

최윤식[1]은 『2030 대담한 미래』에서 거인들의 몰락이라는 주제로 생태계 관점의 중요성을 지적한 바 있다. 왜 핀란드의 대표적 기업인 노키아가 최근 마이크로소프트에 인수되었는지를 설명하면서, '알렉산더 딜레마'에 빠진 결과라고 이야기하고 있다. 알렉산더 딜레마란 알렉산더 대왕이 전쟁에서 연전연승했지만, 승리한 후 군대를 쉬게 해야 할지 아니면 힘들더라도 승기를 유지하기 위해 무리해서라도 계속해서 새로운 전쟁을 해야 할지 결정하기 어려운 딜레마에 빠진 현상을 일컫는다. 이처럼 노키아는 성장이 최고조에 이른 시점에서 시장점유율을 계속 확장해야 하는지 아니면 핵심 역량 유지에 집중해야 하는지 결정하기 어려운 상황에 봉착했다. 그래서 주저했다. 그 사이 애플은 더 이상 성장하기 어려울 것 같은 비즈니스 생태계에서 새로운 스마트폰 비즈니스 모델을 만들어내며 시장을 주도했다. 삼성은 그 같은 변화를 빠르게 읽고 추종했다. 그리고 삼성은 스마트폰 시장에서 반 애플 진영의 선두로 나서면서 판매량 측면에서 1위로 올라섰다. 그 결과 지난 3년 동안 매출이 급

---

1) 최윤식, 『2030 대담한 미래』, 지식노마드, 2013.

성장하면서 주가도 최고치를 경신한 바 있다. 이 추세라면 대략 수년간
은 좀 더 선전할 수 있을 것으로 판단된다. 하지만 노키아 사례에서 보
듯이 지속적인 혁신 없이는 영원한 1등은 존재할 수 없다. 여기서의 혁
신이란 단순히 기술혁신만을 의미하는 것은 아니다. 노키아가 스마트폰
기술을 미리 확보하고서도 시장진입 시기를 놓쳐 한순간에 1위 자리를
내준 결과를 보았을 때, 앞서 말한 혁신의 관점은 오히려 비즈니스 모델
의 혁신에 가깝다. 기술에 매몰된 우리의 혁신 관점을 보다 넓게 고려해
야 할 필요성이 여기에 있는 것이다. 특히 생태계는 다양하고 복잡하다.
다양한 관점에서 보다 통합적 시각으로 생태계를 바라보고 대안을 마련
하기 위해서는 생태계를 유형별로 분류하여 보다 단순화시킬 필요가 있
다. 그리고 시스템적 관점에서 보다 정밀하게 접근할 필요가 있다. 그래
서 이후 내용기술과정에서 생태계 유형을 분류해보고 분류된 유형별로
정책방향을 고민해보고자 한다.

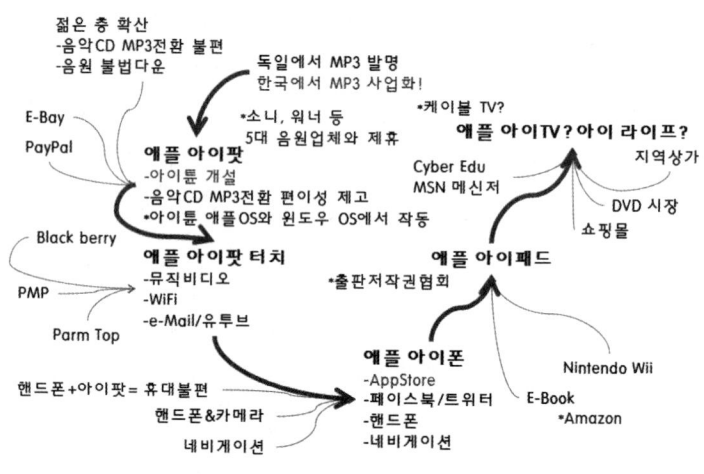

<그림 Ⅰ-1-1> 애플의 ICT 플랫폼 변화

우선, 산업 생태계 유형을 간단하게 분류해보고 이후 기술될 내용을

이해해보고자 휴대폰 시장을 예로 설명해보고자 한다. 음성전용 휴대폰 시장의 차세대 모델인 스마트폰 시장이 확산된 시점은 2007년으로 기억된다. 그 전 휴대폰산업 생태계에서 음성전용 휴대폰 시장은 '주력산업' 생태계로 볼 수 있다. 우리의 캐시카우 역할을 하며 나름대로 안정된 국내외 시장이 구축되어 있던 시기이기 때문이다. 이 시점에 스마트폰 단말기는 '신성장동력' 제품으로 볼 수 있다. 기존 시장을 지키고 대체하며 다양한 소비자 편의성 소프트웨어를 추가하여 부가가치를 높여가는 방향으로 비즈니스 환경이 설계되어 있었기 때문이다. 즉, 스마트폰을 통해 기존 산업 생태계를 좀 더 다양화하고 규모를 키워가는 단계로 볼 수 있다. 그런데 애플이 시장에 참여하면서 많은 것이 달라진다. 애플은 세 가지 비즈니스 모델[2]로 생태계 판을 바꿨다. 첫 번째는 MP3 시장과 음원 시장의 결합이다. 아이튠즈 플랫폼을 기반으로 기존 MP3의 불편함을 해소하고, 기존 오프라인 음원판매를 온라인으로 결합하면서 새로운 융합산업 생태계를 만들었다. 두 번째는 스마트폰 시장에 참여하면서 앱스토어 플랫폼을 설계한 점이다. 앱스토어는 스마트폰 단말기를 소비자로 보고, 인터넷을 운송수단으로 하며, 수많은 사람들을 생산자로 참여하도록 하면서 그 과정에서 수익을 챙긴다. 없던 비즈니스 모델이기 때문에 앱 판매과정에서 30% 이익을 챙겨가는 것에 대해 누구도 반발하지 않았다. 그 전에는 생태계 질서가 없었기 때문이다. 세 번째는 첫 번째와 두 번째 비즈니스 모델 실현과정에서 디자인을 혁신 아이콘으로 자리매김한 점이다. 바로 사람이 중심이 되는 창의산업이다. 여기서 스마트폰 단말기 시장을 신성장동력산업 생태계라고 하면, 앱스토어 플랫폼을 통한 앱 시장은 새로운 융합산업 생태계이다. 단말기 시장에서는 치

---

2) 비즈니스 모델은 제품, 기술의 형태로 표현되거나, '아이튠즈', '앱스토어'와 같은 유통 서비스형태로도 표현될 수 있다. 그리고 이 유통 서비스를 실현하는 기반을 플랫폼으로 정의한다.

열한 경쟁이 있었지만 앱스토어 비즈니스 모델은 무혈 입성했다. 생태계를 확장시켜 경쟁자가 없었기 때문이다. 이후에 안드로이드 진영이 만들어지고 후발 주자로 참여했지만 선발 기업의 이익 규모는 엄청났다. 이 사례를 통해서 우리는 주력산업, 신성장동력, 융합산업, 창의산업 등 다양한 생태계를 설명할 수 있었다. 융합산업 생태계의 경우는 아이튠즈 플랫폼 비즈니스 모델과 같이 기존 시장의 대체 모델과 앱스토어 플랫폼 비즈니스 모델과 같은 새로운 시장을 창조하는 신산업 생태계 등으로 다시 구분될 수 있음을 보여준다.

사실 노키아나 삼성, 애플은 스마트폰 단말기 시장경쟁력 측면에서 최고 정점에 있는 기업들이다. 제조업 산업 가치사슬 측면에서 공생관계를 갖고 있는 노키아, 삼성, 애플은 생태계의 최종 포식자인 것이다. 그래서 최근 글로벌 시장은 생태계 간 전쟁이라고 한다. 선두기업이 우수해야 함은 물론, 선두기업과 가치사슬로 연계된 기업들의 혁신 역량이 전체 생태계의 경쟁력을 좌우한다는 이야기다. 만약 선두기업이 동일한 시장을 두고 생태계 간 전쟁에서 진다면, 가치사슬상에 있는 모든 기업은 물론, 국가경제의 막심한 피해를 감내해야 한다. 그래서 생태계 경쟁력을 확보하기 위하여 어떤 정책방향을 가져가야 하는지 고민이 필요하다. 필자는 이러한 고민을 보다 체계적으로 풀어가기 위하여 생태계를 보다 다양하게 유형화하고, 유형화된 생태계를 대상으로 보다 통합적인 시각으로 비즈니스 모델과 가치사슬구조를 조망할 필요가 있다는 점을 주장하고 싶다. 이하에는 이러한 관점에서 다양한 생태계 유형분류방법과 생태계 분석방향, 각 생태계별로 현황과 문제점을 분석하고 정책방향을 제시하고자 한다.

2. 이 책의 구성과 내용

앞으로 기술할 내용은 산업 생태계를 주력산업·신성장동력산업, 신산업, 융·복합산업, 창의산업 등으로 구분하고, 관련 산업 생태계의 현황과 문제점을 파악하고, 정책방향을 찾고자 한다. 사실 위에 분류한 생태계는 여러 가지 산업여건을 고려할 때 다르다. 산업여건이 다르다면, 각 산업을 육성하는 정책도 달라야 한다. 그러나 국가의 정책은 산업별 특성을 고려한 합리적이고 통합적인 정책보다는 당면 문제 처방식 정책으로 이뤄져 왔다고 많은 사람들이 지적하고 있다. 그래서 본 서적 집필에 참여한 전문가들은 우리의 산업을 다양한 생태계 관점에서 통합적으로 고찰하고 합리적인 정책방향을 찾고자 하였다.

먼저, 1부 Ⅱ장에서는 창조경제와 생태계의 관계를 설명하였다. 아직까지 개념적 정의가 모호한 창조경제에 대해 여러 가지의 사례를 들어 이에 대한 독자의 이해를 돕기 위해 노력하였다. 이를 통해 독자들은 자연스럽게 창조경제에서 비즈니스 생태계의 중요성에 대해 이해할 수 있을 것이다.

한편 산업 생태계를 이해하기 위해서는 생태계의 본질적 개념에 대해 이해하는 것이 중요하다. 하여 1부 Ⅲ장에서는 생태계의 다양한 속성과 본질에 대해 설명하였고, 생태계의 관점에서 산업 생태계를 유형화하였고 각각의 생태계를 구조화하여 독자의 이해를 돕기 위해 노력하였다.

1부 Ⅳ장에서는 산업 생태계의 통합적 분석모형을 제시하였다. 기존의 산업분석 접근방법인 가치사슬 관점 이외에 추가로 생태계 진화단계를 고려한 동태적 분석모형을 설계하였고, 기존 산업을 생태계 관점의 통합적 분석모형에 의해 분류하였다. 또한 건강한 산업 생태계의 지속 가능한 발전을 위하여 각 단계별 모니터링 지표를 설계한 것은 의의가 있다고 판단된다.

2부에서는 본서에서 제시하고 있는 생태계 관점의 산업분류에 따른 주력산업과 신성장동력산업, 융·복합산업, 신산업, 창의산업의 주요 속성과 내용에 대해 설명하였다. 2부를 통해 독자들은 지금까지 산출물 중심의 산업분류가 아닌 생태계의 진화 관점에서 산업을 분류하고 이해해야 되는 필요성을 인식할 수 있을 것이다.

산업 생태계 안에는 다양한 이해관계자가 존재하고, 다양한 이해관계자의 역할과 기능에 따라 서로 관계를 맺으며 또 다른 생태계를 구성하고 있다. 이에 따라 3부에서는 산업 생태계에 참여하는 다양한 이해관계자의 역할과 기능을 생태계적 관점으로 접근하여 활성화 방안을 모색하고자 하였다. 구체적으로 산학연협력 생태계, 기술이전·사업화 생태계, 벤처·창업 생태계, 지역산업 생태계, HRD 생태계, 고용·노사협력 생태계, 사회혁신 생태계에 대해 설명하였고, 각각의 생태계를 활성화할 수 있는 전략적 방안들에 대해 제시하였다.

Ⅱ장 창조경제와 생태계

1. 창조경제 도입배경

패러다임의 변화? 생태계가 변해야 한다!

세계경제가 경쟁이 치열하다. 뭘 하려고 해도 이미 다른 나라는 하고 있다. 우리도 어느 정도 자본이 축적되어 있어 투자할 수 있다. 그런데 어디에 투자해야 할지 모른다. 새로운 첨단기술도 한계가 있고, 투자대 비 효과가 줄어들고 있다. 그래서 투자할 만한 새로운 아이디어, 시장을 찾는 것이 우선이다. 그리고 그것을 선도할 인재가 필요하다. 이 인재를 "창조적 인재"라고 지칭한다. 많은 사람들이 미래를 위하여 창조적 인재 를 키워야 한다고 하고, 창조인재는 키우는 것이 아니라 창조적 환경에 서 성장해야 한다고 주장하며 환경 조성도 이야기한다. 즉, 창조적 인재 가 새로운 아이디어를 바탕으로 미래 시장을 열어갈 수 있을 것이라는 믿음 때문이다. 그런데 일부에서는 현 정부의 창조경제 설명과 정책 추 진과정에 대하여 불만이 많다. 바로 피부에 와 닿지 않기 때문이다. 지 금까지 경제정책은 돈을 들여 무얼 하겠다고 했다. '무얼 건설하겠다' 또 는 '돈을 얼마들이겠다'. 그런데 현 정부는 창조경제를 실현하겠다만 하고 재정집행 이야기는 국정과제로 갈음한다. 그래서 많은 사람들이 잡히는 것이 없다고 한다. 뭔지 모르겠다고 한다. 즉, 많은 사람들이 여전히 요소투입형 경제의식에 익숙해져 있기 때문에 새로운 패러다임 변화를 주장하는 창조경제에 대한 이해가 부족해 보인다.

창조경제는 패러다임의 '변화'다. 이는 생각의 변화, 의식의 변화를 말한다. 그것이 되어야만 그 다음에 새로운 아이디어를 기반으로 시장경쟁력을 만들 수 있기 때문이다. 결국 창조경제는 창조적 비즈니스 생태계가 중요하다. 더 이상 어디에 투자하겠다고 이야기하는 것은 전근대적 사고다. 사고의 변화가 필요하다. 예를 들어 정부의 재정집행 방식도 바뀔 필요가 있다. 아이디어를 모아서 합리성을 검토하고, 예산을 반영해 집행하려면 최소한 1년 6개월 이상이 소요된다. 기업에서는 투자시기도 전략 중하나다. 이렇게 빠른 변화의 시기에 적시에 투자하는 것이 중요하기 때문에 일이 생겼을 때, 집행하기 위해 만든 예비비 성격의 투자전략 도입이 각 부처마다 필요해 보인다. 과연 정부 시스템에서 도입할 수 있을까? 매우 어려운 문제다. 안정된 시스템 속에서 뭔가 변화를 이루고자 하는 주장이 받아들여지기 힘들기 때문이다. 이러한 시스템적 문제, 고착화된 사고의 문제를 변화시켜야 창조경제에 좀 더 다가설 수 있다.

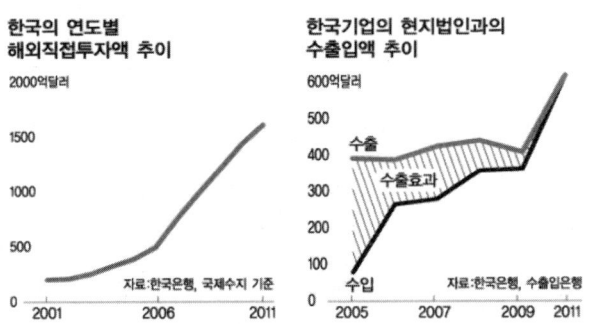

자료: 한국은행, "해외직접투자 확대의 경상수지에 대한 영향분석 보고",
조사통계월보, 2012. 6

경제민주화? 공정한 시장? 합리적인 산업 생태계!

사실 경제민주화 요구는 대기업에게 시장규제를 하겠다는 이야기다. 그런데 한쪽 면만 보는 것 같다. 대기업의 불합리한 행위도 있으나 이렇게 될 수밖에 없는 다른 측면도 있다. 여기서는 후자의 경우에 대해 두 가지 측면에서 이야기해보고자 한다. 첫째, 오래전부터 시장이 글로벌화됨에 따라 국내 대기업들이 해외에 투자를 많이 했다. 1차 벤더에 해당하는 중견기업들도 함께 해외로 진출했다. 처음에는 해외에 조립공장을 짓고 국내에서 부품을 조달해갔다. 그런데 점차 현지화하면서 오히려 완제품을 국내로 들여오게 되었다. 그러다보니 기업은 성장하고 국내경제 규모는 커졌지만 상대적으로 국내 시장 중심 중소기업들의 시장 규모가 줄어든 것이다. 시장축소는 결국 남아 있는 기업들의 치열한 경쟁을 유발하게 되었고, 소위 경제민주화 요구의 한 원인인 납품단가 인하 문제도 여기에서 비롯된 측면도 있다. 해외에서 조달하면 더 싸게 할 것을 굳이 국내 기업에게 조달할 필요가 없어진 것이 문제인 것이다. 둘째, 대기업도 잘 나가는 대기업과 실적이 초라한 대기업들이 있다. 5대 대기업을 빼고 나머지 대기업들의 성적이 그다지 좋아 보이지 않는다. 그러다 보니 생존하기 위해서 국내 중소중견기업들을 쥐어짤 수밖에 없지 않을까 생각해본다. 결국, 산업 생태계 경쟁력이 취약하다는 점이다. 스마트하지 못하기 때문에 그 여파가 산업 가치사슬상의 중소기업들에게도 불똥이 튈 수밖에 없어 보인다. 그래서 대선과정에서 경제민주화 논쟁이 심했지만 사실 경제민주화보다는 공정한 시장 또는 합리적인 시장을 지향하는 것이 맞다. 최근에는 경제민주화 의지가 퇴색되었다고 주장하는 사람도 있다. 그러나 엄격하게 보면 국내 시장에 안주한 중소기업들에게도 문제가 있다. 그럼에도 불구하고 정부 입장에서는 고용의 대부분을 차지하고 있는 중소기업들을 이대로 둘 수 없다. 그래서 대기업들에게는 공정한 시장을 요구하고, 중소기업에는 과감한 투자를 통해 경쟁력을 키우겠다고 하며, 글로벌화를 지원하겠다고 하는 것이다.

공정한 시장을 지향하면서도 한 가지 중요한 정책방향이 있다. 그것은 생태계의 건전성을 제고해야 한다는 점이다. 공정한 시장은 단순히 시장의 질서개념이다. 그러나 공정한 시장만 가지고 문제가 해결될까? 지금 중소기업이 처한 현실을 보면 안타깝기 그지없다. 아무리 채용공고를 해도 우수인재는 고사하고 그냥 사람 구하기 어렵다. 생태계의 한 축이 무너지고 있는 것이다. 대표적인 이유가 임금격차 문제 때문이다. 대기업은 높은 실적으로 임금을 높여가다보니 대·중소기업 간 임금격차는 두 배가 되었다. 실제 이러한 격차 때문에 청년들이 대기업을 선호하고 중소기업을 가지 않는 문제를 유발하면서 산업 가치사슬구성이 붕괴되고 있다. 중소기업이 붕괴되어 대기업들이 국내에서 부품을 조달받지 않고 100% 해외기업으로 조달받는 세상이 올 때, 대기업은 살아남을 수 있을까? 살아남기 어려워 보인다. 그래서 경제민주화보다 공정한 시장, 공정한 시장보다 생태계 전체 건전성을 생각하는 데 관심을 가져야 할 것이다. 즉 합리적인 생태계는 단순히 현재의 시장에만 의미를 두는 것이 아니다. 지속 가능한 생태계를 지향한다. 미래 시장을 위해서는 인재, 기술, 상호 소통문화 등 개방형 혁신 인프라가 함께 갖춰져야 한다. 즉 재화와 서비스가 거래되는 시장과 미래 시장을 지속적으로 발전시켜나갈 혁신환경이 포함한 개념이 생태계이다. 그래서 창조경제는 생태계가 중요하다. 정부는 이러한 합리적인 비즈니스 생태계 육성을 위한 투자와 시장질서를 갖춰갈 필요가 있다.

2. 개념과 정의

혁신경제, 지식기반경제, 창조경제가 어떻게 다른가? 많은 사람들이 질문하는 내용이다. 그런데 많은 사람들이 창조경제에 대하여 다양한 시각으로 말한다. 학계의 의견도 다양하다. 학문적으로도 정의가 확실하지 않기 때문이다. 그래서 필자는 우리의 정치적·경제적 현황과 문제를 개선하기 위한 대안으로 창조적 경제를 제시했다고 생각하고 있다. 그런 차원에서 이하 창조경제개념을 정의하고자 한다.

혁신경제는 생산성 향상을 기반으로 시장경쟁력을 확보하고 성장을 지향하는 모델이다. 즉, 기업은 이익 극대화를 지향하기 때문에 자동화 등을 기반으로 노동비용을 줄이거나, 고비용 국내투자보다 해외투자 또는 해외로부터 염가수입을 하기 때문에 국내 시장과 일자리는 감소할 수밖에 없다. 즉, 국내 내수 시장의 정체에 따라 경제민주화 요구는 치열해질 수밖에 없다.

지식기반경제는 혁신경제의 특징을 포함한다. 다만, 추가적으로 글로벌 시장경쟁력을 지속적으로 갖는다는 측면에서 지식재산권을 강조한다. 그러나 문제는 시장에서 지식재산권은 자본력 있는 대기업이나 글로벌 다국적기업에게는 의미가 있으나 중소기업이나 개인에게는 자본과 시장논리에 밀려 재식재산권을 통한 시장경쟁력 유지 및 창출은 사치에 불과하다.

창조경제는 혁신경제와 지식기반경제의 기본개념을 포함하되, 혁신경제에서 나타났던 일자리 감소 문제점을 보완하고, 혁신경제와 지식기반경제에서 시장논리에 따라 상처받았던 경제적 약자를 배려하며, 단순히 경제적 논리에 따라 무시되었던 인간의 삶과 존엄성을 중시하는 사람 중심 성장이 우리 사회의 지속 발전과 건강한 사회를 만들 수 있다는 데 믿음을 가진다. 보다 강조된 특징으로 여섯 가지를 제안한다.

첫째, 사람의 가치를 존중하는 비즈니스 모델로 보다 경쟁력 있는 시장지배력과 성장을 만들어갈 수 있다. 둘째, 단순히 성장만을 기본으로 한 일자리를 창출하는 것이 아니라 기존 일자리에 더하여 추가로 일자리를 만들어갈 수 있는 ① 엄브렐라 신(新)산업 육성, ② 융·복합산업 육성, ③ 글로벌 시장개척을 통한 시장 확대, ④ 중소중견기업의 글로벌 진출 지향 등을 지향하기 때문에 일자리가 있어 행복하다. 또한, ⑤ 일자리 창출은 시장 질서를 만드는 정부의 역할도 크다. U-헬스산업과 같이 기업들의 기술혁신과 산업 간 연계가 시장이 될 수 있도록 정부의 법적·제도적 장치를 기반으로 한 생태계 설계가 일자리 창출의 주축[1]이 될 수 있다. 셋째, 산업 가치사슬, 생태계 중심 성장을 통해 글로벌 경쟁력을 확보하는 등 상생경쟁력을 지향하기 때문에 함께 성장할 수 있어 어려움을 나눌 수 있다. 앞으로의 시대는 생태계 간 경쟁이다. 예전과 같이 대·중소기업 간 갑을 관계로는 글로벌 경쟁에서 승리하기 어렵다. 그래서 단순히 시장거래 관행에서 대기업 양보를 요구하는 경제민주화가 아니라 함께 공존(공동체의식을 기반으로 함께 개발하고 시장을 지키며, 글로벌 시장을 공략할 수 있어야 한다)할 수 있는 수평적 생태계를 지향함을 의미한다. 넷째, 창조성이 보상받는 사회문화를 기반으로 상상력과 아이디어가 거래되고, 창업이 활성화되며, 벤처성장이 M&A 시장 활성화[2]를 통해 성장정체기 중견·대기업의 성장 씨앗이 될 수 있는 창조성이 역동적인 시장경제이다. 이를 위해 창조경제는 시장논리, 힘의 논리에 위축되었던 창조성이 합리적인 시장 질서를 기반으로 우리 경제의 성장동력이 되는 사회를 지향한다. 다섯째, 일자리를 위한 삶이

---

1) 시장성장에 장애가 되는 규제는 철폐하고, 시장을 지키는 규제, 시장을 만드는 법과 제도는 필요하기 때문에 일률적으로 규제 철폐는 바람직하지 않다.
2) 창조성은 중소기업이 높고, 시장지배력 또는 파급효과는 대기업이 크기 때문에 상호 협력적 관계 측면에서 M&A 시장 활성화가 필요하다.

아니라 삶을 위한 일자리가 될 수 있도록 조화로운 공간 생태계를 지향한다. 수도권과 지방, 도심과 비도심 등의 사회경제적 격차 및 갈등요인을 균형적이고 질 높은 공간 생태계3) 조성을 통해 해소할 수 있다. 우리 국민들의 의식이 변했다. 일을 선택할 것인가, 생활을 선택할 것인가라는 갈림길에서 일을 포기하지 않도록 삶의 질이 공평한 공간 생태계를 조성해야 한다. 제조업만이 아니라 제조업의 성장이 서비스업으로 옮겨가 또 다른 일자리가 되도록 하는 것도 결국 공간 생태계다. 이 모든 것이 조화로운 공간 생태계가 창조도시다. 여섯째, 창조경제사회에서는 나눔도 산업이 된다. 사회적 약자를 위한 사회적 기업 육성에서 보다 많은 사람들이 참여할 수 있고, 지속성이 있는 비즈니스 시장으로서의 나눔산업 육성이 우리 경제 전체를 건강하게 만들고 지속 가능한 사회를 건설한다는 사회적 자본을 지향한다.

왜 지식산업?

창조경제에서 상상력과 아이디어를 말한다. 그런데 왜 지식산업? 현재 지식은 산업에 종속되어 있다. 지식 시장 자체가 없다. 예전에 있던 기술거래소는 없어진 지 오래다. 왜 없어졌을까? 우리가 다른 사람의 지식을 사는 문화가 없기 때문이다. 그리고 지식재산권이 경제적 약자에게는 사치에 불과하기 때문이다. 제품이 아닌 말로 이야기하는 것은 돈을 지불할 생각을 하지 않는다. 컨설팅이라고 하는 이름으로 용역을 줘도 국내 업체는 저렴하게 활용하고, 외국계 기업에게는 천문학적인 금액을 지불한다. 보고서는 결국 자체 데이터를 제공하고 취합해 그럴 듯하게 보

---

3) 현재의 일자리 생태계는 교육, 문화, 복지, 의료, 주거, 생활 기반 등 지역적 여건에 따라 일자리 미스매치가 가중될 뿐만 아니라 일자리의 창조성도 제약받는다.

고서를 주는 데 불과한 경우도 많은데 말이다. 지식사대주의다. 그런데 창조경제시대는 번뜩하는 아이디어, 직관력이 중요하다. 특허나 저작권으로 보호받을 수 없으나 우리가 어려운 문제에 닥쳤을 때, 아주 간단한 아이디어지만 큰 문제를 해결하는 지식, 그것은 가치를 상상할 수 없다. 그런 아이디어에도 돈을 지불할 수 있는 문화가 되어야만 우리의 산업이 경쟁력을 가질 수 있다. 그래서 이런 아이디어들이 도출되고 활용될 수 있는 지식 생태계를 만들어야 한다(물론 거대기업으로 부터 아이디어를 보호하고 제대로 보상받을 수 있는 생태계가 되어야 할 것이다). 국민 아이디어 포털을 만들고 아이디어를 내라는 식으로 해서는 지식산업이 성장할 수 없다. 다양한 형태의 생태계가 필요하다.

창업은 왜 중요한가?

우리의 중소중견기업, 대기업들 중에서 성장정체기에 있는 기업들이 많다. 이들은 새로운 비즈니스 모델을 만드는 데 취약하다. 안정된 시장구조에서는 새로운 아이디어가 나오지 않는다. 그러나 소규모 기업은 창의적이다. 다양한 아이디어를 빠른 시간 내에 구현하고 비즈니스 모델을 실현한다. 그런데 자본과 비즈니스 네트워크가 취약해 아이디어를 대기업에 뺏기고 마는 경우가 많다. 실제 이런 창업기업들 중 성장정체기에 있는 기업이 정당한 가격에 M&A된다면 시장경쟁력이 높아질 것이다. 그래서 창업이 중요하다. 그러나 시장이 공정해야만 창업이 활발해진다. 그래서 정부에서는 창업 관련 지원제도를 정비하고, M&A 시장방안 구체화, 투자환경 조성을 위한 KONEX도 출범시켰다.

중소기업의 중견기업화? 글로벌화?

중소기업은 일자리 측면에서 중요하다. 양질의 일자리를 만들어야 한다는 측면에서 중소기업의 중견기업화가 중요하다. 그리고 성장하기 위해서는 글로벌 시장을 바라보지 않으면 안 된다. 선진국이든 개도국이든 중소기업이 나갈 수 있는 시장을 찾는 것이 필요하다. 사실 경제민주화 논의에서도 보았듯이 글로벌화에 따라 국내 시장만으로는 생존하기 어렵다. 세계 시장을 겨냥해 비즈니스 모델을 만들어야 한다. 그러나 잘 알다시피 중소기업에게는 글로벌화할 인력이 부족하다. 비즈니스 네트워크도 부족하다. 잘못 나가면 지금껏 이룬 모든 것을 잃을 수도 있다. 그래서 뭔가 엄브렐라가 필요하다.

엄브렐라 신산업

창조경제에서 엄브렐라 신산업 육성을 통한 일자리 창출전략이 있다. 이것은 단순히 신산업을 의미한다기보다는 신산업군을 의미한다. 국내에 기반이 없었던 산업 분야에 선도기업이 생기고, 이를 뒷받침하는 중소중견기업들이 연계되는 새로운 생태계가 만들어진다는 의미다. 예를 들어 자동차, 조선 등과 같은 산업군을 의미한다. 그래야 우리에게 필요한 충분한 일자리가 만들어질 수 있다. 최근 그런 분야로 조명받고 있는 산업이 바이오헬릭스다. 이러한 산업을 키우기 위해서는 정부의 재정 지원 방식도 바뀌어야 한다. R&D 지원과정에서도 비즈니스 생태계를 고려한 투자가 필요하다. 지금과 같이 단순히 R&D자금을 뿌려준 다음에 산업 육성을 위해 기업과 연계하는 방식은 제고되어야 한다. 물론 기초원천 분야는 씨앗을 뿌리는 마음으로 지금과 같이 지원되어야 하지만 어느 정도 가시화되는 분야는 생태계 위주의 신산업군 육성전략으로 민관이 협력하는 방식이 되어야 할 것이다.

앞서 기술한 바와 같이 창조경제는 도깨비 방망이가 아니다. 1개 부처에서 책임질 일도 아니다. 현재 우리 사회가 갖고 있는 여러 가지 문제를 함께 털어놓고, 고민하며 해결방안을 찾아가자는 간절한 소망을 담아 사회전환의 계기로 창조경제를 제안했다고 본다.

3. 창조와 혁신의 차이, 그리고 생태계

많은 사람들이 혼동하는 부분이 창조와 혁신의 차이이다. 같다고 하는 사람도 있고, 다르다고 이야기하는 사람도 있다. 명확히 구분하기는 어렵지만 다소 차이가 있다. 창조는 혁신을 포함한다. 혁신이 제품과 기술에 그친다면 창조는 가치와 습관, 생태계를 변화시킨다. 창조경제가 패러다임 변화를 이야기하고 우리 사회의 문제해소의 염원을 담는 이유이다. 창조경제는 성장 위주 정책에서 고용을 생각하는 성장을 말한다. 고용이 최선의 복지라는 생각을 갖는다. 이를 실현하기 위하여 사람의 중요성을 이야기하고, 지식 및 산업 생태계의 건전성이 매우 중요하다는 점을 주장한다. 그리고 생태계의 건전성은 역동적인 창조사회를 실현하는 데 기반이 되고 성장동력의 근원이 된다. 과거와 같이 정책 비전과 사업을 동일시하는 것은 잘못된 사고이다. 창조경제는 사회 패러다임의 변화를 제시하는 것이다. 즉 가치 변화를 제시하는 것이다. 예를 들어 기존 지식거래, 벤처기업의 M&A가 실현되지 못하는 것은 사회적 인식에도 문제가 있다. 따라서 창조는 생태계가 갖고 있는 정신적 가치의 변화까지를 포함하는 사회운동의 성격도 있다. 이러한 정신적 가치의 변화를 실현하는 혁신, 우리 사회문제를 해소하는 보다 큰 혁신, 지속적인 혁신을 통해 이뤄가는 성과를 창조라고 할 수 있다.

'나이키 신발'은 혁신인가, 창조인가?

나이키는 품질 관리 기법과 디자인, 브랜드 네임으로 자체 공장 없이 외주생산만으로 전 세계 시장의 마켓을 점유하고 있다. 그러나 기존 신발 시장을 대체하고 회사 입장에서 부가가치를 높였을 뿐, 생태계 측면에서 새로운 시장을 확대한 증거는 부족하다. 따라서 혁신으로 볼 수 있다. '아쿠아슈즈'는 기존 신발 외에 특수목적용으로 만들어진 새로운 아이디어에 기반한 새로운 시장 창출에 해당함으로 혁신을 넘어 창조적 발상에 해당한다.

애플의 아이튠과 앱스토어의 차이

애플은 기존 MP3와 음원 서비스를 연계하는 '아이튠'을 만들어 음원이 거래되는 새로운 서비스 모델을 만들었다. 이것은 소비자 사용 편리함을 추구한 혁신이라 말할 수 있다. 그런데 유사하지만 새로운 비즈니스 모델이 있다. '앱스토어'다. 이 모델은 기본 스마트폰에 기본으로 장착되던 응용소프트웨어를 앱스토어라고 하는 개방형 소프트웨어 시장을 만들어 많은 앱 창업자들이 플랫폼을 통해 소프트웨어를 거래하게 만들면서 앱 거래 금액의 30%를 이익으로 챙기는 혁신 모델이다. 이 모델은 새로운 자체 부가가치를 창출하면서도 타 주체의 시장 참여를 이끌어냄으로써 새로운 일자를 창출한 것은 우리가 궁극적으로 추구하는 창조적 발상에 해당한다.

아이리버의 도전!

아이리버는 MP3로 성공한 기업이다. 그러나 MP3 시장에 국내 대기업과 애플의 아이팟이 출현하면서 경영위기를 맞았었다. 그런데 최근 이 회사에서 내놓은 고급음원 재생 MP3가 마니아층에서 인기다. 타 주체가 참여하는 일자리 창출은 미미했으나 회사의 경쟁력은 되살아났다. 이것은 혁신이다. 만약 인터넷 음원 시장에서 음원가격 책정과 이익분배 문제가 해결되고, 프로듀싱단계의 고급음원 제작 시장이 활성화된다면, 고급 MP3 단말기 시장이 확대됨은 물론, 음원 시장의 다양화를 통한 시장 확대가 가능할 것이다. 이것을 실현하기 위해서는 시장 질서가 필요하다. 이것이 실현되는 생태계는 창조가 될 것이다.

행복산단? 창조 진행 중?

산업단지는 우리나라 산업진흥을 선도했던 공간정책이다. 자원을 한 곳에 모아 기업 상호 간 연계를 강화하고 자원 집중을 통한 정책의 효율성을 발휘하게 한 혁신이다. 그러나 요소투입형 성장시대를 지나 창조적 발상이 중요한 지금, 생산시설 및 기업만으로는 지역혁신을 이뤄낼 수 없는 구조가 되었다. 그래서 혁신 클러스터가 필요하다.

그런데 최근까지도 우리나라는 생활주거보다는 저렴한 산업단지 분양에 초점을 두고 도심 밖 먼 곳에 산업단지를 조성했다. 인력을 구하기 어려운 지방 시골에 기업을 유치했다. 교통수단은 자동차로 가야 하고 출퇴근만 3~4시간 걸린다. 저녁이 있는 삶은 사치다. 그래서 대기업 연구소가 서울로 올라오고 있다. 중견기업도 도심으로 이전하고 있다. 지방으로, 비도심으로 청년들이 가지 않기 때문에 지방 중소기업, 비도심 소재 중소기업에는 일자리가 있어도 가지 않는다. 결국 일자리 문제는 만드는 것도 중요하지만 갈 수 있는 일자리로 만들어야 한다. 교육문화, 의료복지, 주거생활 등 사람 중심 도시설계, 공간설계를 지향하는 창조도시 관점, 사람들의 삶을 생각하는 것이 필요하다. 공간정책 측면에서 선도적인 스웨덴의 사례를 들고자 한다. 스웨덴 스톡홀름 인근에 위치한 시스타사이언스파크는 사람을 유치하기 위하여 도시와 인접한 지역에 일자리 중심 신도시를 조성하고, 가장 먼저 대중교통수단인 전철을 만들고, 기업 유치와 함께 교육과 주거, 생활지원시설을 입주시켰다. 창조도시다. 사실 대학과 연구소가 집적되어 지적 교류가 활발하게 이뤄지는 곳이 될 때 새로운 도약의 기회가 될 수 있다. 최근 교육부와 산업부는 산업단지에 대학을 이전시켜 인력과 기술혁신을 지원하고, 삭막한 산업단지를 교육과 문화, 여가생활이 있는 공간으로 전환하는 등 산업단지에 여유로운 삶을 제공해 보다 혁신적인 생태계를 조성하고자 노력하고 있다. 늦었지만 이것은 창조경제로 가는 길이 될 것이다.

Urban University? 창조도시?

지방의 소도시 상권이 위축되고 있다. 지방 농어촌이 노령화로 문을 닫을 판이다. 미국의 경우, 지방 소도시를 대학도시로 만들어 대학과 지방 소도시의 생활문화시설을 공동으로 사용한다. 대학생들이 지역 관광산업에 자원봉사로 역할을 한다. 지방 소도시에 활기가 있다. 지방이 젊은 사람으로 역동적이다. 이런 모델이 창조마을, 창조도시가 되지 않을까?

Ⅲ장 생태계의 개념과 유형

1. 생태계의 의미

생물학적 생태계의 개념

생태계(ecosystem)는 1935년 영국 식물학자 탠슬리(Arthur G. Tansley)가 고안한 개념이다. 생물학적 생태계는 광합성 작용에 의해 태양에너지를 당(糖)으로 변환하는 식물이 1차 생산자로 기여하고, 그 위에 2차, 3차 소비자와 분해자가 먹이사슬로 복잡하게 얽혀 있는 다양한 생물군집과 복합환경으로 구성된 통합 시스템(integrated system)이라고 정의했다. 통합 시스템으로서 생태계는 "생산-소비-분해-재생산"의 과정 속에서 생물공동체(유기체)와 이를 둘러싼 환경(무기체) 간의 상호작용을 통해 자생적이며 자기영속적인 속성을 가지는 것이다. 생태계 내에 존재하는 다양한 종들은 생존을 위해 치열하게 경쟁하며 그 결과 단기적으로는 한 지역의 생태가 변화하고, 장기적으로는 환경에 잘 맞는 형질을 지닌 종들이 더 잘 살아남아 비중을 확대하는 유전적 진화가 일어난다. 따라서 잘 작동되는 생태계는 생물과 환경이 각기 독립적이고 폐쇄적이지 않으며, 생태계 내의 다양한 요소들이 유기적으로 연결되어 있는 상태를 의미한다. 즉, 자연 생태계는 일정 기간을 두고 볼 때 항상성을 지니고 있지만, 장기적인 관점에서 볼 때는 끊임없이 동태적으로 진화하고 있는 것이다.

생태계의 특징

생태계가 진화하기 위해서 중요한 요건은 종(種)의 다양성이며, 종의 다양성은 핵심 종이 내·외부의 요인에 의해 더 이상 핵심 종으로서 기능을 수행하지 못할 경우 이를 대체할 수 있는 종이 있어야 생태계의 변화·진화가 가능하게 된다고 보았다. 윤영수·채승병[1]은 이러한 생태계의 특징을 크게 네 가지로 요약하였다. 첫째, 생태계를 구성하는 종이 다양하며, 종과 종 사이의 관계는 복잡한 먹이사슬로 연결되어 있다. 종의 규모와 개체수의 분포는 거듭제곱법칙을 따르며, 먹이사슬의 다양성 때문에 외부환경의 단절적 변화에 대해서도 항상성을 유지한다. 둘째, 생태계 외부에서 지속적으로 에너지가 유입되며, 이것은 먹이사슬을 통해 흐르고 물질도 순환한다. 생태계 내의 생물들 사이에서 먹이사슬을 따라 전달된 에너지는, 궁극적으로는 열에너지의 형태로 방출된다. 생태계에서 에너지의 흐름은 비가역적이며, 단계가 높아질수록 전달되는 에너지의 총량이 감소하고 에너지 효율은 증가한다. 또한 질소, 탄소, 산소 등의 물질들이 생태계의 먹이사슬과 화학작용을 하며 순환이 이루어진다. 공기 중 질소의 비중이 80%선으로 유지되는 것은 바로 순환 메커니즘 때문이다. 셋째, 생태계는 공진화한다. 생태계와 종들은 서로 영향을 주고받으며 상호 의존적으로 진화한다. 예를 들어 어떤 도마뱀은 치명적인 독을 갖고 있는데, 일부 뱀은 이 독에 대해 내성을 갖고 있다. 이것

---

1) 윤영수·채승병, 『복잡계 개론』, 삼성경제연구소, 2005.

은 우연히 독을 지니게 된 도마뱀 변종이 더 잘 살아남아 개체수가 늘어나고, 거꾸로 우연히 이 독에 대해 내성을 가지게 된 뱀도 더 많은 먹이를 확보할 수 있어 역시 개체수가 늘어난다. 넷째, 생태계는 자기조절을 통해 항상성을 유지한다. 그런데 생태계는 한계능력을 가지고 있으며, 이것을 넘어서면 생태계의 파괴나 종의 멸종과 같은 파국적 현상이 발생한다.

복잡계로서의 생태계

김창욱·윤영수·채승병2)은 생태계를 복잡계의 일종으로 바라보고 다음과 같이 주장하였다. 복잡성 과학에서 이야기하는 '복잡하다'는 것은 단순히 무분별하게 뒤죽박죽 섞여 있음을 의미하는 것이 아니라, 섞여 있는 중에서도 나름의 질서가 내재되어 있다. 여기서 주목하는 특징은 거시적 질서의 출현을 '창발(emergence)'이라고 하고 몇 가지 복잡계의 특징을 다음과 같이 정리하였다. 첫째, 복잡계는 상호작용하는 많은 구성요소를 가지고 있다. 창발현상은 상호작용하는 많은 구성요소들을 필요로 한다. 회사에서 기업 조직을 구성하기 위해서는 경영자와 관리자, 근로자가 필요하다. 그리고 이러한 요소들은 서로 영향을 주고받는다. 요소들 간에 상호작용이 없는 시스템은 무질서하거나 천편일률적인 모습을 보일 뿐이다. 이는 시스템 전체를 이해하는 데 있어 개별 요소들 이상으로 그들 사이의 연관관계와 상호작용을 이해하는 것이 중요함을 의미한다고 지적하였다. 둘째, 복잡계를 구성하는 요소들의 상호작용은 흔히 비선형적(nonlinear)이다. 상호작용의 비선형성은 놀라운 변화를 일으킨다. 극히 작은 요동도 구성요소들 사이에 전파되어가면서 증폭되어

---

2) 김창욱·윤영수·채승병, 『이머전트 코퍼레이션』, 삼성경제연구소, 2009.

커다란 영향을 미칠 수 있다. 셋째, 복잡계를 구성하는 요소들의 상호작용은 흔히 되먹임 고리(feedback loop)를 형성한다. 구성요소들 사이의 상호작용은 한방향으로만 이뤄지지 않고 다양한 경로를 거쳐 자기 자신에게 돌아오는 경우가 많다. 이 되먹임은 변화를 진정(음의 되먹임)시키기도 하지만3), 거꾸로 변화를 증폭(양의 되먹임)시키기도 한다. 관련 사례로 미국의 보호주의 관련 법안을 예로 들고 있다. 1929년 세계대공황은 최대의 채권국이던 미국이 자국의 산업을 보호하기 위해 "스무트-홀리(Smutt-Hawley)법"을 통과시켜 유럽으로부터의 수입을 제한하는 조치를 취하면서 걷잡을 수 없이 악화되었다. 채무에 시달리던 유럽의 경제 시스템은 수출판로가 막히면서 서서히 붕괴되었고, 견디다 못한 유럽 각국은 보복 조치로 이에 대응했다. 이로 인해 거꾸로 미국의 대(對) 유럽 수출이 내리막길을 걸어 당초 의도와는 달리 미국경제도 연달아 붕괴되었다. 복잡계에서는 이와 같은 되먹임 고리를 통해 전혀 예기치 않은 결과가 초래되었다는 것이다. 넷째, 복잡계는 열린 시스템(open system)이며 그 경계가 불분명하다. 시스템이 열려 있다는 것은 외부환경과 차단되어 있지 않고 끊임없이 영향을 주고받고 있다는 것이다. 이 영향은 추상적인 에너지와 정보 등 무형자산 같은 것일 수도 있고, 구체적인 물질과 사람 등 유형자산 같은 것일 수도 있다. 이 때문에 복잡계는 그 경계가 종종 불분명하며, 자연적으로 정해지는 것이 아니라 관찰자의 의도에 따라 달라진다고 주장한다. 다섯째, 복잡계를 구성하는 요소는 또 다른 복잡계이며 종종 끊임없이 적응해나간다. 시장을 구성하는 기업, 다시 그 기업을 구성하는 부서, 부서를 구성하는 인간, 인간을 구성하는 세포는 모두 하나의 복잡계이다. 이들은 서로 다양한 영향을 주는 데 그치지 않

---

3) 음의 되먹임은 시스템의 변화방향을 되돌리기 위해서 시스템의 산출물(output) 중 일부를 입력(input)으로 되돌려주는 과정을 의미한다. 음의 되먹임은 시스템의 안정과 일관성을 유지시켜주는 역할을 한다. 즉 시스템이 균형을 찾아서 나아가려는 노력의 일환을 음의 되먹임이라고 한다.

고 스스로 환경을 변화시키며 끊임없이 적응해나간다. 소비자들이 창출해내는 새로운 기업환경에 적응하지 못하는 기업은 시장에서 퇴출된다. 기업은 피고용인에게 추가 교육과 인센티브를 통해 적응을 요구하고, 기업의 요구를 충족시키지 못하는 피고용인은 해고된다. 사회·경제계에서 흔히 관찰되는 것처럼, 적응하는 구성요소들로 이루어진 복잡계를 특히 복잡적응계(complex adaptive system, CAS)라고 하였다.

2. 비즈니스 생태계와 산업 생태계

비즈니스 생태계

비즈니스 생태계는 유형의 제품이나 무형의 콘텐츠를 창조하는 생산자 기업, 이를 소비자에게 전달하는 유통·물류·운송기업, 이를 소비하는 소비자들이 느슨하게 결합된 상호 의존적 네트워크를 의미한다. 비즈니스 생태계는 특정 지역 및 산업의 경계를 넘어서는 개념으로서, 그 기업이 산물을 창출하여 시장에 전달하는 데 영향을 주고받는 수많은 개체들을 포함한다.4) 즉, 비즈니스 생태계는 제품이나 콘텐츠를 최종 생산하는 핵심선도기업과 하방협력기업을 포함하는 '제조 분야' 산업 생태계와 유통·물류 등 '서비스 분야' 산업 생태계 등의 조합으로 구성된 복잡계이다. 특히, 과거 산업구조는 각 역할별로 고정되어 그 경계가 분명하고, 또 하나의 산업 분야에만 집중했지만 최근 기업은 하나의 산업 분야에만 참여하지 않고 해당 산업 전반에 영향을 미치기 때문에 그 경계가 불분명하다.

---

4) 위키피디아(http://www.wikipedia.org).

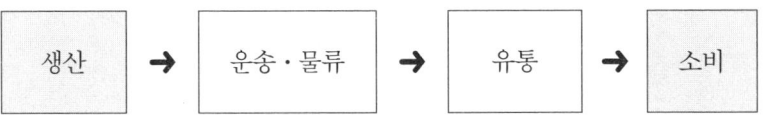

<그림 Ⅲ-2-1> 비즈니스 생태계의 개념

비즈니스 생태계 경쟁력 요건

최근 산업 간 융합이 확대됨에 따라 기업 역량이 부족한 비즈니스 영역을 상호 협력하기 위해 글로벌 기업 간 파트너십 구축이 늘고 있다. 비즈니스환경 측면에서 상호 기업 산 의존의 중요성은 더해가고, 생태계 내 비즈니스 협력관계 및 생태계 간 경쟁의 결과에 따라 공생공멸의 운명에 처할 수도 있기 때문이다. 즉 앞으로의 미래는 '비즈니스 생태계 (Business Ecosystem)' 전체의 관점에서 경영을 해야 하는 상황에 직면한 것이다. 그럼에도 불구하고 아직까지 비즈니스 생태계에 대한 이해와 관리에 대해서는 관심이 부족한 것도 사실이다. 그래서 비즈니스 생태계란 무엇을 의미하며, 이 생태계와 해당 생태계 내 기업들이 살아남기 위해 어떤 고민을 해야 하는지 보다 구체적으로 고민해야 할 이유이기도 하다. 김경연5)은 생태계 경쟁력을 확보하기 위한 다섯 가지 전략을 제시하였다. 첫째, 기술 변화와 시장환경에 대응하기 위해서는 상류의 원재료부터 하류의 최종제품 및 소비에 이르는 가치사슬 생태계 '자기완결성'이 경쟁력의 변수이다. 즉, 환경 변화에 강한 생태계를 만들기 위해서는, 생태계 구성에 필요한 요소들이 빠짐없이, 그리고 안정적으로 결합 혹은 통합할 수 있는 여건을 마련하는 것이 중요하다. 제조에 필요한 광물 등 천연 자원의 지역적 편재는 관련 지역산업의 구조와 성장 및 진화에 영향을 미치고, 핵심소재나 부품, 공정설비 등의 확보와 더불어 잘

---

5) 김경연, "시장을 선도하는 산업 생태계 만들기", 엘지경제연구원 Working Paper.

만들어진 제품을 소비할 수 있는 소비 시장과의 인접이 비즈니스 경쟁력에 영향을 미친다. 둘째, 생태계의 균형과 민첩성을 확보하려면 원재료의 투입에서 최종 소비단계 사이의 유·무형 거리가 최소화되는 것이 중요하다. 가치사슬 영역을 가능한 가깝게 집적시켜 혁신 클러스터를 형성함으로써 기술이나 지식 등 유무형의 가치들이 제품경쟁력을 높일 수 있도록 하는 혁신 생태계 형성이나 시장 관점에서 제조기업과 소비 시장 간 거리가 영향을 미친다. 셋째, 기후 변화 문제 등 정책 및 사업환경 변화에 대해 기존 생태계의 대처능력이 경쟁력이 될 수 있다. 최근 '컨시더드(Considered) 지수 및 디자인' 정책이 시행되고 있는데, 이는 설계 및 개발과정 전반에 나타나는 폐기물을 줄이고 환경 친화적인 재료를 투입하며, 독성물질을 제거하기 위한 노력도 생태계 경쟁력 제고와 관계가 있으며, 소비자들에게 질적으로 우월한 가치를 제공한다는 측면에서 비즈니스 경쟁력으로 작용하고 있다. 넷째, 새로운 가치소비 패턴 혹은 경쟁판을 만드는 것은 남다른 생태계 구축에 있어서 중요한 성공요소이다. 다섯째, 남들이 보지 않는 시장이나 고객들을 찾아 새로운 생태계를 만드는 틈새 생태계전략 중요하다. 즉 소비자의 생활패턴을 이해하고 좀 더 인간적인 비즈니스 모델이 새로운 시장을 창출하게 한다는 것이다.

3. 생태계의 유형분류

규모·가치사슬상의 역할에 따른 구분

산업의 규모에 따라 소형, 중형, 대형 등으로 구분이 가능하며, 산업의 가치사슬상 역할과 산업적 위치에 따라 소재·부품산업, 뿌리산업 등으로 구분이 가능하다. 특히 비즈니스 생태계 경쟁력을 강화하기 위하여 산업 간 연계하는 파트너십 생태계6)도 규정할 수 있다. 파트너십은 서비스, 기술 개발, 하청업체 등 상호관계가 다양해 그 수와 종류가 많다. 사실 파트너십 생태계는 비즈니스 생태계에서 상호 부족한 산업 영역을 보완하기 위하여 비경쟁관계에 있는 기업이 서로 협력하는 관계를 의미하기 때문이다. 결국 대규모 산업 생태계 간 협력·협업구조를 지향하는 대기업 간 파트너십뿐만 아니라 산업을 연계하는 대·중소기업 간 파트너십도 구별할 수 있다.

지역, 국내, 글로벌 시장 관점 구분

특정 산업 생태계가 지향하는 소비 시장을 고려하여 지역, 국내, 글로벌산업 생태계로 구분할 수 있다.

업종별 생태계(산업 생태계)

표준광공업 통계 기준으로 업종별 분류가 가능하며, 제조업 분야에서도 중분류 이하 분석이 가능하다. 대체적으로 가치사슬상 상호 분리 가능한 구조를 업종으로 분류한다. 필자는 업종별 생태계를 주력산업, 신성장동력, 융·복합산업, 신산업 생태계 등으로 재분류하여 설명하고자 한다.

---

6) 박세정·이진상, "글로벌 비즈니스의 기반 파트너 생태계", LG Business Insight, 2008. 4. 9.

공간 측면과 혁신 관점에서 지역산업 생태계와
산업기술혁신 생태계로 구분

공간적 측면에서 지역 내 소비 시장을 고려한 산업 생태계 도입과 함께, 이를 지원할 수 있는 지역 단위 혁신 생태계가 함께 고려될 필요가 있다. 혁신 인프라 생태계는 국가 단위의 산업기술혁신 생태계의 분야이기도 하나, 지역 단위에서는 지역산업을 활성화하기 위한 혁신 인프라전략으로 고려될 수 있다. 즉, 공간과 혁신개념이 복합화된 것이 '혁신 클러스터'다.

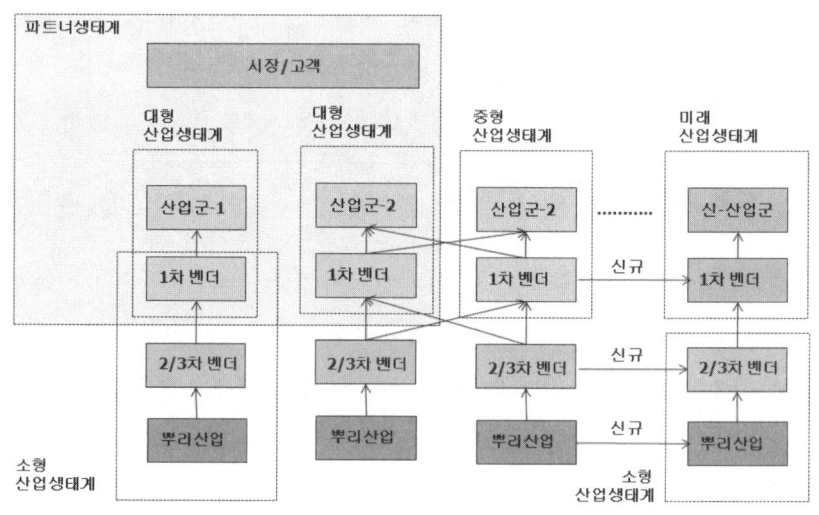

<그림 Ⅲ-3-1> 규모에 따른 산업 생태계분류와 신산업 생태계개념 도입

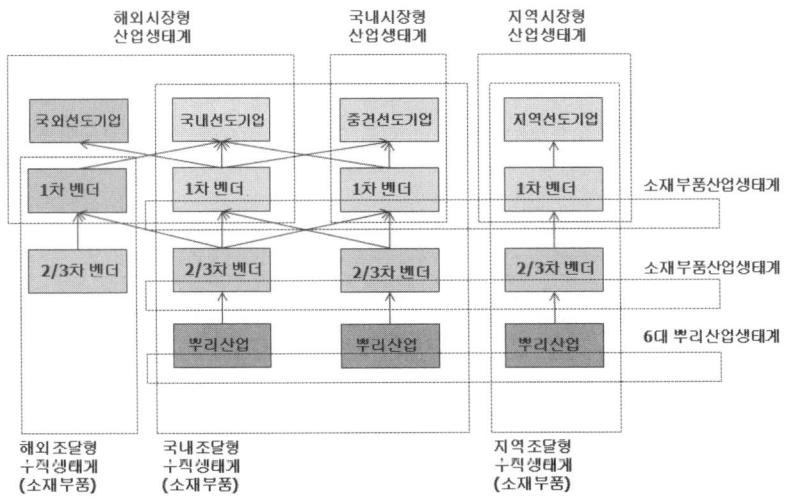

<그림 Ⅲ-3-2> 대상 시장에 따른 생태계분류

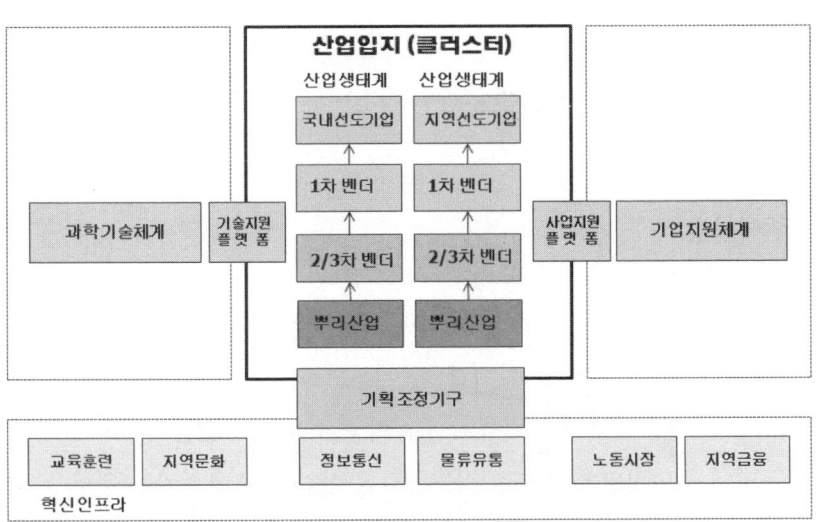

<그림 Ⅲ-3-3> 지역산업 및 지역혁신 생태계(혁신 클러스터)

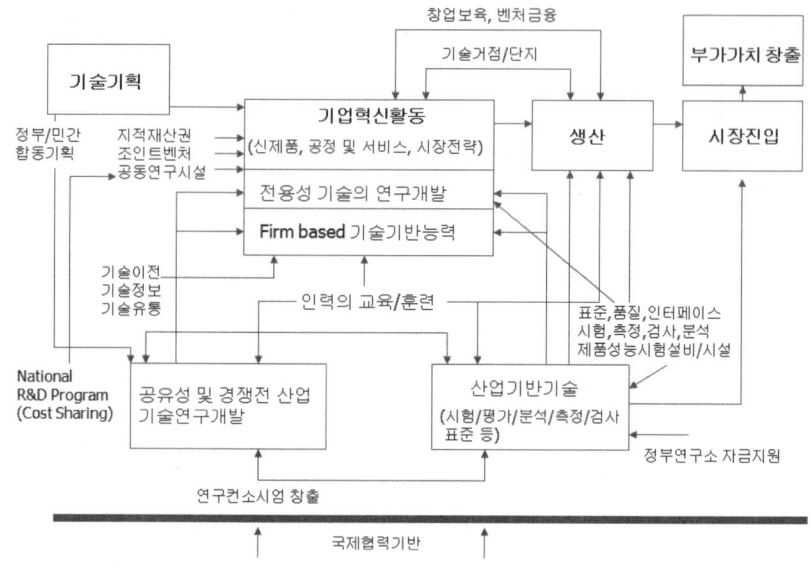

<그림 Ⅲ-3-4> 전국 단위 산업기술혁신 생태계

4. 산업유형과 개념정의

주력산업

주력산업은 시장 규모 관점에서 선도제품군을 기준으로 매출, 고용 등 국내 산업비중이 높고, 일정 기간 이상 사업을 영위하여 산업 기반이 잘 갖춰져 있으며, 역량 측면에서도 경쟁력을 확보하고 있는 등 국내 산업 비중 면에서 안정된 산업으로 자리매김한 산업(현재 캐쉬카우 역할을 하는 산업)이라고 할 수 있다. 선도기업의 제품, 비즈니스 모델이 현재 시점에서 전후방산업에 크게 영향을 미치기 때문에 국가적으로 중요한 산업이라고 할 수 있다. 최종 제품이 독립적으로 시장 규모를 이루는 산업과 유사 기술 및 공정으로 만들 수 있는 다양한 제품들을 생산하는 업종들을 동일 산업으로 정의할 수 있다. 전자의 예로는 자동차, 조선 등이 있으며, 후자의 경우는 가전 시장 등으로 규정할 수 있다. 생태계 측면에서 안정기에 있는 산업이라고 볼 수 있다.

신성장동력산업

신성장동력은 기존 주력산업이 지향하는 동일 시장에 대응하고, 동일 시장의 미래경쟁력을 지키기 위하여 투자하는 산업이기는 하나 아직 시장이 성숙되지 못했거나 국내 시장 역량이 부족해 취약한 생산 기반을 발전시켜가는 단계에 있는 산업을 의미한다. 자동차산업에 대응한 그린카 및 전기차, LCD·PDP 시장에 대응하는 OLED 등이 그 예이다. 생태계 측면에서 안정기에 있는 생태계 변화를 주도하는 동인요인에 해당한다.

신산업

국내 시장 또는 전 세계 시장에 없었던 산업이어서 미래 시장을 기대하며 투자하는 불확실성이 높은 시장이거나, 국내 기업이 낮은 산업 비중을 차지하고 있어 규모의 산업으로 육성시키고자 하는 국가정책적 육성 의지를 함의한 산업이라고 할 수 있다. 결과적으로 미래 시장 규모는 클 것으로 예상되나 아직 산업 기반과 역량이 취약해 현재 글로벌 시장 선점 경쟁이 치열한 기술기반산업으로 정의될 수 있다. 이와 같은 산업은 창업 등 선도기업의 출현이 필요하고, 전후방산업 가치사슬과 시장형성을 위한 법적·제도적 장치도 함께 조성되어야 한다. 사실 신성장동력산업과 신산업의 경계는 다소 모호한 부분이 있으나, 관련 비즈니스 모델을 갖고 있는 기업의 존재유무에 따라 판단한다면, 우주항공, 해양·심해플랜트산업, 바이오시밀러, 줄기세포치료산업 등은 신성장동력산업

보다는 신산업에 좀 더 가까운 산업이라고 할 수 있다. 신산업 육성이 성공하기 위해서는 기존 생태계가 쌓아놓은 소재부품 공급망, 기술 등을 신사업에 연계하여 주력산업의 진화와 함께 신산업 경쟁력을 조기에 확보하는 데 있다.

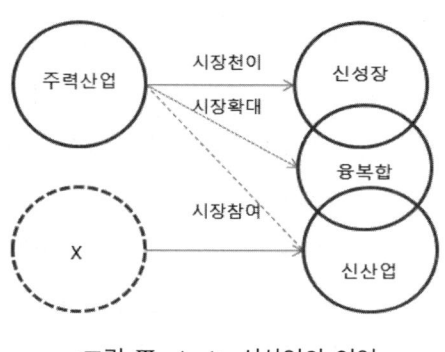

<그림 Ⅲ-4-1> 신산업의 영역

융 · 복합산업

융합(Convergence)의 어원은 후기 라틴어인 "Convergere"라는 동사에서 유래한 것이며, '함께(Together)'라는 뜻의 "Con"과 '어떤 방향 또는 상태로 향하다(ben) 또는 기울어지다(incline)'라는 뜻인 "Vergere"가 합쳐진 명사이다. 융합은 그 자체로서의 영역이라기보다 타 분야에 스며들어 독특한 영역을 구현하는 현상으로, 다양한 용어가 혼동되어 사용되고 있으며 융합기술은 서로 다른 분야를 두고 공통의 목표를 해결하기 위해 성질이 다른 기술 간의 화학적 결합을 의미하는 다(多)학제적 분야를 의미한다. 복합(Hybrid)은 두 가지 요소가 개별 특성을 가지며 서로 합쳐진 상태를 의미한다. 융 · 복합현상은 기술, 제품, 서비스 등에서 다양하게 나타난다. 융 · 복합기술은 미래사회의 경제 · 사회적 다양한 수요를 충족시키기 위해 과학, 기술, 문화 등과의 창조적 융합이 강조되는 개념으로,

"2개 이상의 기술요소가 화학적 또는 기계적으로 결합하여 개별 기술요소들의 특성이 상실되고 새로운 특성을 갖거나 새로운 부가가치를 갖는 기술과 제품이 탄생되는 현상"으로 지칭한다.

그런데 융·복합산업은 기술, 제품, 서비스 등이 상호 연계되어 독립적으로 기술, 제품, 서비스로 인식되기보다 모바일 CPND[7] 생태계와 같이 핸드폰 제조 생태계와 콘텐츠 생산 및 소비 생태계가 시장에서 통합적으로 인식되는 산업을 의미한다. 사실 주력산업, 신성장동력, 신산업에도 기술, 제품, 서비스 등의 융·복합혁신은 상시 이뤄지고 있다. 예를 들어 정수기 제조와 렌털 케어 서비스, 자동차 제조와 온라인 카 서비스 등은 기존 주력산업을 기반으로 경쟁력을 확대하기는 하나 단순 기업경쟁력으로 고려되고 생태계 자체의 위협요인 또는 생태계 간 경쟁으로 고려되지는 않고 있다. 즉, 산업적 관점에서 융·복합은 획기적인 비즈니스 모델을 기반으로 안정된 산업 간 경계를 허물어 보다 확대된 시장 생태계를 만들어가는 산업을 의미한다.

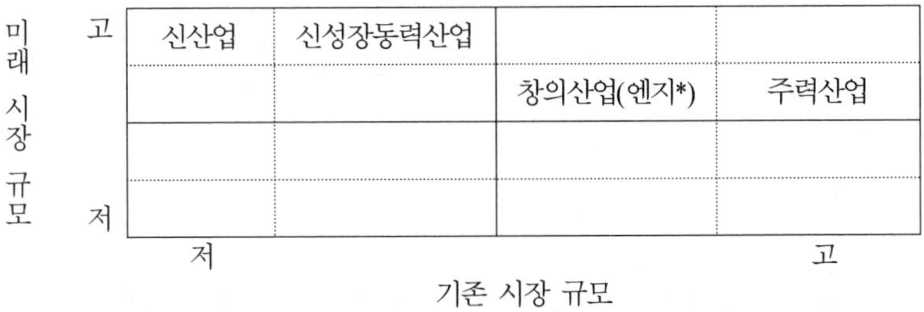

미래 시장 규모	고	신산업	신성장동력산업		
				창의산업(엔지*)	주력산업
	저				

저 　　　　　　　　　　　　　　　　　　　　　고
기존 시장 규모

*엔지니어링산업

<그림 Ⅲ-4-2> 시장 규모의 시점에 따른 분류

---

7) 콘텐츠(C), 플랫폼(P), 네트워크(N), 디바이스(D) 등의 첫 영문자를 대표하여 'CPND'라고 칭하며, 관련 산업을 상호 연결된 하나의 비즈니스 생태계로 이해하면서 CPND 생태계란 용어를 사용한다.

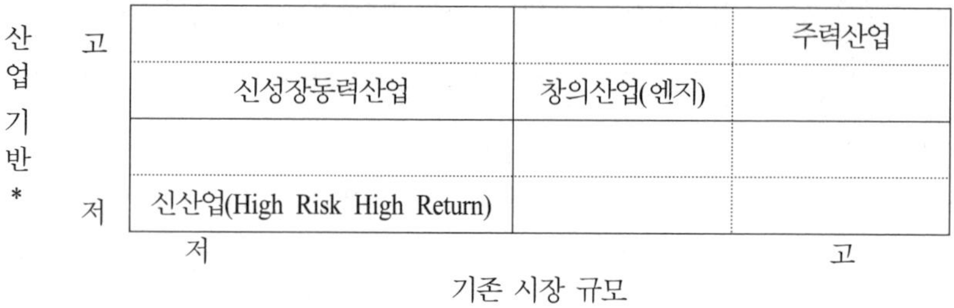

산업기반*	고			주력산업
		신성장동력산업	창의산업(엔지)	
	저	신산업(High Risk High Return)		
		저		고

기존 시장 규모

*기업 기반

<그림 III-4-3> 시장 규모와 산업(기업) 기반의 취약성에 따른 분류

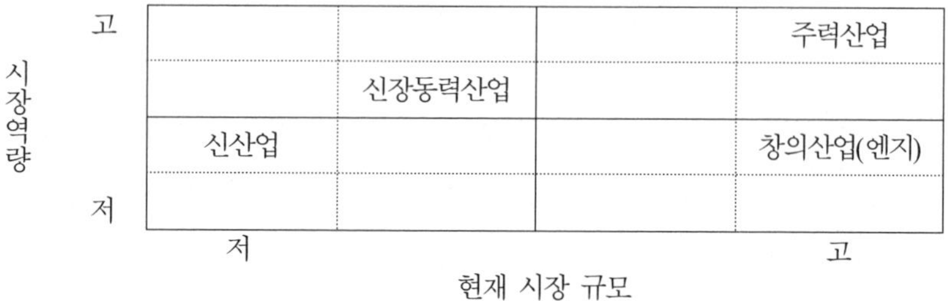

시장역량	고				주력산업
			신장동력산업		
		신산업			창의산업(엔지)
	저				
		저			고

현재 시장 규모

<그림 III-4-4> 현재 시장 규모와 국내 기업의 시장 역량을 고려한 산업분류

창의산업

<그림 III-4-2> ~ <그림 III-4-4>에 표현한 창의산업의 위치는 현재 시장을 반영한 결과이며, 발전 결과에 따라 높은 부가가치를 실현할 수 있는 산업이다. 개념적으로 창의산업은 지식산업, 디자인, 엔지니어링 등 사람의 전문성과 개인 서비스에 의하여 비즈니스 모델의 가치와 생산성이 결정되는 산업이라고 할 수 있다. 지식산업으로 창조적 아이디어를 사고파는 지식거래 시장, 지식과 경험을 체계화하여 비즈니스 경쟁력으로

만든 시험·분석, 표준·인증 시장 등도 지식산업이라고 분류할 수 있다. 특히 개인의 창조적 아이디어가 비즈니스 경쟁력이 되는 디자인, 콘텐츠 시장도 창의산업의 영역이라고 할 수 있다. 주력산업 중에서 아직 글로벌 시장경쟁력 측면에서 뒤진 분야가 플랜트 시장이다. 플랜트 시장 중에서도 기획 및 설계능력에 의존하는 엔지니어링산업은 창의산업의 영역으로 볼 수 있다. 현재 국내 창의산업 시장은 매우 취약하다. 이미 선진국들이 시장을 점하고 있어 후발주자로서 이들 시장을 추격하기 매우 어렵다. 시장경쟁력이 사람에 있고, 경험에 있으며, 금융산업 등 타 산업과 연계되어 있기 때문이다. 그래서 집중적인 육성을 위해 시스템적 접근이 필요하다.

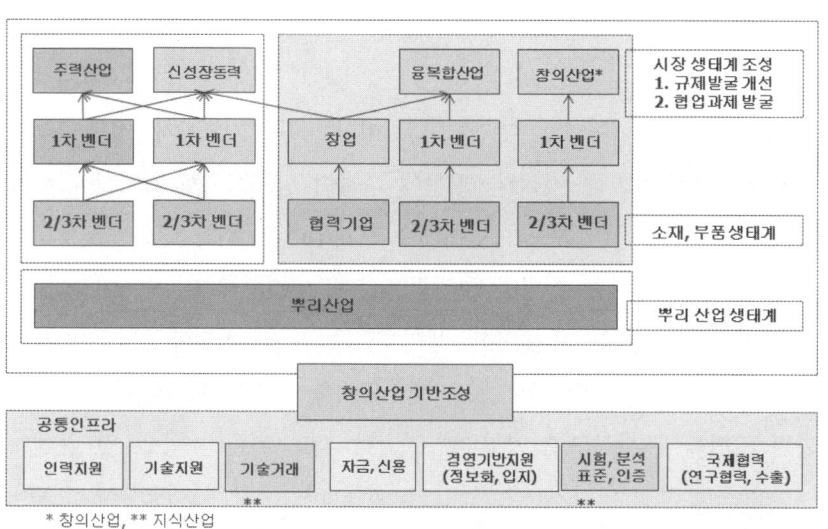

<그림 Ⅲ-4-5> 창조경제 추진 활성화를 위한 산업 생태계와 기반체계

5. 정책방향

앞에서 서술한 바와 같이 경제적 측면에서 다양한 비즈니스 생태계의 총합이 국가경제를 좌우한다. 또한 비즈니스 생태계는 가치사슬상의 산업 생태계를 포괄하는 총괄적 개념으로 볼 수 있다. 건강하고 합리적이며, 지속 가능한 생태계를 만들기 위해서는 어떤 정책방향과 생태계 설계가 필요할까?

통합적 시각으로 생태계 접근

김국태[8]는 비즈니스 생태계 설계와 관련하여 비즈니스 생태학을 연구해온 하버드 경영대학의 Iansiti 교수와 경영컨설턴트 Levien의 연구결과를 참고하여 3가지 정책방향을 제시한 바 있다.

첫째, 생태계 구성원들에 대한 폭넓은 이해와 이를 기반으로 비즈니스 생태계 설계가 매우 중요하다. 비즈니스 생태계 설계 관점에서 원재료나 부품공급기업과 협력업체, 고객이나 소비자는 물론, 투자자, 정부 및 관련 기관, 지역사회 등 이해관계자들에 대하여 심층적으로 파악할 필요가 있고, 이들에 대한 이해도가 깊어질수록 사업환경 등의 변화를 쉽게 감지할 수 있어 생태계 전반의 환경적응성 유지 가능하다. 즉, 이들은 생태계 자체를 구성하기도 하지만 생태계의 발전 및 진화에 큰 영향을 미치기 때문이다. 애플이 아이튠즈, 앱스토어를 중심으로 한 콘텐츠 소비환경을 만들어 시장을 장악할 수 있었던 것도 기존의 음원 및 콘텐츠 시장을 구체적으로 파악하고 있었고, 이를 바탕으로 이해당사자 그룹을 설득하고 비즈니스 모델을 구성한 것이 성공 이유이다.

둘째, 생태계 내 요구되는 변화 및 혁신의 수준에 따라 생태계 선도전략의 차별화가 필요하다. 이와 관련하여 Iansiti · Levien은 생태계 내 요구되는 변화 및 혁신의 수준과 구성개체 간 관계의 복잡성에 따라 오케

---

8) 김국태, "생태계 경영시대의 동반 성공전략", LG주간경제, 2005. 3. 9.

스트라, 지배자, 틈새전략 등 3가지 유형으로 생태계를 설명하고 있다. 오케스트라전략은 폭넓게 공유하고 있는 자산들을 파트너들과 공유함으로써 생태계의 전반적인 생명력을 높이기 위한 전체적인 통합자 및 조정자로서의 역할이 중요하다고 강조하고 있다.

셋째, 생태계 내 공동의 가치 창출·공유하는 동반성장 생태계구성이 지속성장에 매우 중요하다. 생태계 내 지배자가 전적으로 생태계의 가치 창출을 책임질 경우 생태계의 변화 기회가 줄어들 수 있기 때문에, 공동의 가치를 창출하고 그 성과를 공유하기 위한 개방형 생태계전략이 중요하다. 다만, 초기에 생태계를 발전시키기 위한 개방형 네트워킹이 시간이 경과함에 따라 예기치 못한 혁신이나 경쟁자의 출현 등으로 생태계의 위협이 될 수 있음을 유념해서 생태계 경쟁력을 지킬 수 있는 폐쇄형전략도 요구되고, 생태계 간 역동적인 변화 속에서 다양하고 유능한 파트너를 끌어들여, 생태계의 전략적 우위를 확보할 필요가 있다. 개별 기업 측면에서, 특정 생태계 내 생존이 시장에서의 생존을 보장해 주지 않음을 고려하여 자신만의 핵심 역량을 강화할 필요가 있고, 또한 네트워크활동 정도와 필요 역량의 소재에 따라 네트워킹 방식·조직구조·경영 시스템의 변화가 뒷받침되어야 할 것이다. 사실 생태계에서 영향력이 큰 기업이 수익의 상당 부분을 차지하고 1, 2, 3차로 이어지는 협력업체의 수익구조가 취약할수록 혁신성이 떨어져 생태계의 발전에 저해될 가능성 높아진다. 최근 애플이 30%를 웃도는 애플의 영업이익률과 함께 IT 선도기업으로 자리매김하는 동안, 애플 제품 대부분을 생산하는 팍스콘은 1~2%대 이익률밖에 취하지 못해 열악한 작업환경 등으로 인한 노동자 자살이 빈번하게 발생하는 등 문제가 된 적이 있다. 지속 가능한 생태계를 위해서는 이익 공유 등 상생 모델을 통해 가치사슬 기업들 간 갈등이 부상하지 않고 지속적 비즈니스구조를 지향할 필요가 있다.

합리적인 산업 생태계 설계

앞서 설명한 것처럼 산업 생태계는 비즈니스 생태계에 포함되는 개념으로 볼 수 있다. 여기서는 신규 설계단계와 경쟁력 지속 관점에서 생태계 방향을 제시하였다.

신규투자, 즉, 신산업 생태계를 조성하는 경우, ① 비즈니스 모델에 기인하는 지역적 특성(자원, 항만 등), ② 시장접근성 등 물류 교통 여건이 양호한 입지, ③ 생산에 요구되는 인력수급, ④ 조세·규제·금융 등 제도적 여건, ⑤ 전후방 가치사슬 집적도, ⑥ 노사 문제에 대한 지방정부 및 시민들의 친기업적 문화, ⑦ 중소기업에게 요구되는 지역 또는 혁신 클러스터에 대한 브랜드 효과, ⑧ 지식 자원 확보 용이성 등이 관계되고 산업 생태계 측면에서 이들 모든 변수가 정책의 대상이 될 수 있다고 판단된다.

경쟁력 지속 측면에서, ⑨ 글로벌 시장 변화에 따라 산업 생태계별로 천이되고 있는 비즈니스 모델의 경쟁력(기술, 표준·규제, 시장 모델의 변화-융·복합 등)이 고려될 수 있다. 이와 같은 산업 생태계 경쟁력 요인은 산업 생태계, 관련 산업집적지 단위별로 이들 변수의 완성도 수준을 평가하고 완성도를 높이는 정책이 요구된다. 이외에도 직접적인 전후방산업 생태계와 함께 간접적인 지원 생태계도 함께 고려될 필요가 있다. 전후방산업 생태계는 비즈니스 모델의 경쟁력 측면뿐만 아니라 합리적 거래관행을 갖는 협력문화 조성 노력도 요구되며, 유통·물류, 디자인 등 간접적인 지원 생태계도 함께 고려할 필요가 있다.

사람 중심 산업 생태계 조성

지식기반경제에서 창조경제시대로의 천이과정에서 사람의 중요성이 커지고 있어 '사람 중심 산업 생태계' 조성이 필요하다. 다양한 수준의 인력수급 및 활용을 위해서는 사람이 모일 수 있는 배후도시의 환경이 매우 중요하다. 고용 시장은 사람이 사는 질 높은 생활공간과 함께할 때 활성화될 수 있다. 김영생[9]의 연구의 의하면, 근무환경(어메니티)과 구인난은 연계관계를 갖고 있어 기업만의 노력으로는 해소 불가하다고 주장하였다. 어메니티와 구인난 정도의 관련성에 대하여 중소기업의 열악한 어메니티를 개선함으로써 중소기업의 구인난해소의 가능성을 파악할 수 있는지를 분석하였다. 회귀분석의 종속변인은 중소기업의 구인난 정도이고 독립변인은 어메니티를 구성하는 지역의 주변환경(쾌적성, 생태환경성), 사회(안전성, 교통편이성, 문화이용편리성, 기타시설편리성, 사회성, 경제성) 문화환경(조경과 경관, 역사문화성) 등으로 구성되었다. 다중회귀분석 결과 모델은 유의한 것으로 나타났다. 유의한 변인은 주변환경 만족도의 생태환경성, 사회여건 만족도의 안전성, 교통시설편리성, 문화이용편리성, 사회성, 경제성으로 나타났다. 결과적으로 중소기업의 구인난 해소를 위해서는 중소기업이 집적지역에 대한 환경개선과 편의성 확장을 통해서 더 많은 젊은 인력이 유입될 수 있음을 알려주는 근거라고 할 수 있다.

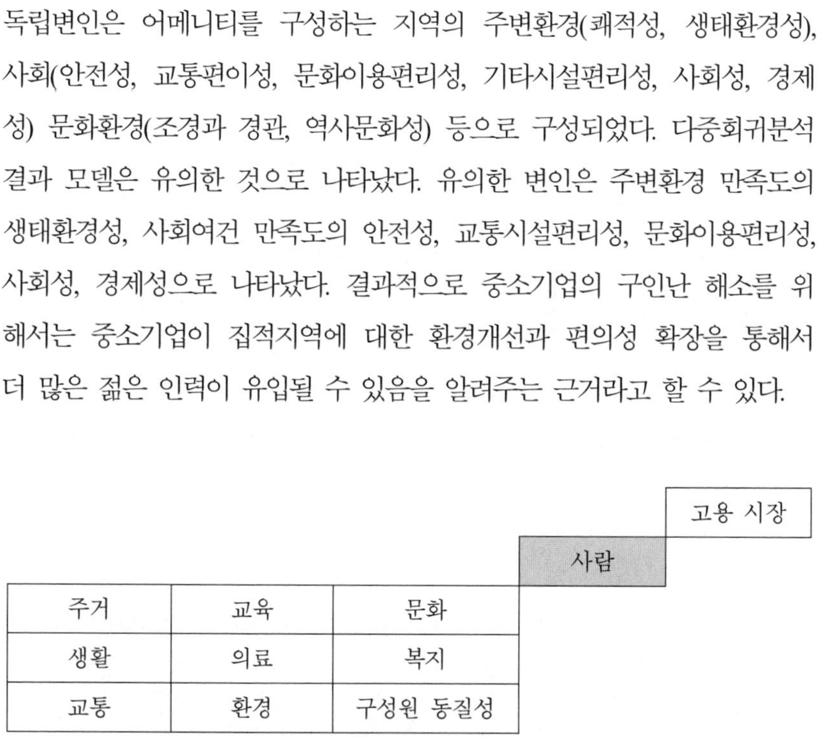

		고용 시장
	사람	

주거	교육	문화
생활	의료	복지
교통	환경	구성원 동질성

<그림 Ⅲ-5-1> 산업진흥을 위한 배후 도시 생태계 진단변수

---

9) 김영생 외, 『구직구인난 불일치 해소를 위한 산학연계시스템』, 한국직업능력개발원, 2010.

▣ 참고문헌

김경연, "시장을 선도하는 산업 생태계 만들기", 엘지경제연구원 Working Paper.

김국태, "생태계 경영시대의 동반 성공전략", LG주간경제, 2005. 3. 9.

박세정·이진상, "글로벌 비즈니스의 기반 파트너 생태계", LG Business Insight, 2008.

김영생 외, 『구직구인난 불일치 해소를 위한 산학연계시스템』, 한국직업능력개발원, 2010.

김창욱·윤영수·채승병, 『이머전트 코퍼레이션』, 삼성경제연구소, 2009.

윤영수·채승병, 『복잡계 개론』, 삼성경제연구소, 2005.

이순룡, 『제품·서비스 생산관리론』, 법문사, 2011.

최윤식, 『2030 대담한 미래』, 지식노마드, 2013.

Iansiti, M. and Levien, R., *The Keystone Advantage : What the new Dynamics of Business Ecosystems Mean for Strategy, Innovation, and Sustainability*, Harvard Business School Press, 2004.

Iansiti, M. and Rchards G. L., "The information technology ecosystem : Structure, health, and performance", *The Antitrust Bulletin*, Vol. 51, No. 1, 2006.

Moore, James F., "Predators and Prey : A New Ecology of Competition", *Harvard Business Review* 71(3), 1993.

IV장 산업 생태계 통합적 분석방법

1. 산업 생태계 통합적 분석모형

산업을 정확히 구분하기가 어렵다

중학교 때인가? 고등학교 때인가? 사회시간에 1차 산업은 자원을 채취하고 생산하는 농·임·수산업, 2차 산업은 자원을 제조하는 제조업, 3차 산업은 생산된 물자를 수송 및 판매하는 서비스업으로 분류했던 기억이 난다. "다음 열거된 산업 중 그 내용이 다른 것은?"이란 질문은 중간·기말시험의 단골 문제였던 것 같다. 필자가 중·교교를 다닌 시점이 1980년대 초반인 것을 고려하면 당시 우리나라는 제조업 중심으로 성장을 하였고, 자동차, 조선, 화학, 철강, 항공, 의류 등 이런 형태로 분류된 제조업을 이해하고 생활하는 데 큰 의구심이 없었다.

4년 전인 것으로 기억된다. 차를 좋아하는 친구와 같이 저녁을 먹다가 친구가 문득 "자동차가 자동차산업이냐? 전자산업이냐?" 라는 질문을 나에게 했다. 나는 "차니깐 자동차산업이지 그런 이상한 얘기를 하고 그러냐?" 라고 핀잔을 주었는데, 친구 얘기를 들으니 질문이 이해가 되었다. 친구 얘기의 요지는 차에 전자부품이 너무 많아 차를 타는 건지 전자제품을 이용하는 것인지 헷갈린다는 것이다. 이동수단의 기능을 제공한다는 점에서 자동차산업인 것은 분명하지만 엔진과 차체 그리고 타이어를 제외하고, 대부분 전자부품에 의하여 차가 이동하는 것을 고려하면 친구의 질문이 이해가 간다.

전화기는 분명 통신기기산업이다. 그런데 스마트폰에는 컴퓨터, 디스플레이, 반도체, 비철금속, 가전과 같은 2차 산업뿐만이 아니라 정보 서비스, 출판, 방송, 교육 등과 같은 서비스업의 성격도 포함하고 있다. 제품이 제공하는 핵심기능으로 보자면 스마트폰의 핵심기능이 폰이고(우리나라 말은 뒤에 붙은 말이 중요하다고 한다) 나머지 기능은 통신망을 근간으로 제공되는 서비스이기 때문에 통신기기업이 맞다. 그러나 개인적으로 스마트폰으로 전화하는 시간보다 사진 찍고, 게임하고, 동영상 보는 시간이 더 많은 것 같다.

확실한 것은 이제는 **모든 산업이 같이 어울린다는 것이고, 산업 간 구분이 모호해지고 있다는 것**이다. 이러한 이유로 인하여 생태계를 사회과학에 처음 도입한 Moore는 산업(Industry)이라는 용어는 비즈니스 생태계(Business Ecosystem)로 대체되어야 한다고 주장하였다.

Moore(1998) suggests that the term '**Industry' should be replaced with the term business ecosystem**, since nowadays you cannot divide economic activities under specific industries. Business ecosystems are based on **core capabilities**, which are exploited in order to produce the core product. In addition to the core product, a **customer receives "total experience"** which includes **a variety of complementary offers**.

산업 패러다임의 변화 - 기술혁신에서 융합으로

전통적인 산업 패러다임 관점에서 개별산업은 각 가치사슬(소재 · 부품의 공급체인, 모듈 생산, 완제품 생산, 유통 서비스)**의 기술혁신을 통하여 부가가치를 높이는 경쟁력 강화가 중요**하였다. 실제로 기술혁신은 생산성 향상과 경제 전반에 파급되는 효과로 인하여 수익성을 높이고 경제 전반의 고용을 창출하는 데 긍정적인 역할을 한 것으로 평가받고 있다. 그러나 기술혁신은 숙련노동자에 대한 수요는 증가시키는 반면 비숙련노동자에 대한 수요는 위축시키는 숙련편향적인 형태를 취함에 따라 소득불균형 심화의 주요한 원인으로 작용한다는 비판도 존재한다. 기술혁신은 상당한 작업들을 노동에서 기계와 컴퓨터로 노동력을 대체시키기 때문에, **기술혁신이 다른 분야로 파급되어 새로운 산업을 창출하지 못한다면 장기적으로 일자리를 줄이게 될 것은 직관적으로 타당**해보인다.

기술혁신의 한계인지 최근 들어 기술혁신이라는 용어보다 산업융합이라는 용어가 더 많이 들린다. 융합이 지금 시대의 가장 큰 키워드인 것은 모두가 공감할 것이다. 융합이 대두되는 것은 어찌보면 당연하다. 기업 간 경쟁격화, 소비자의 니즈다양화, 정보통신기술이 급속도로 발전함에 따라 **전통적인 산업 패러다임과 산업 간의 구분이 와해되고 이에 따라 산업 간의 융합이 메가트렌드로 부각**되고 있다. 소비자들은 융합제품 및 서비스를 통해 편리함, 즐거움, 다양한 기능을 요구하고 있다. 소비자들이 스마트폰에 대해 요구하는 기능이 어디까지일까도 궁금하다. 자동차산업과 ICT산업이 결합되어 운전자 없이 운전하는 스마트카가 상용화된다면 대리운전은 없어질까? 병원에 가지 않고 집에서 진료받고 치료받는 원격진료가 상용화된다면 의료산업에는 어떤 영향을 미칠 것인가? 기업의 입장에서는 기술의 범용화 및 기술혁신의 한계로 기존산업은 포화상태에 이르렀기 때문에, 융합전략을 통하여 신규사업 기회를 창출하고 새로운 성장동력을 확보하는 전략 마련에 박차를 가하고 있다. **바야흐로 합쳐야 살아날 수 있는 시대가 오고 있는 것이다.**

18세기 노동자본 중심의 농경시대, 19세기 기술 중심의 산업시대, 20

세기 IT 중심의 정보화 시대를 거쳐 **21세기는 가치, 감성, 창의성을 중요시하는 융합의 시대로 접어든 것이다.**

국내 경제환경이 심상치 않다

국가경제의 장기적인 건전성을 측정할 수 있는 지표로 가장 널리 사용되는 것이 잠재성장률이다. 잠재성장률은 급격한 물가상승을 유발하지 않는 상황(적절한 인플레이션 수준)에서 그 나라가 사용 가능한 자원을 활용해 최대한 성장할 수 있는 성장률을 의미한다. OECD(2011)의 보고서에 따르면 우리나라의 잠재성장률은 2012년~2025년에는 2.4%로 하락할 것으로 전망하고 있다. 이는 2008년~2012년의 3.8%보다도 낮은 수치이다.

그 원인으로 투자부진에 따른 자본축적 저하와 인구구조 고령화와 취업기회 감소로 인한 노동투입력의 약화가 주 원인으로 지적되지만, **신(성장)산업 출연의 지연도 잠재성장률 하락의 주요 원인으로 제시**되고 있다. 또한 우리나라의 경제성장의 견인차 역할을 한 **주력산업의 성장률도 하락**(수출주력 10대 산업이 전체 수출에서 차지하는 비중: 2010년 73.9% → 2012년 69.0%로 하락)하고 있다. 게다가 선진국 추격형 성장과 '선택과 집중' 방식의 경제운용으로는 대기업, 수출산업, 제조업과는 달리 중소기업 내수산업, 서비스산업의 생산성이 정체되어 이들 부분 간의 불균형이 심화되는 한계에 직면하고 있다.

돌파구! 생태계 관점으로 접근하자

산업 패러다임 변화와 국내경제의 잠재성장률 하락에 따라 우리나라의 산업정책도 과거 개별 산업 관점에서의 미시적 접근이 아닌 **전체 산업의 관점에서 산업 간 그리고 외부환경과의 상호작용을 고려한 생태계**

관점으로의 접근 필요성이 제시되고 있다.

생태계(Ecosystem)[1]란 용어는 1935년 탠슬리(Tansley)가 처음으로 사용한 용어로 주로 생물학에서 사용되는 용어임에도 불구하고, 단어의 개념이 갖는 매력 — 자생적 복원능력, 자기증식, 서로 다른 구성요소의 성장을 지원, 지속가능성, 상호작용을 통한 공진화(co-evolution) — 으로 인하여 1980년대 이후 경영학 및 사회과학에서 자주 사용되고 있다. 최근들어 정부에서 발표되는 정책을 살펴보면 생태계란 용어가 공통으로 사용되고 있는 것을 보면 '생태계' 또한 '융합'과 더불어 이 시대의 가장 큰 키워드라는 것은 분명해보인다.

생태계를 사회과학에 가장 먼저 접목한 Moore(1993)는 산업 생태계는 생성(Birth), 확장(Expansion), 리더십(Leadership), 자기갱신(Self-Renewal)의 진화단계를 거친다고 언급하였다.

The life-cycle of a business ecosystem can be divided into four stages. In the **birth stage** it is essential to do more than just satisfy customers. In the **expansion stage** the scale-up potential of the business concept is tested. In the **leadership stage** the business ecosystem reaches stability and high profitability. The final stage, **self-renewal or death**, is caused by the threat of rising new ecosystems. (Moore 1993, 76)

생태계 진화 관점에서 **산업 생태계는 신기술 개발, 규제철폐, 고객행동의 변화로 전통적인 산업 패러다임이나 산업계의 구분이 와해되고 기존의 경영 및 산업 모델이 붕괴된다는 관점에 기초**하고 있다. 따라서 유망한 산업, 즉 **새로운 성장동력산업 분야를 찾아내려는 전략**은 산업구조

---

1) 생태계(ecosystem)란 1935년 영국의 식물생태학자인 탠슬리(Tansley)가 특정 자연환경과 그 속에서 생존, 번식, 및 진화하는 생물 간의 관계를 연구한 결과로 제시한 개념으로 생물공동체(유기체)와 이를 지탱하는 환경(무기체)이 상호작용하는 공간을 의미.

의 고정성을 전제로 하지 않으며 **빠른 속도로 진화·발전하는 산업구조의 변화를 인식해야 한다는 점을 시사**하고 있는 것이다.

비즈니스 생태계가 성장하기 위해서는?

비즈니스 생태계에서 개별 기업은 기업 자신의 경쟁력에 의해 성과가 결정되지만, 기업이 속한 생태계와 운명을 같이하기도 한다. 따라서 비즈니스 생태계에서 개별 기업은 자신의 이익뿐만 아니라 생태계 전체의 건강을 개선하는 데도 노력해야 한다. **비즈니스 생태계의 건강을 위해서는 해당 생태계 구성원들끼리 이용할 수 있는 플랫폼(Platform)을 구축하는 것이 중요**하다. 플랫폼이란 공통자산(common asset)으로 서비스, 도구, 기술 등의 형태로 나타나며, 생태계의 다른 개체들이 성과를 높이기 위해 공통으로 활용할 수 있는 것을 의미한다. 월마트는 자신들의 조달시스템을 공급업자들에게 제공함으로써 고객의 수요 변화와 선호 변화에 대한 실시간 정보를 제공하여 비용 위위를 제공함으로 성장할 수 있었다. 마이크로소프트는 툴과 기술을 SW업체들에게 제공함으로써 윈도우 OS를 널리 보급하는 데 적합한 프로그램 개발을 촉진하였고, 이는 결국 윈도우 운영프로그램의 안정적 공급을 가져올 수 있었다. 스마트폰 시장의 싸움도 결국에는 안드로이드냐? IOS냐? MS냐?와 같은 플랫폼 싸움인 것이다.

산업 생태계를 이해하고 성장시키기 위해서는 다음의 내용을 이해하는 것이 중요하다. 첫째, **상호 의존성이 중요**하기 때문에 기업의 성과는 외부의 다른 기업의 자산에 점차 의존하게 된다. 둘째, **기업 간 경쟁에서 생태계 간 경쟁으로 변화**하게 된다. 여러 생태계에 걸쳐 기술혁신이 발생하고 생태계 내에 다양한 조직이 있어 기업 간 경쟁에서 생태계 간 경쟁이나 시스템 영역 간 경쟁으로 경쟁의 양상도 변화한다. 셋째, 기업이 속한 **네트워크화된 환경의 중요성**이 높아진다. 네트워크 전체의 건강을 평가하지 않고 단기적인 금융이익을 추가하여 생태계 전체의 붕괴를 초래할 수도 있고, 반대로 월마트와 같이 비록 엄격한 요구조건이 있었으나 대부분 번영을 유지할 수도 있을 것이다.

생태계 진화단계를 고려한 산업유형

Moore가 제시한 산업 생태계의 발전단계는 현 정부의 산업유형에 적용할 수 있다. 현 정부의 산업 발전전략을 살펴보면 산업군은 ① 미래를 선도형 신산업군, ② 주력산업군, ③ 주력산업의 고도화군(신성장동력산업군)으로 분류된다. 이러한 분류를 생태계 진화단계별로 분류하면 다음과 같이 매칭될 수 있으며, 기술혁신과 융합은 산업 생태계의 동태적인 진화를 이루는 전략적인 도구로서의 역할을 수행하게 된다.

<생태계 진화단계별 산업유형>

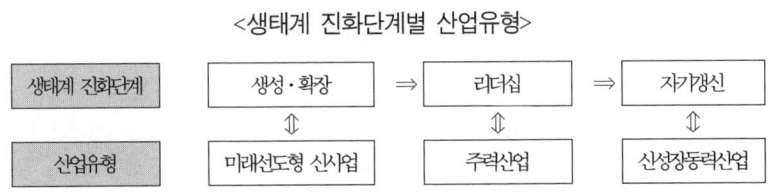

전술한 바와 같이 산업 생태계가 진화하기 위해서는 산업 생태계의 변화를 유인할 수 있는 신산업의 창출과, 기존 주력산업의 고도화가 필요하다. 신산업 창출의 관점에서는 선도산업(신산업) 혹은 주력산업의 변화를 동인으로 하는 산업구조의 동태적인 변화가 중요하다. 이를 위하여 과거 분절형 R&D에서 벗어나 아이디어와 창의력, 과학기술과 정보통신기술, 문화가 미래를 선도하는 신산업의 창출로 이어지는 창의형 연구개발 시스템으로의 전환이 필요하다. 또한 주력산업의 고도화 관점에서는

기존 R&D투자를 통한 핵심원천기술과 상용화 기술 확보도 중요하지만 상상력과 창의력, 과학기술과 ICT 간 융합과 산업 간 원활한 융합, 전 산업의 접목을 통해 기존 주력산업을 고도화하는 전략이 필요하다. 산업 구조의 변화에 선도적으로 대응하기 위해서는 정부의 산업정책도 과거 가치사슬을 기반으로 한 산업정책의 수립에 머무를 것이 아니라, **산업 생태계의 진화단계별로 산업을 재분류하고 단계의 특성을 고려한 산업 정책을 수립하는 것이 요구된다고 할 수 있을 것이다.**

제안: 산업 생태계 관점에서 통합적 접근

지금까지 산업의 분석체계는 산업 내의 가치사슬 관점에서 기술혁신을 통한 각 가치사슬의 부가가치를 높이는 관점으로 접근하였다. 그러나 융합이 산업의 메가트렌드로 부각되면서 더 이상 산업 간의 구분이 모호해짐에 따라 생태계적 관점의 접근이 필요함을 언급하였다. **본서에서는 전통적인 가치사슬의 관점과 생태계 진화단계의 두 개의 축을 동시에 고려하는 통합적 접근방법**을 제안하고자 한다.

□ 가치사슬 관점에서의 산업유형분류

종축은 가치사슬 관점으로 크게 제조업과 창의산업으로 분류하고자 한다. 창의산업이란 지식산업, 디자인, 엔지니어링 등 사람의 전문성과 개인 서비스에 의하여 비즈니스 모델의 가치와 생산성이 결정되는 산업을 의미한다. 창의산업에 대한 자세한 내용은 1부 III장의 생태계의 개념과 유형을 참조하기 바란다.

제조업은 가치사슬 관점으로 원재료 → 소재 → 단부품 → 모듈부품 → 완제품 → 유통/물류의 총 6단계로 구분할 수 있다. 또한 창의산업은 가치사슬 관점에서 콘텐츠(C) → 플랫폼(P) → 네트워크(N) → 디바이스(D)의 4단계로 분류할 수 있다. 한편 생산기반산업(뿌리산업)은 소재산업과 완제품 조립산업의 중간지점에 위치하며, 가치사슬의 특정단계에 포함되기보다는 완제품 이전 단계의 가치사슬 전 영역에 걸쳐 각 가치사슬의 생산성을 좌우하는 산업으로 분류하는 것이 타당하다. 또한 유통/물류는 현재 산업부의 조직도에서는 창의산업으로 분류되어 있으나, 생산된 유형의 제품이 소비자에게 전달되면서 부가가치를 창조하기 때문에 제조 분야의 가치사슬에 포함하는 것이 바람직할 것이다.

디자인산업은 과거에는 그 속성상 창의산업의 속성을 많이 보유하고 있지만, 최근 들어서는 제품의 성과가 제품이 제공되는 효용보다 디자인에 의해 결정되어 제조업과도 분리될 수 없기 때문에 제조업과 창의산업의 두 영역에 공통으로 적용하는 것이 바람직할 것이다.

□ 생태계 진화 관점에서의 산업유형분류

횡축은 산업 생태계 진화단계로 생성 및 확장 → 리더십 → 자기재생의 단계로 분류할 수 있다. 본서에서는 생성 및 확장단계를 선도형 신산업군으로, 리더십단계를 주력산업으로 자기재생단계를 신성장동력산업으로 분류하고, 선도형 신사업과 신성장동력을 이끌어내는 동인을 기술혁신과 융합으로 분류하고자 한다.

□ 산업 생태계의 통합적 분석모형

지금까지의 산업분류는 제품이 제공하는 핵심기능에 따라 아래의 표와 같이 자동차, 조선, 철도, 항공과 같은 제조업, 도소매업, 운수/보관, 방송, 통신 등과 같은 서비스업 등으로 분류되었다. 이에 따라 정부의 산업정책과 부서도 개별 산업을 진흥하기 위한 정책들이 수립되었다.

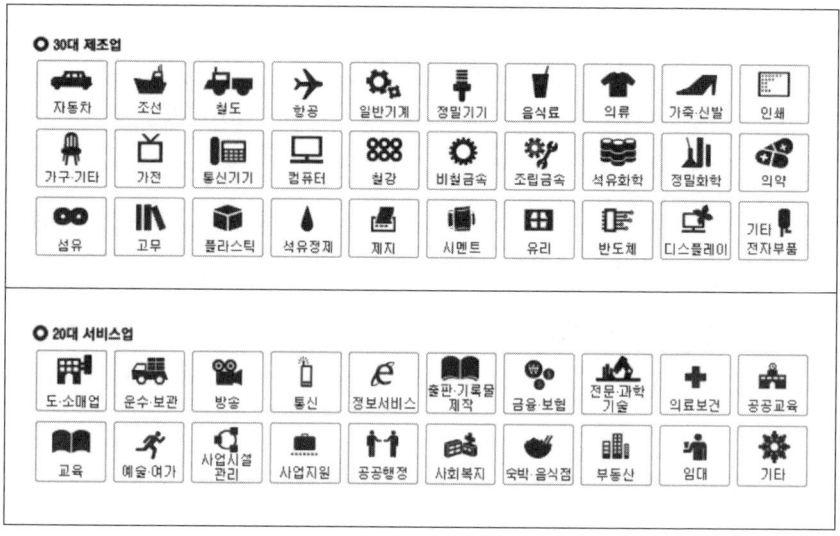

그러나 본서에서 제안하는 생태계 관점에서 산업분류는 기존의 체계와는 다른 관점으로 접근하고자 한다. 융합으로 인하여 산업 간의 구분이 없어지게 되고, 생태계 구성원과 외부환경과의 상호작용이 생태계의 생존을 결정하고, 플랫폼을 기반으로 하는 생태계 간 경쟁이 심화되지만 공진화하면서 발전하는 시대에 **가치사슬을 기반으로 하는 기존의 산업분석체계로는 미래를 대비할 수 없기 때문**이다. 이상의 논의를 바탕으로 가치사슬 관점과 생태계 진화단계를 고려한 산업 생태계의 통합적 분석모형을 제시하고자 한다.

예를 들어 제조업으로 분류되던 자동차산업은 생태계 관점에서는 다양한 영역에 속할 수 있을 것이다. **기존의 전통적인 자동차는 주력산업**에 속할 것이고, **스마트카는 융합을 기반으로 한 신성장동력산업**으로 분류될 수 있을 것이다. 하늘을 나는 자동차가 나온다면 해당 산업은 기술혁신을 기반으로 한 신성장동력산업에 속하게 될 것이다.

<산업 생태계의 통합적 분석모형>

분야 / 가치사슬 (생태계 진화단계)		Birth & Expansion		Leadership	Self-renewal or death	
		선도형 신산업		주력산업	신성장동력산업	
		기술혁신 기반	융합 기반		기술혁신 기반	융합 기반
제조업	가치사슬 소재					
	단부품					
	모듈부품					
	완제품					
	유통/물류					
	생산기반산업 (뿌리산업)					
	디자인					
창의산업	가치사슬 콘텐츠					
	플랫폼					
	네트워크					
	디바이스					

물론 이상의 표와 같은 산업분석모형을 완성하기에는 많은 시간과 노력이 필요할 것이다. 그러나 분명한 것은 기존의 산업분류체계로는 우리나라의 경제성장도 한계에 부딪힐 것이라는 것이다. 이미 **세계경제는 산업 간 경쟁에서 플랫폼을 중심으로 하는 생태계 간 경쟁으로 재편**되고 있다. 우리나라도 **산업정책의 패러다임을 통합적 생태계 관점**으로 전환할 필요성이 있는 것이다.

자연 생태계 내에서 생물은 자연환경과의 상호작용을 통해 생존 및 번식의 과정을 수행하고, 환경조건에 최적인 형태로 진화한다. 또한 생물은 환경에 적응하는 것에 그치지 않고 환경을 자신의 생존 및 번식에 유리하도록 변화시키기도 한다. 결국 이러한 생물 종 간 그리고 생물과 환경과의 상호작용은 공진화 현상을 일으키며 생태계를 보전하게 된다. **나는 공진화라는 용어가 좋다.** 생태계에서 공진화란 생물들이 서로 경쟁하고 협력하면서 진화하는 것을 의미한다. 예를 들어 치타는 생존을 위해 속도가 느린 영양을 잡아먹고, 속도가 빠른 영양이 살아남아 영양의 평균속도가 빨라지게 된다. 영양의 평균속도가 빨라지면 치타의 평균속도도 높아지게 되고, 결국 영양과 치타의 상대속도에는 변화가 없어진다는 것이다. 만약 이러한 공진화의 개념을 비즈니스 생태계에도 적응할 수 있다면 우리 사회가 풀어야 할 가장 큰 숙제인 양극화의 문제를 해결할 수 있지 않을까? 경제 시스템 구성원끼리 서로 발전하면서 너무 멀어지지 않는 그래서 같이 공존할 수 있는 경제 시스템이 구축될 수 있지 않을까? 이기적 동물인 인간이 서로간의 간격을 좁히기는 어려울 것이다. 저자가 바라는 것은 생태계 관점에서 산업정책을 수립하여 구성원 간의 격차가 더 이상 벌어지지 않기를 바라는 것이다.

2. 비즈니스 생태계 모니터링 지표의 설계

비즈니스 생태계 모니터링 지표의 도출

최근 들어 지속 가능한 성장(Sustainable Development), 지속 가능한 경영(Sustainable Management)이 화두가 되고 있다. 지속 가능한 발전이란 환경을 보호하고 빈곤을 구제하며, 장기적으로 성장을 이유로 단기적인 자연 자원을 파괴하지 않는 경제적인 성장을 창출하기 위한 집합을 의미한다. 1987년 발표된 유엔의 보고서 "우리의 미래"(브룬트란트)에서 처음 언급된 개념으로 "미래 세대가 그들의 필요를 충족시킬 능력을 저해하지 않으면서 현재 세대의 필요를 충족시키는 발전"으로 정의되어 이후 다양한 분야에서 사용되고 있다.

지속 가능한 발전의 개념은 생태계에서가 추구하는 핵심가치이자 지향점이고 건강한 생태계가 유지되어야만 달성이 가능하다. 사회의 균형적 발전을 위해서 건강한 생태계를 유지하는 것이 중요하다면 정부는 건강한 생태계를 유지하기 위하여 지속적으로 관찰하고 지원정책을 수립해야 할 것이다. 그렇다면 **건강한 생태계를 어떻게 측정할 수 있을까?** 생태계의 건강성은 개별산업의 건강성과는 다른 의미이다. 특정 산업의 경쟁력은 그 산업의 국내 및 세계 시장에서의 점유율과 높은 성장률에 의해 측정될 수 있지만, 비즈니스 생태계의 건강성은 생태계를 구성하는 그리고 생태계에 의존하고 있는 모든 개체들에게 지속적으로 성장하는 기회를 제공하고 있는 가를 측정하는 개념이다.(김영수 외, 2012)

Iansiti & Levien(2004)은 비즈니스 생태계의 핵심성공요인으로 생산성 (Productivity), 강건성(Robustness) 그리고 새로운 기업에 대한 틈새시장과 기회의 제공을(The ability to create niches and opportunities for new firms) 제시하고 있다. 생물 생태계의 경우 생산성이란 원재료를 얼마나 효과적으로 유기물로 변환시키는가를, 강건성이란 생태계에 의존하는 개체들이 환경 변화에 직면하여 생태계가 존속될 수 있어야 함을 의미한다. 이를 비즈니스 생태계에 접목하면 생산성이란 원재료를 더 낮은 비용으로 새로운 제품, 새로운 기능으로 전환시키는 능력을 의미하며, 강건성이란 생태계 참여자들의 협력 및 연계 그리고 경쟁을 통하여 외부충격에 대한 극복할 수 있는 역량을 의미한다고 할 수 있다. 새로운 기업에 대한 틈새시장과 기회의 제공의 확산성을 의미할 수 있을 것이다.

본서에서는 Iansiti & Levien(2004)의 연구를 바탕으로 생태계의 건강성을 진단하는 지표로 재무적 성과, 강건성, 확장성(새로운 기업에 대한 틈새시장과 기회의 제공)을 제시하고자 한다. 여기서 **재무적 성과는 Iansiti & Levien(2004)가 제시한 생산성을 비롯하여 수익성, 성장성, 시장점유율을 포함하는 개념**이다. 비즈니스 생태계는 이익을 창출해야 유지가 가능하기 때문에 생물 생태계의 생산성에 기업의 재무적 건강성을 평가하는 지표를 추가하였다. 생산성을 평가하는 지표는 해당 산업의 총요소생산성2)을 제시하고자 한다. 또한 수익성은 해당 산업의 영업이익률(영업이익/매출액)로, 성장성은 해당 산업의 매출성장률과 영업이익성장률로, 시장점유율은 해당 산업이 전체 산업에서 차지하는 비중으로 측정하고자 한다. 총요소생산성이 높을수록, 수익성이 높을수록, 성장성이 높을수록, 시장점유율이 높을수록 해당 산업의 건강성은 높다고 판단할 수 있을 것이다.

강건성은 외부충격에 대응하는 생태계의 능력을 평가하는 지표로 생물 생태계에서 요구되는 생존능력과 함께 산업의 매력도를 측정하는 마이클포터의 산업구조모형에서 사용되는 대체재의 위협, 진입장벽, 공급자협상력, 구매자협상력의 4개 지표를 이용하고자 한다. 여기에 생태계 구성원들끼리 공유할 수 있는 플랫폼과 같은 공통자산까지를 포함하여 강건성을 평가하는 지표로 사용하고자 한다. 여기서 생존능력은 해당 산업에 속한 기업의 생존율과 평균생존기간을, 대체재의 위협은 해당 산업을 대체할 수 있는 대체재의 수, 상대가격, 대체재의 시장 규모, 전환비용을, 진입장벽은 해당 산업의 자본집중도, 자본소요량, 제품차별화 정도, 유통망에 대한 접근성, 정부규제 및 특허를, 공급자 협상력은 해당 산업의 공급자 시장의 집중도, 원재료비용/총비용, 공급자의 전환비용, 가격민감도를, 구매자협상력은 해당 산업의 구매자 시장의 집중도, 순이익/매출액, 구매자의 전환비용, 가격민감도를 공통자산은 플랫폼의 구축 여부, 플랫폼 참여 기업의 수를 이용하고자 한다. 강건성이 외부환경의 충격에 대응하는 능력을 본다는 관점에서 생존율과 평균생존기간이 길수록, 대체재의 위협강도가 낮을수록, 진입장벽이 높을수록, 공급자 및 수요자에 대한 협상력이 높을수록 강건성이 높다고 판단할 수 있다. 플랫폼은 해

---

2) 총요소생산성(Total Factor Productivity or Multifactor Productivity)이란 노동과 자본 등 총요소투입 단위당 산출량의 변화율을 의미하며, 이것은 산출증가율을 요소투입에 의한 기여분과 총요소생산성 증가에 의한 기여분으로 분해하는 방법에 의해 측정된다.

당 산업에서 이용 가능한 공통자산에 대한 대용치로, 플랫폼이 구축되어 있다는 것은 해당 산업에 참여하는 구성원들끼리의 결속력이 높다는 것을 의미하기 때문에 강건성을 높일 수 있는 좋은 수단이 될 것이다.

확장성(새로운 기업에 대한 틈새시장과 기회의 제공)은 시장집중도와 신규 기업의 창출, 해당 산업의 참여도, 틈새시장의 4가지 지표를 사용하고자 한다. 시장집중도는 허핀달지수를, 신규 기업의 창출은 해당 기업의 창업률(창업기업의 수/참여기업의 수)을 참여도는 해당 산업의 참여기업의 수를, 틈새시장은 틈새제품의 수와 틈새제품의 해당 산업 내의 비중을 사용하고자 한다.

물론 비즈니스 생태계의 개념 자체가 생소한 상황에서 저자가 제시하는 지표가 생태계의 건강성을 측정할 수 있는 보편적인 지표라고 단정할 수 없다. 단지 생태계의 건강성을 측정할 수 있는 다양한 지표에 대한 한명의 의견일 것이다. 그러나 **각 영역의 핵심지표는 생산성, 생존능력, 시장집중도가 될 것이라는 것은 어느 정도 확신할 수 있다.** 이상의 내용을 도식화하면 다음과 같다.

<지속 가능한 생태계를 위한 모니터링 지표>

대분류	중분류	세부지표
재무적 성과	생산성*	총요소생산성*
	수익성	해당 산업의 영업이익률(영업이익/매출액)
	성장성	해당 산업의 매출성장률, 영업이익성장률
	시장점유율	해당 산업이 전체 시장에서 차지하는 비중
강건성	생존능력*	해당 산업에 속한 기업의 생존율, 평균생존 기간
	대체재의 위협	해당 산업을 대체할 수 있는 대체재의 수, 상대가격, 대체재의 시장 규모, 전환비용

	진입장벽	해당 산업의 자본집중도, 자본소요량, 제품 차별화 정도, 유통망에 대한 접근성, 정부규제 및 특허
	공급자협상력	해당 산업의 공급자 시장의 집중도, 원재료 비용/총비용, 공급자의 전환비용, 가격민감도
	구매자협상력	해당 산업의 구매자 시장의 집중도, 순이익/매출액, 구매자의 전환비용, 가격민감도,
	공통자산	플랫폼의 구축 여부, 플랫폼 참여 기업의 수
확장성	시장집중도*	허핀달지수
	신규 기업의 창출	해당 산업의 창업률 (창업 기업의 수/참여 기업의 수)
	참여도	해당 산업의 참여기업의 수
	틈새시장	틈새제품의 수, 틈새제품의 해당 산업 내의 비중

*는 각 단계의 핵심지표를 의미

비즈니스 생태계 단계별 주요 전략

본서에서는 비즈니스 생태계의 통합적 접근 방식으로 기존의 가치사슬에다 비즈니스 생태계의 진화단계를 고려하는 모형을 제시하였다. 그렇다면 생태계 각 진화단계의 주요 특징들, 즉 생태계 구성원들의 의사결정 시 고려해야 할 요인들은 어떠한 것이 있을까? Moore(1993)는 비즈니스 생태계의 각 진화단계에 따라 생태계 내의 기업들이 직면해야 하는 과제들에 대하여 협력적 도전(cooperative challenge)과 경쟁적 도전(competitive challenge)로 나누어 제시하고 있다.

탄생단계에서는 고객들이 무엇을 원하는가에 대한 정의와 새로운 제품이 제공하는 가치를 전달하는 데 중점을 둔다. 탄생단계에서의 승자는 단기적으로는 새로운 제품과 서비스에 대한 고객가치명제(value proposition)

를 정의하고 실행하는 자가 될 것이다. 실제로 개인컴퓨터시대를 연 마이크로프로세서는 1970년 초에 개발되었지만, 이러한 혁신적 기술은 몇 년 동안 방치되었고, 결국 기존의 컴퓨터와 다른 고객가치명제(hardware→software)를 제시한 Tandy사와 Apple사에 의하여 상용화된 것이다. 이 단계에서는 핵심선도고객과 주공급업자 그리고 유통채널을 단단히 결속하는 것이 중요하다. 확장단계에서는 시장점유율과 공급을 확대하기 위하여 공급업자, 파트너와 함께 큰 시장에 제품의 제공, 유사한 아이디어의 대안적 제공자의 패퇴, 주요 시장의 지배를 통하여 자사의 접근법이 시장표준이 될 수 있도록 노력하는 것이 중요하다. 리더십단계에서는 공급업자와 고객이 제품에 대한 개선을 위해 공동으로 일할 수 있는 비전의 제시, 혁신고객과 가치공급업자들을 포함한 생태계 내의 참여자와 관계에서 강한 협상력을 유지하는 것이 중요하다. 마지막으로 자기갱신의 단계에서는 현재 생태계에 새로운 아이디어를 제시할 수 있는 혁신자와의 협력, 혁신자들이 대안적 생태계를 구축할 수 없는 높은 진입장벽을 유지, 새로운 아이디어 제품과 서비스에 융화될 수 있는 시간을 벌기 위한 고객의 전환비용을 높게 유지하는 것이 중요하다.

<비즈니스 생태계 진화단계별 주요 전략>

	협력적 도전	경쟁적 도전
Birth	고객과 공급자와 함께 초기혁신에 대한 새로운 가치를 공유	-유사한 사업자로부터 새로운 아이디어를 보호 -핵심선도고객, 주공급자와 주요 유통채널을 단단히 결속
Expansion	시장점유율과 공급을 확대하기 위하여 공급업자, 파트너와 함께 큰 시장에 제품을 제공	-유사한 아이디어의 대안적 실행자를 패퇴 -주요 시장의 지배를 통하여 자사의 접근법이 시장표준이라는 것을 인식시킴

Leadership	공급업자와 고객이 제품에 대한 개선을 위해 공동으로 일할 수 있는 비전을 제시	혁신고객과 가치공급업자들을 포함한 생태계 내의 참여자와 관계에서 강한 협상력을 유지
Self-renewal	현재 생태계에 새로운 아이디어를 제시할 수 있는 혁신자와 협력	-혁신자들이 대안적 생태계를 구축할 수 없는 높은 진입장벽을 유지 -새로운 아이디어 제품과 서비스에 융화될 수 있는 시간을 벌기 위한 고객의 전환비용을 높게 유지

비즈니스 생태계 단계별 모니터링 지표의 중요도

이상의 논의를 통하여 비즈니스 생태계의 주요 지표와 각 성장단계의 주요 특성에 대하여 살펴보았다. 마지막으로 비즈니스 생태계 진화단계별 주요 지표의 중요도를 제시하고자 한다. 이를 위해 도출된 지표를 바탕으로 하여 각 진화단계의 특성까지를 고려하여 중요도를 설계하고자 한다.

생산성으로 대표될 수 있는 재무적 성과는 확장단계와 리더십단계에서 극대화되고 이후 자기갱신의 단계에서는 상대적으로 낮게 나타날 것이다. 외부충격에 대응할 수 있는 능력을 나타내는 강건성은 성숙기인 리더십과 자기갱신의 단계에서 중요한 모니터링 지표이며, 상대적으로 탄생과 확장단계에서의 중요도는 낮을 것이다.

본 모니터링 지표의 중요도는 생태계 진화단계별 주요 전략에 기반하여 도출된 것이다. 따라서 정부에서는 정부정책을 수립할 때 다양한 비즈니스 생태계가 속한 진화단계를 파악하고 해당 단계의 속성에 부합되는 지원정책을 수립하여 생태계의 지속 가능한 발전을 도모해야 할 것이다. 예를 들어 정부의 입장에서 리더십단계, 즉 주력산업의 경우는 새로운 기술 개발보다는 공정혁신 등을 통하여 원가를 낮추어 생산성을 높이고 시장점유율을 높이는 정책을 수립하는 데 집중해야 할 것이다.

본서에서 제시된 진화단계별 모니터링 지표의 중요도는 바라보는 시각에 따라 차이가 존재할 수 있다. 여기서 제시된 중요도 또한 저자의 직관에 의해 도출된 것이다. 그러나 본서에서 제시된 프레임을 바탕으로 추후 실증분석을 통하여 중요도가 결정된다면 생태계의 건강성을 확보할 수 있는 하나의 수단이 될 수 있을 것으로 기대한다.

<생태계 진화단계별 모니터링 지표의 중요도>

모니터링 지표		진화단계			
대분류	중분류	Birth	Expansion	Leadership	Self-renewal
재무적 성과	총요소생산성*	◔	◑	●	◔
	산업수익성	◔	◑	◔	○
	산업성장성	◑	●	◔	○
	시장지배력	◑	◕	●	◕
강건성	생존능력*	◑	●	◑	◔
	대체재의 위협	○	◔	◑	◕
	진입장벽	○	◔	◑	◕
	공급자교섭력	○	◔	◑	◕
	구매자교섭력	○	◔	◑	◕
	공통자산의 존재	◔	◑	◕	●
확장성	시장집중도*	◔	◑	●	◔
	신규 기업의 창출	●	◕	◑	○
	참여도	●	◕	◑	○
	틈새시장	◑	●	◔	○

● : 매우 중요, ◕ : 중요, ◑ : 보통, ◔ : 다소 중요하지 않음, ○ : 중요하지 않음

마지막으로 본서에서 제시한 모니터링 지표 분석틀은 산업유형(신산업, 주력산업, 신성장동력산업)별 생태계에 대한 국내 시장과 글로벌 시장에 대한 비교분석에도 유용하게 사용될 수 있을 것이다.

<산업유형별 생태계의 국내/국제 비교>

모니터링 지표		주력산업	
대분류	중분류	국내 시장	글로벌 시장
재무적 성과	총요소생산성*		
	산업수익성		
	산업성장성		
	시장지배력		
강건성	생존능력*		
	대체재의 위협		
	진입장벽		
	공급자교섭력		
	구매자교섭력		
	공통자산의 존재		
확장성	시장집중도*		
	신규기업의 창출		
	참여도		
	틈새시장		

제2부

숲을 보고
나무를 심자

주력산업과 신성장동력산업의 생태계

융·복합산업

신산업

창의산업 – 엔지니어링 생태계

창의산업 – 창조경제의 핵심, 디자인산업 생태계

I장 주력산업과 신성장동력산업의 생태계

1. 서론

사진기술자 조지 이스트만(George Eastman)이 1880년 설립한 이스트만 코닥(Eastman Kodak Company)은 100여 년이 넘는 기간 동안 전 세계 필름 시장을 주도했다. 카메라에 사용되는 필름과 코닥이라는 기업명이 거의 동일어로 인식될 정도였다. 코닥은 롤필름뿐만 아니라 휴대하기 편하고 쉽게 사진을 찍을 수 있는 코닥 카메라도 생산하였고, "당신은 버튼만 누르세요, 나머지는 우리가 맡겠습니다(You press the button, we do the rest)"라는 유명한 문구로 고객을 사로잡았다. 코닥은 일회용 카메라, 사진필름, 인화지, 건판, 전문 사진가용 장비 등 카메라산업의 거의 모든 영역에 걸쳐 산업을 주도하는 당대 최고 기업으로 성장하였다. 필름산업과 카메라산업에서 코닥의 경쟁 우위에 필적할 만한 기업은 거의 없었다고 해고 틀린 말이 아닐 정도였다.

1990년대 이후 산업의 패러다임이 아날로그에서 디지털로 옮겨가는 디지털혁명을 거치면서 결코 무너지지 않을 것 같았던 코닥은 서서히 내리막길을 걷게 되었다. 매번 필름을 사서 갈아 끼우고 인화해야 하는 필름 카메라 대신에 손쉽게 찍어 바로 저장하고 간편하게 출력할 수 있는 디지털 카메라가 등장하면서 고객은 코닥이 생산한 필름을 더 이상 필요로 하지 않았다. 코닥이 필름 생산을 점차 줄여가게 되자 필름산업 내 1차, 2차 공급업체들도 덩달아 납품량이 감소할 수밖에 없었고, 경쟁 기업들은 타 업종으로 사업진출을 꾀할 수밖에 없었다. 유통 시장을 비롯한 관련 서비스업도 연쇄적으로 타격을 받아 필름을 인화하는 사진관이나 관련 교육기관도 점차 쇠퇴의 길을 걷게 되었다. 카메라 시장의 대세가 된 디지털 카메라에 무릎을 꿇은 코닥은 결국 2012년 파산보호신청을 했고, 2013년 9월 사무용 시장의 인쇄업에 주력한다는 조건으로 파산보호에서 겨우 벗어날 수 있었다.

시장을 주름잡고 한 시대를 풍미했던 코닥이 변방의 초라한 기업으로 추락한 사례를 통해서 우리는 무엇을 알 수 있을까? 일부 사람들은 아날로그에서 디지털로 변화해가는 산업 패러다임에 코닥이 제대로 적응하지 못했던 점에 주의해야 한다고 말한다. 혹자는 코닥이 최초로 디지털 카메라를 생산하기는 했지만 아날로그 필름 생산이라는 핵심 역량(core competence)을 그대로 보유한 채 사업 영역을 넓히려 했다는 점이 실패의 원인이라고 주장한다. 모두 맞는 말이긴 하지만 이런 경우, 기업 중심의 분석에서 벗어나 하나의 산업 시스템 또는 산업 생태계 관점에서 사례를 관찰하면 좀 더 새로운 시사점을 얻을 수 있을 것이라 판단된다.

2. 산업 생태계

산업 생태계의 변화동인은 무엇인가?

산업 생태계를 구성하는 여러 구성요인들과 그들의 관계에 대해서

Moore(1996)는 아래 그림과 같은 프레임워크를 제시하였다. 그의 주장에 따르면 공급자-기업-수요자로 구성된 핵심 비즈니스(core business), 2차 공급자와 2차 수요자, 보완재 및 서비스 공급자가 확장된 기업군(extended enterprise), 정부와 주요 이해관계자들, 연관 산업들, 해외 경쟁국들이 모두 포함되어 하나의 산업 생태계(business ecosystem)가 구성된다. 여기서 가장 핵심적인 부분은 기업이 공급 시장에서 제품 생산에 필요한 부품을 공급받아 생산하여 고객에게 판매하는 핵심 비즈니스(core business)라고 할 수 있다.

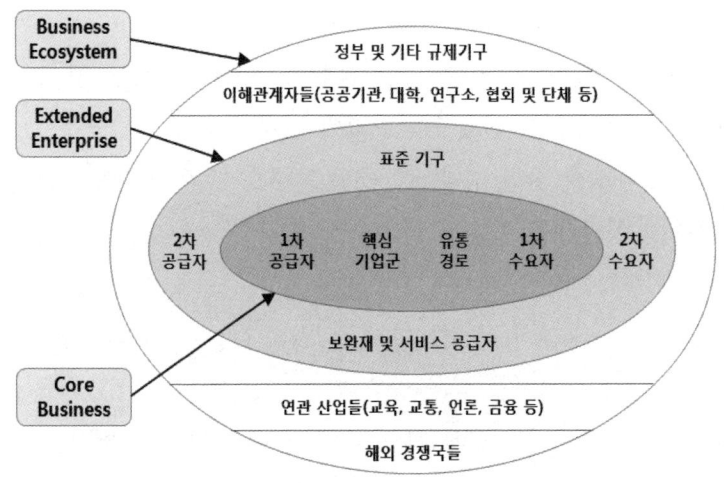

자료: Moore, 1996

<그림 Ⅰ-2-1> Moore의 산업 생태계 모델

산업 생태계는 하나의 살아 있는 유기체와 비슷해서 외부의 충격을 받거나 내부 시스템에 문제가 있을 경우 새로운 모습으로 변화해간다. 어떤 산업 생태계는 외부의 충격이 오더라도 이를 잘 극복해 지속성장하지만 튼튼하지 못한 산업 생태계는 조그만 외부 변화에도 쉽게 무너져 버린다. 또 어떤 산업 생태계는 내부 시스템을 외부환경에 잘 적응시

켜 새로운 생태계로 진화해가기도 한다. 컴퓨터 업체였던 애플(Apple)이 디지털혁명에 편승, 아이팟에 무선통신기능을 융합시킨 아이폰을 개발하면서 휴대폰산업 생태계에 진입한 것이 좋은 예일 것이다.

그렇다면 산업 생태계는 어떻게 변화하는 것인가? 산업 생태계 변화에 영향을 주는 요인들은 어떤 것들이 있으며, 그 요인들은 어떻게 산업 생태계를 변화시키는 것인가? 산업 생태계에 영향을 주는 요인들로 시장 니즈 변화, 기술 변화, 인구사회학적 변화, 경제 및 정치 변화, 산업정책의 변화 등을 들 수 있다. 이 중에서 시장 니즈 변화가 산업의 진화 및 산업 생태계 변화에 결정적인 영향을 미치며, 기술 변화는 시장 니즈 변화와 산업 생태계 전반에 충격을 줄 수 있다. 특히 기술 변화는 산업 간 경계를 무너뜨리거나 산업 간 융합을 초래하여 핵심 비즈니스(core business) 뿐만 아니라 산업구조 전반에 걸쳐 변화를 야기한다. 그렇다고 모든 기술 변화가 산업 생태계에 영향을 주는 것은 아니다. 고객의 니즈를 새롭게 자극하고 변화를 줄 수 있는 기술 변화라야 시장과 산업이 진화하고 결국 산업 생태계가 변화하게 된다.(김인호, 2012)

이런 관점에서 코닥 사례를 다시 한 번 살펴보자. 코닥을 중심으로 한 필름산업 생태계에 가장 큰 영향을 끼친 것은 20세기 말 IT기술의 급속한 발달로 인한 디지털혁명이라고 할 수 있다. 디지털 카메라는 기존 필름 카메라가 줄 수 없는 많은 편리함을 고객에 가져다주었다. 매번 필름을 사지 않아도 되고, 인화하기 위해 사진관에 맡기고 찾는 수고가 필요 없으며, 필름수에 상관없이 메모리 용량 내에서 찍고 지우기를 반복할 수 있는 거의 무한대의 자유로움을 주었던 것이다. 심지어 방금 찍은 디지털 이미지를 핸드폰이나 이메일로 다른 사람에게 실시간으로 전송할 수도 있다. 필름 카메라에서는 상상도 못했던 일들이 디지털 카메라에서 가능해진 것이다. 새롭게 등장한 디지털기술은 고객이 원하는 다양한 니즈를 충족시켜 주었으며, 디지털기술에 만족한 시장의 니즈는 더 이상

필름을 원하지 않게 되었다. 필름산업의 생태계가 디지털 기술의 등장과 이로 인한 시장 니즈 변화로 무너지게 된 것이다.

산업 생태계 분석의 어려움

산업을 분석하는 대표적인 분석틀 중에 포터(M. Porter)의 5-forces분석이 있다. 이 분석 모델은 한 산업 내에 존재하는 5개의 경쟁세력을 중심으로 산업의 구조를 분석한다. 즉, 공급자, 산업 내 경쟁 정도, 신규 시장 진입자, 대체재, 구매자의 협상력에 따라 산업 내 경쟁강도가 어떻게 변할 것인지를 설명하고 있다. 포터는 5개의 구성요소를 중심으로 산업을 분석하기 때문에 어떻게 보면 그 5개 요소를 제대로 잘 찾기만 하면 비교적 쉽게 산업을 분석할 수 있다. 그렇지만 5개 경쟁세력이 한 산업의 성과와 어떻게 연결되는지 메커니즘을 찾아보기 어렵다는 한계가 있다.

반면에 Moore의 산업 생태계 모델은 5개 구성요소보다 더 많은 요소들이 계층적인 질서 내에서 기업이 어떻게 성과를 창출하는지 그 프로세스를 파악하고자 하였다. 또한 기업 중심에서, 기업을 포함한 산업 생태계 관점에서 접근하기 때문에 산업 생태계에 영향을 미칠 수 있는 다양한 외부요인들을 폭넓게 분석할 수 있다는 장점이 있다. 물론 산업 생태계 내 많은 요소들 간 관계를 파악하기가 쉽지 않고 기술 변화 등의 메가트렌드 영향으로 그들의 관계가 어떻게 변화될지 분석하기가 용이한 것은 아니다. 더구나 기술 및 산업 간 융합으로 산업의 경계가 모호해지면서 그러한 분석이 더욱 어려워진 측면도 있다.

이 글에서는 주력산업과 신성장동력산업을 중심으로 이들 산업 생태계에 영향을 미치는 기술 변화와 시장 니즈 변화가 무엇이고 이 변화들로 인해 산업 생태계와 산업구조가 현재 어떻게 바뀌고 있는지 살펴볼 것이다. 아울러 건전하고 지속 가능한 산업 생태계를 유지하기 위해서 필요한 과제들이 무엇인지 고민해보고자 한다. 주력산업도 자동차, 조선, 철강, 반도체, 화학 등 산업별 특성에 따라 하나의 산업 생태계로 보기 어려운 측면이 있지만 산업별 공통점을 중심으로 살펴보고자 한다. 신성장동력산업은 주력산업만큼의 산업 생태계가 아직 구축되지 못하였지만, 마찬가지로 산업별 공통점 위주로 분석하고자 하였다.

산업 간 융합을 촉진하는 IT기술

주력산업에 영향을 주는 많은 기술 변화들 중에서 파급효과가 가장 큰 것은 아마 IT기술일 것이다. 우리나라 경제성장에서 주력산업이 큰 역할을 담당했지만 BRICS 같은 신흥개발국의 빠른 추격과 주요 선진국의 첨단기술 개발 등으로 새로운 돌파구를 통해 고부가가치화하는 것이 무엇보다 중요해졌다. 주력산업은 IT기술을 융합시켜 이를 해결하고자 하였다. 주력산업 내 세부산업들과 IT기술의 융합은 거의 대부분 공통적으로 나타나고 있으며, IT융합이 시장 니즈의 변화를 주도하고 있어 개별 세부산업 생태계 변화의 중요한 핵심요인이 되고 있다.

IT융합은 특히 자동차산업에서 매우 활발하게 진행되고 있어 머지않아 새로운 개념의 차가 등장할 것으로 예측하고 있다. 그중의 하나가 커넥티드 카(connected car)이다. 커넥티드 카는 자동차에 모바일 플랫폼을 적용하여 인포테인먼트와 텔레매틱스 중심의 스마트 카 개념을 더욱 확장, 각종 모바일기기와 이동통신기술을 집약한 것이라 할 수 있다. 차간거리를 일정하게 유지하면서 자동차 속도를 조절하는 주행 시스템, 운전자의 음성 명령으로 주변 상황을 실시간 파악하는 기술, 차선 이탈이나 사각지역의 상황을 경고해주는 기술, 졸음운전을 방지하는 기술, 후진주차 서비스 등 자동차 자체가 하나의 스마트기기로 진화해가는 것이 바로 커넥티드 카 개념인 것이다. 2020년이 되면 대부분의 차가 커넥티드 카로 생산될 것이라고 시장조사 전문업체인 아이서플라이는 예측하고 있으며, ABI리서치는 2018년까지 커넥티드 카 인포테인먼트 시스템이 연평균 47.1%로 급성장할 것이라고 전망하였다. 팍스 어소시에이츠도 2017년 커넥티드 카 이용인구가 약 1,800만 명에 이를 것이라고 보고 있다. IT기술과 자동차의 융합을 통해 자동차산업 생태계는 현재 엄청난 변혁의 시기를 겪고 있는 것이다.

주요 자동차 제조업체들은 커넥티드 카에 대한 선제적 기술 개발을 위해 IT기업들과 활발하게 제휴하고 있다. BMW는 인텔과 협력하여 차 안에서 문서작업이 가능한 모바일 오피스 카를 개발하고 있으며, 벤츠는 구글지도와 Gmail 등 구글 서비스를 거의 모든 차량에 적용할 계획을 가지고 있다. 폭스바겐도 애플과 함께 인포테인먼트 시스템인 'iCar'를 제작 중에 있다. GM은 차량용 스마트폰 앱 개발을 위한 개방형 플랫폼을 발표하였고, Ford도 커넥티드 카 앱 개발을 공개하였다. 우리나라의 현대자동차는 MS와 제휴하여 음성검색기능을 비롯해 Twitter 등의 SNS를 제공하는 텔레메틱스 서비스를 개발 중이며, 삼성전자와 협력을 통해 스마트폰과 태블릿 PC를 연계하여 차에서 다양한 콘텐츠를 공유할 수 있는 시스템을 공동 개발하고 있다. 이처럼 기존 자동차산업과 거리가 있었던 IT기업들이 자동차산업 생태계에 신규 진입하면서 기존 기업들과 신규 진입 기업들 간 경쟁 및 협력이 활발히 이루어지게 되었다. 협력업체의 성격과 관계가 이전과는 전혀 다른 모습으로 바뀌고 있는 것이다. 과거의 1차 및 2차 협력업체들과 자동차 완성업체 간의 폐쇄적 구조가 무너지면서 통신사업자, 가전시스템업체 등 이종산업 기업들의 진입이 가속화되고 있다.

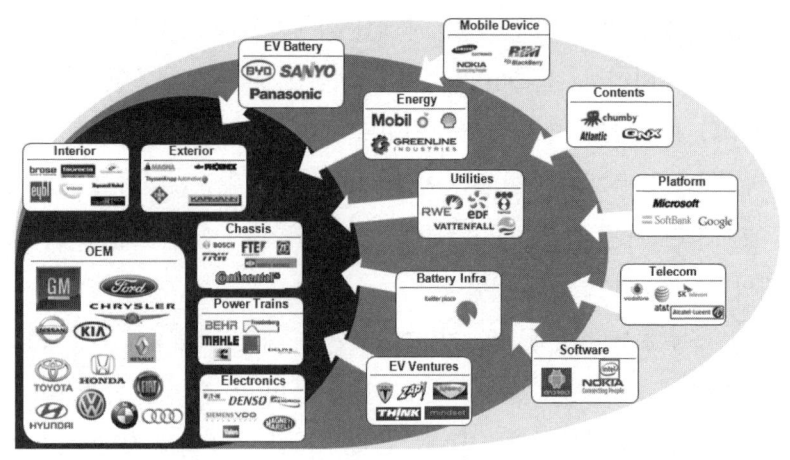

자료: 딜로이트, 2012

<그림 Ⅰ-2-2> 신규 기업의 자동차산업 진입 양상

IT기술의 융합은 자동차산업뿐만 아니라 섬유산업에서도 활발하게 진행 중이다. 기존의 단순 제조 위주였던 섬유산업이 IT기술을 토대로 고부가가치를 창출하는 산업으로 새롭게 바뀌어가고 있는 것이다. 2000년대 미국과 유럽을 중심으로 디지털 장치 및 기능이 첨부된 섬유소재가 개발되기 시작하였다. 바이보메트릭스(VivoMetrics)는 인체의 주요 생리신호를 모니터하고 분석하여 유선으로 연결된 PDA단말기를 통해 데이터를 전송할 수 있는 'Life Shirt'를 개발하였고, 필립스(Philips)는 착용자의 건강상태를 실시간 모니터하여 위급상황이 왔을 때 착용자에게 알려주는 'Intelligent Biomedical Clothing'을 제작하였다. 호주의 South Australia 대학은 모바일 인터넷 접속 및 업무 관리기능이 가능한 'e-suit'를 개발하였다. GPS정보를 제공하거나 적외선 야간관측장비에 노출되지 않는 스텔스 기능이 가미된 첨단 디지털 전투복은 군 작전의 인텔리전스를 한층 강화시키고 있다. 얼마 전, 미국 통합특수전사령부는 방탄 및 방화기능이 갖추어진 '전략공격경량작전복'을 개발할 것이라고 밝혀 영화 속 아이언맨이 입었던 갑옷을 착용한 특수부대 요원을 머지않아 실제로 볼

수 있게 되었다. 이처럼 IT 분야 신기술이 섬유산업에 접목되어 시장 니즈에 큰 변화를 주고 있다.

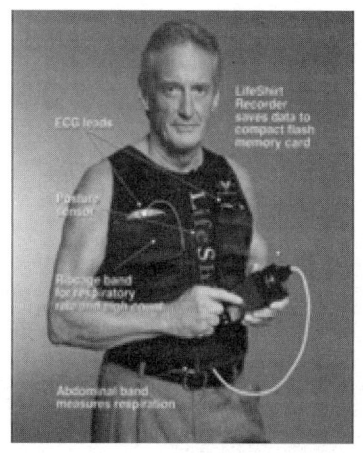 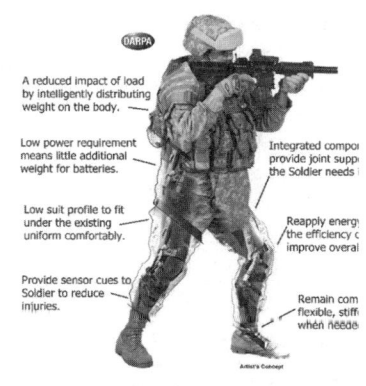

자료: 인터넷 자료

<그림 Ⅰ-2-3> VivoMetrics의 'Life Shirt'와 DARPA Warrior Web

음성 중심에서 모바일 서비스 중심으로 진화해가는 휴대폰산업

휴대폰산업은 이동통신기술과 멀티미디어기술 등의 발전을 토대로 오디오산업과 PDA산업 등이 융합되면서 스마트폰 위주로 재편되고 있는 상황이다. 오디오산업은 이동성에 초점을 맞추었던 소니의 '워크맨', MP3파일을 통해 디지털 음원의 활용가능성을 높였던 아이리버를 거쳐 애플의 'iPod'으로 생태계의 중심이 옮겨갔다. 애플은 'iPod'에 이동통신기술이 접목시켜 'iPhone'을 개발, 휴대폰산업의 생태계를 전혀 새로운 방향으로 바꾸어갔고, 휴대폰산업의 주도기업이었던 노키아나 모토로라는 새롭게 바뀐 생태계 내에서 이전과 같은 존재감을 더 이상 가질 수 없게 되었다. 휴대폰산업에서 과연 무슨 일이 일어난 것일까?

기존의 무선전화 시스템은 음성과 데이터 중심의 서비스를 제공하고 이동통신사업자가 네트워크, 플랫폼, 콘텐츠를 독점하는 구조를 가지고 있었는데 iPhone이 등장하면서 휴대폰산업의 생태계가 새롭게 변화하기 시작했다. 즉, 음성과 데이터 중심에서 모바일 서비스(앱) 중심으로 바뀌었고, 하드웨어보다 운영체제(OS)와 앱이 경쟁 우위를 가지기 시작한 것이다. 또한 사용자의 니즈를 개발자가 직접 반영하는 open market구조로 변하면서 기존 이동통신사업자는 플랫폼이나 콘텐츠에서는 큰 영향력을 발휘하지 못하는 구조로 변해갔다. 그렇게 되자 휴대폰산업의 경쟁력이 웹 서비스를 통한 플랫폼을 누가 확보하느냐에 따라 달라지게 된 것이다. 하드웨어의 게임이 아니라 누가 디지털 콘텐츠를 빨리 제공하느냐의 게임으로 게임의 룰이 바뀌다보니 애플이나 구글 등이 새로운 강자로 부상하게 되었고 휴대폰산업의 생태계는 이들 기업을 중심으로 iOS 진영과 안드로이드 진영으로 나뉘어 진화해가고 있다.

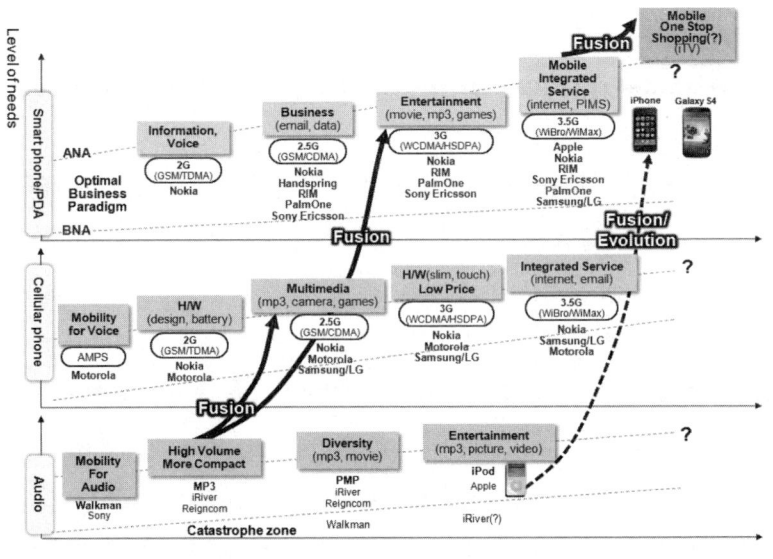

자료: 이병윤, 2013

<그림 Ⅰ-2-4> 기술 간 융합을 통한 휴대폰의 진화

우리나라의 삼성도 2000년대 후반부터 이러한 생태계 변화의 흐름을 읽고 구글의 안드로이드 운영체제를 탑재한 'Galaxy S' 시리즈를 잇달아 출시하면서 노키아와 애플을 제치고 세계 1위의 시장점유율을 유지하고 있다. LG와 팬텍도 옵티머스 G와 베가 시리즈를 개발하면서 스마트폰 경쟁에 뛰어들었다. 삼성전자는 안드로이드에 대한 의존도를 줄이기 위해서 독자 OS인 타이젠(Tizen)을 개발하여 인텔, NTT도코모, 보다폰 등과 제휴, 타이젠을 OS로 한 스마트폰을 출시할 계획을 가지고 있다. 안드로이드의 스마트폰 OS 시장점유율은 2013년 2분기 기준으로 79%에 달한다. 제3의 플랫폼 선두주자라고 할 수 있는 MS도 노키아를 인수하면서 윈도우폰 확장에 집중하고 있다. MS 윈도우의 가장 큰 장점인 PC를 스마트폰과 연계하여 PC에서 하던 작업을 스마트폰에서도 어려움 없이 할 수 있다는 점을 강조한다. 구글은 모토로라를 인수하여 자체 스마트폰인 '모토X'를 출시하였다. 휴대폰산업은 이처럼 플랫폼 확보를 중심으로 한 경쟁이 치열하게 진행 중이며, 인간의 감성을 자극하면서 사용자 편의성을 어느 정도 만족시킬 것인지가 중요한 이슈로 부각되고 있다.

신기술 개발을 촉진하는 글로벌 환경규제

산업 생태계의 변화를 줄 수 있는 또 다른 요인으로 환경규제를 들 수 있다. 지구온난화가 글로벌 이슈로 등장하면서 세계 각국은 CO_2 배출제한 등 환경 문제에 대한 규제를 더욱 강화해가고 있고 관련 산업들은 이러한 환경규제에서 더 이상 자유로울 수 없게 되었다. 특히 자동차산업의 경우 화석연료의 사용으로 인한 배기가스 규제가 친환경기술 개발의 주요 핵심과제로 부상한 지 오래다. 그러다보니 친환경 기반 자동차에 대한 시장 수요가 계속 증가하고 있어 하이브리드 자동차나 전기자동차에 대한 요구가 높아지고 있다. 이는 연비 효율성이 자동차 구매의 주요 요인으로 강조되면서 더욱 두드러질 것이다.

전기자동차 생산이 증가하고 시장이 확대된다는 것은 기존 가솔린이나 디젤 엔진 중심의 자동차산업 value chain상의 큰 변화가 예상되며, 타 업종의 전문기업들이 진입하게 되고 새로운 비즈니스 모델이 생겨날 수 있음을 의미한다. 전기자동차용 배터리 시장이 형성되면서 기존 자동차 부품기업들과 배터리 제조기업이 경쟁하게 될 것이며, 완성차 조립기업은 후방의 배터리사업을 수직계열화하는 전략을 가져갈 것이다. 전기충전소의 확대가 불가피하기 때문에 전력사업자들은 자체 충전소 운영 모델을 갖고 완성차 조립기업과 협력하는 사업 모델을 구상할 것이다.

선박을 건조하거나 운항할 때 발생하는 해양오염과 대기오염 등에 대한 환경규제가 확산되면서 조선산업도 규제에 대비한 기술 개발이 시급한 실정이다. 국제해사기구(IMO)는 "IMO 선박재활용협약"(2009)을 발표, 유해물질에 의한 환경오염 예방을 위해 선박의 건조에서 해체까지 유해물질을 관리하도록 하였으며, 2013년에는 "IMO 온실가스 기술규제방안"을 발효하여 조선의 탄소배출량 허용기준 및 선박의 연간 에너지효율관리 계획을 수립하도록 하였다. 친환경 선박을 제조하는 과정에 다양하고 복합적인 기술이 필요하기 때문에 친환경 선박은 향후 조선산업의 방향을 결정짓는 핵심요소라고 할 수 있다. 주요 조선사들과 주요국들이 친환경 선박의 경쟁 우위를 선점하기 위해 총력을 기울이는 것도 이 때문이라 할 수 있다.

외국의 주요 조선사들은 에너지저감기술을 비롯한 연료전지 개발에 주력하고 있는데 특히 일본 기업들이 한발 앞서가고 있다. 일본의 미츠비씨 중공업은 동급 대비 10% 에너지를 줄이는 저감기술과 천연가스 및 디젤이 가능한 이중연료엔진을 개발하였다. 일본의 조선업체인 IHI는 세계 최초로 충전식 페리를 개발하고 이를 적용한 여객선의 상용화를 추진 중에 있다. 전기로 충전하는 대형 여객선을 건조하는 것은 IHI가 세계 처음이다. 한편, 일본 정부는 'NYK Super Eco Ship 2030' 프로젝트를 통해 약 70%의 CO_2 배출 저감 친환경 선박 개발을 서두르고 있다. 미국도 'SSFC' 프로젝트를 통해 선박 추진전력용 연료전기 시스템을 개발하고 있으며, 유럽은 'Methapu', 'FellowSHIP' 프로젝트를 시작으로 여객선 보조 전원용 연료전지 시스템을 개발하고 있다.

국내 주요 조선업체들도 친환경 선박을 위한 신기술 개발에 집중하고 있다. 현대중공업은 선박 추진 및 육상 발전이 동시에 가능한 고출력 친환경 엔진을 개발 중이며, 세계 최초로 추력날개를 이용하여 프로펠러를 회전시키는 기술을 연구 중이다. 또한 원유와 가스를 동시에 연료로 사용할 수 있는 이중연료 디젤/전기 추진 시스템도 개발하여 CO_2 배출량 20% 저감을 목표로 하고 있다. 삼성중공업은 2015년부터 온실가스를 30% 이상 감축한 친환경 선박만 건조하겠다고 선언, 에너지 절감기술 개발에 주력하고 있으며, 친환경 ECO-SRV도 개발하고 있다. STX조선해양도 Ecoship 개발에 주력하여 CO_2 배출 45%를 저감하는 기술을 개발 중이다.

화학산업에서도 화학물질로 인한 환경오염에서 시작하여 화학물질에 대한 직접적인 규제로 환경규제의 범위가 점차 확대되고 있다. 특히 자동차산업의 화석연료 의존도를 줄이기 위한 요구가 높아져 대체연료와 대체연료차량에 대한 기술 발전이 가속화되고 있다. 세계 1위의 화학기업인 BASF는 친환경 및 비용절감 등을 목적으로 바이오, 나노, 전자재료, 에너지 분야의 연구개발에 집중하고 있다. 한편, 친환경 소재에 대한 시장 니즈도 증가하여 화학업체에 새로운 사업기회를 제공하고 있다. 미쯔비시 케미칼은 polybutylene succinate와 대나무섬유를 기반으로 한 바이오 폴리머를 개발, 자동차 인테리어에 사용되고 있으며, 듀퐁은 100%, 63% 재생 가능한 PA1010, PA610 소재로 만들어진 Zytel RS를 개발하여 차 내부구조에 활용하고 있다.

고령화와 인간의 삶의 질 향상을 위한 로봇기술의 확대

산업 생태계에 영향을 주는 큰 변화 가운데 하나는 바로 인구고령화와 삶의 질 향상에 대한 욕구일 것이다. 앞에서 언급한 IT융합이나 환경규제보다 인구사회적 트렌드가 어떻게 보면 더 광범위하고 근본적인 산업의 변화를 야기할지 모른다. 인간의 평균수명이 늘어나면서 고령화사회를 지나 고령사회와 초고령사회1)로 진입하게 되면 이와 관련된 새로운 사업이 생겨나고 기존 산업에도 적지 않은 변화를 초래할 것이다. 노인을 대상으로 하는 실버산업이 활성화될 것이며, 의료나 복지 분야 등에 맞춤형 서비스에 대한 수요가 증가할 것이다. 인간 삶의 질을 높이기 위한 시장 니즈도 확대될 것으로 전망한다. 극한 작업환경이나 3D업종에 대한 기피가 더욱 심해져 대체 노동력에 대한 수요가 증가하고, 노인이나 독신자에 대한 가사 및 생활 지원 서비스 수요도 늘어날 것이다.

이러한 인구사회적 변화에 민감한 산업 중 하나가 바로 로봇산업이다. 산업현장에서 주로 반복작업을 위해 개발된 제조업용 로봇이 전문 노동력 대체 및 개인 전문 서비스 제공 등의 지능형 로봇으로 확대될 것이라고 많은 전문가들이 예상하고 있다. 전문 서비스 분야의 경우, 재난극복 로봇, 군사 및 사회안전 로봇, 건설작업용 로봇, 의료용 로봇 등으로, 개인 서비스의 경우에는 청소 및 경비 로봇, 여가 지원 로봇, 재활 지원 로봇, 교육용 로봇, 가사 지원 로봇 등으로 세분화되어 전문 서비스화를 추구할 것으로 보인다. 특히 개인 서비스 로봇은 2012년에서 2015년까지 4년간 총 1,500만 대 정도로 증가할 것으로 예상하고 있으며, 이중에서 가사 지원 로봇과 엔터테인먼트 로봇에 대한 수요가 급증할 것으로 전망한다.

---

1) 고령화사회는 65세 이상의 인구가 총인구에서 차지하는 비율이 7% 이상인 사회를 말하며, 고령사회는 14% 이상, 초고령사회는 20% 이상인 사회임.

로봇산업은 전·후방산업과 연계성이 높고 파급효과도 커서 미국을 비롯한 일본과 유럽도 미래 로봇산업의 주도권을 확보하기 위해 전략적 투자와 지원을 아끼지 않고 있다. 특히 이들 선진국들은 로봇기술의 원천기술을 가지고 있으며 산업 인프라에서도 앞서고 있는 것으로 평가된다. 우리나라의 경쟁력은 대만이나 중국의 수준과 유사한 것으로 나타났다. 미국은 군사 및 우주용으로 개발된 로봇을 민간용으로 전환하면서 다른 국가들보다 높은 경쟁력을 이미 확보한 것으로 평가받고 있다. 주요국들은 정부 주도로 로봇 클러스터를 구축하여 로봇산업을 육성하고 있는 것으로 나타났다. 미국은 국방부와 중소기업청이 협력하여 지역기술 클러스터 개발계획을 수립하였으며, 일본은 로봇 용도의 다양한 기반 기술을 개발하고 서비스 로봇 분야에 초점을 맞춘 클러스터를 구축하고 있다. 프랑스는 프랑스 최초의 로봇산업 클러스터를 Aldebaran Robotics사와 Cap Digital사가 주도하여 설립하여 가정용 서비스 로봇 개발에 주력하고 있다. 스웨덴에서는 로봇 및 자동화 기술 개발 클러스터인 Robot Valley를 구축하여 산업, 물류, 헬스케어, 사회안전 분야의 기술 개발을 서두르고 있으며 Volvo 같은 대기업과 중소기업, 병원, 대학 등이 참여하고 있다.

우리나라는 2008년 3월 지능형 로봇법을 제정하고 2009년 4월에 제1차 지능형 로봇 기본계획을 수립하면서 정책적 지원을 확대해가고 있다. R&D 지원을 위해 로봇산업 원천기술개발사업을 시작하였으며, 로봇 시범보급사업을 통해 국내외 로봇 시장을 창출하고 수출도 지원하고 있다.

3. 지속 가능한 산업 생태계를 위한 정책과제들

앞의 사례에서 보듯이 산업 생태계는 외부 환경요인에 의한 충격을 흡수하면서 새롭게 진화하고 발전하는 경우도 있지만 충격을 감당할 만한 역량이 부족하여 점차 약화되는 모습을 보이기도 한다. 그렇다면 건전하고 지속 가능한 산업 생태계를 유지하기 위해서는 어떤 노력들이 필요할까? 그러기에 앞서 우선 주의 깊게 생각해봐야 할 점이 있다. 산업 생태계를 중심으로 볼 경우, 시장 니즈 변화 및 기술 변화에 따라 그 산업의 도태를 자연스럽게 받아들이기보다 어떤 외부 변화의 충격에도 그 생태계는 살아있어야 하고 반드시 살려야 하는 것인 양 생각하기 쉽다는 것이다. 코닥을 중심으로 한 필름산업은 디지털혁명과 IT기술의 발전으로 무너져 내릴 수밖에 없는 구조였는데 필름산업 생태계 관점에서 그 생태계가 계속 존속해야 하는 방향으로 지원하거나 정책을 수립한다면 시장의 질서를 교란하는 일을 초래할 것이다. 생존이 불가능하여 도저히 존속할 수 없는 중소기업을 정부가 계속 지원할 경우 오히려 시장의 혼란을 가중시키는 것과 비슷하다 하겠다.

시장 질서를 무너뜨리지 않는 범위에서 건전한 산업 생태계를 유지하기 위해서는 우선 그 생태계 내의 value chain을 명확하게 파악하는 것이 중요할 것이다. 어느 기업이 핵심기업이고, 1차 및 2차 협력업체는 어디이며, 지리적으로 어디에 분포되어 있는지, 관련된 연구소나 지원기관, 협회 및 단체 등은 누구이며 생태계 내 이들의 관계는 어떠한지, 기술 수준 및 경쟁력은 어느 수준인지, 시장의 새로운 니즈는 무엇인지 등 전반적인 현황 및 실태를 파악하고 있어야 할 것이다. 특히 신성장동력산업을 육성하기 위해서는 이러한 산업분석이 선행되어야 할 것이다. 생태계를 구성하는 다양한 행위자들이 복잡하게 얽혀 있기 때문에 그들의 관계를 정확하게 분석하기가 만만하지 않지만 빅데이터 등의 도움으로 유추해볼 수 있을 것이며, 산업 내 시장의 니즈가 어떤 방향으로 변화해갈지도 예상할 수 있을 것이다.

또 하나 중요하게 고려해야 할 점은 인력 양성에 대한 부분이다. 기술 개발은 예산과 기술력이 있으면 가능하지만 인력은 양성하기도 어렵고 공급하기는 더더욱 어렵다. 대학교를 졸업한 취업준비생은 중소기업보다 대기업에 취업하기를 바라며, 그것도 서울에서 근무할 수 있는 대기업을 더욱 선호한다. 정부에서는 중소기업의 중요성을 강조하고 중소기업 취업을 유도하지만 정작 학생들의 눈높이는 대기업에 맞추어져 있다. 2000년대 이후 제조업에 필요한 우수 산업인력 양성을 목표로 많은 정책들이 나왔지만 효과성 있는 정책이 그리 많지 않은 것은 우리 사회의 그러한 인식과 결코 무관하지 않다. 독일과 같은 철저한 직업교육 위주의 교육 시스템으로 가지 않는 이상 현재의 인력수급 불일치를 해결하기란 여간 힘든 상황이 아니다.

더구나 기업의 협력 없이 학교만으로 우수인력을 양성한다는 것은 매우 어려운 일이다. 대학교에서 배우는 공학지식이나 기술의 수준이 산업현장의 기술 개발 속도를 따라갈 수 없기 때문이다. 따라서 대학교에서는 가장 기본이 되는 원리나 기초기술을 가르칠 수밖에 없으며, 현장 수요를 충족시키기 위해서는 기업이 인턴이나 현장실습 등의 제도를 활용하여 학생들에게 현장에서 필요한 교육을 제공해야 한다. 다시 말해서, 보다 실질적이고 구체적인 산학협력으로 이 문제를 풀어야 한다는 것이다. 독일에서는 초등학교 때 이미 인생의 큰 진로를 정하고 그에 따른 직업교육을 제공하며, 고등학교에 가면 기업의 인턴 근무가 필수이기 때문에 일주일에 2~3번은 기업에 가서 기술을 배운다. 학교와 기업의 협력 체계가 거의 완벽하기 때문에 기업에서 필요로 하는 우수인력이 계속해서 공급될 수 있으며, 대학을 나와서도 자신이 무엇을 해야 할지 몰라 인생을 낭비하는 일이 거의 없다.

2013년 6월에 발표된 전경련 조사에 따르면 지난 50년간 우리나라 10대 산업에서 매출 규모 1위 기업들의 평균 나이(창립 후 존속기간)가 54세로 나타났다. 전자산업에서는 삼성전자가 45세, LG전자가 56세였으며, 자동차산업에서는 현대자동차가 47세였고, 기타 분야에서는 SK에너지가

52세, 신세계가 84세, CJ가 61세였다. 이것은 뒤집어 말해서 우리나라 주력산업이 고령화되고 있다는 점을 보여주는 것이다. 우리나라 10대 수출 품목 중 반도체, 선박해양구조물, 철강판은 35년, 석유제품은 28년, 자동차와 컴퓨터는 26년 동안 10대 수출 품목에 포함되었다. 새로운 성장동력이라고 할 만한 산업이 나오지 못하고 있는 것이다. 2000년대 들어서 평판디스플레이나 자동차 부품 2개 품목만이 10대 수출 품목에 새로 진입했을 뿐이다.

신성장동력산업을 발굴하고 육성하기 위해서 그동안 정부는 각 부처 및 민간 기획단 등의 의견을 수렴하여 범정부 차원의 신성장동력을 선정하였다. 2009년 1월에 국가과학기술위원회와 미래기획위원회에서는 최종 17개의 신성장동력을 선정하고, 세부추진계획과 기능별 대책 등을 같은 해 5월에 발표하였다. 기술 개발에 필요한 신성장동력 펀드도 약 7,000억 원 규모로 조성하였고(2009. 6), 신성장동력 분야의 규제 개선방안(2009. 11), 신성장동력 R&D세액공제방안(2010. 1), 신성장동력별 발전전략을 수립하고 추진하는(2010. 2~10) 등 다각적인 측면에서 신성장동력을 육성하기 위한 노력을 기울였다. 아직 가시적인 성과를 기대하기는 어렵고 신성장동력이 활성화되기 위한 지속적이고 광범위한 노력이 필요할 것이다. 특히 산업 생태계 측면에서 산업을 주도할 핵심기업이 성장할 수 있도록 관련 규제를 개선하는 것이 중요하며, 금융기관들이 신성장동력 분야에 대한 투자를 활발히 할 수 있도록 금융 시스템을 확충해야 하고, 신성장동력 분야의 인력양성도 체계적으로 지원해야 할 것이다. 정부에서 추진하고 있는 R&D사업도 신성장동력 중심으로 중점 지원하는 것이 필요하다.

하드웨어의 강자였던 우리나라 기업들이 경쟁력 있는 기업으로 성장하기 위해서는 무엇보다 감성적이고 소프트웨어적인 측면에서 고객에게 감동을 줄 수 있는 기술이나 제품을 개발하는 것이 산업 생태계의 지속

가능성 측면에서 필요하다고 생각한다. 남을 모방하는 전략에서 새로운 것을 창조해내는 전략으로 전환할 필요가 있으며, 새로운 창조는 기술에 인문학적 개념이나 예술을 가미함으로써 더욱 빛을 발할 것이다. Fast Follower 전략을 토대로 우리의 산업경쟁력을 확보하는 데 핵심적인 역할을 했던 것들이 First Mover 전략에서는 더 이상 우리의 핵심 역량이 아닐 수 있다.

▣ 참고문헌

이병윤, "니즈 진화의 관점에서 본 휴대폰산업의 전개", 2013.

김인호, 『Dynamic Management: 기업의 지속번영원리』, 비봉출판사, 2012.

Moore, J. F., *The Death of Competition: Leadership and Strategy in the Age of Business Ecosystem*, New York: HarperBusiness, 1996.

II장 융·복합산업

1. 프롤로그

총론은 각론의 총합이 아니다. 대부분 그렇다. 총론에는 합의하지만 각론으로 들어가면 대치되는 상황, 총론은 원론적이기 때문에 이견이 없지만 각론으로 들어가면 실행에 따른 득실과 각 상황별 입장 차에 따른 이견이 발생하는 것이 일반적이기 때문이다.

생태계적 측면에서의 각 산업별 구분 및 개념 정리, 이에 따른 정책결정을 통한 경제부흥전략, 나아가 창조경제에 이바지하고픈 총론엔 이견이 없다. 아니, 전적으로 동의하지만 각론으로 들어가면 상황마다의 의견은 충분히 다를 수 있다.

산업 간 개념 정리?

주력산업, 신성장동력산업, 신산업, 융·복합산업, 창의산업 등은 여러 가지 상황과 여건을 고려할 때 산업 간 특성이 다르다고 한다. 그렇기에 각 산업을 육성하는 정책도 달라야 한다고 한다. 물론 맞는 말이다. 그런데 각 산업의 구분이 명확한가? 명확한 개념 정리 없이 효율적인 육성정책이 가능할까?

현재 우리나라를 먹여 살리고 있는 자동차, 조선, 반도체, 휴대폰 시장이 주력산업이라고 하는 데는 크게 이견이 없다. 향후 주력산업을 이을 '우리나라 차세대 먹거리산업이 신성장동력산업이다'라고 정의한다면 크게 과언은 아닌 듯하다.

그러면 신성장동력산업과 신산업의 구분이 명확한가? 신성장동력산업은 주력산업을 이을 차세대 동력산업이고 신산업은 현재는 없지만 새롭게 탄생할 산업이라고 하면 그 신산업은 신성장동력산업의 개념과 확실하게 구분이 되는가?

아니, 더 나아가서 최근 복잡계에 들어선 산업 간 융·복합시대에, 그렇다면 신산업과 융·복합산업, 그리고 창의산업의 구분은 명확한가? 신산업은 말 그대로 새로운 산업의 창조적 개념이고 창조산업과도 일부 개념이 중복되기도 하며 더구나 창조산업은 창의와 융합을 바탕으로 하고 있으니 그렇다면 창의산업과 융·복합산업의 구분과 개념 차이가 느껴지는가? 또 융·복합산업의 기본적 철학 중의 하나가 '창의적 사고를 바탕으로 한 결합과 새로운 시너지의 창출'이라는 개념인데 융·복합산업과 창의산업의 정의 그 구분과 개념 차이가 명확한가 말이다.

현재의 주력산업을 시작으로 신성장동력산업, 신산업, 융·복합산업, 창의산업의 개념 정리는 필요하나 구분이 모호한 것이 사실이고 일정부분 중복 또는 혼용이 당연하다.

그럼에도 불구하고 미래를 준비하고 효율적 정책방향성을 위해서 산업 간 개념 정리가 필요한 것이 사실이다. 설사 그 개념 정리에 많은 이견이 있을지라도 말이다. 장님 여럿이 코끼리의 여러 부위를 만지듯이 각자(생산자, 유통자, 소비자) 또는 각기 다른 입장(산학연 혹은 민관군)에서 느낌이 다른 것은 지극히 당연하다. 그 다른 느낌들을 모두 합해야만 한 마리의 코끼리를 설명할 수 있듯이 이 느낌들을 생태계 관점에서 크게 바라보자는 것이다.

미 할리우드 배우 마이클 더글라스는 25세 연하의 캐서린 제타존스와 부부관계이다. 마이클 더글라스가 1988년 영화제에 참석한 영국 미녀 캐서린에게 한눈에 반해 "당신 아이의 아빠가 되고 싶다"며 청혼했다고 한다.

두 배우 모두 필자가 좋아하는 배우라서 헤어지길 바라지 않지만 항간의 소문은 지금은 별거 중이며 애석하게도 둘의 사이가 좋지 않다고 전해진다. 이들 부부 사이엔 두 자녀가 있는데 만일 그 둘이 갈라서게 된다면 마이클 더글라스는 아이의 아빠는 될 수 있어도 더 이상 남편은 아니게 된다.

같은 맥락에서 내 아내, 아이들 엄마, 집사람, 우리 엄마의 며느리는 다 일반적으로는 동일인이지만 각 단어의 뉘앙스는 조금씩 다르고 상황에 따라서는 사실적으로도 다 다른 인물일 수도 있다.

상황에 따라 달라지는 개념, 각 상황과 입장에서의 시각 차는 존재하기 마련이다. 이와 같이 각 산업 간 개념 정리에 따른 시각 차는 틀린 것이 아닌 다른 것이다. 즉 맞고 틀리고의 절대적 개념이 아니고 각자 입장에서 바라보는 시각의 차이에서 오는 형상과 그 느낌의 차이에 따른 결과이다. 다시 말해 이 개념의 차이는 옳고 그름의 문제가 아닌 상황과 입장에 따른 선택의 문제이다. 이를 전제로 융·복합산업의 개념, 산업융합의 의미, 생태계 관점에서 논의와 정책방향에 관해 기술하고자 한다.

2. 융·복합, 산업융합 그리고 메가트렌드

섞는다고 다 융·복합이냐?

호수에서 우아하게 떠 있는 오리를 보자. 오리는 물 밖에서는 뒤뚱뒤뚱 걷기도 하고 원래 물새과에 속하는 종이라 상황에 따라서는 날기도 한다. 그야말로 육해공 전천후다. 융·복합의 전형이다. 그런데 잘 생각해보면 오리는 개나 말처럼 빨리 뛰지도 못하고 제비나 독수리처럼 잘 날지도 못할뿐더러 물고기처럼 물속을 잘 헤엄치지도 못한다. 즉 억지로 만들어진 잘못된 융·복합의 전형일 수 있다.

융·복합은 섞임 그 자체가 아니라 섞임 그 이후의 새로운 가치 창출에 의미가 있다. 일반적으로 장점을 모아 섞었다고 장점이 극대화되지는 않는다. 융·복합의 개념은 단점끼리 모였더라도 서로 간의 단점을 보완하고 시너지가 만들어질 수 있으며 더 큰 가치를 만들어낸다는 것이다.

창의적 결합을 통한 새로운 가치 창출, 융합의 효과와 의미가 그것이라면 이른바 메디치 효과(medici effect)와도 일맥상통한다고 하겠다.

15세기 이탈리아의 부호 메디치 가문이 여러 분야의 예술가, 학자, 기술자들을 모아 공동 작업을 후원함으로써 문화 창조의 부흥기인 르네상스시대를 번성하게 한 것은 다름 아닌 다양한 지식융합을 통한 새로운 문화를 창조한 것이다. 생각의 융합, 소통과 교감을 위한 융합의 터전 마련이 그 시대를 이끌 수 있음을 단적으로 보여주는 예이다.

요즘처럼 융합이 화두인 시대가 있었나 싶기도 하지만 한편 역사는 일정 주기의 반복이 거듭된다는 말을 다시금 곱씹어보게 한다.

융·복합산업 - 소통과 교감을 통한 시너지 창출

융·복합, 융합과 복합이 결합된 단어로 복합이 물리적 단순 결합의 개념이라면 융합은 화학적 혹은 사회학적 또는 정신적 결합의 개념이다. 즉 융·복합이란 서로 다른 이종(異種) 간 혹은 다종(多種) 간의 물리적·화학적 결합을 통한 새로운 가치 창출이라고 정의하고 싶다. 우리가 흔히 얘기하는 시스템 결합(system integration), 하이브리드(hybrid), 퓨전(fusion) 그 이상 혹은 이 모두를 포함하고 있는 것이 융합(convergence)이며 융합에는 이미 복합을 내포하고 있다. 그리고 산업적 측면에서 융·복합의 중요성을 강조하게 되는 산업융합은 산업 간 창의적인 결합과 복합화를 통하여 기존 산업을 혁신하거나 새로운 기술이나 산업적 가치를 창출하는 활동이라고 설명하지만 상황에 따라 해석이 자유로울 수 있다. 분리되어 있던 두 산업이 필요 목적에 의해 합쳐져서 기존과 다른 모습으로 수렴할 때를 산업융합의 개념으로 설명하지만 이 또한 전체를 완벽하게 설명한다고 볼 수는 없다. 하지만 최근 트렌드는 분명 제품 간, 제품과 서비스 간, 서비스와 서비스의 다양한 형태로 진화 중이며 이제는 문화나 지식도 산업과의 융합이 이뤄지고 있다. 융·복합산업의 생태계적 특징은 단일 유사 영역의 융합에서 이종 간, 다종 간 융합으로 점차 확대되고 있어 산업 발전 패러다임 변화를 주도하고 있다는 것이며, 최근 주력산업의 성장 정체로 인한 새로운 돌파구, 소비자 욕구(needs)와 욕망(wants)의 다양화, 기술개방성 확대 추세에 산업융합은 더욱 가속화될 전망이다.

산업융합의 정의를 살펴보면 "산업 간, 기술과 산업 간, 기술 간의 창의적인 결합과 복합화를 통하여 기존 산업을 혁신하거나 새로운 사회적 시장적 가치가 있는 산업을 창출하는 활동"(산업융합촉진법 제2조 제1항)이라고 명시되어 있다.

산업융합은 하이테크 개발에 막대한 비용과 시간을 들이지 않고도 기존 자원, 아이디어, 혁신적 기술의 결합이 관건인 만큼 신시장 창출의 잠재력이 크다. 그야말로 혁신적 콘셉트만 있으면 거대한 제조 기반이 없어도 물건을 만들 수 있고 아이디어를 세상에 연결할 수 있는 시대이다. 그런 점에서 중소기업이 더욱 강점인 시대, 중소중견기업이 글로벌 시장을 선도할 수 있는 산업융합의 시대이다. 미래학자 다니엘 핑크(Daniel H. Pink)가 작금의 시대를 '하이테크(High Tech.)'가 '하이 콘셉트(High Concept)'에 밀려나는 융합시대로 규정한 이유도 여기 있을 것이다.

예상치 못할 미래를 예상하라

융합이 대세다. 세계경제는 융합혁명의 시대로 급속하게 전환 중이며 산업융합은 메가트렌드이다. 차세대 신성장동력산업의 기술 트렌드이기도 하다. 트렌드는 시대의 흐름을 말한다. 흐름의 관점에서 현재는 과거의 총합이라는 결과인 것이다. 그러나 미래는 그 흐름을 알 수 없기에 미래 예측이 불명확하다.

기술 및 산업의 융합이 단순한 최근의 트렌드가 아니라 시대의 변혁을 주도하는 글로벌 메가트렌드로 전개되면서 기술과 산업, 사회 전반의 패러다임 변화는 가히 '신산업혁명'이라고 부를만한 큰 변혁기이다. 따라서 향후 트렌드는 미래의 영감과 동기화될 때 예측이 가능하다. 이를 위해 경제, 사회, 문화를 산업적 측면에서의 융합 관점, 그리고 생태계적 관점에서 바라볼 필요가 있다.

현재 우리의 주력산업은 자동차, 조선, 철강, 석유화학, IT 등이며 이들 산업이 국가의 성장동력산업이기도 하다. 이들 10대 주력제품의 수출 비중이 60%를 넘는다. 문제는 이들 산업을 이을 새로운 성장동력으로 떠오르는 분야가 미약하다는 것이다. 서비스산업은 자영업이 비대해져 성장동력화가 매우 어렵고 부품 소재 장비 분야 또한 중소중견기업이 양적으로 크게 성장했지만 질적으로 선진국과는 여전히 큰 격차를 보인다. 더욱이 글로벌경제의 장기간 불황이 예상되는 가운데 국가경제의 앞날이 그리 밝다고는 볼 수 없으며 전 세계적으로도 크게 다르지 않은 전망인 가운데 미래 예측이 불확실하다. '예상치 못할 미래를 예상하라(Expect the Unexpected)'는 슬로건을 보더라도 미래 예측이 가히 미래 예언만큼이나 모호한 시대에 살고 있다고 하겠다.

현재 세계 시장은 산업재편의 가속화로 주요 산업과 기업의 부침(浮沈)이 심화되고 있다. 살펴보면 우리는 2000년을 넘어서면서 이른바 밀레니엄 패러다임 변화를 겪었다. 2000년 말 미국 나스닥 주가가 10분의 1로 대폭락하면서 그 여파는 전 세계에 쓰나미처럼 퍼졌으며 한국도 코스닥 주가가 12분의 1로 폭락하는 초유의 사태가 벌어졌다.

KODAK, Sony, Nokia, GM, Ford, Crysler…, 세계적인 일류기업이었지만 지금은 사라졌거나 사라질 위험의 기업으로 전락해버린 기업들이다. 지금은 그 자리에 Apple을 필두로 TGIF(Twitter, Google, iPhone, Facebook)와 CISCO, Amazon, IDEO 등 IT 기반의 2000년 전후로 생긴 신생기업들이 전 세계 산업을 리드하고 있다. 130년 전통의 KODAK이, 세계표준의 Sony가, 세계기술의 Nokia가, 그리고 영원할 것 같았던 미국 자동차의 도시 디트로이트가 망하리라고 누가 생각이나 했을까?

경영학의 대가 피터 드러커(Peter F. Drucker)가 미래경영에서 '성공의 법칙은 반드시 배반한다'고 강조한 이유와 거시경제의 거장 스텐퍼드 대학의 제임스 마치 교수(Prof. James G. March)가 그의 저서 『성공의 덫(Sucess Trap)』에서 기업들은 결국 '자기 강점에 의해 무너진다'고 강조했는데 초일류기업이 자기만의 기술력을 과신하게 되는 이유와 성공의 덫에 걸려버린 일류기업이 신속한 의사결정을 내리지 못하는 이유, 거대 조직 내에서 빠른 시대흐름과 같이 하지 못하고 사라지게 되는 이유가 바로 여기 있다.

패러다임의 변화는 곧 게임의 룰이 바뀐 것을 의미한다. 그 바뀐 게임의 룰을 등한시한 회사의 전형이 모토로라가 아닌가 싶다. 모토로라는 6시그마로 기술로 세계 최고의 기업으로 성공했지만 결국 6시그마에 의해 망한 회사라고 극단적으로 평가되기도 하는데, 아니, 열심히 일하다 열심히 망했다고 해야 하나? 이제는 열심히 일하는 것이 중요한 것이 아니고 스마트하게 일해야 하는 시대이다.

기술이 아니라 사람을 위한 기술, 감성이 우선인 시대, 인문사회와 과학기술의 융·복합산업시대이다.

미래는 예상하는 것이 아니라 만들어 가는 것

제조경제를 거쳐 지식경제의 시대, 그리고 이제부터는 창조경제의 시대이다. <그림 II-2-1>의 각 경제시대를 산업적 측면에서 살펴보면 이른바 핵심인 전통적 제조산업은 그간 3D산업을 ACE산업으로 탈바꿈하게 한 것이 특징이다. 다시 말해 위험하고, 어렵고, 더러워서 모두들 기피하는 3D산업을 기계와 공장자동화를 통해서 위험한(Dangerous) 작업들이 자동화(Automatic)로 바뀌었고, 더러운(Dirty) 환경은 깨끗하게(Clean) 바뀌었으며, 전문가 수준의 어려운(Difficult) 작업들이 자동화로 쉽게 (Easy) 바뀌었다는 뜻이다. 이어지는 지식경제시대의 핵심은 플랫폼이다. 하드웨어 플랫폼, 소프트웨어 플랫폼, 플랫폼은 그 기술 위에 다른 기술이 탑재되거나 접목해서 사용할 수 있기 때문에 또 다른 산업 생태계의 시작인 것이다.

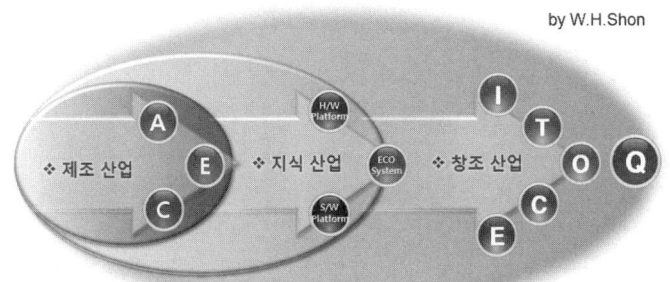

by W.H.Shon

제조경제   지식경제   창조경제

3D → ACE   **Platform**   **Convergence**

<그림 Ⅱ-2-1> 경제와 산업 그리고 트렌드 예측

한편 제조산업의 폐해는 '고용 없는 성장'이고, 지식산업의 폐해는 '지식과 부의 양극화'라고 단적으로 지적한다면 창조경제는 이들 폐해를 해소하기 위한 '일자리 창출'과 '동반성장'이 중요한 정책 기조가 될 것이다.

향후 창조경제의 미래는 예측하기 어려운 안개 속이라 뜬구름 잡는 예측일 수 있으나 그 뜬구름을 말 그대로 아이클라우드(i cloud) 또는 빅데이터(big data)로 설명하고자 한다. 몽고의 징기스칸이 그랬듯 작금의 디지털 유목민시대는 온라인에서 무선통신기기로 빠르게 이동 중이다. 이에 따라 클라우딩과 빅데이터가 거대산업의 태풍인 것이다.

작금의 창조경제시대의 화두는 역시 융합이고 산업적으로 창조산업이라 일컫는 여러 분야의 교류가 융합될 전망이다. 그림의 창조산업 화살표 상단부 표시의 ITO는 IT Oriented산업의 특징이 있으며 이에 대한 또 다른 표현으로는 I(Industrial)-산업 간, T(Technology)-기술 간 융합이 가속화될 것이다. 이것이 과학기술계의 산업적 변화라면 화살표 하단부 표시 ECO는 생태계를 뜻하기도 하지만 인문사회계의 산업적 변화를 얘기한다. 즉 각 이니셜에 따라 Emotion(감성)이 Economy(경제)로 C(Culture)-문화가 C(Community)-소통으로 바뀜을 뜻하고, 그간 경제가 컨테이너(Container) 수출이었다면 이젠 콘텐츠(Contents) 수출이 더욱 중요한 의미를 지니고 있으며 인문사회계의 산업과의 결합이 O(Organization)-조직화된 형태의 산업 생태계로 형성될 것이라는 전망을 의미한다.

창조산업은 그림의 화살표 방향 마지막의 Q가 의미하듯 비약적 성장의 퀀텀 점프(Quantum Jump)가 가능한 산업이며 우리들 삶의 질(Quality)을 높여줄 융합신산업이다.

3. 융·복합산업 생태계

인도는 땅 덩어리가 세계에서 7번째로 큰 나라이자 인구는 12억 명이넘는, 세계에서 2번째로 많은 힌두교의 나라이다. 또 그 많은 인구만큼이나 그들이 믿는 신들도 많아 3억 3천의 신들이 있다고 한다. 그 많고많은 신들 중에서 3대 신은 창조의 신 브라흐마(Brahma), 파괴의 신 시바(Shiva), 그리고 유지의 신 비쉬누(Vishnu)이다.

이들 3신의 역할을 별개의 것으로 보기보다는 윤회적 관점에서는 일정한 시간 속에서 우주가 창조되고, 유지되며, 또 파괴되었다가 다시 새우주가 창조되는 무한 반복을 하는데 이들 신들의 역할이 고리를 이어가고 있기 때문이기도 하다.

이러한 관점을 필자는 창조는 곧 탄생이고, 파괴는 곧 죽음이기에 그둘의 균형은 곧 개체수 유지라는 개념의 생태계적 관점에서 해석하고싶다. 창조, 파괴, 유지는 곧 생태계를 의미하고 있지 않은가 말이다.

자, 그렇다면 융·복합산업의 생태계는 어떠할까? 생물학적 생태계만큼이나 그 생태계를 구성하는 산업의 종류가 다양하며 산업과 산업 사이의 관계는 복잡한 먹이(가치)사슬로 연결되어 있다. 메가트렌드 혹은 외부환경에 따라 유기적으로 변화하기도 한다. 한마디로 복잡계의 카오스(chaos)[1]적 요소와 그 단순 반복과 무한 반복의 프랙탈(fractal)[2]구조를 나타내는 것이 특징이다.

융·복합산업의 생태계 변화와 특징

개방, 참여, 협동, 공유가 융·복합산업 생태계의 핵심 키워드이기도 하지만 타 산업과의 융·복합을 위해서는 산업 전체를 조망해봐야 한다. 또한 지속 가능한 선순환 생태계구조를 위해서는 비즈니스 모델 혹은 서비스 모델에 관한 연구가 필요하다. 최근 산업은 이미 부가가치 중심의 단 방향 프로세스인 가치사슬(value chain)에서 벗어나 시스템 구성원 상호작용이 가능하고 참여와 공유를 통한 경쟁과 협력관계를 가지는 융·복합 생태계(ecosystem)로 진화하고 있다.

<그림 Ⅱ-3-1> 생산, 유통, 소비의 가치사슬

---

1) 혼돈이나 무질서를 뜻하는 말로 그리스의 우주개별설에 의거 우주가 발생하기 이전의 원시적인 상태.
2) 작은 구조가 전체 구조와 비슷한 형태로 끝없이 되풀이되는 기하학적 구조, 부분과 전체가 똑같은 모양을 하고 있다는 자기 유사성개념을 기하학적으로 푼 구조를 말한다.

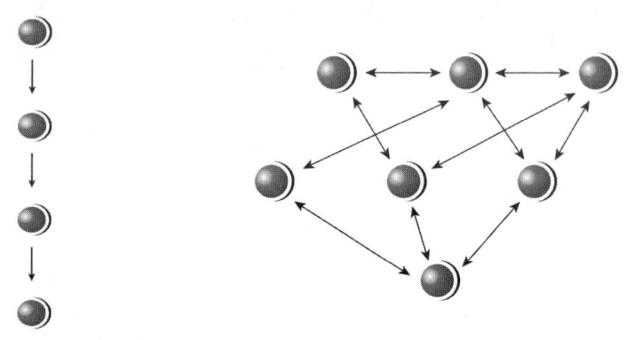

<그림 Ⅱ-3-2> 제조 생태계   <그림 Ⅱ-3-3> 융·복합 비즈니스 생태계

우선 생산, 유통, 소비의 전형적 가치사슬(<그림 Ⅱ-3-1>)은 가장 단순한 일련의 비즈니스 흐름이지만 실제 융·복합산업의 비즈니스 생태계는 <그림 Ⅱ-3-3>와 같은 복합요소의 결합이며 시너지로 서비스가 이어지고 있다. <그림 Ⅱ-3-2>은 전형적인 제조 라인 또는 생산 생태계의 전형이다. 대기업의 이른바 줄 세우기식 생태계, 1, 2, 3차 벤더들의 결합 구조이지만 이제는 대기업 간 협력 혹은 1, 2, 3차 벤더들의 다른 대기업 라인의 납품 등이 글로벌화되면서 생산과 소비의 가치사슬인 수평 생태계(<그림 Ⅱ-3-4>의 (a))와 제조 라인의 수직 생태계(<그림 Ⅱ-3-4>의 (b))의 복합적 특성인 플랫폼 생태계(<그림 Ⅲ-3-4>의 (c))가 더 일반적이다.

예전에는 대기업 줄 세우기로 현대자동차에 납품하는 회사가 기아나 대우자동차에 납품할 수 없었던 수직 생태계에서 이젠 만도라는 자동차 부품회사는 현대, 기아를 넘어 세계 글로벌 자동차 시장에서 현대와 경쟁상대인 자동차 회사에도 납품하는 수평 생태계를 넘나드는 플랫폼 생태계가 일반적이게 된 지 이미 오래이다.

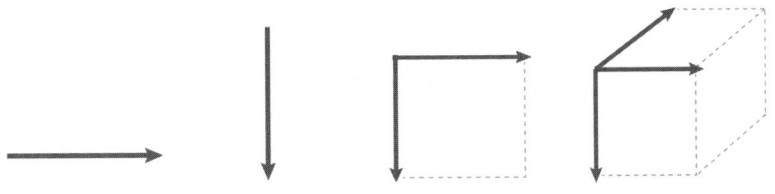

(a) 수평 생태계   (b) 수직 생태계   (c) 플랫폼 생태계   (d) 공간 생태계

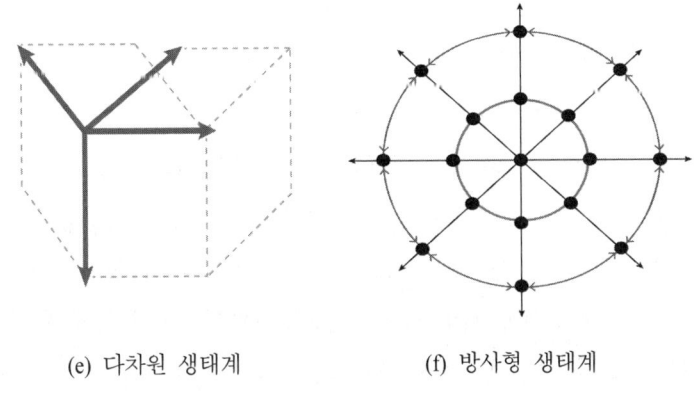

(e) 다차원 생태계   (f) 방사형 생태계

<그림 Ⅱ-3-4> 생태계 유형별 비교

융·복합 생태계의 특징은 플랫폼 생태계를 넘어 시간의 흐름과 사고의 전환이 이뤄지면서 공간 생태계(<그림 Ⅱ-3-4>의 (d))에서 이해해야 하며 나아가 또 다른 산업군과 결합된 다차원 생태계(<그림 Ⅱ-3-4>의 (e))형태가 기본이다. 새로운 기술의 제품이 출시되면 기존 비즈니스 모델이나 서비스와 다른 또 다른 산업이 생기기 시작하며 기존 산업의 생태계에서 또 다른 차원의 생태계가 이어서 생성되기 때문이다.

우리는 이미 기존의 센서기술, 3D영상기술, 음향기술에 엔터테인먼트 요소를 창의적으로 재조합하여 스크린 골프 시장을 개척하기도 했다. 새로운 시장을 열었지만 이 기술은 신기술이 아니고 기존 기술을 결합한 재창조개념이다. 이것이 융·복합산업의 비즈니즈 모델, 서비스 확장 그리고 생태계의 기본개념이다.

융·복합산업은 새롭게 시작된 산업으로 기존 주력산업처럼 산업분류체계가 정립되어 있지도 않다. 그렇기에 융·복합산업의 분류체계 정립이 시급하게 필요하기도 하겠지만 여러 산업의 융·복합된 산업분류체계 구축이 어려운 작업이고 일각에선 시시각각 그리고 상황에 따른 변화가 특성인 융·복합분류체계 자체가 무슨 의미가 있냐 라는 반문도 있는 것이 사실이다. 마찬가지로 생태계에 대한 논의도 이와 비슷한 것이 사실이지만 융·복합산업과 향후 변화될 생태계에 대한 이해를 위해서 공학적 개념의 학술적인 접근을 하고자 한다.

예를 들어 스마트폰이 전자부품산업, 시스템제조산업, 그리고 S/W산업이라는 전통적 생태계에 통신기기의 통신산업과 음악이나 영상의 문화산업, 다양한 어플리케이션 앱을 이용한 게임산업뿐만 아니라 각 사업자 상의 신 비즈니스 모델과 서비스를 제공하듯이 다양한 산업의 융·복합적 생태계의 특성을 지닌바 이를 한 산업군의 꼭지점에서 각 연결구조의 이해관계를 평면적으로 도식화해보면 방사형 생태계(<그림 II-3-4>의 (f))로 변환된다.

이른바 웹(web, 거미집)형태로 해석할 수 있는 것이다. 전 세계가 WWW(world wide web)의 네트워크구조로 표현되듯이 말이다. 이는 한 점이라 표현되는 요소(node)마다 제각기 사업의 중심이 되는 방사형복합구조로 시간이 지날수록 복잡계형태를 지니며 또한 그 가치는 무한반복의 프랙탈구조로 증폭된다고 설명할 수 있다. 즉 각 제품 간, 기술 간, 산업 간 필요에 의해 각 부분요소로부터 타 요소군들과 융·복합되면서 시장을 창출해가는 것이 특징인 융·복합산업 생태계를 굳이 도식화하자면 <그림 II-3-5>과 같이 필요에 의해 확장 가능한 융·복합 무한 생태계로 표현하고자 한다.

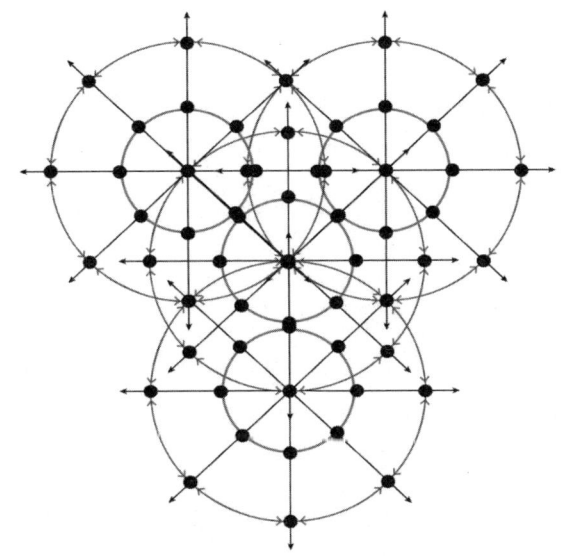

<그림 Ⅱ-3-5> 융·복합 무한 생태계

형님과 아우

대기업과 중소기업의 관계가 갑을 또는 주종관계가 아닌 서로 돕는 형님과 아우처럼 한 가족공동체여야 하는 시대이다. 굳이 동반성장 운운하지 않더라도 글로벌 경쟁에서 살아남으려면 수직 생태계 내에서의 생존을 넘어 상생 발전하기 위한 방법으로 융·복합 생태계 내에서 대기업과 중소기업은 한 가족공동체인 것이다. 물론 이 상생의 협력체계를 위해 정부가 적극적으로 개입해 대기업의 불공정 거래 등 바람직하지 않은 행위는 강력하게 시정해야 하지만 대기업과 중소기업 간 상호 협력과 발전은 시장경제의 원칙에서 진행되어야 하는 것이 기본이다. 즉 거래는 기본적으로 경쟁의 논리가 규칙이고 기준인 것이다. 상생은 결코 일방적인 시혜를 통해서는 이뤄질 수가 없다.

대기업과 중소기업이 형님 아우 하듯이 **중앙정부와 지방정부** 또한 그러하다.

중앙정부와 지방정부의 역할과 정책적 제안, 이제는 집적화된 벤처도시가 혁신의 도시로, 융합신기술 및 신산업 창출을 위한 융합신도시로 계속 발전하기 위해서 전략과 정책수립에 있어서 중앙과 지방정부의 연계성을 더욱 강화해야 한다는 것이다. 이는 한정된 국가예산과 인적자원 등의 효율적 배분과 집행으로 효과는 극대화시킬 수 있는 방법이기도 하다.

산업의 융·복합기술의 복잡성 확대 등으로 더 이상 단일 기업 혼자 모든 것을 하기 어렵고 다수의 기업들이 경쟁과 상호 협력을 통해 시너지 효과를 창출하는 네트워킹 경쟁력 확보가 필요하다. 이러한 환경 내에서 기업경쟁력은 외부 집단지성 활용, 연구개발 분야의 아웃소싱 확대 및 국제공동 연구강화 등 개방형 혁신(open innovation)을 통해 새로운 활로를 개척해야 하기에 지방정부는 이를 다각도로 뒷받침해줘야 한다.

문제해결을 위한 융합 네트워킹이 바로 개방형 혁신의 본질이다. 기업은 기업가적 교육은 물론 IT, BT, NT, HT, CT 등 각 분야의 첨단기술의 흐름을 파악하고 스스로 문제점을 파악해서 팀 프로젝트를 통한 해결책, 기업애로 기술 해결, 신제품 및 신시장 창출로 기업의 방향성을 제시해 나가는 것이 중요하다.

이를 위해 중앙정부와 지방정부, 산학연 등의 실질적 네트워킹이 중요하다. 기관 간 실적을 위한 업무협정이 아닌 기업 간 교류, 기관 간 교류, 이업종 교류, 융합신산업전략도출을 위한 정례 교류 등이 실질적 도움이 되도록 일과성이 아닌 꾸준함으로 지속되어야 한다. 이러한 비전의 완성을 위해서는 기업들의 지속적인 클러스터화가 이루어져야 한다. 융합이 하나로의 수렴(Convergence)이라면 이윤과 가치는 확산(Divergence)되어야 하는 것처럼 기업의 물리적 집적화는 이루고 기업의 이윤 창출을 위한 횡축과 종축의 흐름 강화, 인적, 기술적, 경제흐름적 네트워킹은 확장되어야 한다.

이를 위해 정책수립과 지원이 공급자 위주의 시각에서 수요자(중소기업 특히 벤처기업) 중심 시각으로의 마인드 변화가 필요하다.

벤처기업 특히 IT를 기반으로 하는 업체는 일반 제조업과 그 생태적 DNA를 달리해야 한다. 매 순간 혁신이 일어나는 IT 분야에서 복제만 하는 기업은 절대 융합혁신형 제품을 만들지도, 성공할 수도 없다. 이른바 혁신형 신제품과 신기술은 대부분 흩어져 있던 개별 아이디어가 융합하는 과정에서 교류하고 충돌하여 하나로 합쳐지는 과정에서 탄생했다. 이러한 이유로 중소벤처기업의 집적화가 중요한 이유이다.

전국 기초도시 최초로 벤처기업 1천 개를 돌파한 성남시 벤처촉진지구의 형성과 발전은 이에 좋은 모델이다. 2013년 10월 현재 촉진지구 내 벤처기업의 수는 1천200여 개로 늘어난 상태이며 지난해까지 전년대비 매출액 1천 500억 원, 신규 고용 430명, 수출액 3억 8천만 불이 증가한 것으로 나타났다. 이는 지난 2001년부터 관내 중소기업과 벤처기업 육성을 위해 중원구 하이테크밸리, 분당구 야탑역~오리역, 분당테크노파크 일원 등 4.47㎢에 지정된 벤처기업육성촉진지구 입주 기업들에게 매년 150억 원의 예산 투입과 취득세·재산세 50%를 감면 등 지속적인 중소벤처기업 육성정책을 펼쳐온 결과로 분석된다. 또한 신 산업정책인 '클러스터 2.0'의 본격적인 시행과 촉진지구 내 기업들이 R&D 역량을 높이고 중앙정부와 연계하기 위한 관련 기관 등과 정책과제 공동 개발을 위해 벤처기업육성촉진지구 발전협의회를 운영하는 등 다각적인 지원정책의 결과라고 볼 수 있다.

4. 융 · 복합산업정책

세계 주요국 융합산업정책 동향

선진국들은 융합신산업을 미래의 차세대 성장동력으로 인식하고 융합기술 개발과 육성을 위한 신산업정책을 강화함으로써 산업융합 트렌드를 주도하려 하고 있다.

미국은 "인간수행능력 향상을 위한 융합기술(NBIC, 2002) 발전전략"을 통해 융합기술의 지속적인 발전을 위한 산 · 학 · 연 · 관 권고사항을 제시하고 융합기술과 산업을 적극 활용하여 국가혁신 및 경제 불황을 극복하고, 국가경쟁력 강화를 위한 산업정책(Compete.(2008), Five for Future(2007) 정책)을 추진하고 있다. 또한 '이노베이션 아메리카'(2004)를 통해 미국은 IT 활용 촉진을 국가혁신전략으로 설정하고 IT를 활용해 제조 부문과 서비스 부문의 연계를 추구하는 한편 국가경쟁력 강화계획(ACI, 2006)을 통해 융합 분야를 중심으로 연구개발 확대, 기술혁신, 세제혜택 등을 강조하고 있으며, 특히 이를 통해 2006년의 100억 달러에서 2016년의 200억 달러로 과학기술 및 혁신기업에 대한 기초연구 투자를 확대할 계획이다.

EU는 지식사회건설을 위한 융합기술 발전전략(CTEKS, 2004)을 통해 기술 개발, 연구환경 조성, 사회적 · 윤리적 책임강화 등 융합기술 발전을 위한 가이드 라인을 제시하고, 현재 융합기술을 적극 활용하여 혁신 및 경제 불황을 극복하여 국가경쟁력 강화를 위한 산업정책(신 리스본전략, 2007)을 추진하고 있다. 이어 '셰이핑 유럽 퓨처 또트(Shaping Europe Future thought) ICT(2006)'를 통해 경제사회 전반에 걸쳐 정보통신기술과 ICT융합의 중요성을 강조했으며, 같은 해 입안된 제7차 FP를 통해 융합

기술 개발 확대계획 및 집행전략을 구체화하고, 이를 통해 IT, BT, 교통, 에너지 등의 융합 부문을 중심으로 2007년부터 2013년까지 총 727억 6,000만 유로를 투자 집행하며, 2008년에는 미래 융합산업 경쟁력 강화 및 조기 글로벌 경쟁력 확보를 위해 의료, 섬유, 건설, 바이오 등 6대 선도 시장 육성전략을 발표하고, 부문 간 융합을 촉진하기 위한 다양한 프로그램을 진행했으며, '퓨처 인터넷 2009'를 통해 IT 기반 융합의 중요성을 역설하고 집중적인 연구개발 투자를 권장하고 있다.

일본은 신산업 창조전략(2004)을 통해 일본 강점 영역의 융합기술, 산업 중점 육성전략을 추진하였고 특히 4대 융합중점분야(NT, BT, IT, ET) 중 단기간에 실용화가 가능한 기술, 산업을 육성하는 Focus21(2008)정책을 추진하고 있으며, 융합산업을 통한 경제 불황 극복을 위해 이노베이션 25(2007), 경제산업 정책중점(2008)정책을 추진하였다. 이노베이션 25에서는 일본사회의 5대 목표를 설정하고 이를 달성하기 위한 기술전략과 기술로드맵으로 IT 기반 융합기술을 선정하였고, 2009년 IT 기반의 융합정책인 'i제팬전략 2015'를 국가 발전전략으로 설정하고 경제산업성을 중심으로 『미래기술 전략지도 2025』를 발간한 바 있다.

중국은 현재 '루이스 전환점'[3])을 통과 중인 것으로 평가된다. 루이스 전환점을 지나면 새로운 성장동력이 필요하게 되는데 이에 '신성장산업 육성결정(2010)'을 발표하고 7대 신성장산업(신에너지, 전기자동차, 신소재, 차세대 IT, 에너지 절감 및 환경보호, 바이오, 첨단장비)을 지정하여 해당 분야의 기술경쟁력을 세계 최고 수준으로 끌어올리기 위한 정책을 추진하고 있으며, 7대 신성장산업은 인접산업의 동반성장을 유도할 수

---

3) 1979년 노벨경제학상 수상자인 아서 루이스가 제시, 개발도상국에서 농촌의 저임금 인력으로 급속한 산업 발전을 이루지만 농촌의 노동력이 도시로 이동하면서 노동력이 고갈되는 시점에 임금이 급등하고 성장이 둔화되는 것을 말함. 루이스 전환점에 이르게 되면 노동의 수요와 공급의 불일치가 발생하고, 이로 인해 임금이 급격하게 상승하게 되며 사회 전반에 고비용−저효율구조가 자리 잡게 된다.

있는 융합산업으로 선정하였다.

국내 융합산업 현황 및 전망

국내의 경우, 최근 4년 전부터 본격적으로 산업융합에 대한 공감대가 확산되면서 산업융합 포럼, 국제 컨퍼런스 등이 계속 이어져왔으며, 융합산업 현황파악을 위한 기업의 다양한 설문조사를 분석하고 위기관리 대책회의(2010. 7)에서 전략을 수립, 수차례의 전문가 간담회와 산업융합 컨퍼런스를 거친 결과, 산업융합촉진법을 제정하고 시행(2011. 10)하기에 이르렀다. 또한 이 법에 근거하여 지식경제부(현 산업부)가 한국생산기술 연구원에 지정한 국가산업융합지원센터가 개소(2012. 1)하였다. 국가적 산업융합을 촉진하기 위한 사업, 중소중견기업의 융합신제품 상용화 지원, 관련 시장 조사·분석 및 정책 기획 등 융합신산업 창출을 촉진할 수 있는 생태계 조성을 위해 출범한 조직이다. 특히 중소중견기업들에게 융합 신제품 발굴에서부터 마케팅에 이르기까지 맞춤형 지원 서비스를 제공하여 실용화를 촉진하는 역할을 담당하고자 융합적 협력 네트워크 구축, 기업경쟁력 강화를 주요 업무로 수행하고 있다.

우리나라의 융합기술 수준은 선진국에 비해 뒤쳐져 있으며 산업융합 에 대한 비전, 전략, 추진체계가 미흡하다고 평가된다. 우리나라의 융합 기술 수준은 선진국 대비 50~80% 수준이라고 분석된다(국가위 융합기술 기획위원회, 2008). 이러한 상황에서 국내에서 산업융합을 기업의 새로운 기회로 판단하고 그 중요성을 인지하고 있는 가운데 기업들은 현재의 융합속도가 적절하거나(34.4%), 다소 시급(33.1%)으로 인식하는 반면, 전문가들은 매우 시급하거나(49.1%), 다소 시급(37.7%)한 것으로 판단하고 있었다(KEIT, 2010).

산업융합 촉진을 위한 성장 기반 조성 현황을 살펴보면, 방송통신융합 분야에서는 제주첨단과학기술단지에 '방송통신융합센터' 개관(2012. 3), 글로벌 표준의 방송통신 테스트베드 역할을 수행하고 있으며, 콘텐츠융합 분야에서는 3D융합산업 육성을 위해 2016년까지 1,230억 원을 투입(산업부/광주시)하여 매년 5개의 비즈니스 모델 발굴, 3D 관련 학과 및 전문 과정 신설계획이며, 에너지융합 분야에서는 "지능형 전력망 구축 및 이용 촉진에 관한 법률 시행"(2011) 및 "제1차 지능형 전력망 기본계획"을 발표(2012)했다. 의료기기 분야에서는 지경부(현 산업부)와 보건부 등 관련 부처가 공동으로 "의료기기산업 육성방안"을 수립(2010. 11)하여 의료기기산업의 경쟁력 강화를 위한 기반을 마련한 바 있으며, 방송통신융합 분야에서는 방송사업자 소유·경영 규제개선, 신규 방송사업자 시장 진입(종편·보도채널, 중기전용 홈쇼핑채널) 등을 통해 미디어 시장의 선진화 기반을 조성하고 있다.

산업융합을 위한 비즈니스 모델 협력 차원에서 IT+의료산업의 모델로 통신 회사 또는 IT연구기관과 대형 병원이 협력하여 헬스케어산업의 고도화가 진행되고 있다. KT와 연세대학교의료원에서 합작하여 의료-ICT 융합사업 전문회사인 후 헬스케어 설립(2012. 3), SKT와 서울대병원은 융합형 헬스케어 합작투자회사인 헬스커넥트(주) 설립(2012. 1), ETRI와 분당서울대병원은 'IT-바이오 의료기술융합연구'를 위한 협력협정 체결(2012. 3)등이 좋은 예이며 앞으로도 계속될 추세이다.

산업융합 발전전략과 기본계획

국내 융합산업의 시장 규모와 선진국 대비 기술 수준을 분석하여 융합산업 지원전략 수립이 가능한데 IT융합산업의 경우, 기술 수준도 높고 시장 규모도 큰 편이기 때문에 지속적으로 유지할 필요가 있으며, 나노융합과 바이오융합산업의 경우, 산업 규모는 크지만 상용기술 수준은 미흡하므로 기술 개발에 지속적으로 투자할 필요가 있다. 또한 차세대 로봇과 RFID/USN[4]산업의 경우는 형성된 산업 규모 자체가 작으므로 산업을 성장시키기 위한 지원전략 필요하다는 분석이다.

산업융합은 주력산업의 확장성과 융합신산업의 발굴을 위한 발전전략 키워드이다. 따라서 산업융합촉진법에 명기된 내용과 산업융합 기본계획(2012. 8)에 따른 실행계획이 차질 없이 진행되어야 한다. 향후 오픈 이노베이션을 통한 다양한 협력체계 구축으로 시너지가 창출될 수 있도록 지원과 촉진을 위한 다양한 사업들이 전개될 것이며 또 다른 산업 생태계가 만들어질 것이다.

이를 위해 정부는 융합산업의 중요성을 인지하고 국가적 아젠다로 삼아야 할 것이다. 산업융합을 촉진하기 위한 정책 및 제도개선, 기업 애로사항 해결은 물론이고 융합산업을 키우기 위한 연구 및 사업 기획 등 융합산업을 촉진하기 위한 적합성 인증이나 융합지수 및 통계 등 국가적 차원에서 해야 할 일 들이 너무도 많다. 현장 애로기술 해결을 위한 기업 지원, 학교나 산업현장에서 융합적 사고를 가진 인력양성, 이러한 사업전개를 위한 융합 관련 기관, 학교, 단체들의 협력 네트워크구성과 지원이 중요한데 융합의 속성상 무엇보다 휴먼 네트워킹의 유기적 결합이 중요하다.

5. 생태계 차원의 정책제안

창조경제는 창의적 사고와 산업 간 융합활성화에 달려있다. 그러나 '변화는 있지만 느리고 미흡하다. 정책은 무수히 많지만 제대로 실행되

---

4) Radio Frequency IDentification / Ubiquitous Sensor Network, 주변 사물에 부착된 RFID 태그 또는 센서를 초소형 무선장치에 접목하여 이들 간의 네트워킹과 통신으로 실시간 정보를 획득, 처리, 활용하는 네트워크 시스템.

는 것이 없다'는 현장의 목소리이다. 단언컨대 시장에 돈이 돌지 않는 경제정책은 죽은 정책이다. 즉 시장경제가 살아야 한다. 이젠 정부가 큰 그림을 그려야 한다. 국가적 차원의 융합 뉴딜정책을 추진해야 한다.

이를 위해 현장에서 필요한 지원제도와 세심한 '손톱 밑 가시 뽑기'는 물론 큰 틀의 네거티브 시스템(negative system)으로의 확실한 사고 전환, 그리고 새로운 융·복합산업을 위해 대승적 차원의 위험을 감내(Risk taking)하고 가야 한다.

정책이 없어서 기업이 어려운가?
오히려 정책이 많아서 문제라면 모를까

현 정부의 국정 목표 중 첫 번째가 경제부흥이다. 이를 위해 국내 일자리 창출이 급선무다.

새로운 성장전략의 추진방향은 대기업과 중소중견기업의 협력관계에서 출발하여 수출 및 내수를 확대하고 국제경쟁력 제고와 고용 창출 그리고 양극화 해소를 위한 정책이어야 한다. 즉 산업성장을 위한 전략적 정책은 산업정책과 고용정책, 인력정책, 경쟁정책의 융합적 사고가 필요하다.

융·복합산업의 생태계 관점에서 중소중견기업이 성장과 고용의 원천이 되어야 한다. 즉 중소중견기업의 성장 생태계를 조성해야 한다.

중소기업 지원의 국정 철학과 기조가 무엇인가? 정권이 바뀔 때마다 부처가 바뀔 때마다 늘어난 것이 지원제도 아닌가 말이다. 현재의 지원제도는 그야말로 없는 게 없는 지원제도인데 정작 기업들에게는 외면당하는 이유는 뭘까? 지원제도가 너무 많고 복잡한 것도 사실이다. 오히려 지원제도를 새로 만들 것이 아니라 불필요한 것이나 유사한 것들은 없애거나 통합하는 것이 필요한 시점이다.

장수가 말머리를 돌리면 일반병사들은 10리를 뛰어야 한다

머리가 나쁘면 몸이 고생하는 법이다. 국가전략이나 정책이 산업현장을 이해하지 못하면 기업들은 그야말로 생고생하기 마련이다.

현장에서 돈과 사람이 크게는 경제가 원활하게 막힘없이 순환되도록 하는 흐름을 만들 것인가 아니면 기업현장의 답답함을 넘어 동맥경화를 가중시켜 국가경제흐름을 정체시킬 것인가? 정책은 관 주도일 수 있으나 그 대상은 민간이며 기업이니 산업현장을 배려하지 않은 정책, 현실을 담아내지 못하는 탁상행정은 그저 실적 위주의 건수 만들기일 뿐이다.

우리는 어려서부터 좌측통행을 배우고 익혔다. 그러나 이제는 우측통행으로 기준이 바뀌었다. 한동안 몸에 익은 방법과 새로운 기준 사이에서 혼란을 겪기도 했다.

한번 정하면 따라야 하는 기준이기에 사회구성원 모두가 움직여줘야 하는 일이기에 그 정책은 실행으로 옮겨야 하는 사회적 규범인 것이다. 새로운 정책, 특히나 융·복합산업과 같은 신성장동력을 위한 창조형 신산업을 위한 제도나 정책, 관련 기업의 지원제도는 큰 그림 내에서 퍼즐 맞추기를 잘해야 한다. 결코 융합을 강요하거나 사안별로 세세한 것까지 정책적 지시하달은 금물이다.

융·복합은 창조적이어야 한다. 다시 말해 탑다운(top-down)이 아닌 살아있는 현장에서 자생적으로 결합되고 창출되기 때문에 미리 예단하여 사안별로 세부 사안을 만든다는 것 자체가 비상식적이다. 그렇기에 큰 틀 속에서 생각하고 큰 경기장을 만들어주는 역할이 국가정책이어야 하고 세세한 룰보다는 큰 규칙 속에서 자유롭게 경기에 임할 수 있도록 해야 하는 것이 기본이다.

아울러 융·복합산업의 지원제도는 양날의 칼과 같아서 일단 만들었으면 그 시행에 있어서 세심하게 다뤄져야 한다. 신제품 출시를 위해서는 규제완화나 폐지를 해야 하지만 때에 따라서는 국민건강이나 국가보안과 같은 대의를 위해서는 사안에 따라 강화해야 하는 경우도 있기 때문이다.

이렇듯 융·복합 신산업의 종류와 이해관계가 다양하듯 무게중심의 균형감각이 무엇보다 필요하다 비교하자면 칼의 종류가 다양하듯 잘 사용해야 한다. 섬세한 수술을 위해서는 날카로운 메스가 필요한 법, 아무리 좋다고는 해도 삼국지에 나오는 관운장의 청룡언월도로 수술을 할 수는 없지 않은가 말이다. 자칫 무시무시한 칼로 무지한 일을 하고 있지는 않은지 살펴야 한다.

규제는 창의와 융합의 걸림돌

융·복합산업은 새로운 도전이며 창조적 산업 영역이기에 어려움은 더욱 크다.

기존에 없던 창의적 신기술 개발이나 신제품 출시에도 국내외 비교자료를 요구하거나 관련 기관 인증을 필요로 하는 상황이 비일비재한 답답한 현실이다.

기존 법규나 제도가 너무도 세세한 것이 오히려 발목을 잡게 되는 것이 일반적이다. 이와 같이 관련 제도가 장르, 경계의 지나친 구분으로 진입장벽이 형성되면 융합산업의 장애요인이 발생하게 되는 것이다.

실버세대를 위한 융합 신제품, 입는 옷에 심박이나 혈압을 측정할 수 있고 위급상황을 전송해줄 수 있는 기능이 있는 '스마트 헬스케어 의류'는 현재 시판될 수 있을까? 일반 의류는 아니기에 시판을 위해서는 의료기기 인증을 받아야 할까?

또 스마트폰에 당뇨를 체크할 수 있는 기능이 융합된 '당뇨폰'이라면 핸드폰 판매점에서 팔아야 하나 의료기기 판매점에서 팔아야 하나? 의료법상 의료기기로 분류된다면 인허가 부담으로 출시나 가능할까? 실제로 이 제품은 2004년 개발 당시 의료법상 의료기기로 분류되어 각종 인허가 부담과 유통 제한으로 사업화가 지연되었고 2007년 의료기기 판매업 신고 대상에서 제외되기는 했지만 사업화에 따르는 상당한 시간을 허비한 끝에 LG전자는 이 사업을 포기해야 했다.

유사한 예는 많다. 국가로봇산업을 위한 융합형 시범사업으로 소방방재로봇을 개발했다. 하지만 현행법상 현장투입이 불가능한 것이 현실이다. 성능이 문제라기보다 "소방장비관리규칙 3조"의 보유 가능한 장비유형에 소방방재로봇이 포함되어 있지 않기 때문이다.

이와 같이 신제품 혹은 신사업 영역에는 진입장벽과 장애요인이 널려있다. 그것이 법이든 규제이든 아니면 이해집단의 밥그릇 싸움이든 넘어서야 하는 장벽이 높기만 하다.

대표적인 것이 원격진료, 이 또한 10년째 지지부진하다. 병원에 직접 가지 않고 PC나 스마트폰으로 의사진료를 받을 수 있는 원격진료는 IT 강국인 우리나라가 매우 잘할 수 있는 사업 영역, 더욱이 전 세계적으로도 조만간 원격진료가 대세가 될 추세인지라 글로벌 시장을 선점하기 위해 반드시 추진해야 할 분야이기도 하지만 규제에 묶여 더 이상 진전을 보지 못하고 있다.

현행법상 환자가 통신이나 화상 등을 이용해 의사의 진료나 처방을 받는 것을 금지하고 있다. 즉 원격진료는 원칙적으로 불법이다.

물론 여기에는 의료사고의 위험을 주장하는 의료계의 입장이 있으며 대형병원 그리고 동네 중소병원의 각기 처해진 입장들이 다른 만큼 이해관계에 따른 여러 목소리 또한 커다란 장벽이 되고 있다.

빨간 깃발을 흔들어라

말 없는 마차, 자동차가 처음 나왔을 때 불리던 이름이다. 마차인데 말이 없으며 대신 동력을 생산하는 장치가 마차에 탑재되고 누가 끄는 것이 아니라 스스로 움직이는 자동차, 그야말로 대단한 융합신제품인 것이다.

그런데 이 융합신제품의 출현이 기존 마차업자들에게는 어떠했을까?

시장 경쟁의 위협을 느낀 마차산업을 보호하기 위해 의회를 압박해서 만든 법이 바로 적기조례(赤旗條例, Red Flag Act)이다. 이 법은 1865년 영국에서 만들어졌는데 이 법에 따르면 자동차는 핸들을 잡는 운전사, 석탄을 공급하는 화부, 그리고 빨간 깃발을 들고 차량의 50미터 전방을 걷는 조수까지 3명이 운행해야 한다. 빨간 깃발을 흔들면서 지나가는 말이나 기수에게 자동차의 접근을 알려야 한다. 또한 시가지에서는 시속 3km 이상으로 달릴 수 없도록 규정하고 있는데 이 시절 이미 자동차는 시속 30km 이상을 달릴 수 있었다.

마차업자들의 이 같은 대응에 자동차 업자들은 '자동차는 말보다 빠르지 않아 사람을 칠 염려가 없어 안전하다. 말은 똥을 싸서 시내 환경을 더럽히지만 자동차는 배설물이 없어 환경친화적이다'라고 반론하는 등 이해집단 간 갑론을박하는 사이, 독일은 신형 엔진을 개발하고 대량 생산체제를 구축했으며 1899년 프랑스에서는 시속 100km가 넘는 자동차를 개발하였다. 적기조례는 1896년에 폐지되었는데 지금 생각하면 어처구니없는 이 법이 30년간 지속된 탓에 영국은 결국 자동차산업도 잃고 마차산업도 잃게 되었다. 멀리 앞을 내다보지 못한 이해집단 그리고 잘못된 정부규제가 새로운 산업성장에 치명적인 걸림돌이 된 대표적 사례일 것이다.

빨간 깃발은 오히려 이러한 법이나 제도, 규제나 걸림돌을 치우지 못하는 정부, 이해집단 간 편협한 밥그릇 싸움, 그리고 이들 상황을 구경만하는 관련자들에게 경고의미로 레드카드를 대신해서 흔들어야 할 판이다.

관련 제도가 없으니 출시할 수 있다

융·복합산업은 로드맵을 그리는 순간 창의성과 융합성은 파괴되기 시작한다는 것이 중론이다. 그러나 정부정책은 추진전략과 체계에 의해 진행된다. 따라서 정책과 전략의 로드맵상 각 부처의 발전전략과의 연계성, 이를 위한 조직 간 네트워킹에 기반한 전략 추진체계, 이에 근거한 융합산업 발전계획이 실행되고 있는지를 면밀히 검토해야 한다.

융·복합산업의 발달은 필연적으로 산업 간 경계가 모호해진다. 즉 기존의 물량 중심 산업진흥정책을 탈피해 창의성과 개방, 그리고 협력을 촉진하는 정책이 필요하다. 융·복합산업의 특성상 신제품, 신기술의 근거법률이 없거나 명확하지 않은 경우, 신규 기술—서비스의 신속한 사업화가 가능하도록 신속처리제도와 임시허가제도를 도입하는 것이 필요하다. 이를 위해 정부는 인증 기준 미비나 현재 불합리한 규제로 시장 출시가 지연되는 융합 신제품을 위해 6개월 내 인증을 의무화하는 산업융합촉진법상의 '패스트트랙(fast track)'을 도입하는 등 공을 들이고 있다. 또한 현 정부 들어서 ICT진흥 및 융합활성화를 위해 허용원칙/예외금지를 기본원리로 하는 네거티브 시스템원칙규정을 마련하였다. ICT진흥특별법이 통과되었고 2014년 1월 발효되면 융·복합혁신형 제품이 출시되었을 때 현행 '관련 제도가 없으니 출시가 안 된다'에서 '관련 제도가 없으니 출시할 수 있다'로 바뀐다.

다시 말해 융합정책은 새로운 것을 만드는 것이 아니라 기존 산업별 불필요한 규제를 없애는 데서 시작해야 한다. 또한 다양한 산업의 요소들이 자연스럽게 결합하는 과정에서 융·복합산업이 발전하는 만큼 정부가 융합의 방향을 재단하는 것은 결코 바람직하지 않다.

자, 이제 융·복합산업 생태계를 위한 정책제안 기조를 요약·정리하고자 한다.

첫째, 기술의 공급자 중심에서 사용자 중심으로의 사고 전환이 융·복합산업 생태계에 대한 이해의 시작이며, 복잡·다양한 형태의 생태계와 신규 비즈니스 모델의 성공을 위한 세심한 지원정책이 필요하다.

둘째, 융·복합산업의 생태계는 다양한 형태가 특징인바 형태별로 신생기업의 창업을 촉진하고 기존 생태계와 융·복합될 수 있도록 다양한 창업 생태계를 구축하는 것이 중요하다.

셋째, 대중소 상생 협력체계 등이 필수이지만 정부의 과도한 개입은 결코 바람직하지 못하고 시장경제에 입각한 자생적 생태계가 조성될 수 있도록 해야 하며, 법제도 개선 등 큰 틀을 잡아주는 것이 정부가 해야 할 일이다.

넷째, 타 산업에 비해 융·복합산업은 과학기술과 인문사회 간 대융합이 촉진되어야 융합산업의 활성화와 함께 지속 가능한 생태계 구축이 가능하기에 융합형 사고의 인력양성이 장기적 안목으로 지속되어야 한다.

다섯째, 융·복합산업을 촉진하기 위해 정부공공 부문의 초기 시장 창출을 위한 관련 지원정책과 함께 네거티브 시스템에 입각한 큰 틀 속에서의 관련 제도 및 규제 개선이 중요하다.

6. 에필로그

스티브 잡스가 "창조성이란 서로 다른 것들을 연결하는 것"이라고 했다. 그렇다 모든 위대한 창조는 연결에서 시작된다. 연결은 곧 융합이다. 징검다리가 그러하다. 단절된 분야를 이어주고 서로를 연결해준다. 그것이 제품이든 기술이든 서비스든 아니 그 대상이 되는 또는 주체가 되는 사람이든 그 연결은 또 다른 연결로 이어지고 네트워크의 확산은 곧 새로운 가치의 확산으로 이어진다.

그렇기 때문에 융합은 연결 그 이상이다. 연결의 더하기가 아니고 곱하기이며 그 이상의 무한대이기 때문이다. 또한 융합은 단순 조합이 아니다. 조합 그 이상이기에 새로운 가치의 증폭이고 무한 발산의 특징을 지니고 있는 것이다.

인간은 원래 창조적 동물이다. 창의와 융합은 배우고 익히는 것이 아니라 원래 가지고 있는 창조적 본능을 일깨우는 것이 우선이다. 이 본성을 되찾는 일은 큰 바위를 정으로 쪼아 불상을 만든 석공이 "본디 바위 안에 계시는 부처님 형상을 제외하고 불필요한 부분을 쪼아냈을 뿐이다"라고 했던 것만큼 관념적이지는 않은 일이다.

우리의 교육은 대학입시라는 지상 목표를 가지고 있는바 주입식 교육으로 제품 찍어내듯 가르치고 익혀 본디 가지고 있던 창의적 본성은 사라지고 획일적 사고의 인간을 양산했을 뿐이다.

대학에서 강의하다가 학생들에게 질문을 하면 심사숙고 후 본인의 경험이나 생각을 얘기하기보다 바로 스마트폰에서 해답을 찾아내는 현실, 이른바 '사색은 없고 검색만이 있는 시대'가 되어버렸다. 이제는 고급정보가 널려 있는 시대에 그 정보들을 어떻게 연결하고 또 다른 가치를 만들어가는가가 더 중요한 시대가 되어버린지도 모른다.

이제 융합의 시대이니 생각도 인력양성도 연구개발이나 비즈니스도 융합적으로 하라고 한다. 그렇지만 주변 환경은 그리 좋지 않다. 국내경제 뿐만 아니라 글로벌경제도 어려운 상황이어서 수출을 해야 먹고 사는 우리나라는 더 이상 추격형산업으로는 방법이 없다. 그래서 융·복합형 신제품 신기술을 위한 연구개발을 하라고 한다. 그런데 연구개발의 R&D가 Research & Development가 아니고 Risk & Danger의 시대이다. 신생 벤처기업에게는 더욱 그러하다. 세상 변화의 속도를 따라잡기 어려울 정도이기에 신제품, 신기술이 시장과 호흡을 맞추지 못하면 빛을 보지도 못하고 사장되기 일쑤이다. 대기업은 신사업부에서 실패해도 주력사업부에서 뒷받침해줄 여력이 있겠지만 중소벤처기업은 신기술이 전부인 모든 것이기 때문이다. 그리고 최고의 기술을 보유하고 있다고 반드시 성공하는 것은 더욱 아니다. 최고의 기술이 좋은 기술일 수는 있으나 좋은 기술이 팔리는 기술은 아니다. 역설적으로 '팔리는 기술이 좋은 기술'이다. 최고의 기술이 아니더라도 시장의 눈높이와 필요에 적합한 기술이 팔리기 때문이다. 그렇다면 비즈니스를 염두해둔 연구개발, 이른바 R&BD는 같은 개념으로 필자는 Risk & Big Danger라고 표현하는데 최근 경제 상황에서는 더욱 그러하다. 그렇기 때문에 연구개발과 사업적 측면에서의 미래 전략과 저술이 필요할 뿐만 아니라 무엇보다 중요하다.

이에 R&BD를 Resource & Big Deal이라고 재정의하고 싶다. 결국 기업이나 기관, 나아가 국가라 하더라도 주어진 인력, 예산, 인프라 등 주어진 여건(Resource)을 살피고 제일 잘할 수 있는 분야에 전력투구(Big Deal)해야 경쟁에서 승자가 될 수 있을 것이다.

'잘할 수 있는 것'과 '하고 싶은 것'과 '해야만 하는 것'이 제각각인 경우가 일반적이다. 이들 세 공통분모의 분야가 주어진 여건 속에서 승리할 수 있는 전략 부분일 것이다. 그럼에도 불구하고 부족한 Resource 부분은 융합적 사고와 소통의 방식으로 채워야 하는 것이 또 다른 전략이다.

'융합은 소통과 교감을 전제로 한 시너지'이다. 또한 소통의 시작은 Give & Take[5]이다. Give가 먼저이다. 즉 얻으려면 먼저 주어야 하는 이치로 소통해야 한다. 기술교류, 기술융합 또한 마찬가지이다. 상대에게 먼저 내 것을 내어주어야 나에게 필요한 상대의 것을 얻을 수 있고 서로의 영역이 집단지성으로 이어진다. 이때 비로소 융합은 서로에게 이익이 되는 상승의 시너지로 확대되고 그 결과는 새로운 기술과 가치로 나타난다.

---

5) 29세 때 와튼스쿨 최연소 종신교수가 된 '애덤 그랜트'의 저서 *give & take*(『베푸는 자가 성공한다』).

그 기술은 감정이 없는 차가운 기술이 아닌 '사람을 위한 따뜻한 기술'이어야 하고, 혼자만의 것이 아닌 '함께하는 같이의 가치'일 때 진정한 융합의 의미가 아닌가 싶다.

▣ 참고문헌

지식경제부, 관계부처 합동, "제1차 산업융합 발전 기본계획(안)", 2012. 8.
"산업융합촉진법(법률 제 11713호)", 2013. 3. 23.
"산업융합촉진법 시행령(대통령령 제24496호)", 2013. 4. 5.

손웅희, 「융합산업 정책현황 및 대응전략」, 『산업경제』 통권 167호, 산업연구원,
　　2012. 8, 83~87쪽.
_____, 「세방화 시대의 도시경쟁력과 산업융합의 의미」, 『성남산업정책연구보고
　　서』 Vol.4, 성남산업진흥재단, 2013. 1, 3~23쪽.
안현호, 『한중일 경제 삼국지』, 나남, 2013, 41~45・229~242・257~271쪽.
이상헌, 『융합시대의 기술윤리』, 생각의 나무, 2012, 19~38쪽.

Peter F. Drucker, *Essential Drucker*. 이재규 옮김, 『미래경영』, 청림출판, 2002.
Edward Osborne Wilson, *CONSILIENCE*. 최재천・장대익 옮김, 『통섭』, (주)사이언스
　　북스, 2009.
Jeremy Rifkin, *The Empathic Civilization*. 이경남 옮김, 『공감의 시대』, 민음사, 2012.
Adam Grant, *Give & Take*, W&N, 2013.

Ⅲ장 신산업

1. 신산업의 개념과 정의

신산업은 새로운 제품·서비스, 기술, 아이디어 등을 기반으로 높은 성장률과 시장잠재력을 갖는 초기 발전단계에 있는 산업을 의미한다(이상규, 2013). 국내 시장 또는 전 세계 시장에 없거나 아직 규모가 작은 산업이어서 미래 시장을 기대하며 투자하는 불확실성이 높은 산업을 말한다. 결과적으로 미래 시장 규모는 클 것으로 예상되나 아직 산업 기반과 역량이 취약해 현재 글로벌 시장선점 경쟁이 치열한 기술기반산업으로 정의될 수 있다.

신산업의 정의에서 알 수 있듯이, 신산업은 산업의 라이프 사이클, 성장잠재력, 새로운 제품 및 기술 기반 등 세 가지 측면에서 접근이 가능하다(이상규, 2013).

먼저 신산업은 산업의 라이프 사이클 관점에서 보면 도입기와 성장기 초반단계에 속한다. 산업의 라이프 사이클 분석이란, 산업도 생명체의 수명과 같이 생성, 성장, 쇠퇴, 소멸해간다는 제품수명주기이론을 산업분석에 응용한 것이다. 이 경우 산업의 수명을 도입기, 성장기, 성숙기, 쇠퇴기 등 네 단계로 나누어볼 수 있는데, 신산업은 새로운 제품·서비스가 시장에 도입되는 도입기와 매출액이 급증하는 성장기 초기단계에 해당하는 산업이라고 할 수 있다.

둘째, 신산업은 높은 성장잠재력을 보유하고 있는 산업이다. 새로운 기술과 아이디어에 기반하여 창업한 기업들이 시장에 새로운 제품·서비스를 출시하는 도입기단계를 지나 성장기 초기에서는 마케팅, 판매 등의 경영활동을 통해 시장 개척－수익 창출－시장 확대에 이르는 선순환 구조의 초기형태를 갖추게 된다. 이러한 신산업은 향후 성장기 후반기와 성숙단계에 이르게 되면 기존 산업에 비해 훨씬 높은 시장 규모를 기록할 수 있는 잠재력을 보유하고 있는 산업이다.

셋째, 신산업은 새로운 제품, 서비스, 기술, 아이디어 등을 기반으로 하는 산업이다. 이러한 신산업의 특성은 새로운 산업의 생성뿐만 아니라 기존 주력산업에서도 새로운 기술이나 아이디어를 적용하여 새로운 제품이나 서비스를 개발함으로써 신산업으로 전환될 수도 있다(이상규, 2013).

사실 신산업과 신성장동력산업과의 경계는 다소 모호한 부분이 있으나, 관련 비즈니스 모델을 갖고 있는 기업의 존재유무에 따라 판단한다면, 우주산업, 해양·심해플랜트산업, 바이오시밀러, 줄기세포치료산업 등은 신성장동력산업보다는 신산업에 좀 더 가까운 산업이라고 할 수 있다.

2. 신산업에 있어 생태계 접근 관점의 중요성

산업 생태계개념은 모든 산업 영역의 참여자 및 이해관계자가 서로 경쟁하고 협력함으로써 마치 자연 생태계처럼 출현, 확장, 성숙과정을 거쳐 쇠퇴 또는 자기 재생하는 동태적인 발전과정을 밟아간다는 사실에서 착안한 것이다.

주력산업 등 다른 산업에 비해 신산업에 있어 건강하고 지속 가능한 산업 생태계 구축은 매우 중요한 이슈이다. 주력산업 등 기존 산업은 이미 산업 생태계가 굳건히 형성되어 있어 건강하고 지속 가능한 방향으로 생태계를 개선하기가 상당히 어렵다. 그러나 신산업은 산업의 기반이 아직 확립되어 있지 않고 생태계 측면에서도 산업 가치사슬상의 주요 참여자들이 확립되어 있지 않기 때문에 생태계를 처음부터 만들어갈 수가 있다. 기술적 측면에서도 상대적으로 지배적인 제품 및 기술이 확립되어 있지 않은데다가, 새로운 사업기회 등에 따라 새로운 참여자가 다수 진입하고 있다(곽대종, 2011). 또한 주력산업 등에 비해 대기업 중심의 산업구조가 형성되어 있지 않고, 중소 규모의 영세기업 위주의 약한 생태계로 구성되어 있는 경우가 대부분이다. 따라서 창업 등을 통해 선도 중소중견기업을 함께 성장시키고, 전후방산업 가치사슬과 시장형성을 위한 법적·제도적 장치를 초기단계부터 함께 마련해나가는 등의 정책을 통해 건강하고 지속 가능한 생태계를 신산업 창출 초기단계부터 만들어갈 수 있다.

3. 신산업 생태계 사례분석

우주산업[1]

□ 우주산업을 생태계 측면에서 바라보아야 하는 이유

우주산업은 경제적[2]·기술적 파급효과가 크고 신산업 창출 잠재력이 큰 분야로서 차세대 신수종산업으로서의 가치가 충분하다. 세계 주요국

---

[1] 동 내용 작성에 많은 도움을 준 KISTEP 박한길·최한림 박사에게 깊은 감사를 드린다.
[2] 미국 상업적 우주발사산업은 1달러 당 4.9달러의 산업 간접효과 창출(OECD, "우주개발중장기계획(안)", 2011에서 재인용).

은 우주기술 개발과 우주산업 육성을 국가경제의 새로운 성장 원천으로 인식하는 등 신(新) 우주 개발 경쟁시대에 돌입3)하고 있다.

우리나라는 1989년 우주 개발을 시작한 이래 성공적인 중간 진입전략을 통해 현재 실용급 저궤도위성 자체 개발능력 확보, 독자 발사체 개발 시도 등 단기간에 가시적으로 급속한 성장을 이루었다. 하지만 선진국 기술추격전략이 한계를 보이며 여전히 핵심기술 수준에서 주요 선진국과 큰 차이를 보이고 있으며, 정부 주도 단일 출연 연구기관 위주의 사업 추진으로 산업 기반 조성 미비 등 내적 문제가 혼재되어 있는 상황이다. 특히 대기업 중심의 산업구조가 형성되어 있지 않고 중소영세기업 위주4)의 취약한 생태계로 구성되어 있다.

신산업이 자생력을 갖기 위해서는 지속 가능한 산업 생태계 구축이 필수적이며, 특히 초기 시장 창출을 위한 정부·공공 부문의 관련 제도 구축이 매우 중요하다. 이런 의미에서 향후 국내 우주산업 생태계의 문제점을 진단하고 바람직한 생태계의 조성방향을 논의하는 것은 반드시 필요하다. 또한 생태계의 개념이 우주산업의 생산관계에서 형성되는 가치사슬뿐 아니라 이를 구성하는 이해관계자 간 네트워크를 통합적으로 고려하는 것을 목표로 한다는 점에서 효과적인 접근방법이라고 판단된다.

최근 들어 기술 개발 중심에서 활용 중심으로, 정부 주도에서 민간 참여 확대로, 그리고 창조경제 실현을 위한 우주산업의 중요성 부각 등 국내 우주 개발의 패러다임이 변화하고 있어, 이러한 상황을 고려한 바람직한 생태계전략 마련도 요구되고 있다.

---

3) 2012년 우주경제활동은 3,043억 불로 사상 최대치를 기록(미래창조과학부, "우주개발중장기계획(안)", 2013).
4) 국내 61개 우주 분야 산업체 중 우주산업 매출 10억 미만(44.2%), 종업원수 100인 미만(50.8%)이 대다수(교육과학기술부, "우주산업실태조사", 2012).

① 우주기술 개발 중심에서 활용 중심으로

우리나라는 지난 25년간 정부 수요에 부응하는 체계 개발과 추격형 기술 개발 중심의 사업 추진으로 일정 수준의 우주 분야 기술력을 확보하였다. 하지만 우주활용산업 분야의 성장과 함께 기술 개발 중심에서 활용 중심으로 우주 개발의 패러다임이 변화하고 있어, 개별체계 개발 중심의 사업체계에서 전체 우주 자산의 유기적인 연계와 활용을 고려한 추진체계로의 변화가 요구되고 있다. 이는 우주 기기의 개발·제작과 운용은 물론 우주기술의 활용 및 관련된 다양한 융·복합산업의 창출에 이르는 우주 개발의 전주기를 고려하여 생태계 논의의 범위가 확장되어야 함을 의미한다.

② 정부 주도에서 민간 참여 확대로

세계적으로 민간 분야의 우주 개발 수요가 급증하고 있으며[5], 최근 우주 개발 선진국을 중심으로 정부 주도로 이루어지던 우주 개발이 정부·민간 파트너십 구축 또는 민간 독자로 사업이 추진되는 사례가 등장하고 있다. 최근 우리나라도 지금까지 확보된 우주 개발 역량을 바탕으로 우주 개발에 대한 민간 분야 참여 확대 논의가 미래창조과학부를 중심으로 급속히 진행되고 있다. 그 선결조건으로서 국내 우주 개발환경에서 민간 기업체가 정부 및 출연 연구기관과 협력하여 자생력을 갖추고 활동 주체 간 선순환구조를 형성하는 체계 구축에 대한 논의를 필요로 한다.

③ 우주 개발을 통한 창조경제 실현

박근혜 정부는 창조경제 실현의 한 방편으로 국내 우주산업 육성과 한국형 발사체 조기 개발 등 대형 우주 개발 프로젝트를 주요 국정과제

---

5) 세계 우주 시장 중 민간 매출 비중이 74%에 달함(Space Foundation, "우주개발 중장기계획(안)", 2013에서 재인용).

로서 추진 중이다. 창조경제의 실현을 위해서는 기존 우주 분야 연구개발의 성공적인 수행과 더불어 연구개발성과의 산업 파급효과 확대와 연관 산업의 성장 촉진 및 신산업 창출이 무엇보다 중요하다. 이를 위해서는 우주기술 개발에서부터 우주 자산의 활용까지를 포함한 전 주기적 관점에서의 통합적인 발전방향을 고민할 필요가 있다.

□ 우주산업 생태계 개요와 현황

우주산업은 위성체, 발사체, 지상장비, 위성정보 활용에 관련된 산업을 의미하며, 우주산업을 이끄는 두 축은 제작산업(위성, 발사체, 지상장비 등)과 위성활용산업으로 구분할 수 있다. 현재 우리나라의 우주제작산업의 주체는 정부로 공공 수요에 대응하기 위한 위성 및 발사체 개발 등을 담당하며, 위성정보활용산업의 주체는 소비자로 국민생활에 필요한 수요에 의한 위성정보 활용이 주를 이룬다.

우주제작산업의 경우 제작 품목이 위성, 발사체, 지상 장비 등으로 한정되어 있고, 우주기기의 활용 특성상 저가 품목의 대량 양산이 아닌 고가 품목의 소량 제작 성격이 강해 생태계의 규모가 타 제조업에 비해 작고 구성요소도 비교적 단순한 편이다. 반면 위성정보활용산업은 방송, 통신, 항법, 영상에 이르는 폭넓은 활용으로 제작산업에 비해 규모가 크고 다양한 참여주체로 구성되어 있으며, 향후 ICT, 전자, 정밀기계 등 타 분야와의 연계 및 융합을 통해 생태계의 규모가 급속도로 확장될 것으로 예상된다.

우주산업 생태계는 정치, 경제, 사회, 환경, 기술 등 외부환경의 변화에 따라 큰 영향을 받는다. 우주제작산업의 경우 정부가 중심이 되는 생태계의 구조적 특성상 외부환경요인의 변화가 정부정책 및 투자 여건의 변화로 이어지고, 이는 우주제작산업 생태계의 규모 및 활성화 정도에 직접적으로 영향을 미친다. 또한 외부환경 변화는 라이프 스타일의 변화를 유도하고 이는 위성 활용 분야의 새로운 수요요인으로 작용하여 위성정보활용산업 생태계에 영향을 주는 특징이 있다.

우주산업 내부적으로는 주관 연구기관을 중심으로 여러 기업체와 대학, 관련 연구기관 등이 사업에 참여하여 인공위성 및 발사체 등의 체계를 개발·생산하고 있으며, 이렇게 개발된 성과물은 1차 수요자로서 정부 수요부처 및 기업 등에 공급되고 다시 2차 수요자가 이와 관련된 서비스를 일반 대중, 기업 등 다양한 end user에게 제공하는 형태를 보여준다.

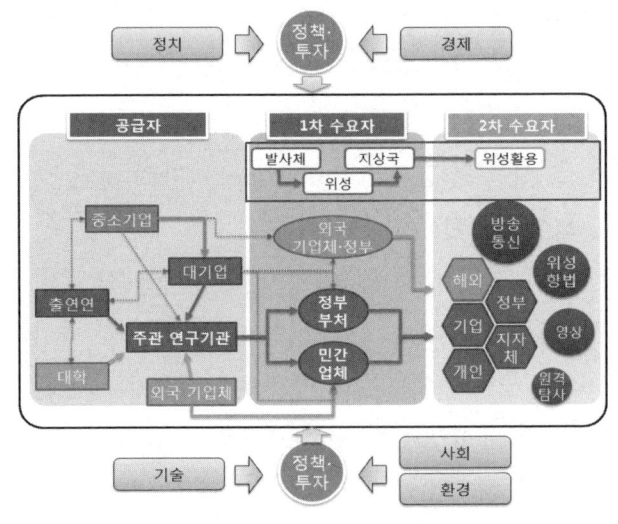

<그림 Ⅲ-3-1> 우주산업 생태계 개요

공급자단계는 1차 수요자의 수요에 따라 위성 및 발사체 등을 제작하는 단계이며, 주관 연구기관을 중심으로 출연 연구기관과 대학이 기술과 인력을 공급하며, 국내외 기업체가 부분품과 인력을 공급하는 형태로 구성되어 있다. 현재 대부분의 경우 한국항공우주연구원이 주관 연구기관의 역할을 담당하고 있으며, 출연 연구기관과 대학 등과 협력하여 탑재

체를 개발하고, 국내외 기업과 계약하여 부분품 제작 및 위성 조립을 수행하고 있다. 또한 일부 미확보 기술 등은 외국 업체를 통하여 공동 개발 혹은 구매하여 조달한다.

대학은 기초연구 및 연구인력 육성의 역할을 담당하고 있으며, 천문연구원, 전자통신연구원 등의 출연 연구기관들은 관련 위성 탑재체 등의 개발에 참여하고 있다. 국내 기업의 경우 중소기업은 주로 항공우주연구원과 직접 계약 또는 대기업의 하청형태로 우주기기의 부분품 제작에 참여하고 있으며, 일부 기업은 독자적으로 소형위성 개발 또는 우주 부분품 제자 등의 형태로 해외 시장에 진출에 성공하였다. 그 외 발사체 총 조립과 발사장 및 시험설비 구축, 위성 및 발사체의 주요 핵심부품 개발 등에 대기업이 참여하고 있다.

1차 수요자단계는 공급자가 개발·제작한 위성 및 발사체 등을 구매·활용하는 단계로서 국내의 경우 대부분의 자본이 정부 부처를 통하여 투입되어 공급자에 전달되는 형태를 취하고 있다. 우주 분야에 대한 대부분의 투자는 미래창조과학부를 통해 이루어지고 있으며, 다목적실용위성의 경우는 산업통상자원부, 정지궤도복합위성의 경우 기상청, 국토교통부, 해양수산부 등 위성 활용 수요 부처가 미래창조과학부와의 다부처 사업형태로 일부 참여하고 있다. 국내외 발사 서비스를 통하여 발사된 위성은 지상국을 통하여 운용되며, 1차 수요자가 습득한 위성정보는 각자가 활용하는 한편, 국내외의 2차 수요자단계로 전달되어 다양한 분야에서 활용된다. 소형위성 및 위성영상 등의 경우 해외 수출이 이뤄지고 있는 반면, 아직까지 KT와 같은 국내 민간 수요자는 해외 위성 및 발사 서비스를 활용하고 있다.

2차 수요자단계는 1차 수요자로부터 획득한 성과물을 활용하는 단계로서 위성영상, 기상정보, 위치정보 및 통신 서비스 등을 이용하여 최종적인 서비스를 제공하여 부가가치를 창출하는 역할을 담당한다. 현재 아리랑 위성 등을 통해 확보한 고해상도 위성영상은 해외 판매 및 방송콘텐츠 등으로 활용되고 있으며, GPS 등 위성정보를 활용한 GIS 시스템 및 위성을 이용한 통신은 일상생활의 필수요소로 활용되고 있다.

□ 우주산업 생태계의 주요 이슈

① **정부의존성이 높아 자생력이 부족하고 외부환경 변화에 민감**

우주 분야와 같은 신산업의 특성상 초기 시장형성단계의 불확실성 요인은 민간 기업 참여의 저해요인으로 작용하므로 일정 부분 정부 개입은 불가피한 선택이라고 판단된다. 하지만 현재의 국내 우주산업 생태계는 민간 기업의 연구개발 투자가 전무하다시피하고 정부가 대부분의 연구개발예산을 지원한다는 측면에서 지극히 정부 의존적인 생태계 구조를 갖고 있다.

정부주도형 생태계는 정부에 의해 일정 예산이 안정적으로 지원될 수 있고, 필요한 경우 강력한 정책 추진으로 산업 생태계 조성 시기를 앞당길 수 있다는 장점이 있다. 하지만 반대로 정치·환경적인 변화로 인한 정부정책 및 예산의 변동성이 생태계의 불안요인으로 작용할 가능성도 존재한다.

국내 우주 개발은 미래창조과학부를 중심으로 연 2~4천억 원의 예산을 투자 중이나, 북한 등 동북아 국가의 우주군사화 움직임, 세계 경기 침체 등의 외부 환경 변화에 따라 정부 예산의 변동성이 큰 상황이다. 정부정책 및 예산의 변동성은 다분히 정부 의존적인 생태계의 구성요소의 생존에 직접적으로 충격을 주는 동시에 민간 기업의 투자 의지를 약화시켜 안정적인 생태계 조성의 저해요인으로 작용한다.

② 생태계 주체 간 역할정립과 관계가 불명확

국내 우주산업 생태계를 구성하는 주요 주체는 정부, 연구소, 대학, 기업으로 구분될 수 있다. 각 주체 간 바람직한 역할 분담체계로서 정부는 공공 수요 제기, 비전 및 장기계획 수립, 연구소는 핵심·선도·고부가가치 기술 개발을 위한 연구, 기업은 우주기기 제작 및 우주기술 산업화를 위한 연구개발, 대학은 기초연구 및 인력 양성을 담당하는 것이 타당하다. 하지만 현재 미래창조과학부와 항공우주연구원 중심으로 수행되고 있는 우주 개발체계에서는 범부처적인 우주기술 수요 도출과 해외 시장 진출을 위한 경쟁 및 위성 활용 등을 이용한 새로운 고부가가치 기술 개발에 일정 부문 한계점을 갖고 있다. 또한 대부분의 기업들은 산업화를 위한 연구개발을 수행할 충분한 인력도 기술도 없이 총 조립 하부단계의 단순 제작 업무를 수행하고 있는 실정이다.

③ 1차 산업에 치중하여 2차 고부가가치 신산업 창출을 위한 노력 이 미비

위성정보활용산업은 우주기기 제작 분야보다 규모가 3배 이상 크며[6] 향후 급격한 성장이 예견된다. 하지만 지금까지 우리나라 우주 개발은 선진국의 기술추격전략에 따라 선(先) 개발－후(後) 활용 위주의 연구개발을 추진한 결과, 현재 수행되고 있는 대부분의 국가R&D사업은 다분히 대형 우주기기 시스템 확보를 위한 사업 성격이 강하며, 확보된 우주기기의 활용을 통한 2차 신산업 창출에 대한 고민은 미비한 것이 사실이다.

---

6) 우주 활용 서비스 분야의 활동금액이 약 8,243억 원으로 전체 시장의 75.1%를 차지하고 있으며, 우주기기제작 분야는 약 2,731억 원으로 24.9%를 차지(교육과학기술부, "우주산업실태조사", 2012).

□ 우주산업 생태계의 발전방안

① 기술공급 중심에서 신산업 창출과정을 모두 포함하는 수요 지향형 R&D로 전환

민간 투자가 전무하다시피 한 현 상황에서 정부의 우주 개발 투자만을 가지고 자생력 있는 생태계를 구축하기에는 한계가 있으며, 해외 시장 수출 및 융·복합기술을 통한 신산업 창출 등을 통해 전체 산업 규모를 확장하는 것이 필수적이다. 이를 위해서는 우선 기존의 기술 및 제품 확보 위주의 전략에서 탈피하여 우주기술의 활용을 우선적으로 고려한 전주기적 연구개발을 기획·추진하는 것이 필요하다. 현실적인 우주기기 활용 수요에 바탕한 위성·발사체 등 우주기기 제작계획 수립과 차질 없는 추진은 정부예산 부담을 경감시키고 산업체 참여를 활성화시켜 생태계가 안정적으로 작동할 수 있는 토양을 조성하는 데 밑거름이 될 것이다.

또한 우주기술을 활용한 신산업 창출에 대한 투자를 강화하여 위성 활용 분야를 다각화하고 다채로운 수익 모델을 발굴해야 한다. 새로운 수익 모델 발굴은 기존 우주산업 생태계의 규모 및 범위를 확장시키는 동시에 자연스럽게 발사체와 위성체 등 기존 우주기기의 수요를 증가시킬 것이다. 이는 위성정보 활용을 통한 신산업 창출이 기존 우주제작 시장의 규모를 키우고, 1차 우주기기제작 시장의 확대는 더욱 다양한 위성정보를 양산시키며, 다양한 위성정보가 2차 위성정보활용산업을 더욱 활성화시키는 선순환구조가 정착될 수 있음을 의미한다.

② 최종 기기 개발 중심에서 관련 부품·소재 등을 공동 기획·개발하는 기술혁신 강화

현재까지 국내 우주 개발은 우주 시스템 확보 차원에서 진행되었으며, 정부 출연 연구기관인 항공우주연구원이 우주기기의 최종 공급자로서

산업체 및 대학을 활용하여 시스템을 개발하는 방식을 취해왔다. 하지만 현재의 출연 연구기관 중심의 우주 개발 추진체계는 민간 자본의 투입이나 spin off 기술을 활용한 신산업 창출 및 해외 시장 개척 등 개발된 기술을 산업화하는 데 있어 한계점을 가지고 있다.

따라서 상업적 관점에서 우주 개발 제조 및 spin off를 통한 아이템 발굴을 주 업무로 하는 전문기업을 육성하는 등 우주 시스템의 최종 공급자가 산업체 중심으로 옮겨가는 것이 바람직하다. 이를 위해서는 향후 우주 개발 예산의 일정 부분을 우주산업체 육성에 할애하는 한편, 초기 단계에서는 전문화·계열화 등 대·중소기업 동반 육성정책 등을 강구하여 기업활동이 일정 부분 활성화된 이후 민간으로 이양하는 방법을 검토할 필요가 있다. 이 때 산업체별로 완제품 조립부터 부품소재 단위까지 개발경쟁력을 갖출 수 있도록 모듈 단위의 참여, 중소기업 직접 지원 강화, 중소기업 컨소시엄형태의 참여 유도 등을 검토해야 한다.

③ 우주 벤처중소기업을 위한 건강한 창업 생태계환경 조성

전문기업 육성의 사전단계로서 기술력을 갖춘 우주 벤처 및 중소기업의 창업환경을 조성하고 활성화 시키는 노력 또한 필요하다. 이는 출연 연구기관으로 집중되어 있는 기술력과 경험, 인프라, 인력 등을 점진적으로 산업체로 전파시키고, 우주제작산업 생태계가 자생적으로 규모가 확장될 수 있는 토양을 마련할 수 있다는 차원에서 중요하다.

특히 출연 연구기관 연구자들의 벤처 창업을 장려하는 정책이 반드시 병행되어야 한다. 우주 관련 연구개발 경험이 풍부한 벤처기업에게 일정 수준 이상의 정부과제를 수행할 수 있도록 보장하고, 우주기술을 이용한 신산업 창출 성공 사례에 대해서는 인센티브를 제공하는 등 연구자들이 연구개발에 몰두할 수 있는 환경을 만들어주는 것이 전략의 핵심이다. 기술력에 바탕을 둔 우주벤처기업은 향후 민간 우주전문기업 육성의 씨앗이 되는 한편, 향후 급격하게 성장할 것으로 보이는 우주 분야 신시장에서 우리나라가 선진국과 경쟁할 수 있는 밑거름이 될 것이다.

④ 기술·산업·사회 대융합을 통한 우주 신산업 창출 촉진

국내 우주산업 생태계의 활성화 측면에서 우주기술을 활용한 고부가가치 신산업 창출의 중요성은 앞서 누누이 강조하였다. 이를 위해서 기술·산업·사회 간 대융합을 통한 신산업 창출이 필요하다.

먼저 기술과 산업의 융합 측면에서는 무엇보다 정부가 기업, 대학, 타출연 연구기관 등이 함께 참여하는 개방형 융·복합 프로젝트의 발굴 및 지원을 통해 신산업 창출을 위한 다양한 노력을 시도해야 할 것이다. 한 예로서 ICT산업과의 융합을 고려한 산업화 전략이 강화되어야 한다. 정보통신 등의 위성 서비스 시장은 우주산업의 한 분야로서, 이미 ICT산업의 대표적인 주자이기도 하나 새로운 ICT산업의 아이템을 지속적으로 개발함으로써 우주산업의 외연을 확장시켜갈 수 있을 것이다.

한편, 현 우주산업의 후방 및 연관산업군으로부터의 적극적인 Spin on을 통한 기존 우주산업의 효율화도 매우 효과적이다. 우주산업의 후방산업군은 소재부터 정밀기계, 정보통신 등에 이르기까지 매우 다양하며, 우리나라의 산업이 고도화됨에 따라 정밀기계나 IT와 같은 산업이 함께 성장함으로써 우주발사체와 위성체를 개발하기 위한 국내 기반산업의 수준은 상당하다고 할 수 있다. 따라서 향후 우주발사체와 위성체에 관련한 연구개발과제를 도출함에 있어 방위·항공·기타 제조업 등 타 연관 산업에서 기 개발된 기술을 기반 기술로 활용하는 방안을 보다 적극적으로 검토하여야 할 것이다.

한편 사회와 기술·산업과의 융합은 위성정보 활용 인프라 구축 및 저변 확대로부터 시작해야 한다. 우주기술은 TV, 통신, 영상 서비스 등을 통해 간접적으로는 이미 사회와 밀접하게 관련 있는 기술임에도 불구하고 위성정보 등 우주기술의 직접적인 사용자는 극히 제한적이다. 이는 위성정보 활용에 대한 수요가 급격히 증가[7]하고 있음에도 불구하고, 이를 통합적으로 관리·활용할 수 있는 시스템 구축이 미진하며, 위성정보 활용 서비스가 대부분 공급자 관점에서 이루어지고 있어 수요자의 요구에 부응한 서비스 제공이 어려운 실정이기 때문이다.

따라서 우주기술 및 산업이 사회와의 융합을 통해 성장하기 위해서는 무엇보다 사용자 중심의 위성정보 품질 및 서비스 향상을 위해 노력해야 한다. 한편, 국내·외에서 산출되는 다양한 위성정보를 사용자에게 보다 편리하게 일원화하여 제공할 수 있는 수요자 관점의 통합 서비스 시스템 구축이 필요하다. 또한 위성정보 활용 관련 일반 수요자에게 홍보 및 교육, 전문 인력 양성 프로그램 개발 등 저변 확대를 통해 위성정보를 이용한 고부가가치 신산업 창출의 토양을 마련하는 것도 필요하다.

⑤ 자생력 있는 생태계 조성을 위한 정부·공공 부문의 연계·협력 강화

국내 우주산업은 지금까지 정부 주도로 성장하여 왔으며 향후 자생력 있는 생태계 조성을 위해서는 여전히 정부의 절대적인 지원이 뒷받침되어야 함은 주지의 사실이다. 단 지난 20년간 약 3조 원의 예산을 투입하면서도 우주산업이 자생력 있는 생태계를 갖추지 못하고, 우주전문기업 육성에 실패한 사례를 반복하지 않도록 명확하고 일관된 정책을 추진해야 할 것이다.

우주산업을 신산업으로 육성하기 위해서는 국가 전반의 우주 관련 수요를 포괄하고 기술 개발부터 신산업 창출에 이르는 total solution형 연구

---

7) 2010년 세계 위성정보 활용 서비스 시장의 매출은 1,013억 달러로 전체 우주산업 매출의 61%를 차지하였으며, 2005년 이후 위성 서비스 시장의 매출은 연평균 14%의 높은 증가율을 보임(KISTEP 동향브리프, 2012).

개발 추진이 가능하도록 우주 개발 관련 부처 간 연계와 협력을 강화할 필요가 있다. 미래부 중심의 우주 개발에서 미래부와 수요부처인 타 부처 간 연계와 협력을 강화하여 다양한 우주기술 관련 수요를 충분히 반영하고 신산업 창출 관점을 반영해나가는 노력이 절대적으로 필요하다.

또한 철저한 수요조사를 바탕으로 우주기기의 활용을 고려한 우주개발 추진계획 수립이 필요하며, 수립된 우주 개발전략에 대해서는 일관된 정책 추진 및 안정적인 예산 지원이 무엇보다 필요하다. 우주 개발은 장기간 천문학적인 예산이 소요되는 대형 프로젝트 성격임을 감안하여 정치·환경적 변화요인에 의해 휘둘리지 않도록 장기적 측면에서 안정적 예산 지원이 보장되어야 하며, 필요 시 전문화·계열화를 통한 우주전문기업 육성, 세제 지원 등 효과적이고 일관된 정책 지원이 필요할 것이다.

줄기세포산업[8]

☐ 줄기세포산업 관련 국내외 동향

2011년 7월 1일! 세계 최초로 줄기세포치료제(하티셀그램-AMI)가 시판을 위한 품목허가를 받았다. 바로 우리나라 식약처에서 일어난 일이다. 국내 줄기세포 중소벤처기업이 세계 최초로 중간엽 줄기세포 유래 급성 심근경색 치료제에 대한 시판을 허가받은 것이다. 황우석 트라우마에서 아직 벗어나지 못한 우리에게는 반가운 소식이지만 본격적인 산업화를 위해 해결해야 할 과제가 아직 많이 남아 있다.

---

8) 동 내용 작성에 많은 도움을 준 KISTEP 유승준 박사에게 깊은 감사를 드린다.

① 줄기세포 및 관련 세계 시장은 급속한 성장세

전 세계 줄기세포 및 관련 제품 시장 규모는 급속히 증가하고 있는 추세이다. 2011년 국제 줄기세포 관련 시장 규모는 38억 달러였으며, 2012년에는 43억 달러, 2016년까지 66억 달러로 2011년부터 2016년까지 연평균성장률이 11.7%에 이를 것으로 전망되고 있다. 글로벌 시장 대비 국내 줄기세포 관련 시장의 점유율은 1.5% 내외를 보이고 있어서 아직 점유율은 낮지만 향후 전망으로 고려할 때 우리나라에 신산업 창출의 기회요인으로 작용하고 있는 점도 주목할 만하다(김대원, 2012).

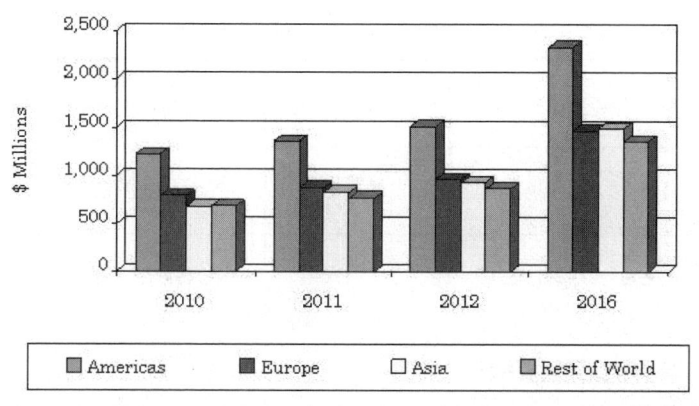

출처: Global markets for stem cells by BCC Research, 2012

<그림 Ⅲ-3-2> 줄기세포 시장 동향 및 전망

② 중소벤처기업 중심의 시장구도

줄기세포기업은 전 세계적으로 약 380여 개(2012년 기준) 정도로 파악되고 있는데, 이 중 약 90% 정도가 벤처 또는 중소기업으로 알려져 있다. 이는 대기업 입장에서는 아직 임상적 위험도, 고가의 비용 등 제조업 수준의 산업으로 인식하지 않아 본격적인 시장진입이 이루어지지 않고 있기 때문이다.

우리나라도 줄기세포치료제 품목허가를 받은 3개 기업 모두 중소벤처 기업으로 줄기세포산업화를 주도하고 있다. 주목할 만한 것은 메디포스트의 '카티스템'은 국내 독자 개발하여 미국 FDA 임상 1/2a상을 개시하여 해외 수출도 성공한 것으로, 우리나라 줄기세포 기술력을 바탕으로 세계 시장 진출을 눈앞에 두고 있다는 것이다. 임상시험 건수는 줄기세포산업화를 예측할 수 있는 지표로 이해할 수 있다. 2012년 12월 기준 총 24건의 임상시험이 승인되었으며, 이 중 자가세포가 14건으로 가장 많았고, 지방유래세포가 10건, 골수와 제대혈유래세포가 7건으로 나타났다.

<표 Ⅲ-3-1> 국내 줄기세포치료제 품목허가 현황

업체명	제품명	세포종	대상질환	허가일자
파미셀	하티셀그램 - AMI	자가골수유래 중간엽 줄기세포	급성심근경색	2011. 7. 1
메디포스트	카티스템	동종제대혈유래 중간엽 줄기세포	골관절염(무릎연골)	2012. 1. 18
안트로젠	큐피스템	자가지방유래 중간엽 줄기세포	크론성 누공	2012. 1. 18

출처: 식품의약품안전처, "줄기세포치료제 개발 및 규제동향 2012", 2013. 5.

③ 주요국은 유도만능줄기세포(iPS)를 중심으로 활발한 연구개발 추진

전 세계 임상시험의 큰 흐름을 알 수 있는 미국의 대표적 임상시험 등록처(clinicaltrials.gov) 기준으로 2011년 7월 기준 줄기세포 관련 임상시험은 약 3,200건이 진행 중인 것으로 나타났고, 이 중 약 350건이 상업화를 위한 단계에 진입한 것으로 알려져 있다. 세포 기원을 기준으로 하면, 전체 임상시험 중 70%는 조혈줄기세포를 이용한 것이었고, 신경 줄기세포가 16%, 중간엽 줄기세포가 6.5%를 차지했다. 각국 정부도 자국의 줄기세포연구 및 산업화 촉진을 위해 정부 차원의 정책을 수립하여 추진하고 있다. 미국 오바마 정부는 2012년 4월 'National Bioeconomy Blueprint' 발표를 통해 유도만능줄기세포(iPS세포)[9] 연구를 중점과제로 지목하고 국립보건원(NIH)을 통한 지원을 강화하겠다고 발표하였다. 유럽은 'STEMBANCC 프로젝트'를 지원하여 신약평가 및 독성예측을 위한 생물검정용 인간 iPS세포주 1500개를 만드는 프로젝트를 추진하고 있다. 일본은 2012년 iPS세포로 노벨생리의학상 수상에 힘입어 iPS세포연구를 국가과제로 집중 지원하고 있고 최근에는 임상시험을 실시 등 활용연구도 활발히 추진하고 있다. 한편, 줄기세포의 산업화를 위해 '재생의료의 실현화 프로젝트'에 많은 예산을 지원하는 등 국가 주도의 지원정책을 추진하고 있다.

④ 우리나라도 줄기세포 강국 진입을 위해 종합계획 수립

우리나라는 범부처 차원의 '줄기세포연구 종합추진계획(2006~2015, 과학기술부 외)'(이하 종합계획)을 수립하여 줄기세포 강국 진입을 위해 지속적으로 지원하고 있다. 최근에는 '줄기세포 R&D 투자효율화 방안(국가과학기술위원회, 2012)'을 수립하여 R&D 투자의 효율성 및 국가 차원의 방향성을 설계한 바 있다.

종합계획의 비전은 글로벌 Top 3에 진입하는 것이고 이를 위해 주요 난치질환 임상적용 가능기술 확보 및 세계 줄기세포 시장의 10% 이상 점유를 추진목표로 하고 있다. 최근에는 줄기세포연구의 글로벌 경쟁력 강화 및 산업활성화를 위해 줄기세포 예산이 확대되는 등 본격적인 지원체계를 마련하고 있다. 2013년 줄기세포연구를 위해 계획한 정부 예산만 1,000억 원을 넘어섰고, 기초경쟁력 강화 및 산업화 촉진을 위해 연

---

9) induced pluripotent stem(iPS) cell의 약자로, 체세포를 역분화시켜 만든 줄기세포를 말함.

구에 박차를 가하고 있다(미래창조과학부 외, 2013).

□ 줄기세포산업의 생태계 관점 필요성과 개요

우리나라의 줄기세포 관련 산업은 대학 중심의 기초연구와 중소벤처 기업 중심의 산업화가 양대 축을 이루고 있다. 이는 가치 창출에 중요한 다리 역할을 하는 중개연구 부분과 이러한 모든 것을 모니터링하고 방향성을 제시하는 인·허가 부분이 앞서 언급한 기초연구와 산업화에 시의 적절하게 대응하지 못하는 구조적 문제점을 드러내게 한다. 줄기세포 관련 산업이 신산업으로 자리매김하기 위해서는 연구개발의 주체와 내용뿐만 아니라 관련 규제, 사회적 인식 등을 병렬적으로 살펴야 한다. 따라서 줄기세포산업 생태계를 구성하는 요소를 살펴보고 이들이 가지는 문제점을 진단하여 산업 생태계 구축을 통한 본격적인 산업화 정착 및 신산업으로 진입하기 위한 대안들을 찾는 것이 중요해진다.

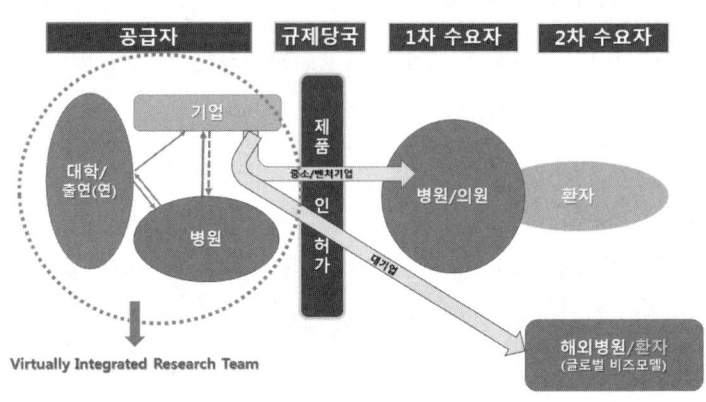

<그림 Ⅲ-3-3> 줄기세포산업 생태계 개요

줄기세포산업은 줄기세포 원천기술 개발을 위한 대학·병원, 출연 연

구기관, 기업이 기술과 제품의 공급자 그룹을 형성하고, 병원이 개발된 제품의 1차 수요자 그룹을 형성하며, 제품을 필요로 하는 환자는 최종 수요자가 된다. 그리고 보건산업의 특성상 규제당국이 공급과 수요를 중재한다. 이때 특이할만한 사항은 기업과 병원이 양 그룹에 공통적으로 속한다는 것이다. 기업은 자체적으로 기술을 개발하거나 외부로부터 기술을 이전받아 제품을 만드는 산업화 활동을 수행한다. 병원(특히 대학병원)도 연구진을 통한 기초-응용-개발연구를 수행하고 제품화를 위해서는 기업의 도움을 받는다. 병원은 또한 허가된 제품이 필요한 의료현장의 주요 역할을 수행한다. 규제당국(식약청)은 개발된 제품의 허가를 주관하면서 기술의 공급자 그룹과 제품의 수요자 그룹을 중재한다. 대기업은 글로벌 시장 진출을 위해 비즈니스 모델을 개발하여 중소벤처기업과 동반성장하는 데 중요한 역할을 할 것으로 기대한다.

□ 줄기세포산업 생태계의 주요 이슈

① 양적성과에 비해 세계적인 연구성과 창출은 부족

줄기세포 관련 산업은 우리나라가 줄기세포 치료제를 세계 최초로 허가해주면서 산업화를 리드해나가고 있는 모습이다. 그러나 이러한 성과가 내실 있는 전주기적 역량과 안정적인 산업 생태계를 바탕으로 한 것이냐는 질문에 대해서는 의문이 남아 있다. 연구의 양적 성과는 가시적으로 늘고 있지만 세계를 놀라게 할 만한 뚜렷한 성과는 아직 없는 실정이다.

② 품목허가 관련 인허가 프로세스의 글로벌화 미흡

품목허가 관련 인허가 프로세스의 글로벌화도 아직은 남은 숙제 중 하나이다. 줄기세포 치료제의 품목허가는 최종단계에 근접한 활동이지만 산업화가 지속 가능할 수 있으려면 주변 생태계를 구성하는 요소들이 안정적으로 제 위치를 차지하고 있어야 한다. 탄탄한 기초연구성과, 가치창출을 견인하는 중간자적 연구활동(중개연구 등), 글로벌 수준으로 신뢰받는 규제당국의 인·허가 프로세스 등 줄기세포 관련 산업을 둘러싸고 있는 생태계 요소들이 아직 불안정한 모습을 가지고 있다.

③ 안정적인 수익 창출 비즈니스 모델 부재

줄기세포 관련 산업의 주요 주체인 중소벤처기업은 3개의 품목을 허가 받았지만, 초고가의 치료제라는 지적이 있어 아직 안정적인 수익을 창출하는 비즈니스 모델을 내놓지 못하고 있다. 대기업도 아직은 그에 맞는 비즈니스 모델을 찾지 못해 본격적인 사업에 착수하지 못하고 있는 실정이다. 줄기세포 관련 산업이 신산업으로 위상을 알리기 위해서는 산업 생태계의 안정적 구조가 만들어져야 할 것이다.

□ 줄기세포산업 생태계의 발전방안

① 수요자 관점의 Total Solution형 연구개발 추진 강화

줄기세포 관련 제품은 병원을 중심으로, 앞부분은 대학·출연 연구기관이, 뒷부분은 (중소/벤처/대)기업이 역할을 수행하고 있다. 그러나 최근의 연구개발의 낮은 생산성과 시너지 제고를 고려한다면 이 분야에서도 이를 개선하기 위한 연구의 추진체계를 재검토할 필요성이 존재한다.

줄기세포 관련 산업 생태계에서는 병원이라는 1차 수요자가 미충족 의료 수요(unmet medical needs)의 가장 큰 의사결정자 역할을 한다. 기술과 제품 공급자인 대학·출연 연구기관·기업이 병원이라는 의료현장과 (임상·기초)연구진과의 통합적 협력체계를 구축하여 Total Solution형 연구개발을 추진하는 것이 매우 중요한 이유가 여기에 있다. 병원에서 쓰임새가 있는 기술과 제품을 만들기 위해서는 병원과 긴밀하게 소통해야 함은 자명한 일이다. 이를 효과적으로 수행하기 위해서 병원/대학/기업 (특히 중소벤처기업) 간 질환 및 제품의 유형을 기반으로 협력팀10)을 구성하여 자생적으로 Total Solution을 제공하는 생태계 창조형 R&D가 필요하다고 하겠다.

② **대 · 중소 동반성장 비즈니스 모델 개발과 부처 간 연계 · 협력 촉진**

대기업은 제품의 시장가능성을 진단하고 이를 글로벌 시장에 내놓기 위한 제조업 관점의 비즈니스 모델을 개발하여 다른 파트너들과 동반성장하는 데 기여하는 것이 필요하다. 정책수립 또한 범부처 차원의 연계가 중요하다. 미래창조과학부와 보건복지부의의 줄기세포 전문가 네트워크사업의 연계를 통해 초기단계에 우리나라 산업계를 효과적으로 지원할 수 있도록 통합 · 전주기적 현황파악 및 정책을 수립할 수 있는 인프라 구축도 중요하다.

③ **초기 시장 창출을 위해 인 · 허가제도와 프로세스를 글로벌 수준으로 제고**

줄기세포 관련 제품의 인 · 허가 프로세스를 글로벌 수준으로 끌어올려야 한다. 줄기세포 관련 제품은 규제당국의 인 · 허가가 산업화의 중요한 관문 역할을 하므로 이에 대한 국 · 내외적 신뢰가 매우 중요하다. 인 · 허가의 발전을 위해서 규제과학(Regulatory Science)에 대한 투자를 체계적으로 하여 규제당국의 전문성을 제고할 필요가 있다. 이는 허가된 제품의 국내외적 신뢰를 확보하고 더 나아가서 산업화 활성화를 위한 큰 밑거름이 됨을 주지해야 할 것이다(배기달, 2012).

---

10) Virtually Integrated Research Team : 질환과 제품의 유형을 바탕으로 기술→산업화→시술의 주요 역할자가 통합적 연구할 수 있는 연구 컨소시엄의 형태.

④ 저비용 대량생산 기반 기술 개발을 통해 지속 가능한 제조업으로 육성

줄기세포 분야에 대한 주도권을 선점하기 위해서는 고부가가치 관점도 필요하지만, 지속 가능한 산업으로 정착시키기 위해서는 줄기세포 관련 산업을 제조업으로 인식해야 한다. 현재 줄기세포 관련 제품과 시술이 고비용인 구조에서는 제품의 공급자와 수요자 간 불균형 가능성이 높기 때문에 시장 활성화에 한계가 존재한다. 즉 시작은 하이테크로 했지만 본격적인 산업으로 도약을 위해서는 저(低)비용과 고(高)효율·효과라는 제조업의 기본원칙이 살아있어야 한다. 따라서 제품의 비용을 낮추기 위한 저비용 대량생산을 위한 기반 기술 개발에 힘을 쏟는 것이 필요하다. 이는 전 세계적으로 줄기세포 치료제 개발 경쟁이 심화되고 있는 현 상황에서 글로벌 경쟁력을 확보할 수 있는 대안을 마련해줄 수 있다(박경문 외, 2012).

4. 건강하고 지속 가능한 생태계 구축을 위한 정책방향

신산업은 산업의 기반이 아직 확립되어 있지 않아 생태계를 처음부터 만들어갈 수가 있다. 지금까지의 논의와 사례분석을 통해, 특히 건강하고 지속 가능한 신산업 생태계 구축을 위한 정책방향을 제시하면 다음과 같다.

① Total Solution을 지향하는 생태계 창조형 연구개발혁신정책 강화

우리나라는 지금까지 선진국 추격형 연구개발을 추진해오면서, 연구개발을 통해 확보된 기술과 지식이 새로운 산업과 일자리 창출과 연계되지 않는 '분절형 R&D'가 주로 이루어졌다. 그러나 연구개발을 통해 신산업을 창출하기 위해서는 기술(공급) 중심에서 신산업 창출의 일련의 과정을 모두 포함하는 '생태계 창조형 R&D'로 패러다임을 전환해야 한다. 즉, 연구개발성과가 신산업 창출로 이어질 수 있도록 기술 개발 뿐 아니라 기술사업화를 위한 관련 법, 제도 개선사항을 포함하는 전주기적 정책 추진을 통해 성과 창출이 가능한 Total solution형 연구개발정책을 강화해나가야 한다. 이를 위해서는 산·학·연 연구주체 간의 연계·협력과 구매제도 등을 통한 정부의 초기 시장 창출 노력이 반드시 병행되어야 한다.

<표 Ⅲ-4-1> 신산업 창출을 위한 생태계 창조형 R&D 패러다임 전환

구 분	현재까지 (분절형) : 기술·지식확보가 목적	앞으로 (생태계 창조형) : 신산업 창출 일련 과정을 통섭
기본방향	• 선진국 추격형 • 연구개발과 지식재산권 연계부족 • 개방형 혁신 미흡	• 기술 선도형 (창조형) • 상상력·연구개발·지식재산권 연계 • 개방형 혁신 강화
연구지원	• 기초·응용·개발 칸막이 방식	• 기초부터 기술이전·사업화까지 전주기적 지원 방식
연구주체	• 산·학·연 분절	• 산학연 및 정부 (제도 구매 등) 연계·협력

출처: 미래창조과학부, "업무보고 자료", 2013

② 완제품(대기업) 중심에서 부품·소재·S/W(중소벤처)를 공동 기획·개발하는 기술혁신 촉진

향후 창조경제를 견인하기 위한 신산업 창출에 있어서는 기존 대기업 중심의 산업구조에서 벗어나 대·중소기업이 동반성장하여 일자리 창출과 연계하는 것이 중요한 정책적인 이슈 중의 하나이다. 건강하고 지속 가능한 신산업 생태계 구축을 위해서는 대기업과 중소벤처기업이 공존할 수 있는 산업구조 고려가 필요하다. 이를 위해서는 신산업 창출을 위한 제품·서비스 개발 초기단계부터 완제품과 관련된 부품·소재·S/W 등을 동시에 기획하여 개발하는 기술혁신체제 구축이 중요하다. 이를 위해서는 대·중소기업 컨소시엄형태의 정부 연구개발을 강화하고, 대기업과 정부는 중소기업 개발 제품의 구매 등을 통해 대기업과 중소기업이 같이 성장해나갈 수 있는 기반을 마련할 필요가 있다.

③ 새로운 기업의 창업과 성장을 촉진하는 건강한 창업 생태계 구축

신산업은 아직 산업 생태계가 구축되어 있지 않아, 새로운 기업의 창업을 촉진하고 성장할 수 있는 건강한 창업 생태계 구축이 무엇보다 중요한 정책과제이다. 우리나라는 창업 초기 기업에 대한 벤처캐피털 등의 지원이 부족하고, 실패 후 재도전 환경이 매우 취약하다. 따라서 신산업에 있어 기술력을 갖춘 벤처기업들이 창업하여 성장할 수 있는 환경 조성과 제도 마련이 무엇보다도 시급하다. 초기단계 벤처기업에 대한 투자·금융 지원을 확대하고 재도전이 가능한 창업안전망을 구축하는 등 건강한 창업 생태계 조성을 위한 정책 마련과 시행이 필요하다.

④ 기술·산업·사회 간 대융합을 통한 신산업 생태계 활성화

혁신적인 제품이나 서비스 개발을 통한 신산업 창출을 위해서는 모든 분야의 융합이 원활히 이루어져야 한다. 특히, 우리의 강점인 ICT를 기반으로 기술 간, 산업 간, 산업과 문화 간 융합을 촉진하는 정책을 추진해야 한다. 문화, 예술 등 소프트파워를 과학기술과 접목할 수 있는 신개념 R&D를 추진하고, 하드웨어와 소프트웨어·콘텐츠의 융합, 제품과 서비스·비즈니스 모델의 융합 등 과거의 기술 간 융합에서 벗어난 과학기술 대융합을 위한 전략이 필요하다.

출처 : 손병호, "세계 과학기술 발전 트렌드와 우리의 대응방향", 2012. 1

<그림 Ⅲ-4-1> 과학기술 대융합의 개념

⑤ 부처 간 유기적인 연계·협력과 글로벌 수준의 제도 구축

국가 전반의 신산업 관련 기술 수요를 파악하고 기술 개발부터 신산업 창출에 이르는 전주기형 연구개발혁신정책을 추진하기 위해서는 부처 간 연계와 협력을 강화할 필요가 있다. 특히, 기술 개발 뿐 아니라 기술이전·사업화, 초기 시장 창출을 위한 제도마련 등을 포괄하기 위해서는 범부처적인 협력과 정책추진이 매우 중요하다. 또한 연구개발성과의 신산업 창출로의 연계·활용 및 확산을 가로막는 법·제도를 발굴하여 개선하기 위해서는 담당 부처 간의 활발한 소통이 필수적이다. 또한 신산업 창출을 위한 새로운 제품이나 서비스의 인·허가, 표준화 등의 제도와 프로세스를 글로벌 수준으로 제고하여 초기단계부터 국제적인 생태계 경쟁력을 갖춘 신산업이 창출될 수 있도록 노력해야 한다.

■ 참고문헌

교육과학기술부, "우주산업실태조사", 2012.

국가과학기술위원회, "줄기세포 R&D 투자효율화 방안", 2012. 1.

미래창조과학부 외, "2013년도 줄기세포연구시행계획", 2013. 6.

미래창조과학부, "대통령 업무보고 자료", 2013.

_____, "우주개발중장기계획(안)", 2013.

_____, "우주기술산업화 육성대책(안)", 2013.

박경문 외, "굴뚝 없는 황금 시장, 줄기세포치료제의 미래(줄기세포치료제의 개발 현황 및 전망)", KEIT PD ISSUE Report, 2012. 5.

배기달, "줄기세포 연구동향_줄기세포 시장 동향 및 전망", BioIn 스페셜 WebZine 26호, 2012.

손병호, "세계 과학기술발전 트렌드와 우리의 대응방향", KISTEP, 2012. 1.

KISTEP, "국가위성정보활용기반 강화를 위한 제언", 동향브리프, 2012.

식품의약품안전처, "줄기세포치료제 개발 및 규제동향 2012", 2013. 5.

이상규, "글로벌 트렌드와 미래 신산업 기회", KOITA, 동아사이언스, 2013. 7.

곽대종, 「국내 신재생에너지산업의 현황과 산업 생태계 구축을 위한 과제」, 『산업 경제』, 산업연구원, 2011.

김대원, 「시장 선점 위한 플랫폼 핵심기술 경쟁 치열, 줄기세포 R&D 동향분석」, 『보 건산업 동향』 Vol.11, 한국보건산업진흥원, 2012. 11.

Global Markets for Stem Cells_BBC Research 링크(http://www.bccresearch.com/market-research/biotechnology/stem-cells-global-markets-bio035d.html).

IV장 창의산업-엔지니어링 생태계

고부가가치 창의산업으로 엔지니어링(engineering)산업을 빼놓을 수가 없다. 하지만 많은 사람들이 엔지니어링산업을 바라보는 시각이 다르다. 본 장에서는 먼저 엔지니어링과 엔지니어링산업의 이해를 기반으로 현재 우리나라 엔지니어링산업의 위상을 분석한다. 이를 기반으로 엔지니어링산업 생태계를 정의한다. 엔지니어링산업 생태계의 정책방향을 제시하기 위해 경쟁력 요소를 찾아보고 이를 바탕으로 미래 엔지니어링산업 정책방향을 제시하고자 한다.

1. 엔지니어링과 엔지니어링산업

엔지니어링란 무엇인가? 엔지니어링산업을 이야기하기 전에 엔지니어링의 의미를 먼저 살펴보자. 제일 쉽게 이해할 수 있는 방법은 공과대학을 영어로 표기하면 "College of Engineering"이라고 한다. 엔지니어링이란 과학(물리적, 화학적, 생물학적) 역량을 기반으로 한 기술과 지식의 창조적 융합을 통해 인류의 삶의 가치를 향상시키는 의미를 가지고 있다. 이러한 학문을 탐구하고 전달하기 위한 목적으로 설립된 고등교육기관을 공과대학이라 한다. 자연계 대표 학문을 다루는 이과대학과 공과대학의 차이를 이해하면 조금 더 쉽게 이해가 갈 것이다. 즉, 과학(science)과 공학(engineering)을 비교해본다면 공학은 과학을 기반으로 한 실용화에 그 가치를 두고 있다. 엔지니어링 역사는 인류의 욕구가 증가하며 연금술(alchemy)과 전쟁을 통한 군사공학(military engineering)을 통해 발전을 거듭하였다. 자연과 인간으로부터 발생한 재해와 재난의 복구와 수습을 위하여 시간이 지나면서 인류의 삶의 질을 향상시키기 위한 토목공학(civil engineering)이 발전하며 여러 기술과 지식의 갈래로 나뉘어 오늘과 같은 복잡하고 다변화된 사회에 이르렀다. 그동안 산업은 농업시대에서 산업시대를 거쳐 정보화시대, 바이오시대, 나노시대 등, 지금은 융합의 시대로까지 발전해오며 경제적 부가가치를 이루어내고 있다.

엔지니어링산업은 우리나라의 경우 국가법령으로 엔지니어링산업진흥법1)을 두고 '엔지니어링활동'과 '엔지니어링산업'을 다음과 같이 정의하고 있다.

제2조 1항 "엔지니어링활동"이란 과학기술의 지식을 응용하여 수행하는 사업이나 시설물에 관한 다음 각 목의 활동을 말한다.
　가. 연구, 기획, 타당성 조사, 설계, 분석, 계약, 구매, 조달, 시험, 감리, 시험운전, 평가, 검사, 안전성 검토, 관리, 매뉴얼 작성, 자문, 지도, 유지 또는 보수
　나. 가목의 활동에 대한 사업 관리
　다. 가목 및 나목에 준하는 것으로서 대통령령으로 정하는 활동

제2조 2항 "엔지니어링산업"이란 엔지니어링활동을 통하여 경제적 또는 사회적 부가가치를 창출하는 산업을 말한다.

과거 엔지니어링활동을 <그림 Ⅳ-1-1>와 같이 건설산업에 포함되어

---

1) [시행 2013.3.23] [법률 제11690호, 2013.3.23, 타법개정].

기본계획, 기본설계, 상세설계에 국한된 좁은 의미의 엔지니어링산업으로 이해를 하는 경우가 많았다. 하지만 현재는 <그림 IV-1-2>와 같이 법령에서 정한 바와 같이 넓은 의미로 엔지니어링산업을 해석할 수 있으며 적용 분야와 활동범위가 확대되고 있다.

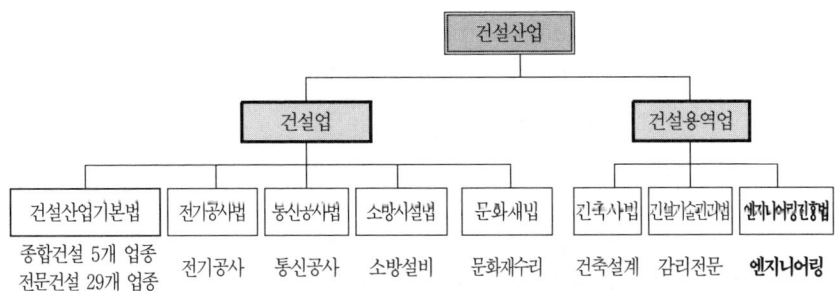

<그림 IV-1-1> 건설산업과 엔지니어링

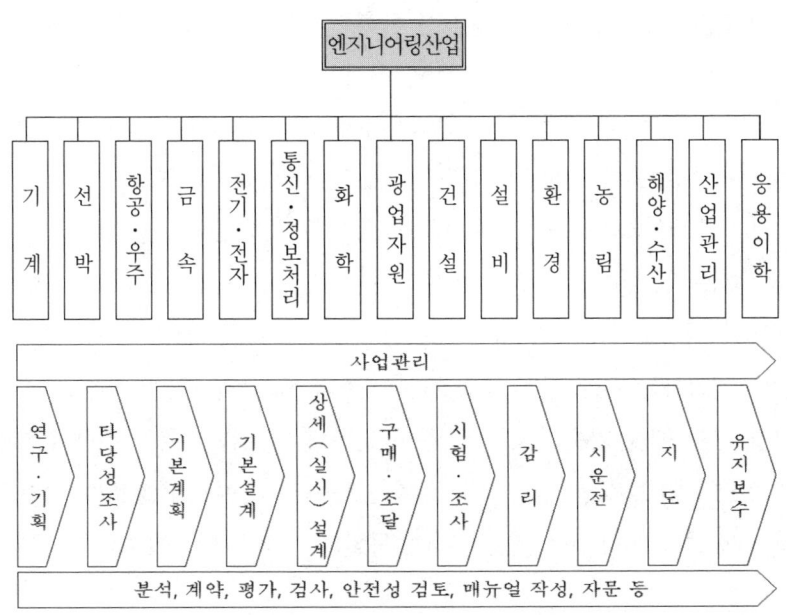

<그림 IV-1-2> 엔지니어링산업의 주요 분야와 활동 영역

사업 관리는 건설 분야에서는 CM(Construction Management) 또는 PM(Project Management), 플랜트 분야에서는 PMC(Project Management Consultancy)로 칭한다.

오늘날 우리나라의 엔지니어링산업은 고부가가치 지식집약산업의 전형으로서 주력산업의 고도화에 기여하며 국가경제성장의 견인차이자 해외 시장의 개척자 역할을 수행하는 핵심산업이다. 그러나 이러한 산업·경제적 중요성과 가치에도 불구하고 엔지니어링 기술 역량 및 전문인력 부족 등 글로벌 경쟁력과 제도 기반이 취약한 것도 현실이다.

2. 고속성장과 엔지니어링산업의 위상

엔지니어링산업은 수출주도형, 해외 시장 개척형 산업으로 국가경제성장의 원동력으로 국가경쟁력에 큰 영향력을 미치는 핵심 산업으로 자리 잡고 있다. 국내 엔지니어링산업에 종사하는 기업은 지속적으로 늘어났다. 1989년 설립된 엔지니어링공제조합의 70여 개 회원사가 2013년 2000개 사를 넘었으며 앞으로도 지속적으로 성장할 것으로 본다.

엔지니어링산업의 건설 부문의 경우 해외 시장에서는 전 세계 건설사를 대상으로 실적과 순위를 발표하는 미국 *ENR*(Engineering News Record)[2] 자료를 분석해보면, 지난 2012년 해외건설 시장 250대 기업 가운데 국내 건설사는 15개 사가 포함됐다. 매출액은 413억 9천만 달러로 250대 기업 전체 매출 가운데 8.1%로 이는 전년도 5.7%를 기록한 것에 비해서는 2.4%포인트 상승한 수치다. 국가별로는 스페인이 14.3%로 1위, 미국이 14%, 중국이 13.1%, 우리나라는 독일과 프랑스에 이어 6위를 기록했

---

2) 미국 McGraw-Hill사가 발행하는 엔지니어링 분야의 세계적 권위지. 하지만 설문조사를 기반으로 시장 규모를 추정하는 한계는 존재함.

고 이탈리아와 일본이 7, 8위를 이어갔다.

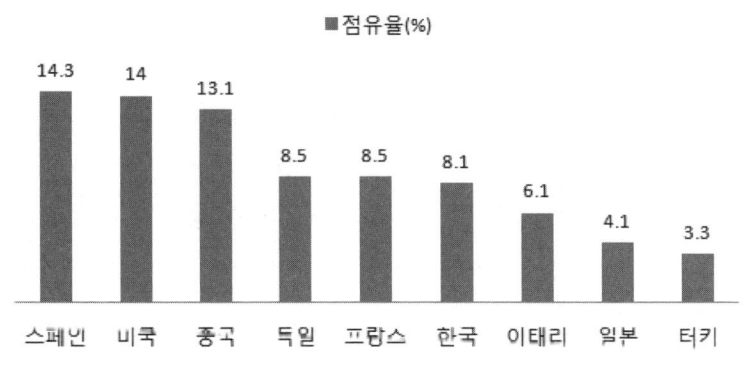

<그림 Ⅳ-2-1> 해외건설 시장 250대 기업 2012년 매출액 순위

우리 엔지니어링기업이 고속성장과 경쟁력을 유지할 수 있었던 것은 지역별·공종별로 사업 포트폴리오 관리를 통한 선택과 집중의 결과라고 볼 수 있다. 더불어 수주전략 수립 시 기존 시장인 '중동'과 '화공플랜트' 뿐만 아니라 신규 시장을 지속적으로 개척해왔기 때문이다. 이는 국내 건설경기의 극심한 불황 속에서 기업들의 생존을 위한 지속적인 노력과 정부의 적극적인 지원이 함께한 결과로 볼 수 있다. 2010년 4월 정부는 "엔지니어링산업 발전방안"을 수립하며 연구개발(R&D)에 5년간 1조 원을 투자키로 했다. 또 엔지니어링 전문대학원을 설립하고 엔지니어링 콤플렉스도 조성키로 했다. 이를 통해 2020년까지 세계 시장 점유율이 2010년 0.4%에서 5%로, 글로벌 200대 기업은 5개에서 20개로, 고용은 10만 명에서 30만 명으로 확대될 것으로 봤다. 2011년 8월 포항공대 엔지니어링전문대학원이 개설되어 정책 효과가 나타났으며, 2013년 8월 '고급두뇌 역량 강화를 통한 산업고도화 전략'으로 엔지니어링 등 고부가가치 전문 인력을 양성으로 선진국의 진입장벽을 넘겠다는 목표로 적극적인 지원을

계획하고 있다. 하지만 미국과 유럽 등 엔지니어링 선진국과 비교하면 원천기술 확보와 고부가가치 영역 시장개척 등 아직 갈 길이 멀다.

오늘날 세계 속의 우리나라의 엔지니어링 위상은 세계 엔지니어링산업계 대표 협의체인 '국제엔지니어링컨설팅연맹(International Federation of Consulting Engineers, FIDEC)'[3] 회장으로 한국인이 임명될 정도로 위상이 높아지고 있다. 이는 FIDIC이 설립된 지 100년 만에 처음이다. 앞으로도 엔지니어링산업은 우리 국가경쟁력의 원천이다. 이러한 위상에 힘을 얻고 기회를 창출해나가야 할 것이다. 특히 신흥 시장 중심의 성장에 따라 신흥 시장 특성에 기인하는, 일괄복합발주, 공공-민간파트너십 방식(Public-Private Partnership, PPP)[4]의 발주 방식 변화로 사업 관리 역량과 금융연계 역량 등이 핵심 경쟁력으로 부각되고 있다. 이에 따라 PMC(Project Management Consultancy)[5] 등 사업관리 역량 확보와 대외경제협력기금(Economic Development Cooperation Fund, EDCF)[6] 등 금융연계 역량 확보를 통한 해외진출 지원전략 등이 필요하다.

---

3) 1913년 설립된 국제 민간 기구로 1913년 설립하여 스위스 제네바에 본부를 두고 있다. 현재 94개 국의 엔지니어링 관련 단체가 회원으로 가입해 있다. 특히 FIDIC의 국제표준계약조건은 국제개발금융기관(Multilateral Development Bank, MDB) 등 공공조달 시장에서 널리 통용.

4) 다양한 공공프로젝트에 대한 민간 참여방법을 총칭하는 개념으로 재원조달, 설계, 운영 관리, 보수 등의 프로젝트 라이프 사이클 전 분야에 걸친 민간 참여를 의미하며, 공공 서비스 효율화를 목표로 정부와 민간 업체가 갖고 있는 장단점을 조율하여 구성된 협력체계를 통한 SOC 개발방법.
   * (대표적인 사업 방식), BLT(Build-Lease-Transfer, 건설-임대-양도), BOT(Build-Own-Operate&Transfer, 건설-운영-양도), BTO(Build-Transfer-Operate, 건설-양도-운영), BOO(Build-Own-Operate, 건설-소유-운영) 등.

5) 발주자나 핵심 사업자를 대신하여 프로젝트 전반에 대한 종합 기획 및 관리 등 고부가가치 업무를 수행하는 한층 고도화된 형태의 플랜트 엔지니어링 사업.

6) 1987년 개도국들의 산업 발전과 경제안정을 지원하고 이들 국가와의 경제협력을 증진하기 위해 우리나라 정부가 설립한 기금.

3. 어닝 쇼크와 엔지니어링산업의 그늘

"올해 누적 영업손실 1조" 고속성장의 이면에는 리스크는 동반했다. 이는 현실로 나타나 엔지니어링기업의 어닝 쇼크(earning shock)[7]가 2013년의 최대화두가 되고 있다. "수년간 외형이 급격히 성장한 데 비해 공사 관리 등 사업수행 역량은 이를 뒷받침하지 못한 것이 어닝 쇼크의 가장 큰 원인이다." 무리한 성장전략에 문제가 있었다. "치열한 수주 경쟁 속에 무리한 '대안설계'를 적용한 것이 화근이었다. 대안설계는 새로운 공법을 적용해 비용을 절감하는 것이다. 또 공사 수행능력에 대한 면밀한 검토 없이 가격이 싼 협력업체를 구해 수주 단가를 낮췄다. 그러나 발주처가 대안설계로 제시한 방안과 일부 협력업체를 거부하는 사태가 벌어졌다. 설계를 수정하고 보니 비용이 늘어났다." 저가수주에 따른 프로젝트 이해관계자 간의 의사소통에 문제가 있었다. "막상 공사를 시작해보니 워낙 오지여서 공사 인력을 제대로 확보할 수 없었다. 어쩔 수 없이 인건비가 비싼 인력들을 외부에서 뽑아 와야 했다. 또 현지 협력업체들의 생산성이 떨어져 공기가 지연되는 것도 문제였다. 주·야간 작업이 불가피해지면서 추가 비용이 발생했다. 협력업체가 갑자기 일을 못 하겠다며 작업을 중단하는 사태까지 벌어졌다." 해외 현지 환경의 이해가 부족했고, 인적자원 관리와 조달 관리에 리스크 관리까지 총체적인 문제가 발생했다. "미국은 중동과 여러 가지 기준이 달라 애를 먹었고 이에 따라 공사 기간이 길어지면서 비용이 눈덩이처럼 불어났다." 이(異)문화의 이해와 현지 법규와 규정, 표준의 이해가 낮았다. "공격적인 외

---

7) 기업들이 분기나 반기별 실적을 발표하는 어닝 시즌(earning season) 시 시장에서 예상했던 것보다 훨씬 저조한 실적을 발표하는 것으로 투자자들에게 큰 충격을 준다는 의미로 실적 충격이라고도 하며, 이와 반대의 경우 어닝 서프라이즈(earning surprise)라고 함.

형 키우기에 나선 것이 부실 부메랑으로 되돌아온 측면이 있다고 보고 있다. 2003년 1조 원대였던 매출을 지난해 11조 원대로 늘리는 과정에서 문제가 생겼다." 아니 땐 굴뚝에 연기가 날 리가 없다. 여러 가지 원인 분석과 대응전략……. 하지만 지난 기간 해당 조직은 주먹구구식으로 경영을 하지는 않았을 것이며, 최신 경영이론과 도구 그리고 기법 등을 활용했을 것이다. 그 어떤 조직보다도 사업 관리는 체계적으로 더욱 잘 되어 있었을 것이며, 당시 최고경영진은 미국 PMI(Project Management Institute)[8]로부터 아람코나 IBM과 같은 세계적인 기업에 주어지던 PMI상을 받았으며, 플랜트 건설 엔지니어링의 핵심 역량인 PMC 역량을 세계적으로 인정받았다는 점에서 의미를 크게 두었다. 또한 리스크 관리의 중요성을 업계에 최고의 가치로 전달을 하고 있었다. 안전사고와 경영부실의 책임을 앉고 최고경영진은 바뀌었지만 현재 부각된 원인은 사실 빙산의 일각일 수도 있다. 그럼 과연 무엇이 문제인가? **왜 엔지니어링산업의 성공적인 프로젝트 성과는 지속적이지 못하는 것일까?**

최근 건설엔지니어링노동조합 연대와 건설산업연맹 산하 건설기업노련은 '건설엔지니어링 노동자 노동환경 실태조사 결과'를 발표했다. 정부가 창조경제 실현계획의 일환으로 치켜세우던 엔지니어링산업의 이면은 한마디로 '1970년대 노동관행'이라고 주장했다. 조사결과는 엔지니어링 근로자 년 2912시간 근로시간은 고용노동부가 발표한 국내 상용직 연간 평균 근로시간(2116시간)을 37.6% 초과했다. 가장 창의적이라는 산업의 두 얼굴이 드러났다며 '수퍼 갑'인 발주처의 비상식적인 요구는 결국 근로자들의 강도 높은 노동과 고용 불안정으로 직결되고 있으며, 더 심각한 문제는 만성화된 연장근로에도 불구하고 수당을 거의 받지 못하거나 임금

---

8) 1969년에 설립된 미국 프로젝트 매니지먼트 비영리단체로, ANSI(American National Standards Institute) 표준으로 PMBOK(Project Management Bogy of Knowledge) Guide를 개발하고 PMP®(Project Management Professional) 등 프로젝트 매니지먼트 전문가 인증을 시행.

체불과 더불어 구조조정도 병행되고 있는 것으로 조사결과 나타났다며 이번 조사결과를 바탕으로 정부와 기업 측에 의견을 개진하며 산업의 구조적인 문제를 해결하기 위한 움직임을 본격화할 계획을 밝혔다. **왜 엔지니어링산업은 조직과 인적자원의 구조적 문제가 지속되는 것인가?**

건설경기침체 이후 물량가뭄에 시달리는 건설엔지니어링기업은 부서별 독립채산제9)나 수주한 사업 건별로 부서별 실행률 할당제도10)를 도입하여 부서장에게 관리권한을 위임하고 있다. 하지만 이렇게 할당하는 부서 실행률 목표치는 대개가 맞추기 힘들 정도로 과하게 책정돼 적자부서는 결국 이를 연말 구조조정이나 연봉 차등지급의 빌미로 활용되고 있다. 부서별 실행률은 보통 75~85% 선인데 업계 5위권 내에 드는 대형사 중 세 군데가 실행률 75%를 적용한다. 엔지니어링기업의 부서 책임자입장에서는 임원들 임금과 합사 비용 등 간접비까지 모두 부담해야 하는 경우 사실상 실행률 내에서 집행하는 것이 불가능하게 되고 이는 결국 외주비용과 인건비를 줄이는 방안밖에 없을 것이다. 또 엔지니어링 외주기업 입장에서는 '울며 겨자 먹기' 식으로 사업을 받아갈 수밖에 없을 것이다. 사업을 맡을수록 적자가 나는 것을 뻔히 알지만, 앞으로 일감을 계속 받아야 하기 때문에 거절할 수도 없을 것이다. 엔지니어링기업들의 부서별 실행률이 낮으면 이에 따른 외주비용도 낮게 처리할 것이고 그나마도 상황이 안 좋으면 외주비용을 주지 못할 경우도 생길 것이고 사업예산을 집행하다가 비용이 초과할 것 같으면 외주비용을 일부만 지급한 후 다음 사업 혹은 다음 회기에서 처리해주는 일명 '물려가기' 방식의 비정상적인 관행도 이어지게 될 것이다. 이러한 부서 실행률 할당제도에 대한 불만은 엔지니어링기업 전반에 누적된 상태다. 부서장

---

9) 한 기업이나 조직 내에서 사업부서별로 손익계산을 하는 중앙집권적 책임경영제.
10) 부서에서 사업 한 건을 수주하면 기업 측이 경영지원금 명목으로 일정금액을 먼저 가져간 후, 나머지 금액으로 직접인건비와 간접인건비 등 사업에 들어가는 모든 비용을 부서에서 책임지도록 하는 방식.

입장에서는 실행률을 초과할까봐 신규인력 영입을 거부할 수밖에 없다. 자연감소하는 인력이 있는데 신규 인력이 충원되지 않으면 남은 인력들의 업무 할당량은 늘어날 수밖에 없다. 특히 사업수행기간이 2~3년에 달하는 대형사업의 경우 실행률 집행은 이미 끝났는데 업무량만 남게 되는 경우도 생길 수 있다. **왜 엔지니어링산업은 이러한 악순환이 반복되는 것인가?**

한 언론에 "조선사는 '텃새', 엔지니어링사는 '철새'?"란 재미있는 제목의 기사를 보았다. 기사내용은 국내 500대 기업을 중심으로 '중후장대형'11) 산업으로 꼽히는 조선 및 기계, 설비업종의 기업들은 직원 근속연수(평균 10.96년)가 평균치를 웃도는 반면 엔지니어링기업들은 상대적으로 근속연수(평균 6년~4.7년)가 짧았다는 내용이다. 이와 같이 중후장대형 엔지니어링기업의 근속연수가 높게 나타난 것은 숙련된 현장 인력들이 근무를 오래하는 경향을 나타내고 있다고 원인을 분석한 한편 엔지니어링기업은 특성상 해외프로젝트에 참여하는 인력을 현지에서 계약직으로 채용하고 있기 때문에 프로젝트 종료 시 계약이 종료돼 전체 근속연수가 짧게 나타나는 것이라 원인을 분석했다. **엔지니어링산업에 속해 있는 두 영역의 비교는 무엇을 의미하는가?**

4. 엔지니어링산업 생태계

엔지니어링산업 생태계 측면에서 보면 상세설계 이후의 엔지니어링 후방 가치사슬에 국한된 사업구조를 갖추고 있다. 국제경쟁력을 비교해

---

11) 重厚長大 : 무겁고, 두텁고, 길고, 크다는 의미로 육중한 장비와 넓은 대지가 필요한 산업을 의미. 반대는 경박단소(輕薄短小) : 가볍고, 얇고, 짧고, 작다는 의미로 정밀기계나 전기 · 전자산업을 의미.

보면 우리나라는 상세설계 이후 영역에서 강세인 반면, 수주경쟁력을 좌우하는 사업 관리나 개념·기본설계의 핵심 영역의 경쟁력은 매우 취약하다. 결론적으로 PMC 역량과, FEED[12) 역량을 갖추고 엔지니어링 전방 가치사슬의 시장을 개척하는 것이 엔지니어링산업 생태계의 고부가가치를 창출할 수 있는 핵심전략이 될 것이다.

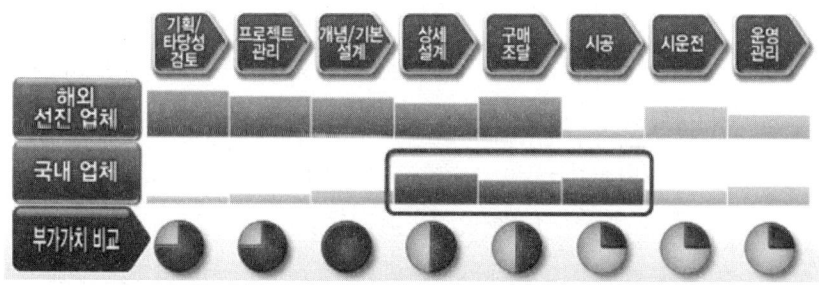

자료: 지식경제부 외, "엔지니어링산업발전방안", 2010. 4

<그림 Ⅳ-4-1> 우리나라의 엔지니어링산업 생태계 경쟁력

우리나라의 엔지니어링산업 생태계를 이해하기 위하여 주요 이슈를 분석해보면 다음과 같다.

첫째, 우리나라 엔지니어링산업 생태계구성은 대기업보다는 중소기업 중심으로 구성된 영세한 산업구조로 부가가치가 낮은 후방 영역에 치우쳐져 있으며, 해외보다는 내수 시장에 집중되고 선진국 대비 1인당 생산성도 낮은 것으로 파악되고 있다. 상세설계, 시공 등 후방 가치사슬 영역에서 일부 경쟁력을 확보하고 있기도 하나, 선진기업 대비 전체적으로

---

12) Front End Engineering Design, 개념·기본설계를 의미하며, 개념설계는 결정한 콘셉트를 구상화하는 경우 크기, 중량, 기능 등을 정해나가며, 최근에는 대상물의 기하정보로써 3차원 CAD로 작성한 전자 데이터를 이용함. 기본설계는 설계과정에서 개념설계 다음 단계를 말하며, 구체적인 치수나 재료 등을 정하고 기능상 실현여부 등을 공학적 해석과 분석을 이용하여 평가함.

낮은 기술력 수준을 보유, 매출액 대비 R&D 투자액 규모가 선진기업 대비 낮은 편이다. 특히 기업 고용구조 측면에서 원천 R&D 투자여력 부족으로, 국내 대부분의 기업들이 상세설계, 시공에 역량을 집중하고 있는 상황이다. 이러한 사유는 분석해보면 고임금이 지급되어야 하는 우수기술인력은 기업 입장에서 확보 차원의 한계가 있으며, 저임금의 잔여고용인력을 지속적으로 유지하기 위해서는 수익성은 낮으나 외형 규모가 큰 시공위주로 사업을 추진할 수밖에 없는 상황인 것이다. 특정 분야에 진출하기 위한 필요 기술은 매우 광범위해 개별 엔지니어링기업 R&D연구소 역량으로 감당 가능한 수준 이상이며, 핵심 영역 기술 확보를 위해서는 장기간, 고비용, 우수한 전문인력 투입이 필요하나, 단기에 실적이 창출되지 않는 R&D 특성상 기업 입장에서 투자여부 결정이 쉽지 않다. 문제는 여기서 그치지 않는다. 만일 원천기술을 개발하더라도 상품화를 통한 수익 창출을 위해서는 장기간의 노력이 소요되는 검증된 실적 (Track-Record) 확보가 필요하다.

둘째, 우리나라 엔지니어링산업 생태계는 시장의 변화에 따라 노동집약적산업에서 자본집약적산업으로 변화하며 금융산업과 밀접한 관계를 가지고 있다. 발전소, 수처리시설 등 중동국가들을 중심으로 국가 차원의 초대형 프로젝트 증가 및 정부 재원이 부족한 동남아, 중남미 등 신흥국가의 플랜트 시장 확대로, 발주처의 예산 확보의 한계와 조달 자원에 대한 위험이전(Risk Hedge) 욕구는 프로젝트 참여 의향이 있는 기업들의 예산 부담을 가중시키고 있다. 이러한 환경은 최근, 민간 투자 방식의 증가, 신흥 시장에서의 패키지딜 등 복합 개발 수요에 따라 자금조달능력이 해외 프로젝트 수주의 핵심 경쟁력 요소로 부각되고 있다. 이를 위해 국내 엔지니어링기업들의 해외 진출 활성화를 위한 정부의 지속적인 지원이 긴요하다. 특히 중소엔지니어링기업들은 해외진출을 위한 정보 및 네트워크 부족이 큰 애로사항이며 해외진출 경험이 부족한 중소중견기업들의 해외진출 지원이 강화되어야 한다. 공적개발원조(ODA) 사업에서의 엔지니어링 비중 확대를 통해 우리나라 엔지니어링기업의 경험축적 및 저개발국 진출전략이 필요하다. EDCF를 활용한 연계지원 사업이 추진 중이나, 엔지니어링 유관 분야에 대한 지원 확대가 지속적으로 요구되고 있다. 유·무상원조사업을 통해 축적된 실적을 기초로 다자간개발은행(Multilateral Development Bank, MDB)[13]사업 등 수익성 높은 대규모 프로젝트에서의 수주 기회 확대도 중요하다. 프로젝트 수주 시 기업들의 수출대금 미회수위험 보완책뿐만 아니라 발주처의 금융리스크 경감 요구에 대응하기 위한 금융지원책 마련도 필요하다. EDCF 표준계약서상에서 PI보험을 요구하고 있으나, 국내 중소기업의 낮은 대외신용도 등으로 인해 국내외 보험사를 통한 보험가입이 쉽지 않은 실정으로, 중소기업의 해외진출 시 실질적인 애로사항이다. 이는 국내 대기업과의 동반진출 등 동반성장의 측면에서도 중요한 과제이다.

셋째, 우리나라 엔지니어링산업 생태계 인력구조는 신흥 시장 성장세에 따라 엔지니어링 전문인력 수요도 증가 추세이나, 인력수급의 불균형으로 구조적 문제를 가지고 있다. 신흥 시장을 중심으로 한 플랜트 등 엔지니어링 수주 확대에 따라 국내 엔지니어링기업들이 필요로 하는 전문인력 수요도 2020년까지 꾸준히 증가 전망이나 실제 배출 가능한 전문 인력이 기업 수요에 크게 미치지 못해 전문 인력부족현상이 심화될 전망이다. 특히 해외진출과 관련해서는 각 분야별 경력자 및 핵심 영역 수행 가능한 전문인력이 매우 부족한 상황으로 해외진출 관련 업무 수행이 가능한 3년에서 15년 사이 경력직에 대한 부족도가 가장 심한 상황으로 들어났다. 엔지니어링전문대학원 설립 및 운영방안에 대한 산업체 수요조사 결과 아래 <표 Ⅳ-4-1>과 같이 기획/타당성 검토, 프로젝

---

13) 세계은행그룹(WB), 미주개발은행(IDB), 아시아개발은행(ADB), 아프리카개발은행(AfDB), 유럽부흥개발은행(EBRD)의 5개 기구를 통칭함.

트 관리, 개념/기본설계 등 핵심 영역 인력 수요가 높은 편으로 조사되었다.

<표 Ⅳ-4-1> 엔지니어링 핵심 영역 인력양성 수요

구분	전체(%)	대기업(%)	중기업(%)	소기업(%)
기획/타당성 검토	20	38.7	17	21.1
프로젝트 관리	12.5	12.3	9.8	14
개념/기본설계	27	22.8	28.5	28.2
상세설계	28.5	18.1	32.5	28.8
구매조달	0.9	9.7	0.9	0.8
시공	4.2	–	4	4.4
감리	4.8	–	6.7	3.5
유지보수	2.5	–	0.7	3.6

자료: NIPA, "엔지니어링전문대학원 설립 및 운영 방안에 대한 산업체 수요조사 결과", 2011. 5

선진국 대비 해외진출의 핵심 역량으로 평가되는 부분에 대한 인적 역량도 매우 부족한 수준으로 엔지니어링 기술력과 함께 해외진출의 핵심 역량으로 평가되는, 기획 및 타당성 분석, 정보수집, 파이낸싱 등 인적 역량은 선진국 대비 매우 부족한 상태이다.

넷째, 우리나라 엔지니어링산업 생태계 법·제도적인 환경 문제는 가격 중심의 입·낙찰제도와 비정형화된 발주관리체계 등 글로벌 기준에 부합되지 않아 국내 시장이 해외 시장 진출의 경험을 축적할 수 있는 제도·환경이 미흡하다. 국내 입·낙찰제도는 가격 중심의 적격심사기준에 따른 낙찰자 선정 방식인 반면, 미국 등 선진국은 가치 및 기술 중심의 QBS(Quality Based Selection)에 의해 낙찰자를 선정 국내 시장이 해외 시장 진출의 경험을 축적할 수 있는 법·제도적 환경이 미흡하다.

마지막으로 우리나라 엔지니어링산업 생태계의 정부 지원 현황을 살펴보면, 엔지니어링정책 또한 기존 엔지니어링기술진흥법이 2010년 엔지니어링산업진흥법으로 기술 역량에서 산업 역량으로 확대·개편되어 엔지니어링산업 생태계 측면에서 긍정적인 역할을 수행하고 있다. 정부는 최근 산업 부문의 창조경제 실현전략을 수립하며 엔지니어링산업 생태계환경 속에서 특히 고급두뇌 역량이 발휘될 수 있는 창의적 생태계가 취약하다고 판단하였다. '창의적 아이디어'를 기반으로 비즈니스 적용을 통해 새로운 시장·제품을 창출할 수 있는 아이디어 사업화 환경의 필요성을 인식하여 앞으로 창의와 혁신을 실현하는 고급두뇌 역량을 갖춘 기업들이 성공하는 산업 생태계 조성에 집중할 계획으로 고부가가치 영역인 엔지니어링, 해양플랜트, 시스템반도체 SoC[14], 임베디드 SW, 엔지니어링 디자인 분야에서 연간 1,500명의 최고급 인력을 양성하겠다는 '고급두뇌 역량 강화를 통한 산업고도화 전략'을 수립하였다.

다음은 엔지니어링산업 생태계의 경쟁력 요소를 그림으로 정리한 것이다. 제시된 역량요소 외에 추가적인 요소도 있을 것이다. 특히 앞에 제시된 엔지니어링산업의 그늘 문제의 해결은 엔지니어링산업 생태계의 지속가능성을 위해 꼭 필요한 것이다. 이를 위하여 엔지니어링산업 생태계의 경쟁력 요소의 다각적인 접근이 필요하다.

---

14) system on chip, 여러 가지 반도체 부품이 하나로 집적되는 기술 및 제품으로 예전에는 여러 개의 반도체가 모여 시스템을 구성했다면 이제는 시스템이 하나의 칩 속에 존재한다는 개념.

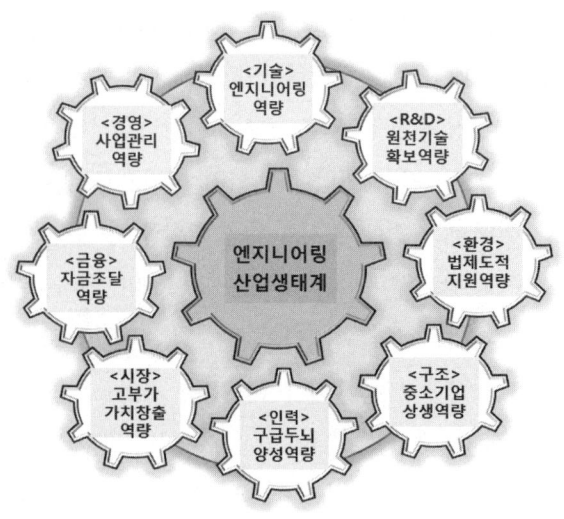

<그림 Ⅳ-4-2> 엔지니어링산업 생태계 경쟁력 역량요소

5. 엔지니어링산업의 경쟁력, 지속가능성과 프로젝트 생태 계전략

전례 없는(unprecedented) 글로벌 경제위기를 극복하며 우리나라 해외 건설 수주는 2011년 591억 달러, 2012년 649억 달러를 달성하는 데 엔지 니어링산업이 일조를 하며 국가경제의 한 축을 담당하는 산업으로 자리 잡았다. 하지만 고속성장을 하던 대형건설·엔지니어링사는 2013년 수익 성 문제가 대두되면서 어닝 쇼크로 주가를 요동치게 만들고, 관련 협력 업체들이 어려움을 겪으며 엔지니어링산업 생태계는 위기에 직면하고 있다. 왜 매년 수주액이 증가함에도 불구하고, 수익성 문제가 대두되는 것일까? 이는 우리기업이 사업의 성공에도 불구하고 성과를 창출하지 못하는 형상이다.

이러한 문제의 원인을 찾기 위해 엔지니어링산업 생태계적 관점에서 좀 더 다른 접근을 해보자. 엔지니어링산업이나 조직은 사업을 통해 조직의 가치 즉 수익성을 획득한다. 여기서 사업은 비즈니스(business)라는 표현보다는 프로젝트(project)라는 표현으로 많이 쓰인다. 이는 엔지니어링산업의 특성상 수행하는 일(work)이 지속적이고 반복적인 운영(operations)의 특성보다는 한시적이고 고유한 프로젝트의 특성을 가지고 있기 때문이다. 앞에서 살펴본 엔지니어링산업의 위상과 그늘에서 고속성장의 비결 중 하나를 분산된 사업구조를 들 수 있는 것이나 부서 실행률 시행이나 엔지니어링 조직 근속년수가 조선 등 기존 제조 중심의 근속년수보다 낮아지는 것은 조직이 수행하는 일의 특성이 운영에서 프로젝트 중심으로 변화하는 과정에 조직이 겪는 환경일 것이다. 이처럼 엔지니어링 조직이 수행하는 사업은 다음 <그림 IV-5-1>과 같이 두 가지 특성의 일이 공존하고 있다.

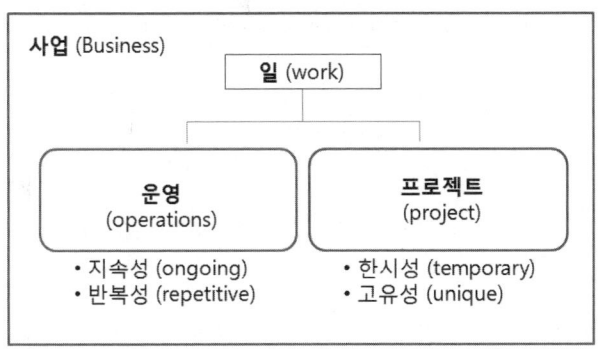

<그림 IV-5-1> 엔지니어링사업과 일의 특성

사업의 성공과 실패란 무엇인가? 무엇이 성공과 실패의 기준인가? 이는 조직 자체의 기준을 가지고 의사결정하게 될 것이다. 하지만 분명한 것은 조직이 정한 가치 즉, 성과(performance)를 얻지 못하면 조직은 지속 가능한 성장의 한계에 이를 것이다. 일반적으로 성과란 최종고객이

요구하는 생산·제조품이나 서비스 또는 최종 결과물인 프로덕트(product)의 전생애주기를 고려한 효율성(efficiency)과 효과성(effectiveness)을 고려하는 것을 의미한다. 하지만 프로젝트성의 사업의 성과는 즉 프로젝트 성과(project performance)는 효율성과 효과성에 다음 <그림 Ⅳ-5-2>와 같이 타당성과 도덕성을 함께 고려해야 한다. 하지 말아야 할 일을 시작하여 열심히 일하여 성과를 얻는 것은 조직에 도움이 되지 못할 것이며, 오늘날 조직의 사회적 책임과 전문가적 책임은 우리가 수행하는 사업의 성과에 중요한 기반이 되는 것이다.

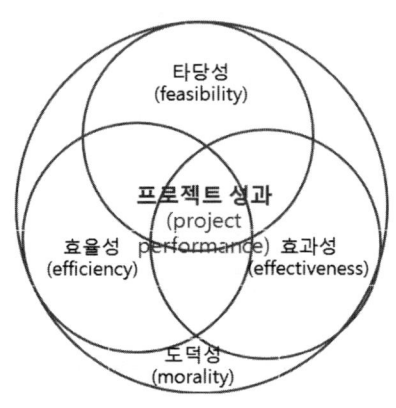

<그림 Ⅳ-5-2> 프로젝트 성과 구성요소

프로젝트성의 일은 실수와 실패가 생기면 그것으로 프로젝트는 바로 성과에 영향을 받게 된다. 지속적이고 반복적인 운영성의 일은 실수와 실패를 지속적으로 개선하는 프로세스를 통해 조직의 지속 가능한 성장에 기여하지만, 프로젝트성의 일은 그렇지 못하다는 것이 우리가 생태계 관점에서 인식해야 할 중요한 시사점이다.

엔지니어링산업 생태계는 일반적으로 기능적 구조로 구분하여 분류할 수 있지만, 프로젝트 기반으로 분류하면 다음 <그림 Ⅳ-5-3>과 같이 프로젝트 생태계15)(Project Ecosystem)를 형성할 수 있다. 조직에서 수행되는 사업은 대부분 멀티-프로젝트환경에 속해 있다. 이러한 멀티-프로젝트환경 속에는 단일(single) 프로젝트나 이하 태스크(task), 활동(activity)뿐만 아니라 조직의 가치(이익추구)를 위한 멀티-프로젝트의 그룹화를 프로그램(program), 그리고 지속적이고 반복적으로 운영의 지원을 받게 된다. 조직은 한정된 자원 속에서 선택과 집중을 통해 가치를 창출하는 이것을 포트폴리오(portfolio)라 한다. 우리나라 엔지니어링산업의 고속성장의 비결도 분산된 사업구조를 통한 포트폴리오 관리가 핵심요인 중 하나이다. 이러한 프로젝트 생태계환경 속에서 조직의 지속적인 성과 창출을 위해서는 프로젝트 경영(Project Management), 즉 멀티 프로젝트 관리(Multi-Project Management, MPM)를 통해 포트폴리오 관리(Portfolio Management), 프로그램 관리(Program Management), 단일 프로젝트 관리(Single-Project Management), 운영&기능 관리(Operations & Functional Management)가 상호 유기적인 연관관계 속에서 프로젝트 생태계 디자인을 통해 조직의 프로젝트 생태계 성숙도(Project Ecosystem Maturity) 레벨을 높이며 지속 가능한 프로젝트 성과 창출을 가져올 수 있는 것이다.

---

15) 조직이나 산업군과 같이 특정한 단위 공간 내에서 생애주기(life cycle)를 갖는 프로젝트의 집합군으로 프로젝트 간의 유기적인 상호작용 속에서 지속가능성 (sustainability)에 영향력을 갖는 총체적인 개념으로 정의.

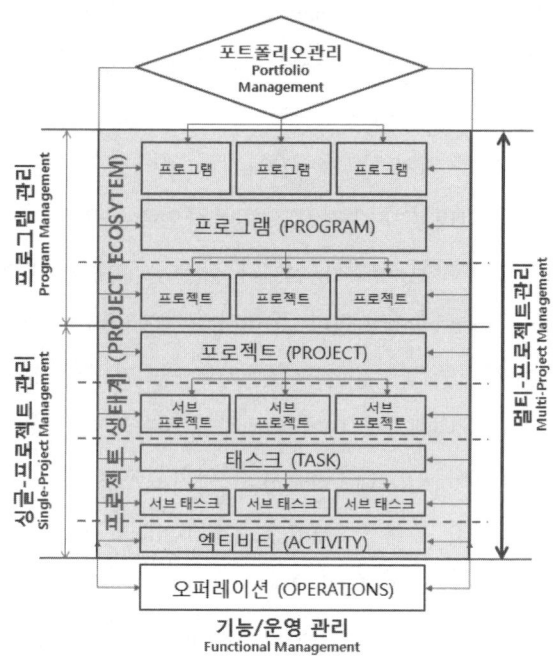

<그림 Ⅳ-5-3> 프로젝트 생태계와 프로젝트 경영

우리나라 엔지니어링산업이 고속성장 기조를 유지할 수 있는 비결은 지역별·공종별로 전략적으로 분산돼 있는 사업 포트폴리오에서 찾을 수 있었다. 최근 몇 년 사이 다수의 국내 건설·엔지니어링사들이 수주전략을 짤 때 '중동'과 '화공플랜트'에 집중한 사이 신규 시장으로 눈을 돌린 포트폴리오전략은 지속 가능한 성과 창출을 가져올 수 있었던 성공사례이다.

6. 엔지니어링산업의 지속 가능한 성과 창출을 위한 프로젝트 생태계 역량 모델

엔지니어링산업과 조직이 수행하는 프로젝트의 지속적인 성과 창출은 쉽지가 않다. 45년 전 아폴로 프로젝트로 인류가 달나라에 첫 발자국을 남겼지만, 그 이후 지속적이지 못한 것은 기술의 문제가 아니라 마치 공룡이 지구상에서 멸종한 것과 같은 '프로젝트 생태계' 문제이다. 엔지니어링산업 또한 수행하는 사업의 지속적인 성과 창출은 중요한 과제이다. 하나의 사업이 성과를 창출했더라도 지속성이 없다면 그것으로 프로젝트 생태계의 균형이 깨지게 된다. 즉, 그 사업은 멸종되는 것이다.

프로젝트 생태계 사고의 접근은 산업과 조직이 수행하는 프로젝트 특성의 일을 중심으로 멀티-프로젝트 관리를 통해 포트폴리오 레벨, 프로그램 레벨, 싱글프로젝트 레벨, 오퍼레이션 레벨로 프로젝트 생태계 디자인을 하고 프로젝트 생태계 성숙도를 업그레이드하며 프로젝트 생태계의 지속가능성을 확보한다. 하지만 다음 <그림 Ⅳ-6-1>과 같이 지금까지의 산업 생태계 모델은 오퍼레이션 특성의 일을 중심으로 산업과 조직 간의 연계성에 집중하고 있다.

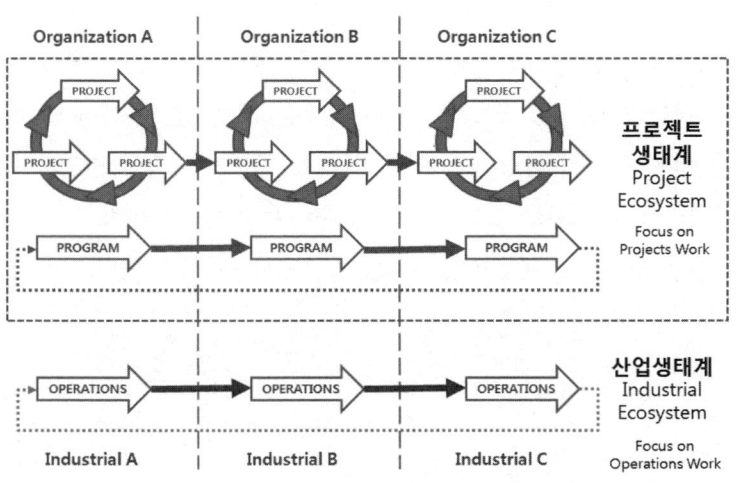

<그림 Ⅳ-6-1> 프로젝트 생태계와 산업 생태계

지속 가능한 성과 창출을 위한 프로젝트 생태계 성숙도 레벨 구축은 중요한 과제이다. 엔지니어링산업과 조직은 단일 프로젝트의 성과 창출도 중요하지만 지속가능성을 확보하는 것이 중요하다. 프로젝트 생태계 성숙도는 다음 <그림 Ⅳ-6-2>과 같이 레벨 0부터 레벨 3까지 4단계 레벨로 구분한다. 레벨 0는 카오스(chaos)단계로 단일 프로젝트의 성과 창출도 어렵고, 산업과 조직 내 프로젝트 간 중복 및 상충이 이루어지며, 지속 가능한 성과 창출이 어려운 프로젝트 생태계구성을 의미한다. 카오스단계의 프로젝트 관리 역량은 기능적인 관리 수행 수준이다. 레벨 1은 에드혹(ad-hoc)단계로 성과 창출이 단일 프로젝트에 집중된다. 프로젝트 간 지속 가능한 성과 창출이 불규칙한 상태로 이루어지는 프로젝트 생태계 구성을 의미한다. 레벨 2는 시너지(synergies)단계로 산업이나 조직 내 프로젝트 간 지속적인 성과 창출이 이루어지나 연속성이 떨어지는 프로젝트 생태계구성을 의미한다. 시너지단계의 프로젝트 관리 역량은 프로그램 관리 수행 수준이다. 레벨 3은 지속 가능한(sustainable) 단계로 산업이나 조직 내 프로젝트 거버넌스를 통하여 프로젝트의 지속 가능한 성과 창출이 연속성을 가지며 프로젝트 생태계구성을 의미한다. 지속 가능한 단계의 프로젝트 관리 역량은 포트폴리오 관리 수행 수준이다. 엔지니어링산업의 프로젝트 간 성과 창출의 연속성을 위하여 전생애주기분석, 동시공학 그리고 동시마케팅 등을 엔지니어링 프로젝트 매니지먼트 역량으로 프로젝트 생태계 성숙도를 높일 수 있다.

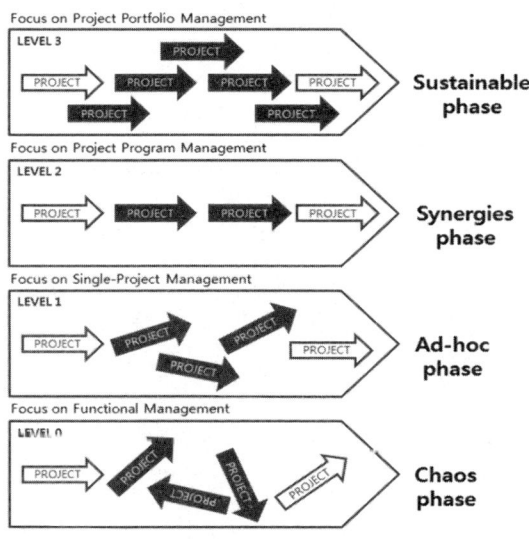

<그림 Ⅳ-6-2> 프로젝트 생태계 성숙도 모델

다음 <표 Ⅳ-6-1>과 같이 엔지니어링산업의 프로젝트 생태계 성숙도 요구 역량 분석을 통해 프로젝트 생태계 성숙도 레벨을 업그레이드할 수 있다.

<표 Ⅳ-6-1> 엔지니어링 핵심 영역 인력양성 수요

Level	Phase	Focus on Management	Situation	Requirement Competency
3	Sustainable	Portfolio Management	Design Project Ecosystem	Convergence (Eng'g+SE+PM)
2	Synergies	Program Management	Approach Project Ecosystem	System Engineering (SE)
1	Ad-hoc	Single Project Management	Thinking Project Ecosystem	Project Management (PM)
0	Chaos	Functional Management	Thinking Project Management	Engineering (Eng'g)

엔지니어링산업은 지속 가능한 성과 창출을 위한 프로젝트 생태계 역량 모델(Project Ecosystem Competency Model, PECM)의 필요성이 증대된

다. 프로젝트 생태계 역량 모델은 산업과 조직이 수행하는 프로젝트의 지속 가능한 성과 창출을 통한 프로젝트 이해관계자들의 가치를 증대시키는 것을 목적으로 한다. 이는 엔지니어링 조직의 프로젝트 거버넌스를 기반으로 프로젝트 생태계 디자인을 통한 멀티 프로젝트 관리로 프로젝트 생태계 성숙도를 높이는 역량 모델 구축을 통하여 가능하다. 엔지니어링 사업의 일의 특성을 오퍼레이션과 프로젝트로 구분하고 프로젝트 사고 중심의 조식구조 혁신과 멀티-프로젝트 관리(MPM) 성공요인과 MPM 성과지표를 중심으로 프로젝트 생태계 디자인을 통해 프로젝트 생태계 성숙도 향상시켜야 한다. 프로젝트 생태계 성숙도 향상은 산업과 조직의 지속가능성을 확보하고 창조경제의 산업 생태계전략의 구체적 도구로 활용될 수 있다. 엔지니어링 프로젝트의 성공과 실패의 기준은 성공률이 아니라 성과 창출에 있으며, 지속가능성을 확보하기 위해 프로젝트 성과는 타당성, 효율성, 그리고 효과성을 기반으로 도덕성이 확보되어야 한다. 다음 <그림 Ⅳ-6-3>과 <그림 Ⅳ-6-4>는 엔지니어링산업의 프로젝트 생태계 역량 모델 개념도와 흐름도를 제시한 것이다.

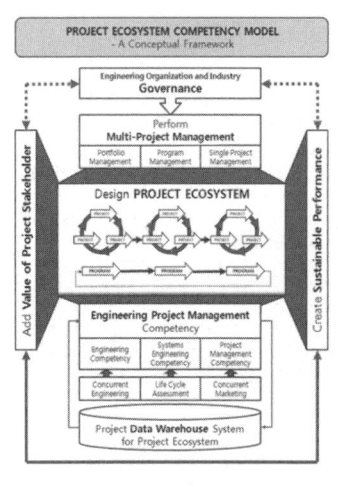
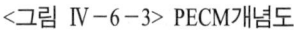
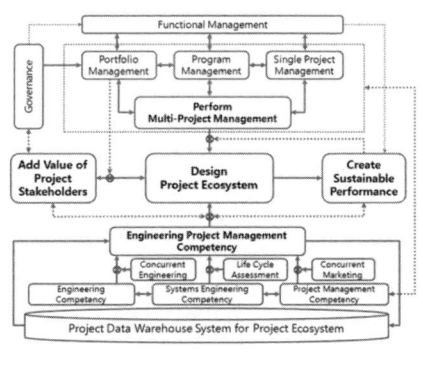

<그림 Ⅳ-6-3> PECM개념도   <그림 Ⅳ-6-4> PECM 흐름도

7. 새로운 기회 창출 엔지니어링산업

정부는 최근 엔지니어링·해양플랜트 설계 등 최고급 두뇌 매년 1500명 양성산업부 창조경제 실현 고도화 전략을 마련·발표했다. 그동안 압축성장을 이끌었던 노동·자본의 요소투입형 대량생산체제는 한계에 직면했다고 판단, 고부가가치 영역인 엔지니어링, 시스템반도체(SoC), 임베디드 소프트웨어(SW) 분야로 주력 산업을 전환하고 관련 고급두뇌 인력을 연간 1500여 명씩 양성한다는 전략이다. 특히 이 가운데 취업유발계수가 가장 높은 엔지니어링(10억 원 당 19명) 분야의 인력을 집중 양성한다는 계획이다. 두 마리 토끼를 잡으면 좋다. 하지만 두 마리 토끼를 모두 놓칠 리스크가 존재한다. 선택과 집중의 전략이 어떻게 보면 엔지니어링산업의 경쟁력이었다는 생각을 해본다. 엔지니어링산업 생태계의 미래를 생각하면, 다양하고도 다각적인 고급두뇌가 필요할 것이다. 어느 한 곳에 몰리지 않는 전략적 우선순위를 통해 고급두뇌들의 성과 창출이 지속가능성을 갖도록 했으면 좋겠다. 많은 비용과 시간 그리고 정성을 들여 어렵게 양성한 우리나라 첫 우주인이 우리나라 항공우주산업의 지속 가능한 성과 창출에 기여하지 못하게 된 현실을 누구의 탓으로 돌리기엔 너무 때늦은 감이 든다. 다시 반복되어서는 안 된다는 것. 우리가 지금 생태계 사고의 접근을 통해 새로운 기회를 쫓고 있는 이유일거다.

▣ 참고문헌

기획재정부 외, "엔지니어링산업진흥기본계획", 2012. 1.

지식경제부 외, "엔지니어링산업발전방안", 2010. 4.

정보통신산업진흥원, "엔지니어링전문대학원 설립 및 운영 방안에 대한 산업체 수요조사 결과", 2011. 5.

Changwoo PARK, "Project Ecosystem Competency Model for Creating Sustainable Performance in Engineering Project Management-A Conceptual Framework", Korea University, 2013. 8.

V장 창의산업—창조경제의 핵심, 디자인산업 생태계

1. 서론

산업 육성전략을 보는 새로운 관점
미래를 위한 산업 육성전략은 어떻게 변화되어야 하는가?

우리는 우리가 아직 결코 경험해보지 않았던 최악의 상황을 앞두고 있다. 국가산업경쟁력의 여러 요인들 중 생산인구라는 조건을 볼 때 그렇다. 산업활동에 관여해야 할 사람들이 줄어들고 있는 것이다. 우리나라는 전 세계에서 인구고령화 속도가 가장 빠른 나라이면서도 출산율 감소 속도가 가장 급격한 나라이다. 생산가능인구란 15~64세의 인구를 말하는데 우리나라는 2017년 3,612만 명을 정점으로 생산가능인구가 감소하기 시작할 것으로 예상된다. 지금은 일자리 창출이 큰 화두가 되고 있지만 불과 몇 년 후엔 일할 사람이 없는 것이 가장 큰 문제가 될 것이다. 통계청의 최근 발표에 따르면 생산가능인구 100명당 부양인구는 올해 16.7명에서 2030년 38.6명, 2040년 57.2명으로 늘어날 것으로 예측됐다. 우리나라 인구 절반이 65세 이상 노인이 되는 2050년에는 노동인구 평균 나이 50세, 생산가능인구 중 경제활동인구 한 명이 고령자 한 명 이상을 부양해야 하는 상황이 온다. 지금과 비교할 때 생산인구의 비생산인구 부양을 위한 재정 부담이 열 배 가까이 커져야 한다는 말이다. 지금으로서는 상상이 불가능할 만큼 혹독한 시기가 될 것이다. 이상의 문제는 데이터로 확인되는 사실로서 막연한 예측이나 추정이 아니다. 향후 우리나라의 산업 발전방향을 수립하는 데에는 무엇보다 인적자원의 운영을 위한 각별한 전략이 마련되어야 함을 알 수 있다.

국가 인적자원의 운영전략은 양적 차원과 질적 차원으로 나누어볼 수 있다.

첫째, 양적 차원의 관리라 함은 생산가능인구를 양적으로 늘림으로써 산출을 유지 또는 확대하는 것을 의미한다.

출산율이 낮아짐과 동시에 젊은 층의 해외 이민과 장기 체류가 늘어남으로 인해 생산 가능한 인구의 절대 부족 상태가 오고 있다. 그것을 극복하자면 양적인 면에서 기존에 생산가능인구가 아니었던 사람들을 생산가능인구로 전환되도록 해야 한다.

여성의 경제활동 참여를 높이고 65세 이상 고령자의 경제활동 참가율을 현 30.7%에서 대폭 높임으로써 생산가능인구의 절대량을 확보하는 것이 유일한 방안이라 보인다. 그런데 이것이 실현되자면 공공 부문의 대규모 투자를 통한 인프라 마련이 필수적이다. 여성이 경제활동을 하자면 여성에게 부과된 육아 책임을 공적 차원에서 덜어줄 수 있는 장치들, 예를 들면 영유아 돌봄, 교육 서비스 등 기반이 마련되어 마음 놓고 직장생활을 할 수 있는 사회적 조건이 갖추어져야 한다. OECD 34개 국 중 꼴찌라는 낮은 출산율을 높이는 데에도 이러한 기반은 큰 역할을 하게 될 것이다.

또한 고령자의 경제활동을 유도할 수 있는 조건도 준비되어야 한다. 기술 발달과 삶의 여건이 개선됨에 따라 평균 기대수명이 증가하고 있다. 생산가능인구의 차원에서 의미 있는 것은 평균 기대수명보다 건강수명이다. 고령자의 수는 늘고 있고 동시에 더 오래 살게 될 것이다. 건강하지 않으면서 길어진 수명은 사회적 비용을 가중시키고 고령자를 부양해야 할 젊은 생산인구에 부담을 줌으로써 산업경쟁력을 낮추는 데 영향을 미친다. 그러므로 국민 건강관리체계를 보완하여 어떻게 더 건강하게 노년을 보내게 할 것인가라는 문제에 대해 신속하고도 근본적인 정책이 마련되어야 한다. 건강한 노령자는 보조적인 생산가능인구로서 중요한 자원이 될 수 있다. 국민 건강관리체계를 고도화함으로써 고령자의 건강수명을 늘림과 동시에 새로운 일자리를 마련할 수 있는 다양한 방안을 마련해야 하는 것이다. 살펴본 바와 같이 생산인구를 양적으로 필요한 기준만큼을 확보하는 것은 먼 미래를 내다봐야 하는 장기정책인 만큼 큰 정책적 결단과 의지, 국민적 합의, 상당한 정부 재정지출이 있어야만 가능한 것으로 보인다.

둘째, 질적 차원의 관리는 기존 산업을 보다 효율이 높은 산업으로 변화시킴으로서 더 적은 생산인구로도 산출을 유지 또는 확대하는 것을 의미한다.

기존 산업을 기존보다 적은 노동력을 투입해도 더 많은 생산성과 부가가치를 낼 수 있는 속성의 산업으로 변화시킴으로써 생산가능인구 저감의 문제를 극복하는 것이다.

이를 위해서는 제조업은 고도의 서비스 부가가치를 창조하는 전략으로 나아가야 할 것이다. 이를 목표로 제조업의 제조 서비스화를 촉진해야 한다. 서비스산업도 더욱 고도화되어야 할 필요가 있으며 부가가치가 높은 지식서비스산업, 그중에도 특히 창조산업이 높은 경쟁력을 갖추면서 성장할 수 있도록 해야 한다. 또한 산업 간 융합 확산으로 기술융합, 제품 및 서비스융합 등이 촉진되는 방향으로 산업의 진화가 예상된다.

본 장에서는 질적 차원의 산업 발전전략을 수립하기 위한 기준점으로서 창조산업의 생태계전략이 마련되어야 한다는 문제제기를 하고자 한다.

창조경제와 창조산업

창조경제(Creative Economy), 창조산업(창의산업, Creative Industry)에 대해서는 워낙 혼란스러운 개념 논쟁이 거듭되고 있어 창조산업을 대표하는 산업으로서 디자인산업에 대해 논하기 전에 창조경제와 창조산업의 정의를 먼저 검토해보고자 한다.

우리 정부가 추진하는 창조경제는 창조산업 자체의 육성보다는 경제활동의 전 과정에서 우리 사회의 창의를 최대한 활용하여 창조적 자산의 창출은 물론 이를 활용한 새로운 산업의 창출, 기존 산업의 효율화 등을 통해 경제성장과 일자리 창출을 동시에 달성함을 의미한다. 본래 창조경제라는 용어는 영국의 경영전략가 존 호킨스의 '창조경제(The Creative Economy, 2001)'를 통해 본격적으로 소개되었다. 창조경제는 '인간의 창의를 활용하여 경제를 활성화하는 전략(Revitalizing primary, manufacturing, and services industries through human creativity)'이라고 할 수 있다. 이러한 측면에서 영국을 중심으로 추진하고 있는 창조산업전략은 그 개념이나 방법이 다름을 알 수 있다. 전자는 제품 혹은 서비스 자체의 창조적 측면을 강조하는 반면 후자는 제품의 특성이나 산업과 관계없이 디자인에서 생산, 소비에 이르는 전 과정에서 창조적 아이디어의 활용을 극대화하는 데 포커스를 둔다는 점에서 큰 차이가 있다.[1]

---

1) 정성철, 「창조경제의 의미와 과제」, 한선(한반도선진화재단)정책심포지엄 "이것 이 '창조경제'다" 발표논문, 2013. 5. 14.

주체	창조경제	창조산업
영국 (문화·미디어· 스포츠부, 1998)	개인의 창조성, 기술, 재능 등을 기반으로 지식재산을 생성·활용하여 경제적 가치와 일자리 창출 잠재성이 있는 산업들로 구성된 경제체제	개인의 창조성, 기술, 재능에 기원을 두는 산업들과 지적 재산의 형성과 이용을 통해 경제적 가치와 일자리 창출이 가능한 산업들
John Howkins, (The Creative Economy, 2001)	창조적 인간, 창조적 산업, 창조적 도시를 기반으로 한 새로운 경제체제로 창조적 행위와 경제적 가치를 결합한 창조적 생산물의 거래	－
UN (Creative Economy Report, 2010)	경제성장과 발전잠재성이 있는 창조적 자산에 기반한 진화론적 개념으로 창조적 자산을 생산하는 모든 경제활동	창조성, 문화, 경제, 기술의 접점으로 수입을 창출할 수 있는 잠재력과 동시에 사회 통합, 문화적 다양성, 인간 개발을 촉진시키며 지적 자산을 창조하고 순환시킬 수 있는 능력을 가진 산업
박근혜 정부 (창조경제론, 2012. 12)	상상력과 창의성, 과학기술에 기반한 경제 운영을 통해 새로운 성장동력을 창출하고, 새로운 시장, 새로운 일자리를 만들어가는 정책	신성장동력(문화콘텐츠·소프트웨어·인문·예술 등), 사회이슈해결(고령화·에너지 등 국가 당면 이슈 등), 실용기술 활용(사업자·창업 아이디어 실현 등), 과학기술 서비스(빅데이터·초고성능 컴퓨팅 활용), 거대·전략기술 기반 산업(우주발사체·인공위성·대형 가속기, 원자력 등)을 국정과제에서 제시

　　창조경제와 창조산업에 가장 먼저 주목한 영국 정부(문화·미디어·스포츠부, Dept of Culture, Media and Sports: DCMS)는 창조산업을 '개인의 창의를 바탕으로 새로운 가치와 일자리를 창출하는 산업'으로 규정하고 이들 산업을 새로운 성장동력으로 키우고 있다. 창조산업에 대한 정부정

---

2) 차두원·유지연, "창조경제 개념과 주요국 정책 분석", 한국과학기술기획평가원, 2013.

책으로는 영국의 경우를 참고할 만하다. 창조경제의 원조국이라 할 수 있는 영국은 1997년부터 토니 블레어가 저성장과 실업 문제의 극복을 위해 '창조적 영국(Creative Britain)'을 주창하며 디자인, 광고, 금융산업, 문화산업 등을 산업의 주 종목으로 전환하였다. 10년이 더 지난 지금, 영국의 산업디자인은 세계적인 산업으로 성장했고 런던 캐너리워프는 뉴욕에 버금가는 금융 중심가로 성장했다. 영어를 포함한 교육 서비스로 벌어들이는 돈이 관광수입에 필적할 정도로 커졌다. 지난 10년간 부가가치(GDP의 6.4%), 수출(전체 수출의 4.3%), 고용(전체 고용의 7%), 기업체(전체 기업의 7.3%) 규모 등으로 국민적 경제 파급 효과가 큰 것이 확인되었다. 2013년까지 창조산업 분야는 180,000개의 사업체 그리고 국가경제의 850억 파운드 상당의 가치를 담당할 것으로 예상된다.[3] 그들의 전략은 틀리지 않았던 것이다. 우리나라 역시 질적 차원의 산업 육성전략으로서 산업 고부가가치화는 창조산업을 중심으로 실행될 때 더 큰 가능성이 있다고 판단된다.

영국 외에도 국가별로 창조산업에 대한 정의와 범위, 정책은 다양하다. 각국들이 처한 사회, 문화, 경제적 환경이 다름에 따라 창조산업에 대한 이해가 다르고 창조산업을 구성하는 산업도 서로 다르다. 각국의 사정에 따라 세부 산업별 전략적 중요도도 다르게 두고 있다. 그렇지만 서로 중복되는 영역도 존재한다. 각 국가들이 규정하고 있는 창조산업의 내용은 다음과 같다.

---

3) 코트라 해외투자속보, 2011. 12.

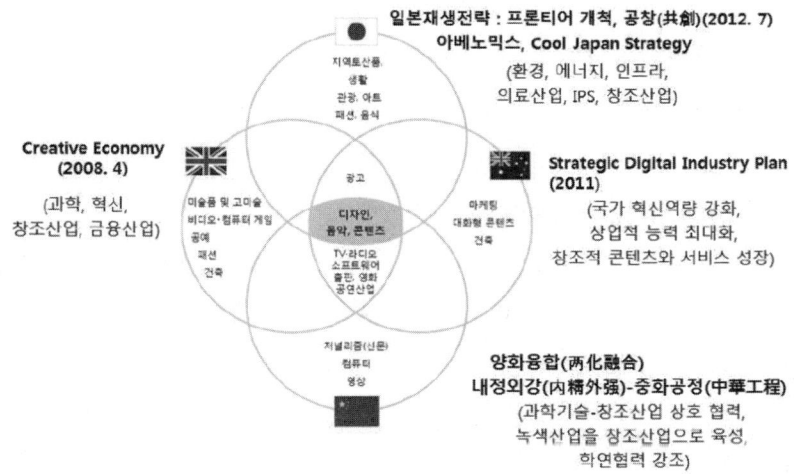

일본재생전략 : 프론티어 개척, 공창(共創)(2012. 7)
아베노믹스, Cool Japan Strategy
(환경, 에너지, 인프라,
의료산업, IPS, 창조산업)

Creative Economy
(2008. 4)
(과학, 혁신,
창조산업, 금융산업)

Strategic Digital Industry Plan
(2011)
(국가 혁신역량 강화,
상업적 능력 최대화,
창조적 콘텐츠와 서비스 성장)

양화융합(兩化融合)
내정외강(內精外强)-중화공정(中華工程)
(과학기술-창조산업 상호 협력,
녹색산업을 창조산업으로 육성,
학연협력 강조)

<그림 Ⅴ-1-1> 주요 국가 창조산업의 범위4)

주요 국가들은 공통적으로 '디자인', '음악', '콘텐츠'산업을 창조경제에 해당하는 산업으로 보고 있음을 알 수 있다.

이 글에서는 '디자인', '음악', '콘텐츠'산업 중에서도 산업 전반에 걸쳐 영향을 미치는 중간재로서 활용되는 디자인산업을 다루고자 한다.

최근 새롭게 확장되고 있는 디자인산업의 의미를 기존과 비교할 때 어떤 차이점이 있는지 살펴보고 이를 토대로 앞으로의 발전방향을 제시하면서 특히 디자인산업이 산업융합의 촉진자로서 작용하며 건강한 생태계를 이루기 위해 무엇이 필요할지 살펴보겠다.

디자인의 개념과 범위

'디자인은 공기이다'라는 식의 철학적 정의로부터 지극히 실용적 개념

---

4) 차두원, 「창조경제의 성공조건」, 한선(한반도선진화재단)정책심포지엄 발표논문, 2013. 5. 14.

까지, 대량생산을 통한 산업화에 기여하는 공예로서 산업디자인의 개념이 성립된 이래 디자인은 매우 다양하게 해석되어 왔다. 먼저 국내 법률적 개념을 살펴보자. 현재 국내 디자인산업과 관련된 법률로는 산업디자인진흥법, 문화산업진흥기본법, 건축기본법, 옥외광고물 등 관리법, 디자인보호법이 있다. "산업디자인진흥법"에서는 순수미술로서의 디자인과의 법적 구별을 위해 산업디자인이라는 용어를 사용하고 있으며, 산업디자인을 '제품 등의 미적 · 기능적 · 경제적 가치를 최적화함으로써 생산자 및 소비자의 물질적 · 심리적 욕구를 충족시키기 위한 창작 및 개선행위를 말하고, 제품디자인 · 포장디자인 · 환경디자인 · 시각디자인 등을 포함한다.'라고 정의하고 있다.[5] 실제 산업에서 디자인은 법률적 정의에서 의미하고 있는 바보다 훨씬 폭넓은 영역에서 다양하게 활용되고 있는데, 각 산업별로 활용되는 역할에 따라 다음과 같은 가치사슬로 디자인산업을 분류해볼 수 있다.

<표 V-1-2> 디자인산업의 새로운 분류방법, 조동성[6](2001)을 참고하여 수정

산업분류(예) \ 핵심활동	소비자 조사	제품 설계	제품 제조	제품 포장	광고	서비스
수송기기(자동차, 선박 등)						
전자정보기기 (TV, 라디오, 컴퓨터 등)		제품디자인				
정밀기기(시계, 카메라 등)						
섬유(염색)		패션디자인			시각디자인	서비스 디자인
패션						
공예품		공예디자인				
건축		환경디자인				
인테리어						
서비스		서비스디자인				

<hr>

5) 한국표준산업분류에서는 디자인의 정의 및 분류를 서비스업에 포함하는 '전문디자인업'이라는 분류번호 746번을 부여하여, 인테리어디자인, 제품디자인, 시각디자인, 기타전문디자인업으로 분류 관리하고 있다.
6) 조동성, 「21세기 디자인 산업의 새로운 분류방법」, 『경영논집』 35, 서울대 경영연구소, 2001.

가치사슬개념에 따르면, 디자인산업의 본원적 활동은 소비자 조사, 제품설계, 제품제조, 제품포장, 브랜드, 광고에 이르는 비즈니스의 모든 영역에 걸친 광범위한 활동이다. 디자인산업 내에서 볼 때, 표준산업분류상 서비스업으로 분류되는 디자인 전문회사들과 제조업에 속하는 기업들의 내부 디자인 부서, 연구소들이 본원적 활동을 수행하고 있으며, 디자인산업의 지원활동은 교육, 금융, 기술 개발, 구매, 정보활동이다. 기업 내부의 디자인 담당 부서인 경우 소속 기업이 어떤 산업에 있는가에 따라 섬유, 의류, 가죽, 피혁, 신발, 문구, 출판, 조명, 가구, 전자, 자동차, 조선, 항공기, 건설, 광고, 도소매, 요식, 관광, 정보통신, 의료, 미용 등 거의 모든 제조업과 서비스업이 될 수 있다. 산업시대에는 디자인의 역할이 산업의 보조자 즉, 산업활동에서 파생되는 디자인활동에 국한하여 이해되었으나 최근의 디자인은 제품 구매의 결정적 요인으로 대두하여 전자 상거래를 통한 상품 선택에서도 디자인의 의존도는 더욱 심화되고 있다.

일반적으로 디자인은 최종 결과물의 유형에 따라 구분되는데 제품디자인, 운송기기디자인, 그래픽디자인, 환경디자인, 인테리어디자인, 디스플레이디자인, 포장디자인, 편집디자인, 애니메이션, 일러스트레이션, 컴퓨터 그래픽, 웹디자인, 게임디자인, 영상디자인, 광고디자인, 패션디자인, 도시디자인, 브랜드, 사용자 경험, 서비스 비즈니스 모델 등의 영역에 이르기까지 폭넓고 다양하다. 디자인대학, 대학원의 학과들이 이러한 분류로 전문 인력을 양성하고 있다.

기업이 특정 활동을 통해 가치를 형성하고 그것을 소비자에게 전달, 소비되는 과정 속에서 디자인이 어떤 역할을 하고 있는가를 기준으로 보면 더욱 다양한 측면이 있다. 미래 비전을 창조하고 시각화하는 디자인에서부터, 사람들의 행위와 심리를 파악하여 트렌드를 예측하고 향후 필요한 제품과 서비스를 제시하는 역할, 다양한 이종 분야 간 협력을 주관해 새로운 제품과 서비스 기획을 통해 콘셉트를 도출하는 역할, 상상 속의 이미지를 사실적 형상으로 표현하는 역할, 제품과 서비스의 형상, 실제화를 결정하는 역할, 결정된 디자인이 제조로 연결될 수 있도록 컴퓨터로 모델링을 하는 역할, 제작된 모델에 이미지를 씌우고 움직임을 가미해 생명력을 불어넣는 역할, 최종 소비자에게 특별한 개념과 인식을 형성함으로써 차별적 가치를 주는 역할 등 매우 다양하다. 또한 특정 디자인이라고 해도 그 안에는 다양한 업무 영역이 존재할 수 있다. 예를 들어 게임산업에서의 디자인 역할을 보자면 원화 일러스트레이터, 캐릭터 모델러, 배경 모델러, 애니메이터, 이팩트 디자이너, 매핑 디자이너, 렌더링 디자이너, UI디자이너, UX디자이너 등 디자이너의 업역이 세분화되어 있고 이에 따라 역할과 필요한 역량은 매우 상이하다. 최근 '사용자경험디자인(User Experience Design)'이나 '서비스디자인'7)과 같이 새롭게 등장한 분야에 이르기까지 근대 디자인개념이 시작된 이래로 디자인산업은 산업 발전과 더불어 역동적으로 변화하면서 확대되고 있다.

더군다나 이제 디자인은 산업을 넘어 정치, 경제, 사회, 문화 전반의 영역으로 확산되고 있는 추세이며 공공정책과 공공 서비스를 개선하고 사회문제를 해결하는 역할을 하고 있다. 특히 2000년대 이후 영국, 미국 등 선진국을 중심으로 디자인이 산업 부문에서뿐 아니라 공공 서비스, 공공 정책의 설계방법론이자 사회적인 문제를 해결하는 방법론으로 활용되며 본원적 혁신을 통해 성과를 가져오고 있는 점은 주목할 만한 변화이다.

디자인의 정의도 변화에 발맞추어 지속적으로 수정되어야 할 필요가 있다. 현 국내법상 디자인의 정의는 제조산업을 주요 정책대상으로 하고

---

7) 서비스디자인이란 서비스를 설계하고 전달하는 과정 전반에 디자인방법을 적용함으로써 사용자의 생각과 행동을 변화시키고 경험을 향상시키는 분야로서 사용자 중심의 리서치가 강화된 새로운 디자인방법으로 제조에 서비스를 접목하거나 신 서비스 모델을 개발함으로써 새로운 부가가치를 창출함(한국디자인진흥원, "서비스디자인 종합 육성 계획", 2012. 8).

있어 다양한 양상으로 발전하는 디자인 영역을 광범위하게 포괄할 수 없는 한계를 가지고 있다.

디자인 분야는 공히 '새로운 무엇인가를 창조해내는 분야'라는 공통점이 있으니 결국 비슷한 것 아닌가라고 생각할 수도 있겠지만 디자인의 각 영역 간에는 실로 심대한 차이가 존재하고 실체를 규정하기 어려운 엄청난 다양성이 있다. 각자의 영역에서 필요한 역량도 다르고 프로세스와 방법론도 다르며 사용하는 용어도 다르다. 과연 디자인을 동일한 속성을 가진 산업으로 규정할 수 있는가라는 의문을 갖게 될 정도이다. 이러한 디자인산업의 다양성을 극복하고 많은 이해관계자들에게 공통으로 적절한 영향을 미치는 정책을 개발하기란 불가능에 가까운 일이다.

살펴본 것처럼 디자인은 최종 산출물의 형식적 특성으로 정의하는 것도 어렵고 그렇다고 어떤 역할을 수행한다는 것으로 규정하기도 어렵기 때문에 막연하게 태도와 관점, 생각하는 방식, 가치관, 철학과도 같이 표현되는 특징이 있다.

디자인은 '창의성과 혁신을 연결하는 것'[8]이라는 관점으로 볼 때 창의적인 아이디어를 구체화시키고 실제화시킴으로써 사용자에게 있어서 매력적인 제품, 서비스, 프로세스가 되도록 변화시키는 역할을 하는 분야라고 정의할 수 있다. 이와 같은 포괄적 관점에서의 디자인은 특정 수요 시장에 제한을 두지 않고 시각화된 결과물, 조형의 영역을 넘어서며 제품 및 서비스의 가치를 새롭게 규정하는 역할을 한다.

디자인산업은 전 산업에 걸쳐 영향을 미치는 인프라산업(infrastructure)이라고 말할 수 있다. 디자인산업은 제조 및 서비스산업의 모든 영역에서 다양한 연관 비즈니스 창출이 가능한 다중구조의 산업 가치사슬 형성이 가능하며, 융합적 접근이 필요한 Multi Value Chain형 산업이다. 지식서비스산업 중에서도 경영컨설팅, 법률, 회계컨설팅 등과 함께 비즈니스

---

8) Sir George Cox, Cox Review of Creativity in Business, Design Council, 2005.

서비스업으로 분류되는 디자인산업은 전후방산업 연관효과가 큰 중간재
형산업이다. 중간재산업의 경쟁력 수준은 산업 전반에 영향을 미친다.
그래서 디자인산업 생태계가 부실하면 다른 산업들의 경쟁력에 부정적
인 영향을 미치고 반대로 디자인산업 생태계가 잘 성장하면 산업 전체
에 긍정적인 영향을 미친다.

사회의 발전, 저출산, 고령화로 인한 인구구조의 변화, 소득 수준 향상
및 Well-being 추구에 따른 수요자의 욕구 수준 상승에 대응하여 디자인
수요는 필연적으로 크게 증가할 것이며 이에 따라 디자인의 개념이 확
대되고 디자인산업 생태계도 확대될 것으로 전망된다.

구분	기존 수요 시장	확장된 디자인산업의 수요 시장	
범위	제조산업	서비스산업	공공 분야
정의	제품의 본원적 목적을 유지하면서도 사용자가 전달받는 가치가 향상되도록 하는 실체화의 과정 및 결과	제품/서비스의 본원적 목적을 유지하면서도 사용자가 전달받는 가치가 향상되도록 하는 실체화의 과정 및 결과	공공 분야의 문제점을 디자인을 통해 해결함으로써 국민의 삶의 질 향상을 이루는 산업
디자인의 역할	제품가치 극대화를 통한 기업의 수익 창출	서비스 가치혁신, 고객 경험 가치 향상	공공 서비스혁신, 사회문제 해결, 국민 삶의 만족도 향상

<표 V-1-3> 확장되고 있는 디자인의 개념, 수요 시장에 따른 역할[9]

---

9) 윤성원 등, "디자인산업비전2020", 지식경제R&D전략기획단, 2011.

2. 디자인 수요 시장의 변화에 대한 고찰

일찍이 『새로운 미래가 온다』의 저자 다니엘 핑크(Daniel H. Pink)는 '지는 MBA, 뜨는 MFA(The MFA is the new MBA)'라는 글을 통해 기업 경영에서 예술 관련 학위가 가장 인기 있으며, MFA(Master of Fine Arts)가 MBA(Master of Business Administration)를 대체하고 있다고 말한 바 있다.

2013년 5월, 직원이 22만 명이 넘는 글로벌 경영컨설팅 기업인 엑센추어는 200여 명 규모의 영국 서비스디자인기업인 피요르드를 인수했다. 이에 앞서 몇 해 전 경영컨설팅 회사로 잘 알려진 모니터그룹은 디자인 리서치로 뛰어난 역량을 갖추었다고 평가받는 더블린 그룹을 인수하였다. 규모 있는 경영컨설팅 회사가 디자인기업을 인수하여 새로운 사업을 대비하는 동향이 나타나고 있다.

두 가지 사례는 서로 관련이 있다. 전체 산업에서 서비스산업이 더 중요한 위치를 차지하게 되면서 효율과 생산성, 최적화로 승부하던 제조산업의 혁신 논리 대신 소비자의 심리와 욕구에 중점을 두어 새로운 서비스를 제공하는 것이 중요해지는 시대가 오고 있다는 점에서 말이다. 한마디로 경영컨설팅은 가고, 디자인이 오고 있다.

이러한 변화가 생기게 된 이유는 무엇일까?

수요 시장의 변화 1
서비스산업을 고도화하는 방법으로서의 디자인

서비스산업은 우리나라 경제의 60% 이상을 차지하고 있는, 이미 가장 중요한 산업이다. 우리나라는 전통적으로 제조 강국이다. 우리나라에서 서비스산업이 근원적인 부를 창출하지 못하는 사업이라 치부되어 상대적으로 중요하게 여겨지지 않고 있었던 것에는 이와 같은 배경도 한몫

하고 있을 것임이 틀림없다. 지나치게 제조산업에만 집중하고 있는 중에 서비스산업의 경쟁력을 키워야 할 중요한 기회를 잃고 있는 건 아닐까 고민해봐야 한다. 우리나라를 포함해 세계 주요국은 이미 서비스산업이 가장 중요한 산업이 되었으며 그 비중은 더욱 커지고 있다.

경제의 가치 창출의 원천이 제조에서 서비스로 옮겨가는 경향을 '서비스 경제화'라고 표현하는데, 서비스 경제화가 가속화되고 있는 것에는 두 가지 이유가 있다.

첫째, 서비스업을 주로 수행하는 기업이 많아지고 있기 때문이다. 포춘지에 따르면 1990년 세계 100대 기업 중 서비스기업은 7개에 불과했으나 2011년 100대 기업 중 서비스기업은 58개에 달한다.

둘째, 전통적 제조기업들도 부가가치를 더 확보할 수 있는 서비스사업 쪽으로 사업 포트폴리오를 변화해가고 있기 때문이다. IBM은 전통적으로 PC를 제조하던 기업이었으나 2004년 PC하드웨어 부분을 매각하며 당시 세계 최대 규모의 경영컨설팅기업인 프라이스워터하우스쿠퍼스를 인수하는 등 전체 매출 중 서비스 쪽 비중이 50%를 넘어서게 되었고 2010년 기준 IT 서비스 매출이 전체 매출의 80%에 달하는 서비스기업으로 변화되었다.10) 결과적으로 경제에서 차지하는 서비스의 비중이 지속적으로 커져가고 있는 것이다.

요약하자면 세계경제에서 서비스산업이 주도적 산업이 되었으며, 그로 인해 다음의 두 가지의 변화가 두드러지게 나타나고 있다.

첫째, 수요자의 권력이 커짐에 따라 (첨단의 기술력과 같은) 공급자 관점에서의 경쟁력보다는 (수요자의 니즈를 파악하고 차별적인 경험을 제공하는 등의) 수요자를 이해하는 역량이 더 중요해지게 되었다.

---

10) IBM은 2004년 미국 경쟁력 위원회에 서비스혁신방법을 위해 과학적 방법, IT 기술을 활용하는 '서비스 과학(Service Science)'이라는 개념을 최초로 제시한 기업으로서 서비스 사이언스의 확산을 위해 노력 중임.

둘째, 제품 자체보다도 수요자가 얻게 될 경험을 어떻게 통합적으로 설계/디자인함으로써 좋은 경험을 만들 것인가가 중요해졌다.

이 두 가지 이유가 산업에서 새롭게 디자인이 중요해지는 현상을 이끄는 근본적 배경이라 할 수 있다. 제조산업은 본질적 실현 역량을 토대로 한 혁신, 즉 기술 주도의 혁신을 이루고자 노력해왔다. 소비자의 욕구가 고도화되면서 이제 제공자의 기술로서 차별화 우위를 유지하는 것은 매우 어려운 상황이 되었다. 디자인은 수요자의 니즈를 다루는 학문/기술이며 어떻게 하면 좋은 경험을 잘 만들 것인가에 대한 방법과 해결책을 제시하는 분야이다. 따라서 디자인은 서비스산업이 당면한 문제에 대한 솔루션을 제공할 수 있는 가능성이 크다.

서비스산업의 중요성이 커지고 있는 만큼 서비스산업 고도화 방법에 대한 수요는 커질 것이 분명하다. 그런데 기존의 제조산업과 큰 차별점이 있는 서비스산업을 혁신하기 위해서는 기존과는 다른 대안적 방법과 접근법이 필요한 실정이다.

이러한 배경에서 수요자 중심의 서비스혁신방법으로서 서비스디자인이 디자인 영역에서 새롭게 주목받고 있다. 서비스디자인이 제품, 시각, 환경, 패션 등 분리된 디자인 서비스 영역을 통합하여 제공하는 것이라는 식의 이해는 적절치 않다. 단순히 분야별 디자인 개발이 합해진 것이 아니다. 지금까지는 디자인이 특정 서비스를 구현하는 단계에서 형상화에 주로 기여하는 역할을 하였다면, 서비스 전반의 개발을 제안하는 역할로 확장되었다는 관점으로 이해해야 한다. 디자인이 유형적 문제 해결자로부터 서비스 비즈니스의 문제를 재정의 하고 본원적인 해결책을 제안하는 역할로 바뀌었다고 할 수 있다. 따라서 기존의 분리된 디자인 영역에서 고려할 수 없었던, 다른 차원의 가치를 창출할 수 있게 되는 것이다.

클라이언트에게 디자인에 대한 투자방향을 제품 혹은 환경디자인에서

부터 사용자 경험을 새롭게 디자인하는 과제로 바꾸어 제시했던 '아셀라 프로젝트'가 그 대표적 예가 될 수 있을 것이다.

아셀라 프로젝트

  미국 북동부를 운행할 새로운 고속철도가 필요했던 '앰트랙' 사는 IDEO에게 새로운 열차인 '아셀라(Acela)'의 객실디자인을 의뢰하게 되었다. IDEO는 이 일을 의뢰받고 세계 최고의 열차 객실 벤치마킹을 하고 여행객들을 대상으로 설문조사를 했을까? IDEO의 개발팀은 고객과 함께 기차 여행을 했을 뿐이었다. 그것도 여러 차례. 그러면서 여행객이 전체 여행을 경험하는 단계를 순차적으로 나타낸 '고객 여정 맵(Customer Journey Map)'을 개발한다. 맵은 '1) 여행정보를 학습하는 단계 - 2) 여행을 계획하는 단계 - 3) 기차역에 가는 단계..'에서부터 '9) 목표 역에 도착한 단계 - 10) 다음 여행을 계속'까지 총 10단계로 구성되어 있었는데, 이 중 객실 좌석에 앉게 되는 것은 8단계에 이르러서였다. '고객이 열차 대신 비행기를 이용하는 이유는 객실의 디자인이 좋지 않아서가 아니다.', '열차표를 예매하는 것도 불편하고, 역사에서 기다리는 것도 지루하고, 탑승 절차도 번거롭다.' 결국 이 문제는 객차를 금으로 장식한다 해도 개선되지 않을 것이라는 공통된 인식을 갖게 된 것이다. 결과적으로 IDEO는 비행기 여행과 비교하여 모든 면에서 우월한 경험을 제공하는 서비스디자인을 제안하게 된다. 이것은 '1999년', 미국에서의 일이다.
* 팀브라운, 『디자인에 집중하라』(김영사, 2010)에 소개된 내용을 참고해 고쳐 씀.

수요 시장의 변화 2
공공 분야를 변화시키는 새로운 디자인[11]

  현재 우리 사회는 공공 서비스가 수요자 지향적으로 바뀌는 거대한 변화의 시기를 맞이했다. 공공 서비스[12]는 국가와 국민이 접하는 최전선

---

11) 윤성원 등, "공공정책, 책상에서 현장으로", 한국디자인진흥원, 2013.
12) 공공 서비스는 정부가 국민들에게 공급하는 유·무형의 생산물을 의미한다. 정부개혁과 관련된 많은 논의가 공공 서비스에서 형평과 효율을 기준으로 상하수도, 가로등, 도로교통, 쓰레기 처리 등과 같은 일상생활 영역에 필요한 공

에 존재하며 국민의 모든 생활과 깊은 관련이 있는 만큼 서비스 제공자들은 최선의 노력을 해왔다. 그럼에도 불구하고 정책 결정의 투명성 144개국 중 133위, 정부지출의 낭비 정도 107위 등 아직 우리의 공공 부문의 경쟁력은 많은 부분에서 개선의 여지가 많다.13) 최근 공공 서비스의 질적 향상에 대한 요구가 급증하면서 혁신에 대한 요구가 세계적으로 거세게 일고 있다. 우리나라만 해도 많은 기관들이 공공 서비스의 혁신을 위한 여러 노력을 기울이고 있다. 공공 서비스의 혁신에 디자인이 활용되고 있는 동향이 나타나고 있다. 우리가 디자인의 새로운 수요 시장으로서 특별히 주목해야 하는 것은 '공공디자인'이 아니라 '공공 서비스디자인'이다. 공공 서비스디자인은 쉽게 말해 공공정책 및 공공 분야의 서비스를 구상하고 개발, 전달하는 과정 전반에 서비스디자인14)방법을 적용한다는 의미이다. 기존에 우리가 공공디자인이라 부르던 영역에서 디자인이 무언가를 만들어내는 것에 주로 역할을 해왔다고 하면, 공공 서비스디자인은 공공정책이 설계되고 서비스가 전달되는 과정에서 주로 역할을 한다고 볼 수 있다. 정책에 디자인을 적용한다니, 디자인을 '스타일링'이나 '사물을 예쁘게 꾸미기' 정도로 정의하고 있던 관점으로는 생소한 개념이 아닐 수 없다. 공공디자인이라는 용어를 익숙하게 사용하게 된 것도 불과 10년이 채 되지 않았고, 그나마 공공디자인의 범위라면 간판, 지역캐릭터, 공공건축, 환경시설물 등의 영역을 의미하는 것일 뿐이었다는 것을 생각하면 당연하다.

공서비스 개혁에 초첨을 맞추고 있다(이종수 외, 『새행정학』, 대영문화사, 2013).

13) 세계경제포럼(WEF), "2012년 국가별 경쟁력 평가 결과".

14) 서비스디자인이란 서비스를 설계하고 전달하는 과정 전반에 디자인방법을 적용함으로써 사용자의 생각과 행동을 변화시키고 경험을 향상시키는 분야로서 사용자 중심의 리서치가 강화된 새로운 디자인방법으로 제조에 서비스를 접목하거나 신 서비스 모델을 개발함으로써 새로운 부가가치를 창출한다(한국디자인진흥원, "서비스디자인 종합 육성 계획", 2012. 8).

디자인이 국내 공공 영역에서 그렇게 자리매김하고 있는 사이, 서비스디자인은 선진국에서 20여 년의 역사를 가진 서비스혁신을 이루기 위한 실용적 학문 영역으로서 꾸준히 성장해왔다. 특히 영국 디자인카운슬을 중심으로 공공 부문 혁신을 위한 '디자인 리더십' 프로젝트를 추진하고 있는 등 유럽의 선진국들은 공공 영역에서 정책과 서비스를 기획하고 제공하는 과정에 서비스디자인을 적용함으로써 다양한 성공사례를 만들고 있다. 핀란드의 준정부기관으로서 수년간 '정부를 위한 디자인연구'를 수행해온 핀란드 혁신기금 시트라(The Finnish Innovation Fund Sitra)의 전략디자인유닛, 덴마크의 준정부기관이자 정부를 위한 컨설턴시인 마인드랩(MindLab), 호주의 사회혁신센터 택시(TACSI) 등 디자인을 공공정책과 사회혁신의 전략으로서 활용하고 있는 정부 및 준정부기관도 많이 나타나고 있다.

서비스디자인은 기존에 디자인이 활용되어 오던 영역 외에도 각 디자인 요소를 통합해 시스템과 서비스를 설계하거나 수요자 중심으로 공공서비스를 혁신함으로써 정책 목표를 달성하게 하는 방법으로서 활용된다. 우리나라에서도 최근 서비스디자인에 대한 관심이 높아지면서 각 정부 부처를 비롯해 서울시, 경기도 등 일부 지방자치단체에서 공공 서비스디자인혁신을 준비하는 움직임이 나타나고 있다.

서울시는 2013년 시민디자인연구소, 시민서비스디자인센터를 신설했다. 경기도는 2013년 다양한 도정과 수요자 니즈를 다각적으로 분석함으로써 공공정책에 서비스디자인을 적용할 수 있는 전략 로드맵으로서 중장기계획인 공공 서비스디자인 기본계획을 수립하였다. 디자인 진흥기관인 한국디자인진흥원은 2013년 1월 서비스디자인 전담팀을 결성했고, 보건의료산업, 국방산업, 산업단지, 경로당, 장기요양소, 전통시장, 종합민원실 등을 대상으로 다양한 분야에 서비스디자인을 적용한 사례들이 만들어가고 있거나 시범사업 추진을 위해 계획 중이다.[15]

서비스산업과 공공 영역에서 새로운 디자인 역할에 대한 인식이 수요
시장의 변화에 따라 새롭게 구축되는 디자인산업 생태계 모델은 다음과
같이 표현할 수 있다.

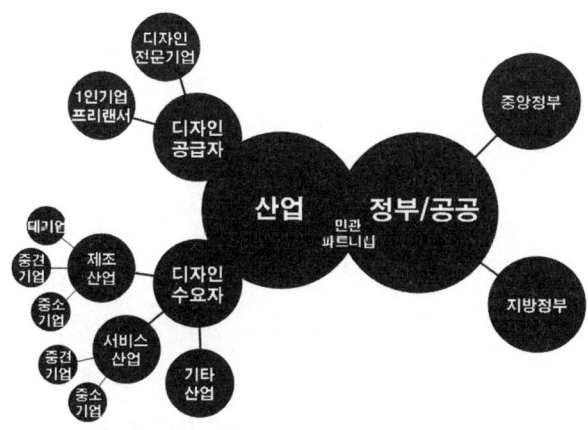

<그림 V-2-1> 디자인산업 생태계 모델

3. 디자인산업 공급자 현황

MP3 제조업체 레인콤은 2002년 디자인전문기업 '이노디자인'의 컨설
팅을 통해 삼각형 모양의 특이한 형태의 '프리즘'을 생산하게 되면서 당
시 MP3 매출 세계 1위 기업이 될 수 있었다. 레인콤의 기술력도 뛰어났
지만, 파격적인 디자인이 구매율을 높인 첫 번째 이유였었던만큼 이노디
자인의 디자인 역량이 세계적 수준이 되지 않았다면 일어날 수 없는 일
이었다.

디자인 서비스 공급자로서 디자인전문기업은 국가산업의 디자인 경쟁

---

15) 윤성원 등, "공공정책, 책상에서 현장으로", 한국디자인진흥원, 2013.

력을 좌우하는 중요한 요인이기 때문에 디자인전문기업이 얼마나 건강하게 성장하고 있는가를 살펴보는 것은 디자인산업 생태계의 현황을 파악하는 데 있어 매우 중요하다. 우리나라 중소기업들의 디자인 경쟁력에 직접적 영향을 미치는 것은 디자인전문기업의 수준이기 때문이다.

디자인전문기업
취약한 경쟁력

디자인산업의 공급자는 디자인전문기업이다. 디자인전문기업이란 "디자인 컨설턴트(design consultants)"나 "디자인 컨설팅회사(design consultancy)"를 말하는 것으로, 고객과 기업들을 위한 전문적인 디자인 서비스를 제공하는 기업을 의미한다. 미국에서는 디자인 용역을 제공하는 회사들은 컨설팅산업으로 분류되어 서비스산업으로 분류된다. SIC코드에 의한 산업분류체계를 따르면, 디자인전문회사들(design consulting firm)은 경영 및 홍보 서비스(management and public relations services)분류에 속해 있다. 세계적으로 디자인전문기업은 비교적 소규모의 디자인 스튜디오와 대규모의 디자인컨설팅기업으로 구별해볼 수 있다. 소규모의 디자인전문기업은 디자인의 전문 분야를 다루며 대체로 작가주의적인 경향을 보이며 이탈리아의 스타 디자이너가 경영하는 디자인스튜디오를 예로 들 수 있다. 대규모의 디자인전문기업은 디자인의 종합적 범위를 수행하며 디자인리서치, 트렌드, 전략 컨설팅 역량이 강조되며 서비스 개발 등 경영컨설팅 전문기업과 유사한 서비스도 수행하고 미국의 IDEO와 같은 기업을 예로 들 수 있다.

디자인전문기업은 단순한 디자인 개발용역 이외에도 디자인 컨설팅이나 제품/서비스 개발, 사용자 리서치, 미래전략 개발 등 다각도로 사업을 확대해가고 있다. 국내 디자인전문기업은 주로 매출을 단순 디자인 개발

용역을 통해 얻고 있으며(매출비중 중 64%) 앞으로 단순 대행 업무를 하는 에이전시(agency), 컨설팅회사(consultancy), 독자적으로 제품/서비스를 개발하여 판매하는 기업(firm)의 개념이 비즈니스 유형에 따라 구분되어 보다 다양하게 나타날 것으로 보인다.16)

<표 V-3-1> 디자인산업의 공급자개념

구분		광의의 디자인산업
	협의의 디자인산업	
범위	디자인전문기업	기업의 디자인담당부서

디자인산업 생태계의 공급자의 경쟁력에 대해 살펴보도록 하자. 디자인산업 공급자의 경쟁력은 곧 산업 전반, 특히 소비재산업 전반의 경쟁력과 직결된다고 할 수 있다.

현재 우리나라 디자인산업의 국제경쟁력은 10위~15위 수준으로 측정17)되고 있는데 이것은 국내 소수 대기업의 선전에 따른 것으로서 과대평가된 경향이 있다. 삼성전자와 LG전자, 현대자동차 등 대기업들은 기업 내부에 이미 세계 최고 수준의 디자인 역량을 갖추고 있지만 디자인산업 생태계에서는 서비스 공급자가 아닌 수요자로서 역할을 하고 있다.

디자인 서비스의 공급자인 디자인전문기업은 대부분 영세하고 경쟁력이 취약한 기업들 ― 평균 종사자수 4.82명, 평균 근속연수 3.59년, 총매출액 평균 651백만 원, 1억 미만이 32.6%, 프로젝트별 5.6백만 원18) ―

---

16) 유영선 등, "디자인전문기업 비즈니스 활성화 방안 연구", 한국디자인진흥원, 2010.
17) The Design Innovation Centre at the University of Art and Design in Helsinki, GLOBAL DESIGN WATCH, 2011.
18) 한국디자인진흥원, "2009산업디자인통계조사", 2009. 2011산업디자인통계조사가 최신 자료이나 2011년 연구결과에는 해당 데이터가 파악되지 않아 이전 결과를 참고함.

로서 국제적 평가에 합당한 조건을 갖추고 있지 못하다. 현재 국내 디자인기업의 국제경쟁력을 좀 더 잘 설명하는 지표는 디자인이 속한 사업서비스업(비즈니스서비스업)의 무역수지라 할 수 있는데 34개 OECD국가 중 33위로 사정이 나쁘다. 한미 FTA로 사업서비스업의 강국인 미국과 꼴찌에 가까운 수준의 우리나라가 시장에서 경쟁하게 되었으니 큰일이다. 꼴찌와 일등을 같은 조건에 링에 올려 싸움을 붙이면서 꼴찌에게 맷집이 생길 것을 기대하는 것과 같다.

디자이너
과다한 전공자 배출

디자인 전공자의 과도한 인력 배출이 큰 시각에서 보면 디자인산업 생태계에, 좁게 보면 디자이너의 근무여건에 악영향을 미치고 있다. 대학에서의 전공자 배출은 년 2만 4천 명 규모로서 약 12만 명 내외로 추정되고 있는 국내 디자이너 고용 규모를 감안할 때 지나친 과공급이 지속되고 있는 상황이다. 전체 재직자의 20%에 달하는 신입 인력이 고용 시장에 매년 쏟아져 나오는 셈이다. 또한 디자이너로서의 자격제도 등 인력 시장에서의 실질적인 제도적 진입장벽이 없었던 점에 따른 결과로도 볼 수 있는데, 비전공자의 경우에도 디자이너로 취업하는 경우도 생기는 것을 고려한다면 디자인전공자가 디자이너로서 직장을 얻게 될 기회는 더욱 줄어든다고 할 수 있다.

결과적으로 인력 수요에 비해 지나치게 과다한 인력 공급은 디자인산업의 나쁜 근무 여건을 만들고 있으며 이는 디자인산업의 고도화를 가로막는 심각한 문제를 가져오고 있다. 3.58년에 불과한 디자이너의 짧은 평균 근속연수[19] 등은 위와 같은 디자인 인력 시장이 갖는 심각한 문제

---

19) 한국디자인진흥원, "2009 산업디자인통계조사", 2009.

점을 시사하는 조사 결과라 할 수 있다.

디자인 전공자가 매년 학교에서 과다한 규모로 배출되고 있음에도 불구하고 디자인전문기업들은 고질적인 구인란을 겪고 있다. 그것은 왜일까?

디자인전문기업이 우수한 인력을 채용하거나 오래 근무할 충분한 동기를 주지 못하기 때문이다. 대기업에서 근무하는 것이 더 매력적으로 보이기 때문이다. 디자인의 중요성을 인식한 대기업들은 우수한 인력이라면 신입이고 경력이고 가리지 않고 채용하고 있다. 우수한 디자이너가 대기업으로 옮겨가면 기업에서는 디자이너로 업무를 수행하게 되지만 디자인산업 생태계에서 볼 때 기존에 공급자였던 자원이 이제 수요자로 전환되는 것이며 중소기업의 경쟁력이 대기업으로 이전되는 것이다. 극단적으로 표현해서 디자인기업에서 개인이 수행하던 업무 역할과 비교할 때 대기업에 소속된 개인의 역할이 상대적으로 줄어들 수 있다고 가정한다면, 디자이너의 이직은 전체 국가 디자인 역량의 총합을 줄이는 것이다. 이것이 특히 문제라고 보는 이유는 중소기업을 위한 산업 전반의 디자인 역량이 줄어드는 것이기도 하기 때문이다. 우수한 디자이너가 대기업으로 이직하게 되면 디자인전문기업의 역량은 줄어들고, 이 디자인전문기업의 컨설팅을 받던 중소기업의 디자인 품질은 낮아지며, 디자인전문기업의 매출이 줄어들고, 디자인전문기업 디자이너의 근무여건은 나빠지는, 결과적으로 디자인전문기업은 우수한 디자이너를 뽑기가 더 어려워진다. 이 악순환이 가속된다.

<표 V-3-2> 국내 디자인산업 현황 및 문제점

구분	주요 내용
경쟁 환경	○ 취약한 국제경쟁력 　- 국내의 디자인산업은 급속히 쇠퇴(2007년 9위 → 2010년 15위)하고 있는 것으로 파악됨 　- 1) 중소기업의 디자인에 대한 낮은 인식, 2) 이로 인해 늘지 않는 디자인 수요 시장, 3) 인력공급 과다와 노동환경 취약성으로 우수인재의 유인성 낮음 4) 디자인전문기업의 역량 미흡과 영세성 등 세계 수준에 비교해볼 때 국내 디자인산업은 많은 취약점이 발견됨 ○ 글로벌 경쟁 심화 　- 이탈리아, 영국 등 유럽 디자인기업이 국내 기업의 디자인 개발에 참여하는 경우가 증가하고 있음. 국내 기업은 디자인 리서치 등 종합적 컨설팅 역량을 발휘할 기회가 줄어듦
R&D	○ 정부R&D 투자 부족으로 공통 활용 기술력 저하 　- 국내 디자인 R&D 예산은 253억 원(2010년)으로 R&D 예산 13.7조 원의 0.2%에 불과, 디자인리서치, 컨설팅 등 공통 디자인기술연구의 질적, 양적 수준 미흡 　- 민간 기업의 연간 디자인 투자는 3.5조 원(2008년)으로 전체 R&D 투자 대비 14.6% 수준 ○ 디자인산업에서의 R&D 육성전략 부족 　- 정부 R&D 중 디자인 예산은 디자인산업 고도화에 활용되기 보다는 대부분 제조기업의 제품 개발 프로세스상에서 제품 외관의 실제화 역할로서 디자인 개발비를 지원한 성격이 많았음 　- 제품디자인 역할이 해당 제품의 시장성을 높이고 판매촉진에 기여한 바는 분명하나, 　　1) 공통 기술로서 타 제품에의 응용되는 등 관련 산업에의 파급효과가 적고 　　2) R&D주관기관인 디자인기업의 본원적 역량 향상에 기여된 면이 적었던 점 등 한계를 가짐 ○ 대기업의 디자인 R&D 역량은 세계 최고 수준 　- 대기업은 디자인 R&D에 대해 많은 투자와 함께 R&D에서 디자인이 주도적 역할을 하는 디자인 주도 혁신 프로세스를 구축함으로써 세계 선도기업으로 성장 　- 대기업과 중소기업 간 디자인 R&D 수준 격차 심화 ○ 전문기업의 R&D 역량 부족에 따른 디자인기술 역량 취약 　- 디자인전문기업 영세성에 따라 우수한 인재가 장기적으로 국내 디

	자인산업에서 활동하지 못하고 대기업이나 해외기업, 타 산업 분야로 이동하고 있음. 결과적으로 디자인산업의 공급자인 디자인전문기업의 전문성이 약화되고 있음
인 프 라	○ 인력수급 부조화 - 매년 24,000명 내외의 전공자들이 고용 시장에 배출되고 있으나 인력 수요 시장 부족으로 많은 인력이 수용되지 못하고 국내 및 해외의 상급단계로 진학하거나 타 산업 분야로 진출하는 등 많은 노동생산요소가 기회비용을 잃고 있음 ○ 수요맞춤형 인력양성 미흡 - 전공자 배출이 과다함에 비해, 디자인학과 대부분이 스타일링 위주 교육, 다양한 역량을 필요로 하는 업계 수요에 부응한 인력공급은 미흡 - 디자인전문기업의 경우 사내 교육기관 보유비율이 0.6%에 불과한 등 실무자 교육투자는 대기업을 제외하고는 취약 * 사내 교육기관 비중 : 대만 41.2%, 英 20%, 日 6.9%, 한국 0.6% ("4차 산업디자인 진흥 종합 계획", 한국디자인진흥원, 2008) - 고급 전문 인력이 양적·질적 증가 중이나 대학 및 연구소, 대기업에 편중
기업	○ 공급자 역량 미흡, 수요자의 디자인 활용 수준 미흡 - 디자인전문기업의 디자인 기초기술 및 종합적 디자인컨설팅능력(Total Design Solution)이 선진국에 비해 크게 부족 - 디자인 수요자는 일부 대기업을 제외하고는 디자인을 제품의 외형 개선으로만 인식, 활용하는 경향. 선(先)기술 개발·후(後)디자인 개발에 따라 경영성과 제고 영향 미약

4. 창조산업 생태계 분석

산업의 중심이 제조산업에서 서비스산업으로 옮겨가면서 가장 크게 변화되고 있는 것은 무엇보다 공급자 위주에서 수요자 중심으로 권력이 이동되고 있다는 점이다. IT기술, 미디어혁명 등 각종 과학기술의 성과도 사회, 문화 등 우리 생활의 전 영역에 있어서 수요자의 힘을 더욱 강화시키고 있다. 이로 인해 수요자의 니즈를 분석하고 이해할 수 있는 학문과 기술 분야가 각광받고 있다. 기업활동에 있어서도 기업의 내부 자원을 잘 이해하고 효율화함으로써 차별적 경쟁 우위를 지속하고자 하는 관점의 경영학, 경제학, 마케팅 등의 도구 대신, 점차 수요자인 인간을 이해하기 위한 학문에 대한 수요가 높아지게 되었다는 의미이다. 뇌 생리학, 심리학, 인지과학, 소비자학, 행동경제학, 디자인 등이 바로 그것이다. 국내 기업들 중에도 최근 '사용자경험디자인' 등의 내부 조직 역량을 강화하는 경향이 나타나고 있는 것도 이러한 변화를 나타내는 증거이다. IBM, GE, 엑손모빌 등 세계 주요 기업들은 인간을 연구하는 다학제적 조직을 운영하고 있다. 인텔의 경우 '상호작용 및 경험연구소(IXR)'를 통해 '기술의 주인은 사람'이라는 명제하에 디자이너, 심리학자, 소설가 등이 주도가 되어 인간이 원하는 것이 무엇인가를 연구함으로써 미래에 필요해질 기술의 비전을 개발 중이다. 삼성전자 디자인센터도 인문학 전공자가 15%가 넘으며 LG전자, 현대자동차 등 국내 주요 기업도 소비자의 욕망을 포착해 새로운 경험을 주는 신사업을 개발하려는 노력을 하고 있다.

제조산업에서 서비스산업으로 중심축이 옮겨감에 따라 공급자 위주가 아닌 수요자 중심으로 변화되고 있으며, 이러한 변화는 디자인산업 생태계에 영향을 미치고 있다. 특히 디자인의 수요 시장과 공급자의 역할을 변화시키고 있다.

기술 중심의 개발로부터 인간 중심의 개발로

기술이 중심이 아닌 인간 중심의 개발로서 디자인 분야에서 잘 알려져 있는 사례로는 필립스디자인센터의 예를 들 수 있다. 1996년 필립스디자인센터는 "미래의 비전(Vision of the Future)"이라는 약 10분 정도의 짧은 영상을 발표한다. 10년 후(2005) 미래 사회의 모습을 전망하여 어떤 생활양식이 나타날 수 있을지 제품/서비스의 콘셉트를 예상해 보여준다. 1993

년부터 1996년까지 3년에 걸쳐 진행된 '선행디자인'20) 프로젝트로서 당시
디자인계는 물론 연구자, 제조사, 일반인들에게는 많은 영감을 주었다.

<그림 Ⅴ-4-1> 미래의 비전. 필립스디자인센터(1996)

영상 보기 : http://www.youtube.com/watch?v=hvGb-o2Y_Xo

---

20) '선행디자인'이란? : '일반적으로 선행디자인은 디자인 중심의 경영전략을 의
    미하기도 하며, 좁은 범위로는 한 기업에서 상품 개발을 진행할 때 디자인을
    먼저 하여 디자이너의 의도가 제품에 충분히 나타날 수 있도록 하는 프로세스
    및 비즈니스 모델을 의미함'. Zapolski(2005)는 기업의 경영전략이라는 넓은 범
    위에서 선행디자인개념을 정의하여 '기업에서 전략적인 가치 창출의 근본적인
    수단(Design as a Core Strategy)을 디자인으로 하는 것'이라고 정의하고 있음
    (하수경·김유진·신철호, 「국내 선행디자인의 개념 및 유형에 관한 고찰」, 『
    상품학연구』 제27권 제2호, 한국상품학회, 2009).
    　현재 애플, 삼성전자, LG전자 등 세계 최고의 기업들은 제품 개발에 있어
    선행디자인 프로세스를 취하고 있음. 그중에도 디자인 주도형 개발의 장점을
    잘 설명하는 대표 사례로서 크리스털로즈 LCD TV를 들 수 있음. 삼성이 보
    르도TV를 출시한 이후 경쟁사들이 곧 디자인 따라하기 시작함. 삼성전자는
    '디자인조차 흉내 낼 수 없게'라는 기치로 크리스털로즈 시리즈를 개발하게
    되는데, 이것은 디자인팀이 제안한 선행디자인으로부터 시작됨. 디자인팀은 신
    비한 유리 질감의 테두리를 가진 TV디자인을 제안하고 이를 구현하기 위해
    연구진들은 베니스의 유리 기술을 참고하는 등 각고의 노력을 통해 특별한 이
    중사출기술을 적용해 생산하는 독특한 기술을 개발하게 됨. 이렇게 개발된 크
    리스털로즈 LCD TV는 출시 후에도 한동안 카피 자체가 불가능한 제품으로
    시장에서 특별한 자리를 고수할 수 있었음.
    　삼성은 2008년 4월 크리스털로즈 LCD TV 출시 후 미국에서 40인치 이상
    LCD TV 점유율에서 47.7%로 소니(26%)를 처음으로 압도하게 됨(크리스털로
    즈 출시 전 시장점유 : 소니 36.2%, 삼성 30.8%). 또한 미국 시장조사기관 TFC
    조사 결과, '100달러를 더 주더라도 삼성 LCD TV를 사겠다'는 소비자가
    82.6%에 달하는 등 고객충성도를 높이는 데 큰 역할을 하였으며, 전 세계 특
    급호텔에 공급되는 등 2008년만 300만 대 이상 판매되며 삼성의 브랜드를 강
    화하는 데 큰 역할을 함.

디자이너뿐 아니라 문화인류학자, 인간공학자, 사회학자, 엔지니어 등 다양한 전문가들이 모여 300여 개 이상의 창의적 시나리오를 개발하고 이를 토대로 60여 개의 핵심개념을 담은 개인, 가정, 공공, 이동의 4가지 영역으로 영상을 제시하였다. 이 영상은 당시 연구자, 제조사, 일반인들에게 많은 영감을 주었는데, 발표 후 10년 시점에서 확인을 해보니 제시되었던 기술 중 80% 이상이 상용화되었다고 한다. 그것은 필립스의 디자이너들이 기가 막히게 예측을 잘했다기보다는 과학자와 엔지니어들이 시각화된 강렬한 비전을 통해 영감을 얻고 그것을 실현시키기 위해 노력했기 때문이라 할 수 있다. 공상과학소설가 '아서 클라크(Arthur C. Clark)'의 상상력은 대체로 과학기술을 20년 이상 앞서 갔다고 한다. NASA의 과학자들도 그의 1997년 소설 「3001년 최후의 오디세이」의 우주 엘리베이터 건설 이야기에서 영감을 얻어 나노튜브를 이용한 우주 엘리베이터 건설가능성을 연구했다고 한다.

'미래의 비전'은 디자인이 신기술, 신상품 개발을 주도할 수 있는 가능성을 제시한 좋은 사례라 할 수 있다. 디자인이 외형상 매력도를 높이는 치장의 역할을 넘어, 상상력과 창의성으로 미래를 제시하고 고객 잠재욕구를 찾는 방법으로 사용된 것이다.

창의력이 뛰어난 누군가가 미래를 상상하여 구체화시키면 그것을 보고 영감을 얻은 과학자, 기술자들이 그 상상력을 실현시키기 위한 연구를 시작한다는 것이다. 이것이 바로 인간 중심의 연구개발의 모습일 것이다.

삼성전자도 1900년대 후반부터 디자인 주도로 미래의 상을 그리기 위해 집중적으로 노력했다. 지금 세계 최고 기업이 된 것도 이 때 디자인 주도형 기업으로 변화되기 위한 노력을 기울였던 것이 원인 중 하나였다 할 수 있다. 2000년 중반부터는 디자인센터 내에 CNB팀(Create New Business team)21)이 구성되면서 디자이너들이 신사업 콘셉트를 만드는

---

21) 중장기 신사업 발굴을 위한 신사업 기획팀의 명칭. 5~7년 뒤에 발생되는 상

역할을 하게 되는 변화가 생긴다.

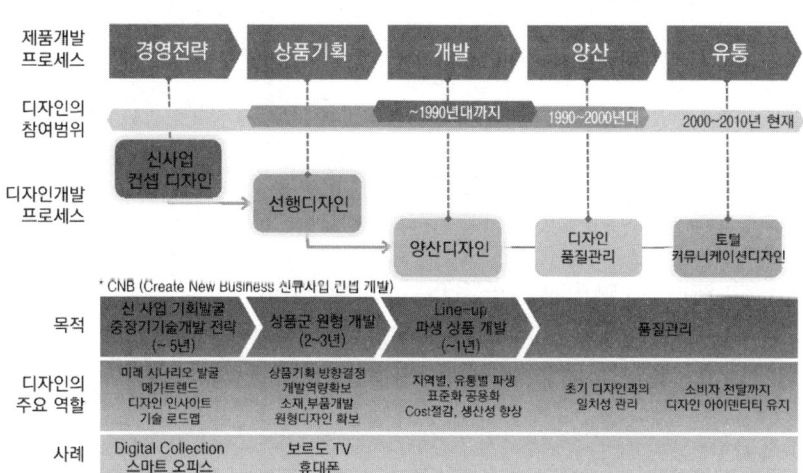

R&D 프로세스가 기술 중심에서 디자인 주도로 변화 되면서 점차 비전 주도형 R&D로 속성이 변화됨

<그림 Ⅴ-4-2> 삼성전자의 디자인 주도 제품 개발 framework

애플, 삼성전자, LG전자의 디지털 TV, 기아의 자동차 등 세계 시장을 석권하는 제품과 기업성장은 상당 부분 디자인 주도형 프로세스를 통해 이루어지고 있으며 디자이너가 사업기획, 제품기획에서부터 형상화까지에 이르는 전 분야에 참여하고 있는 실정이다. 기술 주도형 개발이 가지는 한계를 극복하고 소비자의 잠재된 욕구를 창출하기 위해 사전 기획단계부터 디자인이 참여하고 있는 것이다.

기술과 제품 중심이 아닌 인간 중심 또는 시장 중심의 개발이 중요해지면서 산업의 미래를 구상하는 방식도 기술로드맵 대신 시나리오의 형식을 취하게 된다. 시나리오, 이야기라는 것은 본래 등장인물들의 욕구가 반영된 결과물이다.

___

품과 서비스의 모습을 디자인 관점에서 창안함.

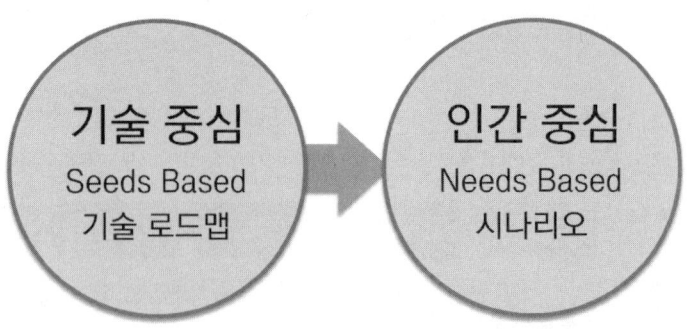

<그림 Ⅴ-4-3> 기술 중심에서 인간 중심으로 R&D의 변화

　시나리오는 인간의 욕구를 토대로 작성되고 그 욕구가 보편타당하게 그려진다면 실제로 실현될 수 있다는 전제를 가지고 있다. 미래를 그럴 듯하게 그리면 그것은 미래가 될 수 있다. '미래의 비전'의 경우와 같이 사회 구성원들의 공감을 불러오는 설득력 있는 시나리오는 사람들을 움직여 결국 그것이 우리의 미래가 되도록 만든다. 공감력 있는 시나리오를 만들기 위해 가장 필요한 것은 무엇일까? 인간의 욕구에 대한 깊은 이해라고 본다. 왜냐하면 인간의 욕망이야말로 미래를 만들어내는 근본적 힘이기 때문이다. 인간의 욕망이 제품과 서비스를 개발하고 사회와 문화, 정치를 변화시키고 법과 제도를 변화시킨다. 따라서 인간의 욕구에 대해 더 잘 연구하기 위해 디자인, 문화인류학, 심리학 등 인간에 대해 보다 잘 이해하는 학문이 점점 더 필요하게 될 것이다. 인간의 욕구를 실현하기 위한 비전과 목표를 우선 정하고, 그 목표를 달성하기 위해 필요한 기술을 찾는 것은 그 이후가 되어야 한다. 그렇게 인간 중심의 개발 프로세스가 실현된다면 다양한 기술과 기술, 제품과 제품, 서비스와 서비스, 산업과 산업이 만나 새로운 산업 생태계를 만들게 된다.

산업융합으로 새로운 삶의 방식과 신산업을 만드는 디자인

조리기기를 만드는 작은 기업이었던 '자이글'은 지난 2009년 한국디자인진흥원의 신기술디자인개발사업 지원을 통해 디자인전문회사인 비타디자인(대표 최정민)의 자문을 받게 되었다. 정부의 지원금액은 5천만 원으로 제조사조차 큰 기대를 하지 않았었던 지원 프로그램이었음에도 디자인컨설팅을 담당하게 된 비타디자인은 고기 굽는 불판과 히터를 연결하는 새로운 형태의 제품 아이디어를 제안한다. 제조사는 본래 불판 제조기술에 대한 기술력만을 갖고 있어서 다른 영역의 기술을 섞는다는 것에는 생각이 미치지 못했는데, 디자인기업이 난방제품에나 쓰이던 원적외선 기능을 불판 위에 장착하자고 제안해온 것이다. 결국 양방향에서 고기를 구우면서도 연기가 나지 않고 고기도 타지 않는 독특한 조리기를 개발하게 되었고 곧장 히트상품이 되었다. 이 제품으로 자이글은 2010년부터 2012년까지 3년 연속 매출액 200억 원 이상을 달성했다. 이 가운데 수출이 60%로, 지난해에는 일본에 진출하게 되면서 일본 홈쇼핑 시장 주방가전 분야 판매 1위를 기록했다.

고기 굽는 불판(조리기기)과 히터(난방기기)는 지금껏 서로 만난 적이 없던 이종기술, 이종산업이다. 디자인은 본래 연관이 없던 기술과 기술, 제품과 제품, 서비스와 서비스, 산업과 산업을 서로 연결하여 새로운 시장과 산업을 창조하는 역할을 한다.

디자인은 융합의 촉매로서 서로 관련성이 낮았던 개념과 사물을 서로 연결하고, 서로 만나지 못했던 기술과 기술, 제품과 제품, 서비스와 서비스를 서로 연결함으로써 새로운 가치를 창출하는 역할을 하고 있는 것이다.

2010년 삼성물산 건설 부문은 영국의 디자인기업 시모어 파웰과 함께 미래 주거생활의 미래 비전을 구상하는 프로젝트를 수행했다. 아래 이미지는 그 개발 결과 중 일부이다. 떠다니는 주거공간으로서의 비행선인

'에어 크루즈'의 콘셉트를 제시하며 항공산업과 건설업의 융합이 그리고 있지만 이것은 디자인이 산업과 산업의 융합의 매개체라는 것을 상징하는 사례로서 이해할 수 있다.

<그림 Ⅴ-4-4> 삼성물산 건설 부문과 시모어 파웰이 제시하는 미래 주거 비전

예를 들어 비행선이 건강검진센터나 요양원을 의미한다고 보면 이것은 항공산업과 헬스케어산업의 융합 모델로서 무궁무진한 새로운 제품, 서비스, 비즈니스 모델, 신산업을 창출하는 콘셉트가 될 수 있다. 저속으로 비행하는 크루즈와 같은 항공기 내에서 장기 투숙객을 대상으로 심리적 치유와 건강검진, 건강 관리 프로그램, 유기농 식단 운영 등으로 건강을 되찾아주는 웰니스 헬스케어 센터가 될 수 있다. 이것은 세계 각지를 유영하면서 주요 도시에 정박해 여행, 문화체험 서비스를 제공할 수도 있다.

여기서 디자인은 인간의 잠재된 욕구로부터 새로운 사업기회를 발견함으로써 기존에 존재하지 않던 새로운 개념의 산업 생태계의 콘셉트를 제시하고 구체적인 서비스 모델을 창조하는 역할을 하게 된다.

<항공 + 헬스케어산업융합으로 창출 가능한 비즈니스 모델>(예시)

- 고품위 의료관광 컨설팅 서비스
- 웰니스에 관심이 많은 장기 비행 투숙객을 위한 숙박 서비스
- 지상-항공 간 원격 진료 서비스
- 의료 검진 장비 렌탈 서비스
- 제한된 공간 안에서 라이프로그 분석을 통한 개인 맞춤형 건강 관리 서비스
- 웰니스 식단 컨설팅 서비스
- 비행선 내에서 이루어지는 컨벤션사업 및 관련 서비스
- 비행선 내에서 이루어지는 엔터테인먼트사업 및 관련 서비스 등

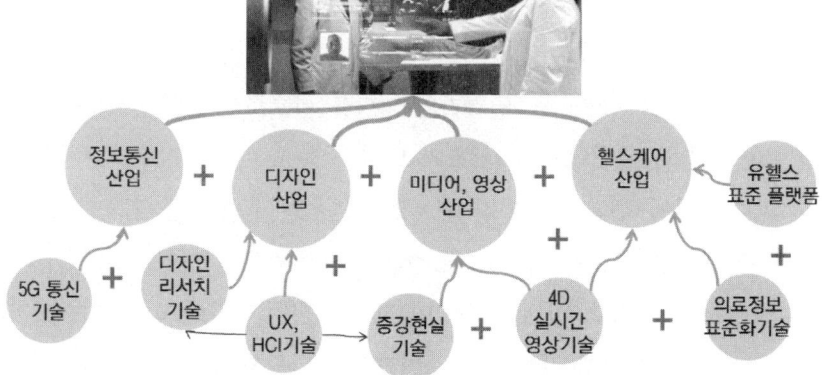

<그림 Ⅴ-4-5> 코닝이 제안하는 미래 비전 : A Day Made of Glass 2 (2012)

위 그림은 대형 디스플레이를 통해 중국에 있는 뇌질환이 의심되는 환자를 미국에서 실시간으로 협동 진료하는 장면을 영상으로 그려낸 코닝사의 미래 비전이다. 이것 역시 각종 기술과 다양한 산업이 융합되어야만 달성될 수 있는 목표를 제시하고 있다. 이 비전이 타당하고 매우 매력적이라면 비전에서 제시된 산업과 서비스, 제품이 개발될 수 있는

방법을 찾게 되기 때문에 필연적으로 다양한 기술 간 융합이 실현되는 것이다.

5. 정책방향과 시사점

앞으로 닥치게 될 산업경쟁력의 본질적 요소인 생산가능인구 감소라는 위기 상황 인식을 토대로 질적 차원에서의 산업고도화 달성을 위해 창조산업 육성에 힘을 기울여야 한다. 건강한 창조산업 생태계를 구축하기 위해서는 이를 이룰 전략과 방법론이 필요하다. 디자인산업은 창조산업의 핵심산업이며 산업 전반의 경쟁력을 좌우하는 중간재적 산업으로서 디자인산업을 성공적으로 고도화시킨다면 타 산업에 미치는 파급효과가 클 것으로 기대된다. 특히 디자인산업은 산업과 산업을 융합하여 새로운 산업을 창출하는 연결자의 역할을 함으로써 창조경제를 이룰 구체적인 전략으로서 주목할 필요가 있다.

디자인산업 생태계가 가진 현재의 가장 큰 구조적 문제는 수요를 초과하는 디자인 서비스의 과공급 상태이다. 이것은 디자인기업의 과당 경쟁을 불러일으키고 있으며 디자인기업의 역량 약화와 디자인 품질저하로 이어져 생태계를 전반적으로 취약하게 만들고 있다. 앞서 살펴본 현재 디자인산업 현황과 변화될 미래 전망을 고려할 때 디자인산업 생태계를 건강하게 유지하기 위해 특히 중요하다고 생각되는 정책방향을 요약하면 다음과 같다.

첫째, 서비스 공급자의 개체 관리가 필요하다. 디자인 전공자의 수를 줄이는 방안이 가장 직접적으로 해결할 수 있는 방안으로 생각된다.

둘째, 전문기업의 경쟁력을 강화할 수 있는 대책을 마련해야 한다. 디자인전문기업의 만성적인 고용난을 개선하기 위해서는 디자인전문기업의 근무여건을 개선할 수 있는 정책으로 기업을 직접 지원하거나 결과적으로 좋은 근무여건을 제공할 수 있는 우수한 디자인전문기업이 나타나도록 전문기업을 육성하는 정책을 마련해야 한다.

셋째, 지적재산권에 대한 인식 개선이 필요하다. 디자인 수요기업 뿐 아니라 서비스제공자에게도 지적재산권에 대한 인식 강화가 시급하다. 지적재산권 인식 미흡은 국제 경쟁이 심화되는 시점에 더욱 큰 문제를 가져올 것이기 때문에 시급한 준비가 요구된다.

넷째, 디자인 분야 창직정책은 효용에 대한 면밀한 사전검토가 우선 되어야 한다. 디자인산업 생태계는 현재 많은 공급자로 인한 과당 경쟁이 큰 이슈가 되고 있는 만큼 창직정책은 긍정적 효과보다 부정적 효과를 가져올 가능성이 훨씬 높다.

다섯째, 디자인 전문인력의 전주기적 인력 양성정책이 고려되어야 한다. '학교단계', '재직단계', '퇴직 이후 단계'에 맞추어 각각 적절한 전략이 구사되어야 한다. 특히 국내 디자인대학의 경쟁력을 시급히 높여야 하며 해외로 진출하는 많은 수의 뛰어난 유학생과 해외 근무자들이 국내 산업에 기여할 수 있게 할 방안이 마련되어야 한다.

마지막으로 산업융합 촉진자로서 디자인의 역할이 확대되어야 한다는 점이다. 속성이 다른 생태계를 서로 연결하여 새로운 융합 신산업의 창의적 비전을 제시하고 기존에 생각지 못했던 서비스 비즈니스 모델과 제품 등을 구상하는 것은 각 산업의 전문 영역에서는 시도되기 어려운 역할이다. 디자인산업에 이러한 역할을 수행할 수 있는 기회를 주고 매력적인 미래가 도출되었다면 국가 차원에서 과감하게 새로운 미래의 실현을 위해 연구개발 역량을 집결하여야 한다. 산업융합 촉진자로서의 역할은 앞으로 디자인산업에게 주어질 가장 도전적인 과제 중 하나가 될 것이다.

공급자의 개체 관리 필요

생태계 측면에서 볼 때 산업의 서비스 제공자의 과다 공급은 생태계에 악영향을 미친다. 디자인 전공자의 과도한 배출은 인력 시장에 많은 잉여 자원 또는 대체재를 만드는 것으로 디자이너의 근무여건에 악영향을 미치게 되고 이것은 결과적으로 취약한 생태계를 만드는 요인이 되는 것임을 이해할 필요가 있다.

따라서 전반적으로 낮은 디자인 서비스 제공자의 역량 수준, 과당 경쟁 등 현재 공급자 과다로 인해 생기는 디자인산업 생태계의 문제를 해결하기 위해서는 무엇보다 디자인산업의 인력수급 조절을 위한 정책과 교육의 고도화 등 디자인 교육과 관련되어 혁신적 조치가 필요함을 알 수 있다. 정부는 IT 분야에서 2003년부터 인력수급 조절을 위해 시행되었던 'IT인력양성 SCM(Supply Chain Management)정책'의 시행경과와 성과를 분석하여 디자인 인력 시장에 적용을 적극 검토해볼 필요가 있다.

디자인전문기업의 경쟁력 강화

한국 디자인산업이 직면하고 있는 큰 위기는 점진적인 FTA 타결에 따라, 향후 디자인 서비스 시장이 개방됨으로 인해 미국, 영국, 일본 등의 앞선 선진 디자인기업들이 대거 진입하게 될 것이라는 점이다. 현재까지 한국의 디자인산업은 형성기에 있어 미국이나 유럽 등 선진국의 디자인 에이전시에 비해 개발방법론이 고도화되어 있지 못하고 경쟁력이 낮으므로 시급하게 경쟁력을 강화시킬 수 있는 정책이 필요하다. 앞으로 한국 디자인기업들이 온전히 살아남을 수 있을 것인가? 경영컨설팅, 디자인과 같은 사업서비스업은 국제 시장의 승자가 부를 독식하는 경향이 있어 영세한 국내 디자인기업이 어떤 대응책을 마련할 수 있을지 대단히 우려된다. 향후 해외 선진디자인 기업 들이 속속 국내 시장으로 들어오게 되면, 규모 있는 서비스 개발 프로젝트들은 모두 해외 디자인기업의 몫이 되지 않을까? 최근 국내 대기업들의 상당량의 고객경험 및 서비스 개발 프로젝트가 해외 유명 디자인기업의 일거리가 되어가고 있는 실정임을 보여주는 증거들이 나타나고 있다. 국내 모 대기업에 확인 결과 국내외 디자인기업에 의뢰한 용역비 예산의 비율이 2007년까지도 약 4:6 정도로 큰 차이가 나지 않다가 2010년 2:8로 해외 디자인기업에 나가는 용역 비중이 크게 높아졌음을 알 수 있었다. 국내 대기업의 디자인리서치, 전략 개발, 고객 경험, 서비스 개발 프로젝트 등 상대적으로 부가가치가 높은 용역이 해외 디자인기업의 일거리가 되어가고 있는 것이다.

자연 생태계에서는 해외에서 수입된 외래종이 토종 생태계의 포식자가 되는 경우가 발견된다. 예로서 자원 조성 목적으로 수입되었던 '큰입배스'라는 어종이 지금은 천적이 없는 상태에서 토종 어종의 씨를 말리고 있다. 2007년 환경부 조사시 민통선안 토교저수지 큰입배스는 전체 어종의 77%에 달하였고 토종어종은 23%에 불과한 것으로 조사되었다.

새로운 수요 시장이 나타나고 있고 더욱 확대될 것이라는 전망이지만 그에 비해 아직 국내 디자인 서비스 제공자인 전문기업들은 이 변화에 대응할 수 있는 역량이 잘 갖추어져 있다고는 보기 어려운 상황이므로 그만큼 정부의 역할이 중요하다. 정부는 디자인 서비스 공급자의 연구개발 역량을 속히 고도화시켜 경쟁력을 갖출 수 있도록 도와야 할 것이다. 대기업 디자이너들도 가고 싶어 할 만큼 멋진 디자인전문기업이 나타날 수 있도록 육성해야 한다.

지적재산권에 대한 인식 개선 필요

외식유통업을 하고 있는 모 대기업은 최근 외식업 신규 브랜드를 런

칭하면서 모 중소디자인기업에 의뢰하여 한 개의 매장을 새로운 디자인의 가구로 꾸몄다. 독특한 디자인 가구인 ○○를 전국 매장으로 확산시키겠다는 대기업 측의 계획을 접하게 된 디자인기업 대표는 꿈에 부풀었다. 그런데 한참 뒤에 보니 전국의 프랜차이즈 매장에는 중국산으로 추정되는 복사본이 배치되었음을 확인할 수 있었다.

대기업의 디자인저작권에 대한 인식이 이 정도 수준이라면 디자인산업의 발전은 요원하다. 디자인권은 디자인을 개발한 기업에 소속되도록 하는 것이 바람직하다. 이것은 음원 등 문화콘텐츠산업에 있어서는 이미 보편화되어 있는 개념이나 유독 디자인산업에서는 창작물이 저작권으로 인정받는다는 것이 너무나 먼 목표처럼 보인다. 앞으로 디자인산업에서 국제교육의 규모가 앞으로 대폭 커질 것을 고려한다면 디자인 저작권에 대한 인식 확산은 시급히 이루어져야만 한다. 삼성전자와 애플의 저작권 분쟁의 핵심에 디자인과 사용자 경험이 있었다는 교훈을 잊어서는 안 된다.

생태계에 악영향을 주는 디자인 창작 지원정책

디자인 분야는 특성상 1인 스튜디오(프리랜서)형태의 사업이 용이하므로 정부 차원에서 고용 창출정책이 고안될 때 창업 지원 대상으로 고려될 개연성이 높다. 그리고 많은 경험이 확보되지 않은 신규 창업자가 대상이 될 가능성이 크다. 중앙정부와 지방정부가 합심하여 일자리 창출에 집중하고 있어 이미 많은 소기업들이 나타났고, 더 많아질 조짐이다. 그러나 디자인 개발 역량이 낮은 1인 창작자들이 양산되는 것은 미래 디자인산업 생태계의 진화 전망에 악영향을 미치게 된다. 정부의 단기 고용확대를 위한 사업이 시행되면 그것은 곧 디자인 전공 졸업생들의 창업 러시를 불러온다. 그러나 수요 시장이 함께 확대되지 않는 상황에서 청년

창업자를 양산하는 정책은 가뜩이나 취약한 디자인전문기업의 수요를 잠식할 가능성이 있다. 따라서 1인 창직정책은 반드시 디자인산업 수요 확대정책의 시장개입 효과가 나타나는 시점 이후에 검토되어야 한다.

창직정책이 위험한 더 큰 이유는 디자인산업에 있어 창직을 유도하는 정책이 장기적으로는 디자인 수요 시장을 위축시키는 부정적 궤적을 크게 남기게 될 것임이 분명하기 때문이다. 디자인은 고도의 전문지식이 필요한 지식 서비스로서 효과적으로 활용되기 위해서는 제공자의 전문 역량이 요구되는 특성이 있는 만큼, 경험이 일천한 졸업자의 1인 창업을 유도하는 것은 곧 중소기업의 디자인 실패 사례를 양산해내는 결과로 이어지게 될 가능성이 높기 때문이다. 충분히 자라지 않은 풀을 먹고 탈이 나듯 실패한 경험을 가지게 된 기업에게 디자인에 대한 투자는 기회가 아닌 모험으로 인식되게 될 것이다. 역량이 미흡한 디자인 서비스 제공자를 인력 시장에 공급하는 것은 수요자의 디자인 투자를 통한 성공이 다시 수요 확대를 이끄는 선순환적인 생태계 조성에 기여하기 어려운 정책으로 볼 수 있다. 창직 지원정책이 시행되어야 할 경우라 하더라도 정책대상으로서 최소한의 실무 경험을 갖춘 경험자를 선별하고 평가 관리체계를 둠으로써 디자인 서비스 제공자의 품질을 유지할 수 있는 방향으로 추진되어야 할 것이다.

전주기적 디자인 인력 양성

디자인산업 생태계의 공급자인 디자이너 인력에 대해 전주기형 인력 관리 모델을 수립하고 각 단계별 특징에 따라 맞춤형 정책을 구사해야 한다. '학교단계', '재직단계', '퇴직 이후 단계'로 구분하여 각 단계에 따라 적절하게 특성화된 인력 양성의 정책을 추진할 필요가 있다.

'학교단계'에서 디자인 전공자는 확장되어가는 디자인산업에 보조를 맞추어 산업융합, 서비스산업 고도화, 사회문제 해결과 같은 주제에 관심을 가질 수 있도록 자극받는 시기가 되어야 한다. 학교는 이러한 주제를 다학제 동료들과 함께 풀어나가며 수용성이 높은 전문인력으로서 육성될 수 있는 토양을 제공해야 한다. 디자인과 인지과학, 인간공학, 경영학, 인문학, 심리학 등이 융합된 커리큘럼을 개발하여 미국 '스탠포드 디자인 스쿨'22)과 같은 디자인 명문학교를 육성해야 한다.

'재직단계'의 인력 활용 대책에서 고려해야 할 것은 실무 디자이너를 위해 대학 및 유사 교육기관에서 프로그램을 개발하여 제공할 수 있는 여건을 마련하는 것이 매우 중요하다는 점이다. 현재 디자인전문기업 내에서 재교육방안으로 자체 교육이 가장 높은 비율을 보이고 있는 현실을 고려할 때, 기업 내에서 체계적인 재교육을 시행할 수 있는 교재 및 교육 운영 매뉴얼 등을 공통으로 개발하여 보급하는 방법도 고려할 필요가 있다.

재직자 중 해외에 근무하는 고급 인력의 국내 복귀정책도 고려되어야 한다. 현재까지 디자인산업에서는 국내의 역량 있는 신진 디자이너를 해외에 진출시키는 단기 고용 창출 위주의 정책이 채택되어 왔다. 하지만 천재적 디자이너가 산업지배적인 상품을 개발하는 디자인계의 특성상 디자인 인재의 유출은 곧 결정적 산업경쟁력 유출이 될 수 있다는 측면에서 우수 인력의 해외 진출을 위한 정책은 다양한 고려사항을 검토한 후 신중하게 추진되어야 한다.23) 해외 주요 기업 및 디자인전문기업에

22) 예를 들어 미국 스탠포드 디자인 스쿨(d-School)의 경우 디자인과 함께 공학, 비즈니스, 사회과학을 종합적으로 교육하고 외부 전문가와 팀을 이루어 프로젝트 진행하고, 디자인과 여타 학문의 융합을 통해 사용자 경험을 중심으로 고객의 입장에서 신제품을 개발하는 방법론을 연구한다.
23) 예를 들어 세계 자동차산업에 있어 한국인 디자이너 활약이 두드러짐. 이로 인해 국내 자동차 제조기업들은 한국인이 디자인한 경쟁사 제품과 경쟁해야 하는 상황이다.
　　- 폭스바겐 수석디자이너 이상엽은 '범블비'로 유명한 '시보레 카마로'를 디자인.
　　- 벤츠 미국 디자인센터 본부장 이일환은 벤츠 쿠페 'The New CLS'를 디자인.

취업한 인력 풀을 파악하여 일정기간 선진방법론을 학습하고 글로벌 네트워크를 확보한 고급 인력을 국내에 다시 유치할 수 있는 정책을 통해 국내 디자인산업을 육성시키는 견인차로 활용할 필요가 있다. 과학기술 분야에서는 1970년대 후반 과학기술 분야의 재외 유치 과학자 사업으로 현재까지 약 1,600여 명의 고급인력이 국내로 귀환했으며, 이 사업은 결과적으로 과학기술 R&D의 획기적 발전의 계기를 마련했다고 평가받고 있다.

'퇴직 이후 단계'에서는 노년기의 축적된 전문성을 활용하는 방안이 고려되어야 한다. 고도로 숙련된 디자인 전문 인력은 다양한 문제해결 방법론의 습득을 통해 혁신적 해결책을 제시하는 전문가로서 높은 활용 가치를 갖게 된다. 따라서 디자인 전문가들이 비교적 긴 재직기간을 거치고도 결국 타 분야로 이탈하는 경우가 많이 발견되는 점은 사회적 효율성 측면에서 개선이 필요한 부분이다. 특히 고령화사회를 앞둔 시점에서 아직까지 디자인 인력 육성정책 대상으로서 고려된 적이 없던 퇴직 이후 단계 디자이너의 사회적 재기에 초점을 맞추는 것은 중요한 의미를 가진다.

산업융합 촉진자로서 디자인의 역할 강화

기술적 목표가 아니라 인간 삶의 고양이라는 차원에서 달성해야 할 목표를 그리게 된다면 그 목표를 실현하기 위해서는 필연적으로 기술의 융합, 산업의 융합이 일어날 수밖에 없게 된다. 인간의 욕구 기반으로 설정된 목표는 분화된 개별 기술만으로는 달성할 수 없는, 융합적 기술/

- GM 디자이너 서주호는 '그래나이트 콘셉트카'로 2010 디트로이트모터쇼 최고디자인상 수상.
- 닛산 디자이너 이운한이 디자인한 '인피니티EX'는 미국에서 최고 크로스 오버카로 선정.

제품/서비스로만 실현 가능한 것이 될 것이기 때문이다. 따라서 인간의 욕구를 중심으로 연구개발의 비전과 목표를 그리고 그에 따라 필요한 서비스, 제품, 기술을 찾아가는 것이 바람직하다. 인간 욕구 중심의 비전 설정은 '융합이 일어날 수밖에 없는 조건을 만드는 것'을 의미한다. 이것이 인간 중심, 시장 중심의 혁신이 실현되도록 하는 방법이다.

미래 산업융합 생태계로의 변화 전망이 기존 디자인산업에 주는 시사점은 두 가지이다.

첫째, 디자인산업의 공급자와 전달체계가 더 적은 자원으로도 더 큰 효과를 미칠 수 있도록 산업이 전반적으로 더 고도화되어야 한다는 점이다. 디자인을 활용하여 가격 및 기술의 경쟁력 외에 고부가가치를 갖는 제품 및 신서비스 창출을 통해 산업구조가 고도화될 수 있도록 해야 한다.

둘째, 디자인산업은 관광, 레저, 엔터테인먼트 등 타 서비스산업과 이종 서비스산업을 융합하는 연결자로서 새로운 형태의 융합산업을 창조하게 될 것이며, 서비스산업과 가전제품, 운송기기 등 제조산업을 융합하면서 보다 높은 부가가치를 갖는 다양한 산업을 창출하게 될 것이라는 점이다. 기존에 서로 관계될 일이 없었던 A산업과 B산업이 서로 만나 새로운 비즈니스 생태계가 형성되도록 하기 위해서는 미래의 잠재 수요를 파악하는 예민함과 함께 다소 엉뚱한 창의성이 필요하다. 융합을 통한 신시장 창출을 위해서는 기존의 산업 안에서 요구되었던 경쟁력과는 다른 역량이 필요하다는 것이다. 현재 잠재되어 있는 욕구를 발견하는 예리한 관찰력과 낯선 대상을 자유롭게 연결하는 연결자가 필요해진다. 이 연결자는 위험회피의 성향과 거리가 멀어야 한다. 주어진 조건을 개선하기 보다는 새로운 무엇인가를 창조하는 자여야 한다.

디자인은 본래 연관이 없던 기술과 기술, 제품과 제품, 서비스와 서비스, 산업과 산업을 서로 연결하여 새로운 시장과 산업을 창조하는 역할을 한다. 디자인은 융합의 촉매로서 서로 관련성이 낮았던 개념과 사물을 서로 연결하고, 서로 만나지 못했던 기술과 기술, 제품과 제품, 서비스와 서비스를 서로 연결함으로써 새로운 가치를 창출하는 역할을 하게 될 것이다.

■ 참고문헌

세계경제포럼(WEF), "2012년 국가별 경쟁력 평가 결과".

윤성원 등, "공공정책, 책상에서 현장으로", 한국디자인진흥원, 2013.

윤성원 등, "디자인산업비전2020", 지식경제R&D전략기획단, 2011.

차두원·유지연, "창조경제 개념과 주요국 정책 분석", 한국과학기술기획평가원, 2013.

코트라 해외투자속보, 2011.

한국디자인진흥원, "2009산업디자인통계조사", 2009.

유영선 등, 「디자인전문기업 비즈니스 활성화 방안 연구」, 한국디자인진흥원, 2010.

정성철, 「창조경제의 의미와 과제」, 한선(한반도선진화재단)정책심포지엄 "이것이 '창조경제'다" 발표논문, 2013. 5. 14.

조동성, 「21세기 디자인 산업의 새로운 분류방법」, 『경영논집』 35, 서울대 경영연구소, 2001.

차두원, 「창조경제의 성공조건」, 한선(한반도선진화재단)정책심포지엄 "이것이 '창조경제'다" 발표논문, 2013. 5. 14.

Sir George Cox, Cox Review of Creativity in Business, Design Council, 2005.

The Design Innovation Centre at the University of Art and Design in Helsinki (2011), GLOBAL DESIGN WATCH.

제3부

소통과 연계가 만들어가는 미래

I장 산학연협력 생태계

1. 파괴석 혁신의 필요성

2011년을 기준으로 우리나라 전체 기업 중 중소기업은 업체수로는 99.9%, 고용은 87%, 전체 생산량에 있어서는 47%를 차지하고 있다(중소 기업청, 2011). 비록 1년에 113만 개가 탄생하지만, 89만 개 정도가 사라지고, 창업 후 5년 이내에 52%가 폐업하며, 10년 이상 생존하는 기업은 고작 21%에 불과하지만 중소기업이 한국경제의 든든한 버팀목의 역할을 하고 있음에는 이견의 여지가 없다. 1,175만 명의 삶의 터전이자, 연간 40만 개 이상의 새로운 일자리를 창출하며, 555조원의 매출액을 올려 한국경제의 견인차 역할을 톡톡히 담당하고 있기 때문이다. 그러나 아직까지 중소기업이 국제경쟁력을 갖추고 세계적인 기업들과 당당히 겨루어 초우량기업(히든챔피언, Hidden Champion)으로 성장하기는 매우 어렵다 (한국산학연협회, 2011).

산업통상자원부 R&D전략기획단의 2013년 자료에 의하면 수출 규모 1000억~1조 원의 세계 1~3위 기업을 따졌더니 독일이 1,300개, 미국 300개, 일본 150인데 대한민국은 25개라 한다. 최근 유럽 발 경제위기 속에서도 건실하게 국가경제를 이끌고 있는 독일에 비교하여 50분의 1

수준에 머물고 있다. 특히 대한민국은 대기업과 중소기업 간의 인적, 물적 격차가 심하다. 임금격차는 기본이고 사회적 인식 또한 중소기업 근로자에 대한 차별이 심하여 대학 졸업생 중 우수한 인력은 대기업에 먼저 지원한 후 취업이 안 되면 중소기업으로 어쩔 수 없이 간다. 심지어는 대기업에 취업하기 위하여 졸업 일자를 늦추거나 취업 재수를 하면서 해외어학연수 등 본인의 추가 스펙(Specification)을 쌓는 경우가 허다하다. 우수인력 확보 등 한국의 중소기업이 히든챔피언으로 올라설 수 있는 기본 체력부터 허약한 상태이다.

혁신이론의 권위자 클레이튼 크리스텐슨(Clayton Christensen) 하버드 경영대학원 석좌교수는 이처럼 어려운 상황에 처한 한국의 중소기업들에게 '파괴적인 혁신전략'이라는 해결책을 제시한 바 있다. '파괴적 혁신(Disruptive Innovation)'이란 '새로운 개념의 상품 및 서비스로 틈새를 파고들어 시장에 진입한 후 시장 전체를 장악해나가는 경영기법'을 뜻하는 말이다. 냉혹한 시장의 경쟁체제 속에서 살아남기 위해서는 기업은 철저한 차별화로 모방 불가능한 제품을 생산함으로서 경쟁 우위를 확보하는 길밖에는 없다. 인적, 물적 자본구조가 취약한 중소기업이 크리스텐슨 교수가 지적한 바와 같이 '파괴적 혁신전략'을 구사할 수 있는 방법은 대학, 연구기관 등 외부 혁신 자원을 활용하여 내부의 부족한 역량을 보완하는 산학연협력이 최선이다. 산학연협력은 발생 가능한 리스크를 최소화하고 상호 혁신 역량을 보완함으로써 효율성을 최대화할 수 있다는 데에서 가장 큰 장점을 가지고 있다.

OECD 주요 각국에서도 과학과 산업의 연계에 대한 유인지원책의 강화, 민간 부문의 혁신활동을 촉진하는 직·간접 지원책의 강화, 정부연구개발비의 지속적인 확대, 대학·연구소의 R&D 성과 사업화 등 산학연협력을 위한 다양한 사업들을 국가적 과제로 지속 추진하고 있다(송완흡, 2006). 이처럼 산학연협력에 대한 중요성은 세계적인 추세이며, 특히 중소기업의 글로벌 경쟁력 강화를 위한 최선의 대안으로 제시하고 있다.

<그림 Ⅰ-1-1>에서와 같이 고급인력으로 간주되는 박사연구원의 69%
가 대학에 근무하고 있고 기업체의 경우 그나마 대부분은 대기업에 근
무하고 있다. 특히 중소기업은 R&D 역량과 기술 인력의 부족으로 경쟁
력의 근본적인 한계를 갖고 있다. 대학, 연구소 기술의 산업화, 즉 산학
연협력과 국가경쟁력 확보는 직결되어 있다.

한국 산업을 대표하는 대기업을 보더라도 세계 시장에서의 지속적인
경쟁력 유지 또한 만만치 않다. 매년 매출액을 기준으로 전 세계 최고
상위 500대 기업을 선정하는 Fortune Global 500의 2013년 선정 순위를
보면 한국의 기업수가 13개인데 반해, 브릭스 국가의 기업수는 중국 89
개, 인도 8개, 러시아 7개, 브라질 8개 등 112개로 매년 증가 추세에 있
다. 7년 전인 2007년만 해도 Fortune Global 500에 선정된 이들 국가의
기업수가 중국 24개를 포함하여 전체 39개 기업에 불과했던 것을 보면,
실로 비약적인 발전이라 할 수 있다.

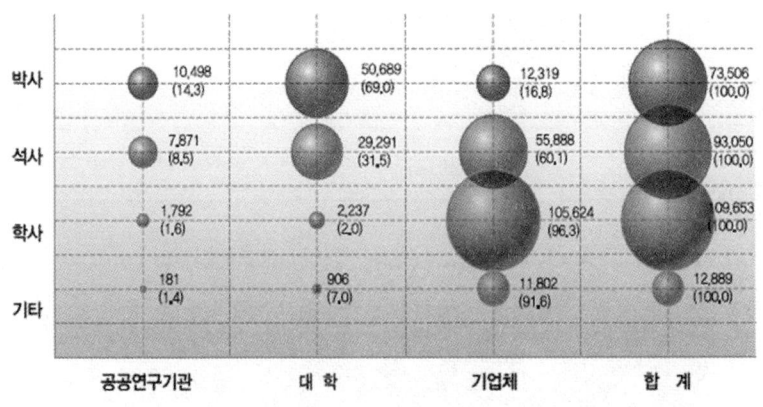

<그림 Ⅰ-1-1> 국가연구자료통계(KISTEP) 연구보고서 2009

반면 한국의 기업수는 2007년 14개에서 2013년에는 13개에 머물러 거

의 제자리 수준을 면치 못하고 있다(2007년 : 14, 2008년 : 15, 2009년 : 14, 2011년 : 14, 2013년 : 13). 지난 15년 가까이 1인당 국민소득 2만 불 근처에서 맴돌고 있는 경제 현실과 매우 비슷한 상황이다. 한국 산업 생태계의 현주소를 보면 우수인력을 몰아주고 있는 대기업 또한 중소기업 못지않게 중국을 비롯한 세계의 신흥 글로벌 강자들과 치열한 경쟁을 벌이고 있지만 노력의 성과가 아직 나타나지 않고 있다. 대기업 또한 크리스텐슨 교수가 제안한 '파괴적 혁신'이 필요하며 이를 위한 산학연협력을 통한 지속적인 생태계 구축이 필요하다. 지난 이명박 정부에서 시작한 대·중소기업 상생프로그램이 어느 정도 성과는 나타나고 있지만 강한 중소기업을 전제로 하는 부분에서는 여전히 많은 문제를 내포하고 있다. 산학연협력을 통한 강한 중소기업 육성이 먼저 선결되어야 하기 때문이다. 대기업 또한 국내에서 강한 중소기업이 뒷받침되어야 지속 가능한 국제경쟁력을 유지할 수 있고 삼성, 현대와 같은 초일류 대기업이 보다 많이 출현되어야 한다. 일본만 하더라도 삼성과 같은 초일류 기업이 10여 개 이상이다.

<그림 Ⅰ-1-2>는 효율적인 산학연관 협력으로 지식의 창조, 확산, 적용을 통하여 가치 창출로 이어지는 구도를 보여준다. 파괴적 혁신을 위한 산학연 생태계 구축의 이상적인 모델이라 할 수 있다.

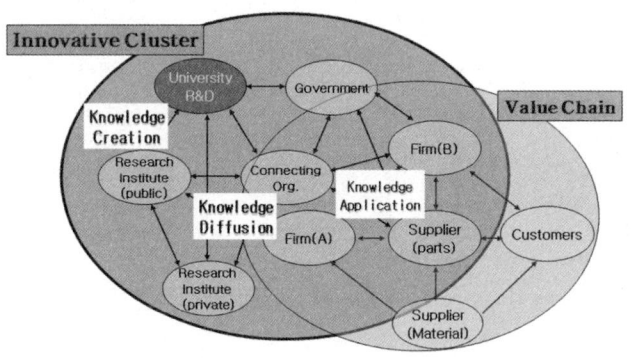

<그림 Ⅰ-1-2> 산학연협력을 통한 파괴적 혁신구도

2. 산학연협력의 정의와 유형

산학연협력의 정의는 산학연협력의 주체와 협력의 유형, 협력의 내용 등에 따라 다양하게 정의될 수 있으나, 법률에서는 '산업교육기관과 국가, 지방자치단체, 연구기관 및 산업체 등이 상호 협력하여 행하는 활동으로 산업체의 수요와 미래의 산업 발전에 따르는 인력의 양성, 새로운 지식·기술의 창출 및 확산을 위한 연구·개발·사업화, 산업체 등으로 기술이전과 산업자문, 인력, 시설·장비, 연구개발정보 등 유형·무형의 보유 자원 공동 활용 등'으로 정의[1]하고 있다. 링크와 바우어(Link and Bauer, 1989)에 의하면, 기본적으로 산학연협력은 기술지식을 습득하기 위해 공동으로 이루어지는 조직들 간의 협정이라고 표현하고 있으며, 이 같은 조직 간 협력을 통해 기업은 자신의 경쟁적 지위(Competitive Position)를 향상시킬 수 있다고 제안한 바 있다. 여기서 산학연협력을 기업이 선택할 수 있는 하나의 기술획득방법으로서만 인식할 것이 아니라 기업이 장기적으로 경쟁 우위를 확보하기 위한 체계적인 기술획득 및 경영전략 등으로 파악해야 한다고 주장하고 있다. 이와 같이 일반적으로 산학연협력은 미래의 기업 가치 창출을 위한 가장 효과적인 원천이며, 대학과 산업체 간의 지식이전을 촉진하는 중요한 메커니즘이라 여겨지고 있다. 산학연협력이라는 용어 또한 각 분야의 연구자들에 따라 조금씩 정의하는 내용이 다르지만, 2008·2009년도 『대학산학연협력백서』에서와 같이 '학계와 산업계가 정부, 지자체 등 다양한 주체들과 상호 발전하기 위하여 필요한 자원과 역량을 공동으로 활용하여 연구개발, 인력양성, 기술이전·사업화, 기술자문, 창업 등을 수행하는 것'으로 폭넓게 정의되고 있다.

---

1) "산업교육진흥 및 산학연협력촉진에 관한 법률"(법률 제10907호, 2011 일부개정) 제2조(정의)6항.

또한 기존 연구에서는 일반적으로 '연구·기술 개발 또는 인력양성·훈련, 인적 교류 및 정보교환 등과 같은 다양한 목적의 사업을 추진하는 과정에서 산업체와 대학 등 각 참여주체들이 상호작용·협력하는 현상'이라고 정의하는 등 각 분야의 연구자들에 따라 조금씩 정의하는 내용이 다르게 나타나고 있다(홍지승 외 2006). 산학연협력의 유형 또한 개념적 정의에 따라 포괄하는 범위 영역과 유형도 크게 다르게 된다.

<표 I-2-1> 산학연협력 유형 및 세부내용(홍지승 외, 2006·중소기업청, 2005)

유형 분야	세부내용
연구·기술 개발	공동연구(국가R&D과제 등), 위탁연구, 파견연구, 초청연구 등
기술이전 및 생산 지원(창업활성화)	대학·연구소 기술의 기업이전, 생산현장 애로기술해결·기술 지원, 기업기술 개발 지원을 위한 기반시설 및 창업보육센터 운영, 시설의 공동이용 등
교육·훈련	주문식·맞춤식 교육과정, 재학생 현장실습 및 인턴사원 채용, 산업체직원 재교육훈련과정, 산업체 장학금 지원 후 수혜학생 채용 등
네트워크, 기반 구축	연구자의 교류·이동, 공동학술세미나, 연구인력 간 비공식네트워크 등

여기서는 산학연협력의 목적에 따라 1) 공동기술·연구개발, 2) 생산지원 및 기술이전(창업활성화 포함), 교육·훈련을 통한 인력양성 등으로 구분하여 살펴본다. 먼저, 공동연구·기술 개발 분야이다. 각 정부 부처가 소관 분야별로 산업경쟁력 강화를 위하여 산학연 공동연구형태로 추진하고 있는 장단기의 연구·기술 개발사업을 들 수 있다. 해당 산업의 현장애로기술 개발, 전략 분야 육성을 위한 핵심신기술·신제품 개발 등

을 지원한다. 중소기업청의 산학연공동기술개발사업, 산업통상자원부의 지역특화산업육성사업, 미래창조과학부의 지역거점연구단 육성사업 등이 여기에 해당된다.

다음, 기술이전 및 생산 지원 분야이다. 연구사업의 성과로 개발된 기술의 원활한 거래 및 사업화가 되도록 산업계로의 기술이전을 촉진하거나 산업체의 기술 개발 지원을 위한 시설·장비 등 인프라를 구축하고, 창업보육센터 운영을 통한 창업활성화를 위한 사업 등이 있다. 산업통상자원부의 기술이전·사업화 촉진사업, 중소기업청의 예비기술창업자 지원사업 등이 이에 해당된다.

다음, 교육·훈련 등을 통한 인력양성 분야이다. 이론과 산업현장의 실무능력이 통합된 교육·훈련 촉진을 위해 기업과 대학이 공동으로 추진하는 교육활동 조장, 해당 분야 연구 인력이 참여하는 대학 내 연구·교수활동 지원 등이 있다. 현재 미래창조과학부가 추진하고 있는 광역경제권 거점대학 육성사업, 지역혁신인력양성사업 등과 미래창조과학부·산업통상자원부 공동의 산학연협력 중심대학 육성사업, 산업통상자원부의 산업전문 인력 역량강화사업 등이 여기에 해당된다.

마지막으로 네트워크 및 기반 구축 분야로서, 산학연 각 연구자의 교류·이동, 공동학술세미나, 연구인력 간 비공식 네트워크를 지원하는 사업이 있다. 미래창조과학부의 '커넥트코리아'사업, 지방과학연구단지 육성사업과 산업통상자원부의 지역전략산업 육성사업 등이 여기에 해당된다.

3. 산학연협력, 무엇이 문제인가?

파괴적 혁신을 통한 산학연협력의 필요성과 중요성은 국가산업 발전을 위하여 아무리 강조해도 지나치지 않으며 그동안 대한민국정부 또한 여러 번 정권이 바뀌면서 오랫동안 고민해오고 다양한 지원 프로그램을 개발해왔다. 그동안 부분적인 성과가 있었음에도 불구하고 산학연협력 분야에서 글로벌 수준의 자생적 산학연협력 생태계 구축은 아직 실현되지 못하고 있다. 우리나라는 아직도 미국의 실리콘밸리와 같이 세계 각국에서 창의적인 아이디어와 거대한 자금을 갖고 들어와 'K-사이언스 밸리'에서 사업을 해보고 싶다는 유능한 젊은이와 기업가를 연계되지 못하고 있는 것이다. 세계 각국으로 부터는 고사하고 국내의 기업체는 대학과 연구소의 문턱이 높고 원천적 이론기술에만 너무 치우쳐 있어 얻을 게 별로 없다고 불평하고 있다. 국내의 대학과 연구소 또한 기업은 원천기술을 이해하면서 상품화와 연결시키려는 능력과 노력 또한 부족해 기업체와 협력할 수 없다고 주장한다. 지속 가능한 생태계 구축이 안 되어 있다. 산학연협력이 내재적으로 안고 있는 근본적인 문제를 살펴보면 다음과 같다.

먼저, 기업과 대학(교수) 간에는 협력할 수 있는 기술 수준 및 동기면에서 이해갈등의 여지가 존재한다. 기업에 근무하는 기술자의 대부분 학력 수준이 학부 또는 그 이하로 원천 이론기술을 바라보는 눈높이가 교수와 다르다. 기업의 산학연협력 동기 또한 최신의 기술정보와 대학의 전문지식을 활용하여 산업체 프로젝트를 위한 구체적 문제해결을 원하다 보니까 신속성과 실용성을 중시하게 되나 대학과 연구소는 정확성, 객관성, 그리고 과학성을 중요시한다. 기업은 연구결과의 독점적 활용을 희망하나 대학은 개발한 기술이 해당 기업의 사업활동에만 활용되기를 기대한다. 기업은 또한 과학기술자의 순간적인 활용, 졸업학생의 신규채용, 대학과 연구소의 장비사용, 연구개발 절감 등 부족한 개발 자원만을 획득하기를 원한다.

반면, 교수는 연구과정에서 개발된 기술에 대한 교육, 후속연구 등의 다양한 활용을 기대한다. 대학이 보유하고 있거나 보유하는 기술과 지식재산권에 대한 권리주장 등에 문제가 발생할 수 있어 기업은 산학연협력에 참여보다는 핵심기술 등을 내부화하려는 경향을 갖게 된다. 대학(교수)은 장기적인 연구에 관심이 많으며 융합학문의 종합적 지식을 선호하는 산업체 프로젝트보다는 단일 학문 영역을 깊이 연구함으로서 SCI저널에 논문 발표하기를 선호한다.

<그림 I-3-1>는 대학과 기업체와의 구조적인 차이를 나타내고 있다. 이론적으론 대학과 기업체 간의 문화적 차이(Cultural Gap)를 없애주면 가능하나 현실적으로 매우 어렵다. 대학과 연구소는 기본적인 임무인 교육과 기초적인 선도연구를 실행해야 하고 기업체는 시장에서 고객이 요구하는 제품을 적기에 생산하여 판매함으로서 이익을 창출해야 하기 때문이다.

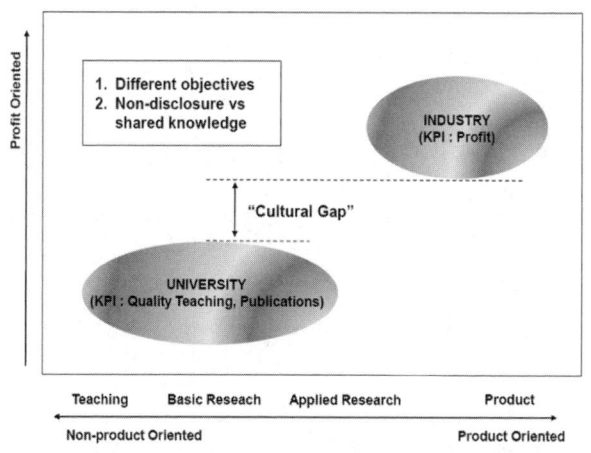

자료 : Aminar R. Salleh, Productive University-Industry Collaboration: The Way Forward, Presentation Materials, 2010

<그림 I-3-1> 대학(연구소)과 기업체의 구조적 차이

더욱 심각하게 우려되는 점은 그동안의 산학연 공동기술 개발 등 협력과정에서 상대방에 대한 눈높이의 차이 및 실망으로 상호 간 불신의

골이 깊어졌다는 점이다. 미국의 실리콘밸리에서는 산학연협력 생태계가 구축되었는데 한국에는 'K-사이언스밸리'가 아직도 구축되지 못하고 있다.

4. 산학연협력 지원정책의 발전

산학연협력 촉진을 위한 우리 정부의 노력은 1960년대 산업화 시기부터 이루어져 왔고 산업 발전단계에 따라 각 기간별로 다른 모습을 보이면서 발전해왔다. 기간별로 <표 Ⅰ-4-1>에서 정리한 것처럼 크게 5단계로 나누어볼 수 있고 좀 더 큰 흐름으로는 1960년, 1970년대의 산학연협력의 기반 구축단계, 1980년, 1990년대의 정부 주도의 산학연협력단계, 그리고 2000년대 이후의 산학연협력의 다양화 단계로 분류된다(홍지승외, 2006 ; 한국산학연협회, 2011).

<표 Ⅰ-4-1>산학연협력정책의 발전과정(정선양, 2007)

구분	1960년대	1970년대	1980년대	1990년대	2000년대 이후
특성	산학연협력을 위한 기반 구축	혁신 주체들의 활성화	정부 주도의 산학연협력 시작	정부 주도의 산학연협력 확장	산학연협력으로의 다양화
정책 방향	기술혁신의 주요 기반이 되는 인프라 확충에 중점 / 인적자원, 기술인력, 혁신인력의 창출 및 확보에 집중	산학연협력의 효율적 수행을 위한 법적, 제도적 기반 조성 / 기술 관련 협회의 설립, 개발, 육성에 주력	정부 주도의 산학연협력을 위한 정책시행 / 산학연협력의 기반 조성	과학기술정책 분야 산학연협력의 중요성 부각 / 부처별 산학연협력을 위한 사업추진	수요 지향적, 혁신 주체 간의 협력정책 강화 / 지역협력 연구개발활동 강화

관련 기관	한국과학기 술연구원/ 과학기술처	한국과학원 (KAIST)	과학기술부/ 산업자원부	우수연구센터/ 지역협력 연구센터/ 지역기술 혁신센터/ 테크노파크 사업	정부 각 부처
관련 제도	산업교육 진흥법 제정 (1963)	기술개발 촉진법 제정(1972)	기업부설연구소 인정제도 제정(1982) / 산업기술연구 조합육성법 제정(1982)	산학연협동 연구개발촉진 법 제정(1994)	국가균형 발전위원회, 중소기업청 등 6개 부처의 '신산학연협력 (2003)', 국가과학기술 위원회 '산학연라운드 테이블'

산학연협력을 위한 기반 구축(1960~1970년대)

1960년대의 산학연협력은 인력양성을 중심으로 이루어졌다. 1960년대 우리 경제는 노동집약적인 경공업이 산업의 중심을 이루었으며, 국내의 연구개발 기반은 거의 전무한 상태로 산업기술을 대부분 외국으로부터 이전·도입에 의존하는 시기였다. 과학기술정책의 주안점은 노동자의 숙련도 향상과 기능인력 확보에 초점이 맞추어졌으며 산학연협력도 인력양성·공급 중심으로 이루어졌다. 1962년 우리 정부는 '제1차 경제발전 5개년 계획'을 시작하면서 정부는 국가경제 발전에 있어서 과학기술이 대단히 중요하다는 점을 인식하였다. 이때 이후 정부는 과학기술 분야에 강력한 개입을 해오고 있고 국가혁신체제의 구축을 위한 강력한 기술투입전략을 추진해오고 있다. 당시 우리 정부의 주요 지원 대상이었던 산업은 자동차, 조선, 기계제작, 전자산업이었으며, 정부는 이와 같은 경제정책을 효과적으로 추진하기 위하여 과학기술 분야 하부구조의 구축을 시작하였다. 기술혁신의 주요 기반이 되는 인프라 확충에 주안점을 두어 산학연협력의 방향을 잡았다. 기본 인프라 확충은 국가연구개발사업의 기초를 위한 인적자원 및 기술인력, 혁신인력의 창출, 확보에 집중하였다. 1966년 2월 10일에 설립된 한국과학기술연구소는 1981년에는 한국과학원과 한국과학기술원으로 통합하고 1989년 6월 12일 한국과학기술원 연구부로 독립 발족하여 기초 및 원천기술 개발을 위한 대형 국책연구 과제를 수행하는 종합기관으로 성장하였다. 1967년 설립된 과학기술처는 제2차 경제개발계획 촉진과 함께 확대 개편되었으며 경공업 중심의 산업구조를 고려한 결과 인적자원 개발과 관련한 기능인력의 확보와 숙련도 향상에 정책의 주안점을 두었다. 1963년에는 교육과 산업 분야에 관련한 산업교육진흥법이 개정되었다. 그러나 이 시기에는 우리나라는 기술혁신능력 및 인력 기반이 미비하였고 인적자원을 육성할 수 있는 교육·훈련의 기반을 갖추지 못하였다. 산학연의 혁신주체들 또한 형성되지 못하였기 때문에 진정한 의미의 연구개발활동이 이루어지지 못하였고 과학기술진흥을 위한 구체적인 정책수단이 동원되지 못하였다. 국가혁신체제 내 혁신주체들의 진정한 의미의 협력은 일어나지 못했다.

1970년대에 들어서면서 산학연협력을 위한 구체적인 정책수단은 미흡하였으나, 산학연협력을 위한 개별 협력주체의 설립 기반이 마련되었다. 산학연협력정책의 방향으로는 산학연협력 및 국가혁신체재를 효율적으로 수행할 수 있게 하는데 있어 법적·제도적인 틀을 제정하려는 노력을 하였고 정부 출연을 중심으로 산업계와의 위탁연구, 협동연구가 처음으로 시작되었다. 정부 차원에서 산업 내에 여러 가지 기술과 관련된 협회나 단체들의 설립, 개발, 육성에도 주력하였다. 1971년 한국과학기술원 (Korea Advanced Institute of Science, KAIS, 현재의 KAIST)을 과학기술 발전에 필요한 인력양성을 위하여 설립하였다. 정책의 주안점을 중화학 공업의 육성에 모았으며 이들 산업들은 대단히 기술집약적인 산업들이며 상당한 정도의 기술혁신 역량을 필요로 하였다. 이들 산업의 기술적 수요를 담당하기 위하여 1996년 설립된 한국과학기술연구원(KIST)이 민간 기업의 단기적 애로기술 타개, 신기술의 기업화를 지향하는 개별연구 등 으로 역할을 전환하고, 기업 위탁연구 및 공동연구 등을 통하여 산학연협 력의 핵심주체로서 중요한 역할을 담당하였다. 이 당시 설립된 대표적인 정부출연 연구소들은 한국기계연구원(Korean Institute of Machinery and Materials, KIMM), 한국화학연구원(Korean Research Institute of Chemical Technology, KRICT), 전자통신연구원(Electronics and Telecommunication Research Institute, FTRI)이 있다. 이들 정부 출연 연구소들은 주요한 기 술 및 산업 분야별로 설립되어 국가혁신체제의 핵심적인 축을 형성하고 산학연협력의 기초가 형성되기 시작하였다. 더불어 대학도 점차 산학연 협력에 관심을 높여가게 되었다. 1972년에는 기술개발촉진법이 제정되어 산학연협력 지원, 기술개발준비금 제도, 산업기술연구조합 설립 등의 법 적 근거가 마련되었다. 관련 제도들은 나중에 뒤따라오게 될 기술적인 발전을 대비하여 미리 준비하는 방향으로 제정되었고 과학기술력의 발 전을 위해 많은 자원을 투입하는데 기초가 되었다. 그러나 산업계가 기 업체 부설연구소를 정식으로 법적인가를 받지 못한 상태였으므로 기업 이 산학연협력의 실질적인 혜택을 보지 못하였다. 산학연협력 및 국가연 구개발활동을 촉진할 수 있을만한 충분한 정책적 뒷받침이나 프로그램 이 불충분하였고 기업들은 단순히 제품의 모방, 생산에만 집중하였기 때 문에 연구개발활동을 제대로 수행하지 못하였다. 정부 차원에서도 일반 기업들이 연구개발활동에 활발하게 능동적으로 참여시키는 것을 촉진할 만한 제도적인 체제 또한 확립되지 못한 상태였다.

정부 주도 산학연협력(1980~1990년대)

산학연협력을 활성화하기 위한 구체적인 정책프로그램이 추진되기 시작하였다. 1970년대까지의 산학연협력은 구체적인 정책수단이 결여된 상태에서 개념적으로 산학연협력이 강조되어 왔다고 볼 수 있으나, 1980년대에는 국가연구개발사업이라는 정책수단을 통하여 본격적으로 산학연협력을 지원하기 시작하였다. 정부가 주체가 되어 실제로 비즈니스를 수행하는 기업, 공공연구기관, 그리고 대학이라는 세 주체들 간의 협력을 목표로 한 강력한 정책 프로그램들을 시행·운영하였고 기업들의 연구개발 역량 향상 및 주체 간 협력의 인식개편을 통한 산학연협력의 기반을 조성하였다. 대형 프로젝트형태인 국가연구개발사업은 특정 연구개발사업(1982)과 사업선정단계에서 공동연구개발을 우대하는 공업기반기술개발사업(1987)을 통하여 산학공동연구가 추진되었다. 이에 따라 1980년대는 국가혁신체제 내에서 산업계의 연구개발능력의 대폭적인 증가로 특징지어질 수 있다. 정부는 민간 기업들로 하여금 독립연구소를 설립하는 데 다양한 정책적 혜택을 제공하여 많은 기업들이 독립연구소를 설립하기 시작하였다. 초기에는 대기업들을 중심으로 기업연구소의 설립이 이루어졌으나 1980년대 중반 이후에 접어들면서 많은 중소기업들이 독립연구소를 설립하여 기업의 R&D 시너지를 향상시켰다.

1980년대 후반에 들어서면서 과학기술의 중요성이 한국사회에 확산됨에 따라 다양한 정부 부처들이 과학기술처(현재의 미래창조과학부)를 따라 과학기술진흥에 참여하기 시작하였다. 1987년 상공부(현재의 산업통상자원부)는 우리 기업들이 필요로 하는 산업기술진흥을 위하여 공업기반기술조성사업(현재의 산업기반기술조성사업)을 실시하였다. 환경부, 농림부, 건설부 등 과학기술 관련 부처들이 자신의 업무 영역과 관련성이 높은 국가연구개발사업을 시행하기 시작하였다.

1990년대 들어 산학연계는 본격적으로 활성화되기 시작했다. 국가연구개발사업과 산학연협력이 과학기술정책 분야에 있어서 커다란 이슈로 등장하였다. 국가연구개발사업의 지원이 각 정부 부처별로 독자적이고 분산적으로 추진됨에 따라 산학연계의 주요 이슈로 등장(당시 정보통신부의 정보통신기술개발사업, 건설교통부의 건설교통기술연구개발사업, 보건복지부의 보건의료 기술연구개발사업 등의 국가연구개발사업이 각 부처별로 추진)하였다. 또한 본격적인 정부 지원 프로그램형태로 산학연계 운영체제의 구축사업이 추진되며, 산학연협력과 관련된 사업으로는 한국과학재단에서 선정, 지원하는 우수연구센터(SRC, ERC) 및 지역협력연구센터(RRC) 육성사업, 산업자원부에서 산업기술기반조성사업의 일환으로 지원하는 인력양성, 국제협력, 정보화 등의 인프라조성사업, 지역기술혁신센터(TIC), 테크노파크(TP) 등이 있다.

이와 함께 국가 기술혁신 시스템은 정부가 중심이 되고 정부 출연 연구기관이 주체가 되는 공동협력연구에서 지방과학기술진흥정책의 추진으로 점차 민간 기업과 대학, 지방자치단체가 주도하고 정부 출연 연구기관은 지원자의 역할을 수행하는 방향으로 이행하는 모습을 보였다. 1996년 중소기업청이 설립되면서 중소기업과 대학의 산학연협력에 대한 관심이 한층 높아졌다. 중소기업청이 주도하는 기술혁신개발사업과 산학연공동기술개발 컨소시엄 사업 등을 통하여 중소기업과 대학의 산학연협력을 적극적으로 활성화하고자 지원을 확대하였다. 그 결과 대학의 많은 교수가 관심을 갖고 참여하기 시작하였으며 연구 지원이 증가하면서 산학연협력의 기반이 어느 정도 마련되기 시작하였다. 전국 대학에 중소기업 산학연컨소시엄센터가 설치되면서 전국산학연협의회가 구성되었다.

1990년대 중반에는 우리나라의 과학기술정책의 새로운 방향이 제시되었는데 이른바 지방과학기술정책인데 이로 인하여 지역 차원에서도 산학연협력이 시도되었다. 1990년 당시 프로그램들은 현재 우리나라의 주요 연구개발 협력 프로그램의 기반이 되고 있다. 기업들이 연구개발활동 및 협력에 적극참여하고 대학원 연구능력이 크게 향상됨에 따라 국가혁신체제 내의 산학연협력의 핵심 축으로서 대학 부문이 부상하게 되었다. 대학은 인력 개발 및 연구개발을 중심으로 타 혁신주체와 상호작용하는 중요한 파트너로 인식되었다.

전반적으로 산학연협력을 위한 정부의 정책을 통해 기업들의 연구개발 역량을 확충하고 연구개발활동에 따른 산학연협력의 중요성이 인식되어 연구개발사업의 시행 및 산업계의 연구 역량의 강화로 산학연협력이 추진되었다. 그러나 여전히 지역의 대학들은 연구원의 부족으로 아직 연구능력이 많이 부족하고 서울 인근의 대학교수 또한 중소기업에서 발생하는 현장의 애로 원천기술을 지원하기에는 산업체 경험의 부족과 논문 위주의 연구 중심으로 기피하고 있었다. 특히 출연 연구소는 서울, 수도권, 대덕에 위치하고 있어 지역에서 산학현협력이 구조적으로 이루어지지 않고 있고 PBS 도입으로 소규모 과제에는 관심이 없는 문제점이 있었다.

산학연협력의 다양화(2000년대 이후)

2000년대에 접어들면서 우리나라는 과학기술의 보다 체계적인 발전을 위해 많은 노력을 기울여오고 있다. 산학연 네트워크를 강화하고, 산학연간의 기술·정보·인력의 교류를 촉진하기 위한 정책들의 추진이 강조되었다. 기업의 수요를 직접적으로 충족하기 위한 수요 지향적 정책으로 강화되어졌고 혁신주체그룹(Innovation Actor group)들 간의 협력활성화 도모를 위해 다양한 사업을 추진하였다. 이를 통하여 본질적으로 국가혁신체제(NIS)를 강화하고 혁신 클러스터 등의 지역협력연구개발활동에 관한 정책 프로그램들을 수행하였다.

국가혁신 시스템의 구축과 국가균형 발전 5개년 계획에서는 혁신주체 간의 네트워크 활성화로 지식의 창출·확산, 활용극대화를 위해 산학연 네트워크 강화의 비전과 목표를 제시했다. 산업체가 필요로 하는 기술 개발과 인력 육성을 위해 대학의 구조와 운영 시스템을 개편하도록 유도하는 정책을 시행하고 있으며, 유기적인 산학연협력 체제 구축을 통해 각 지역의 산업단지를 지역혁신거점 또는 클러스터로 전환될 수 있도록 하기위해 산학연협력 중심대학을 선정하여 지원하고 있다. 중소기업 지원에 있어서도 정부는 과거와 다른 정책을 도모하고 있는데 중소기업의 혁신 역량 수준에 따라 공동 개발, 기술지도 등 차별화하여 맞춤형 산학연협력 연구개발 지원체제를 구축하여 지원하고 있다.

2003년 참여정부는 '신산학연협력'의 방향을 제시하였다. 국가균형발전위원회, 교육인적자원부, 산업자원부, 과학기술부, 정보통신부, 문화관광부, 중소기업청 등 6개의 부처가 참여한 이 정책은 수요자 중심, 개방형·통합형·혁신주도형의 산학연협력의 중요성과 요소투입형 경제 개발에서 혁신주도형 경제 개발로 전환을 바탕으로 하고 있다. 기존의 부분적 지원 및 지엽적 참여에서 대학 단위의 종합적 지원과 총괄적 참여를 유도하였다. 다양한 형태의 네트워크를 구축하여 혁신 시너지 창출을 도모하였고 2001년 1월 과학기술 발전을 보다 체계적으로 진흥하기 위해 "과학기술기본법"을 제정하였으며, 이 법에 따르면 정부는 5년마다 "과학기술기본계획"을 수립, 시행할 것을 규정하고 있다. 과학기술기본법과 과학기술기본계획에서는 산학연 간의 기술·정보·인력의 교류를 촉진하기위한 정책들의 추진이 강조되었다.

이 시기에 지방과학기술정책은 더욱 중요성을 가지게 되었는데 특히 교육인적자원부에서는 대학의 연구 역량을 강화하기 위하여 1999년부터 '두뇌한국 21(Brain Korea 21)' 사업과 2004년부터 '지방대학혁신역량 강화사업(NURI)'을 실시하여 대학의 연구 역량을 한층 강화시켰다. 2004년 12월 우리 정부는 전 세계에서 처음으로 과학기술부장관을 부총리 급으로 격상하여 국정에 있어서 과학기술정책에 대한 우선순위를 높이고, 이와 더불어 과학기술부총리 산하에 차관급의 '과학기술혁신본부'를 설치하여 그동안의 다양한 과학기술 관련 부처의 과학기술정책의 합리적인 조정을 시도하였다.

MB정부에서는 과학기술부와 교육인적자원부를 합쳐 교육과학기술부를 출범시키면서 인적자원과 연구를 연계시켜 진정한 의미에서 산학연협력을 진지하게 시도하였다. 산업체가 필요로 하는 기술 개발과 인력 육성을 위해 대학의 구조와 운영 시스템을 개편하도록 유도하는 정책을 시행했으며, 유기적인 산학연협력체제 구축을 통해 각 지역의 산업단지를 지역혁신거점 또는 클러스터로 전환될 수 있도록 하기 위해 산학연협력 중심대학을 선정하여 지원했다. 중소기업 지원에 있어서도 2006년 전국대학산학연협의회를 중소기업 연구개발 지원 중소기업청 전문기관으로 지정하고 250여 개 대학과 연구소를 네트워크로 연결하여 공동기술 개발, 기술지도, 고가장비 지원 등 프로그램을 강화시켰다. 전국대학 산학연협의회는 사단법인 한국산학연협회로 명칭이 변경되었고 상근 직원 또한 2명에서 30명 이상으로 확대되었다.

MB정부 후반으로 가면서 규제를 기본으로 하는 교육정책과 진흥을 기본으로 하는 과학기술정책이 한 부처에 있으면서 발생되는 문제점과 과학기술계가 과학기술정책의 독립성을 주장하는 논리가 설득력을 발휘하여 국가과학기술위원회(국과위)가 재탄생되었다. 국가경제 발전을 위하여 산학연협력을 통한 국가과학기술의 중요성을 특히 인식한 국과위는 2012년 6월 국과위 주관 제1회 산학연 라운드테이블을 개최하게 되었고 산학연 라운드테이블의 위원장에 현직 국과위 위원장이 추대되었다. 산학연 라운드테이블은 위원장을 포함하여 차관급 이상 정부 당연직 8명, 중소기업기술혁신협회 회장 등 산업계 5명, 전국 공과대학장 협의회 회장 등 3명, 그리고 과학기술연구원 원장 등 연구소 및 관련 기관 9명으로 구성되었다.

산학연 라운드테이블에서의 주요 토의내용은 1960년대 이후 현재까지 정부 주도 및 수요자 지향의 다양한 산학연협력정책이 발표되고 시도되었으나 아직도 중소 및 중견기업을 포함하여 산학연 각 주체가 따로 각자 활동하고 있다는 인식에는 이견이 없었다. 따라서 산학연 라운드테이블의 중점 추진목표로 '산학연 일체화'를 제시하였고 산학연관 대표자가 모여 산학연 일체화 이행 헌장에 서명하였다. 일체화 이행을 위한 구체적인 내용으로 자유로운 인력 교류 플랫폼 만들어 방학, 연구년을 이용한 대학교수의 기업 교류 활성화, 연구소 연구자의 중소기업 파견 내실화, 기업여구인력 유입을 위한 산학연 HUB 조성을 제안하였다. 기술과 시장이 같이 호흡하기 위한 내용으로는 산학연 공동연구개발과제의 사업화 촉진, 온·오프라인 기술이전 중개기능 강화, 기술이전 전담조직(TLO) 자립화 유도, 기술사업화 프로그램의 R&D사업·시장과의 연계강화를 주장하였다. 산학연 간 눈높이 맞추기로는 산학연 간 이해증진을 통한 신뢰문화 조성, 산학연 간 소통(코디네이션) 기능강화 등을 제시하였다.

전반적으로 교육과학기술부의 산학연 관련 지원 사업은 대학의 인력 양성에 중점을 두었고 지식경제부는 차세대 성장동력산업을 중시하면서 산학연협력을 권장하였다. 중소기업청은 중소 및 벤처기업으로 국한하여 기업의 기술혁신과제, 대학과의 공동연구, 대학과 연구소에 확보한 고가 장비 활용, 기술지도 등을 지원하였다. 건설교통부, 환경부, 보건복지부, 국방부 등 또한 해당 부서에 해당되는 영역의 산업경쟁력 강화를 위하여 산학연협력을 적극 권장하였다. 정부의 각 부처에서 다양한 프로그램이 개발되어 다양하게 지원되고 있었으나 '산학연라운드테이블'에서 산학연 일체화가 시급하다고 주장한 것처럼 한편으론 산학연 주체가 아직도 각각 따로 가고 있었다. 지난 50년간 국가는 경제 및 산업성장을 위하여 지속적으로 산학연협력을 강조해왔고 실질적으로 어느 정도 성과도 있었으나 진정한 의미의 산학연 일체화는 아직도 안 되어 있다는 뜻이다. 2013년 새 정부가 들어서면서 정부 조직의 개편으로 인하여 국과위가 폐지되었고 따라서 국과위가 의욕을 갖고 지난 정부 말기에 추진한 '산학연 일체화'를 위한 산학연 라운드테이블은 1년 만에 중지된 상태에 놓이게 되었다. 민간 대기업 연구소에서는 그나마 자생력을 갖추기 위하여 스스로 국내외를 막론하고 산학연협력을 통하여 원천기술을 확보한다. 그러나 중소기업은 자금, 인력, 그리고 설비 면에서 열악하여 대학과 연구소의 고급인력과 고가장비의 활용이 더욱 필요하나 현실적으로 쉽지 않다. 특히 산학연 활성화를 통하여 혜택을 받는 수요자인 중소벤처기업이 자발적으로 산학연협력을 원하고 실행할 수 있는 생태계 구축은 여전히 안 되어 있다. 국가경제 발전을 위하여 그리고 초일류 대기업을 위해서도 산학연협력 활성화를 통한 개방형 혁신체제가 갖추어져야 하고 창조경제가 자발적으로 순환될 수 있는 생태계 구축은 빠르면 빠를수록 좋다.

5. 제언: 풀뿌리 산학연협력 생태계 구축

최근 중소기업중앙회에서 조사한 우리나라 벤처중소기업의 기술혁신을 위한 애로사항을 보면 지난 15년 이상 거의 변화가 없다. 즉 조사된 기업의 33%는 기술 개발자금 부족, 24%는 우수인력 확보곤란, 17%는 연구기자재 부족으로 75% 가까이가 기술혁신을 위한 자금, 인력, 시설 부족을 호소해오고 있다. 창조경제에서 그리고 국민소득 4만 불 시대로 가기 위해서 일자리 창출을 이끌고 갈 벤처중소기업 기술혁신을 위한 자금과 연구시설 부족, 그리고 우수인력 확보의 애로사항이 계속 반복되고 있는 것이다. 시장에서 시장의 원리에 의하여 벤처중소기업이 자발적으로 성장해야 하나 우리의 산업 생태계는 그렇지 못하다.

벤처중소기업은 매우 폭넓은 업무 영역으로 기술혁신의 수준 또한 기업마다 너무 차이가 많다. 국제경쟁력을 갖춘 강한 벤처중소기업이 되려면 기술혁신을 통하여 가격 및 품질경쟁력을 동시에 갖추어야 하고 정부정책 또한 이를 뒷받침해주어야 한다. 특히 벤처중소기업에 대한 정책이 과거 정부와 다르게 성공하려면 앞에서 언급한 기업의 반복되는 애로사항인 기술혁신을 위한 자금과 시설, 인력 지원 문제가 우선 해결되어야 한다. 그렇다고 한정된 정부예산을 무한정 제공할 수 없으며 우수인력 또한 환경이 열악하고 봉급이 적은 기업에 취업을 강요하는 것 또한 현실적이지 않다. 이에 정부가 실행 가능한 핵심정책으로 기업 외부의 가용 자금과 연구기자재, 그리고 고급 인력을 가장 효과적으로 혁신주체 간 자발적으로 협력할 수 있는 "풀뿌리 산학연(産學研)협력 생태계 구축"이 필요하다.

풀뿌리 산학연협력은 벤처중소기업이 대학과 연구소의 연구자금과 기자재, 그리고 우수인력을 활용하면서 자발적으로 협력하는 상향식(Bottom Up) 개방형 협력체제(<그림 Ⅰ-5-1>)를 말한다. 정부에서 미래의 산업과 기술로드맵을 그려 성장동력산업을 이끌어가려는 하향식 산학연협력체제와는 정반대의 개념이다. 산학연 각 조직은 서로의 생각과 목표가 다른 이질적인 조직이라 기업 또는 대학에 정부정책 실현의 우선권을 주는 것 또한 맞지 않다. 정부는 산학연 조직이 상호 윈윈할 수 있고 자발적으로 협력체제가 구축될 수 있도록 풀뿌리 개방형 시스템 운영정책에 기본을 두어야 하며 그 전략적 기본방향을 (<그림 Ⅰ-5-2>)과 같이 제시한다. 풀뿌리 산학연협력 생태계 구축의 전략적 기본방향은 크게 4가지로 정리할 수 있으며, 첫째는 일자리 창출, 둘째는 융·복합기술의 구현, 셋째는 지역기술혁신, 네 번째는 글로벌화의 촉진이다. 이러한 4가지의 전략적 방향은 2013년 새롭게 출범한 박근혜정부에서 주장하는 창조경제의 핵심 키워드인 개방형 혁신을 통한 창의적인 아이디어 도출, 기존의 전통산업과 미래의 정보통신산업(ICT)을 연계한 신산업 창출, 그리고 글로벌화를 통한 세계 시장 진출 등과 큰 흐름에서는 맥을 같이한다. 이 제는 진정한 의미의 풀뿌리 산학연협력 생태계가 우리나라에 큰 뿌리를 내릴 때가 되었다. 4가지 전략적 방향을 개념에 대한 그림과 함께 제안한다(<그림 Ⅰ-5-3> ~ <그림 Ⅰ-5-11>).

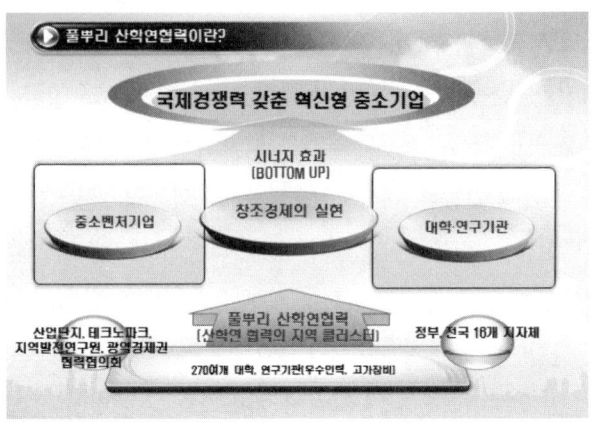

<그림 Ⅰ-5-1> 풀뿌리 산학연협력의 개념

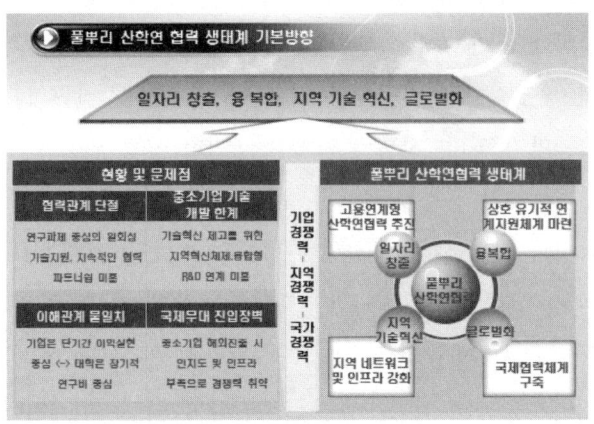

<그림 Ⅰ-5-2> 풀뿌리 산학연협력 생태계의 기본방향

첫째, 풀뿌리 산학연협력은 일자리 창출을 위한 협력체제가 되어야 한

다(<그림 Ⅰ-5-3>, <그림 Ⅰ-5-4>). 그동안 중소기업 사장들은 "사람은 많으나 쓸 만한 인재가 없다"라는 되풀이하여 왔다. 15년 전에도 그랬고 오늘날에도 그렇다. 산학연협력을 촉진하기 위한 정부정책의 핵심방향을 일자리 창출에 역점을 두어야 한다. 그동안 산학연협력에 참여한 우수인재와 중소벤처기업의 고용이 어떻게 단절되었는지 구체적인 문제점 점검과 해결책 도출이 필요하다. 산학연협력 기술개발사업이 경제적 효과에만 치중하지 않았는지 그리고 정부 지원과제를 미래 성장동력과 연계하면서 양적 실적에 초점을 맞추고 과제의 완료시점에서는 매출과 연계되지 않은 성공 실적만 평가하지 않았는가? 풀뿌리 산학연협력사업에 참여한 대학의 우수인력의 벤처중소기업 채용에 따른 다양한 인센티브가 필요하다. 미래 기업 엔지니어에게 학비를 지원하고 채용 지원, 병역특례 배정, 장기 근속자 우대, 교육 및 훈련 지원 등 일자리 창출과 연계된 산학연협력을 지속한다. 경험과 위기 대처능력이 부족한 20/30세대, 창업자와 현장 경험이 풍부한 50/60 베이비 붐 세대를 대학의 희망스쿨 프로그램을 통하여 연계한다. 따라서 창업성공률을 극대화함으로써 청년실업난을 해소하고 은퇴세대에 대한 사회 안전판 구축에 기여하도록 한다.

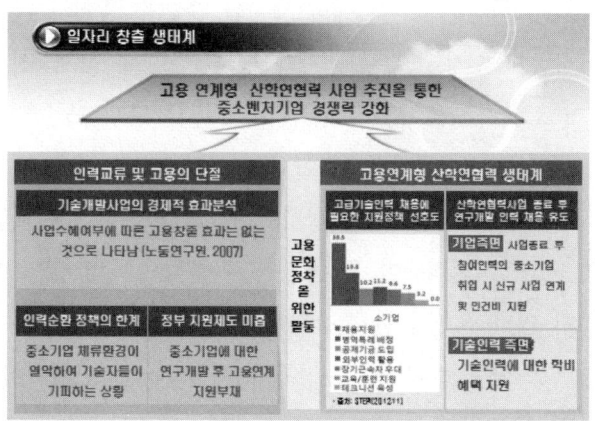

<그림 Ⅰ-5-3> 일자리 창출을 위한 생태계 구축방안 1

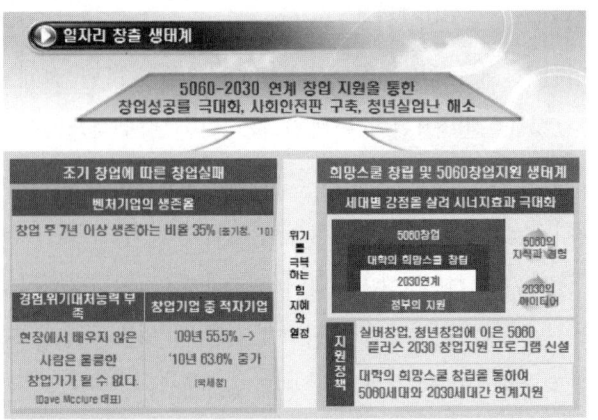

<그림 Ⅰ-5-4> 일자리 창출을 위한 생태계 구축방안 2

둘째, 풀뿌리 산학연협력은 학문, 기술, 업종의 융·복합화가 가속되고 제품의 기획, 설계, 개발, 사업화까지 연계 및 융합되는 체제가 되어야 한다(<그림 Ⅰ-5-5>, <그림 Ⅰ-5-6>). 언제 어디서나 기업, 대학, 연구기관 간의 참여, 개방, 공유가 가능한 웹 2.0 연계 플랫폼 중심의 화학적 결합이 되어야 한다(<그림 Ⅰ-5-7>). 기업, 대학, 연구기관, 정부, 기술전문가가 참여하는 온·오프라인 교류활성화가 기본적으로 정착되어야 한다. (<그림 Ⅰ-5-7>)에서 제시한 플랫폼 중심의 화학적 결합구조의 핵심개념에는 기술연계전문가가 있다. 산업계, 학계, 연구계의 기술전문가를 중소벤처기업으로 연계시켜주는 기술연계전문가가 풀뿌리 산학연협력 생태계의 주체혁신세력이 되어야 하고 그렇게 되도록 시스템을 갖추어주자. 3절에서 언급한 산학연협력의 근본적인 문제점으로 인하여 산학연 스스로 협력해야 되는 것은 이론적으론 맞지만 실제 현장에서는 그렇지 않다. 3개의 톱니바퀴가 맞물려 스스로 돌도록 기술연계전문가가 중추 역할을 해야 한다. 정부와 대학은 산학연협력이 단순한 연구개발 중심에서 벗어나 제품의 기획단계에서부터 설계, 개발, 그리고 사업화까지 유기적으로 연계되는 가치사슬상의 프로세스 협력이 되도록

지원한다. 필요하다면 벤처중소기업 풀뿌리 산학연협력 특별조치법의 제
·개정도 검토할 시점이다.

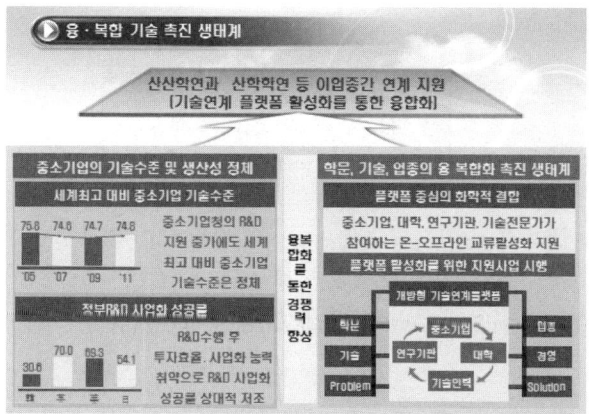

<그림 Ⅰ-5-5> 융·복합 기술촉진 생태계 구축방안 1

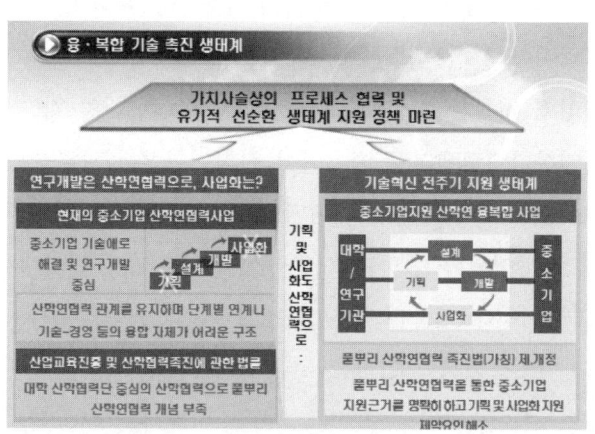

<그림 Ⅰ-5-6> 융·복합 기술촉진 생태계 구축방안 2

<그림 Ⅰ-5-7> 풀뿌리 산학연협력 기술연계 플랫폼(한국산학연협회, 2011)

셋째, 풀뿌리 산학연협력은 지역혁신체계와 연결된 산학연협력이 되어야 한다. 지역의 테크노파크, 광역산학연협의체, 지역산업단지, 시도발전연구원 등의 관련 조직 통합을 통하여 지역기업과 대학, 연구기관을 연계시켜 칸막이식 분산운영과 투자를 방지한다. 대학의 우수인력이 졸업 후 지역기업에 정착할 수 있게 하고 한국산학연협회의 각 지역대학조직인 중소기업산학협력센터 소속이면서 산학연협력에 관한 자격시험을 통과한 260여 명의 산학연 코디네이터를 최대한 활용한다. 지역협력 중심의 풀뿌리 산학연협력 협의체는 상향식(Bottom Up) 협력체제의 기본이 되면서 자본과 미래 기술을 가진 세계의 기업가와 젊은이들이 대한민국 'K-사이언스밸리'에서 사업화 성공을 실현하기 위해 모여드는 날을 앞당겨야 한다. 기업은 기초 및 응용과학을 이해하고 이를 응용해 제품과 소프트웨어로 발전시킬 수 있어야 하며, 개발된 기술은 효과적인 풀뿌리 산학연협력 생태계를 통해 벤처중소기업에서 꽃을 피우게 해야 한다. 이스라엘의 경우, 연구개발비가 미국의 10분의 1에 불과하지만 산학연협력 전문조직의 활성화로 사업화 성공률은 미국의 10배 이상을 자랑하고 있다. 미국의 실리콘밸리 또한 세계 최고의 산학연협력 메카로 잘 알려져

있다. 지역혁신체계와 연계된 풀뿌리 산학연협력 생태계가 지속 가능하려면 중앙정부는 국민 세금의 지원을 받고 책임과 권한이 큰 부서이지만 많은 권한을 지역 및 산학연 민간 단체에 이양해야 한다. 핀란드는 국립기술청(TEKES)이란 산학연 활성화 조직을 통해 한때 핀란드경제의 20%를 차지했던 노키아가 쓰러져도 강한 벤처중소기업으로 대체하는 저력을 발휘했다. 중앙에서 산학연협력정책에 대한 큰 그림은 그리되 구체적인 실행 프로그램과 관리는 지역의 특성과 지원체제에 맞추어야 한다. 중앙정부에서 담당 관료의 수가 많아지면 담당관 본인의 역할을 유지하기 위해 하향 방식의 행정체제가 고착화되고 이러한 현상은 창의적 연구개발과 융합을 통한 자발적인 기업성장 생태계 구축에 역행하는 결과를 가져온다. 창조경제의 주체인 기업과 대학 그리고 연구소가 빠른 추격자에서 벗어나 선도적 창조자로서의 역할과 기능을 다하려면 정부 간섭을 최대한 줄여 권한과 책임을 갖고 창의적이고 자율적인 연구와 협력체제가 되어야 한다. 특히 제조에서 서비스까지 사업 영역이 다양하고 기술 수준 또한 천차만별인 벤처중소기업정책은 실패를 두려워하지 않는 풀뿌리 산학연협력 생태계로 뒷받침되어야 한다.

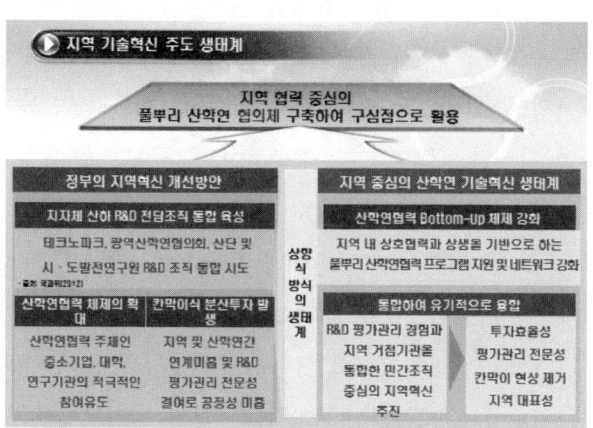

<그림 Ⅰ-5-8>지역기술혁신 주도 생태계 1

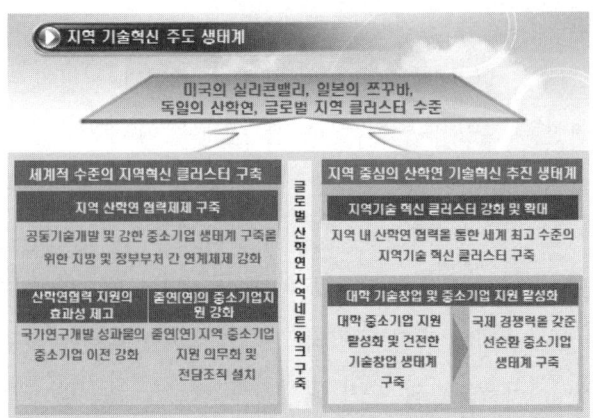

<그림 Ⅰ-5-9>지역기술혁신 주도 생태계 2

　마지막으로, 풀뿌리 산학연협력은 국내 벤처중소기업의 활동무대가 세계 시장이 될 수 있는 생태계가 되어야 한다. 기업이 성장해서 세계로 진출한다는 개념에서 벗어나 세계 시장에서 성장을 한다는 개념으로 바뀌어야 한다. 기업은 대학과 연구기관에서 구축한 산학연협력 글로벌 네트워크를 최대한 활용하여 국제공동 연구개발, 지재권 확보, 국제 비즈니스와 마케팅 등 다양한 분야에서 협력해나갈 수 있다. 실례로 산학연 공동 브랜드를 발굴하여 글로벌 융합 마케팅을 지원하는 전략도 한 방법이다.

　일본은 일본 전체 산업의 3분의 1이 밀집되어 있는 수도권 TAMA지역에 경제산업성 지원으로 TAMA산업활성화협회를 설립하여 산·학·관·금 간의 강력한 네트워크를 구축하여 운영하고 있다. 우리나라와는 좀 다른 코디네이터이지만 전문 코디네이터 기반의 풀뿌리 산학연협력 생태계가 구축되어 지역의 기업, 대학, 연구기관, 금융기관, 지자체, 그리고 상공단체 등이 효율적으로 매칭되어 있다. 중국은 최근 중국과학원, 중국공정원, 국가발전계획위원회 등 15개 중앙부처의 지지를 얻어 중국산학연합작 촉진회를 설립하여 운영되고 있고 설립목적은 지역 발전과 기업혁신, 그리고 혁신국가 건설이라는 3대 목표를 갖고 있다. 주요 활동으로 산학연협력 관련 중국 법제부 입안 안건을 검토하고 지역별 50개의 산학연협력 시범기구를 건설함으로써 중국의 관련 제도 개선 및 산학연협력 생태계 구축에 기여하고 있다. 공공 서비스 플랫폼을 통한 산학연협력 정보를 제공하고 과학기술프로젝트 관리 교육 및 자격증을 운영한다. 중국 산학연협력혁신 및 추진상을 만들어 포상하고 계간지인 중국 과학산업잡지를 발간하고 있다.

우리나라 정부는 중소벤처기업에서 중견기업으로, 중견기업에서 대기업으로 세계 시장에서 쑥쑥 클 수 있는 성장사다리를 제공하고 미국, 일본, 중국, 유럽 등과 민간 중심의 '국제산학연동맹체'를 구성하여 지속가능한 글로벌 생태계 구축이 되도록 지원해야 한다. 대기업과 중견기업, 중소벤처기업이 같이 생존하면서 특히 국제경쟁력을 갖춘 강한 중소벤처기업이 전국 곳곳에서 우후죽순으로 나올 수 있는 생태계를 만들어 주어야 한다. 생태계는 국내 시장에 국한하지 말고 세계 시장 지향적이어야 하며 기업이 자유 경쟁에서 스스로 생존할 수 있어야 한다. 풀뿌리 산학연협력은 중앙정부가 기술혁신의 최종목표를 정해놓고 일정한 길을 가도록 유도해서는 안 되고, 다양한 도로를 만들어주며, 기업이 생존을 위하여 스스로 창의성을 갖고 독자적으로 또는 협력하여 목표지점까지 갈 수 있는 효율적인 시스템이어야 한다. 정부가 그동안 국가의 산업기술정책을 국가의 거시적 관점에서 작성하였다면, 풀뿌리 산학연협력정책은 개별 민간 기업의 눈으로 보는 미시적 관점에서 출발하여 거시적 관점으로 발전되어야 한다.

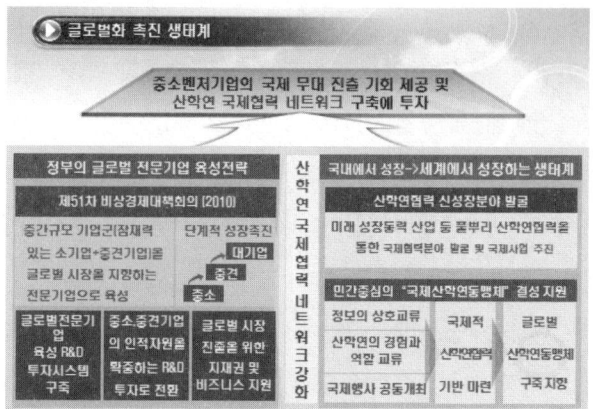

<그림 Ⅰ-5-10> 글로벌화 촉진 생태계 1

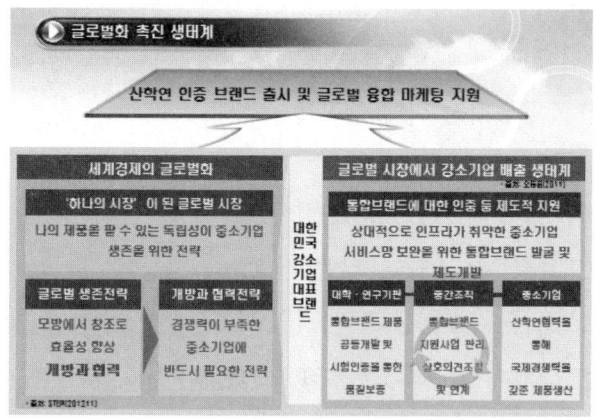

<그림 Ⅰ-5-11>글로벌화 촉진 생태계 2

▣ 참고문헌

송완흡, "산학연협력 활성화 방안", KISTEP Issue Paper, 2006.

중소기업청 외, "산학연 공동기술개발사업 성과분석", 2005.

_____, "2011년 중소기업기술통계조사보고", 2011.

정선양, "산학연협력정책의 성과분석과 향후과제", 교육인적자원부, 2007.

홍지승 외, "중소기업의 산학연협력 실태 및 발전방안", 산업연구원, 2006.

김광선, 「창조경제, 강한중소기업 육성」, 한국환경경영학회 외 26개 학술단체 창조
　　　경제와 지속가능성 춘계연합학술대회, 2013.

한국산학연협회, 『강한 중소기업으로 나라 살리자』, 디플랜네트워크, 2011.

Ⅱ장 기술이전 · 사업화 생태계

1. 기술이전 · 사업화의 개념과 중요성

기술이전 · 사업화의 정의

기술이전과 사업화에 대해서는 다양한 해석이 존재하지만 우리나라 "기술의 이전 및 사업화 촉진에 관한 법률"의 정의를 따르는 것이 논란의 여지가 없을 것이다. 이 법에 따르면 기술이란 "등록 또는 출원된 특허, 실용신안, 디자인, 반도체집적회로의 배치설계 및 소프트웨어 등 지식재산"과 "이들이 집적된 자본재" 그리고 "지식재산과 자본재에 관한 정보"를 지칭하는 것이다. 그리고 기술이전은 양도, 실시권 허락, 기술지도, 공동연구, 합작투자 또는 인수·합병 등의 방법으로 기술이 기술공급자[1] (해당 기술을 처분할 권한이 있는 자를 포함한다)로부터 그 외의 자에게 이전되는 것을 말한다. 학자들에 따라서는 기술이전의 범위를 이전된 기술이 기술수요자에게 체화 또는 활용되는 것까지를 포함하는 개념으로 정의하기도 하지만 이 법에서는 이전까지로 한정하고 있다(문병근·조규

---

[1] 법에는 기술보유자로 표기되어 있으나 본고에서는 "기술공급자"로 용어를 통일하기로 하였다.

갑, 2001 ; 김선근, 2002).

<표 Ⅱ-1-1> 기술이전의 유형

유 형	내 용
양 도	기술공급자의 입장에서는 대가를 받고 기술을 판매하는 것, 기술수요자는 대가를 지불하고 기술을 구매하는 것
실시권 허락	기술의 소유권은 기술공급자가 보유한 채 기술을 사용할 수 있는 권리만을 기술수요자에게 제공하는 것
기술지도	기술의 공급자가 수요자에게 기술의 내용을 교육, 훈련 등의 방법으로 전수하는 것
공동연구	기술의 공급자가 수요사에게 기술의 내용을 교육, 훈련 등의 방법으로 전수하는 것
합작투자	두 개 이상의 기업이나 개인이 특별한 사업을 추진하기 위해 공동으로 투자하는 것
인수 · 합병	(인수)경영권을 획득하기 위하여 다른 기업의 주식이나 자산을 취득하는 것 (합병)소멸기업의 권리와 의무를 존속회사가 포괄적으로 이전받아 새로운 하나의 회사로 태어나는 것

또한 기술이전과 함께 혹은 별개로 사용되는 사업화도 협의의 개념과 광의의 개념이 존재한다. 여기서 협의의 개념이란 자체개발 또는 외부로부터 획득한 기술을 개량, 개선하여 제품을 생산하고 이를 시장에서 판매하는 것을 의미한다. 조직 간 또는 조직 내에서 기술이전이 완료된 이후의 활동들을 지칭하는 것으로서 "기술의 이전 및 사업화 촉진에 관한 법률"의 정의와 대동소이하다. 이 법도 사업화를 "기술을 이용하여 제품을 개발·생산 또는 판매하거나 그 과정의 관련 기술을 향상시키는 것"으로 정의하고 있다. 반면, 광의의 개념은 사업 아이템의 선정, 기술 개발 및 시작품 제작, 시험 및 검사, 제품양산, 판촉과 판매를 포괄하는 개념이다. 기업이 독자적으로 기술을 개발하여 사업화를 추진하는 것이 여기에 속한다.

이상의 논거에 근거할 때 우리가 흔히 이야기하는 기술이전·사업화는 "기술의 수요자가 공급자로부터 기술을 양도, 실시권 허락, 기술지도, 합작투자, 인수합병 등의 방법으로 이전받고, 이를 이용하여 제품을 개발·생산 또는 판매하는 활동"이라고 정의할 수 있을 것이다.

기술이전·사업화의 중요성

기술이전·사업화는 기술의 공급자와 수요자 그리고 국가·사회적인 측면에서 중요한 의미를 가진다. 먼저, 기술의 공급자인 대학이나 연구소 등은 연구성과를 산업계로 이전함으로써 중소벤처기업 기술 지원과 국가산업 발전에 이바지한다는 자긍심을 얻을 수 있다. 또한, 기술이전을 통한 국가산업 발전 기여는 기관의 평판을 제고시키는 데도 큰 도움이 된다. 그러나 무엇보다 큰 가시적인 소득은 기술이전 대가로 얻는 기술료 수입일 것이다. 기술공급자는 기술료 수입의 배분을 통하여 연구원의 사기를 진작하고 또 다른 기술 개발의 기회를 얻을 수 있다.

다음으로 기술의 수요자는 외부기술의 도입을 통해 기술 개발에 따르는 위험을 줄일 수 있다. 완성도가 높은 기술을 이전받아 활용함으로써 기술 개발과정에서 생길지도 모르는 제반의 문제들을 해결할 수 있다. 뿐만 아니라 기술 개발 기간의 단축을 통하여 제품 및 서비스의 시장 출시시기를 단축할 수도 있다. 경쟁사보다 빠르게 우수한 제품을 시장에 출시하여 보다 많은 매출과 이익을 얻을 수 있는 것이다. 또한, 기술이전 과정에서 받게 되는 지도·자문을 통하여 새로운 아이디어를 얻거나 인적 네트워크를 구축하는 것도 기술수요자가 얻는 이득이다. 한편, 도입기술을 사업화하기 위해서는 이전받은 기술의 개량 및 개선이 필요한데, 이 과정에서도 새로운 특허를 획득하거나 지식을 축적할 수 있다. 물론 그렇다고 모든 경우에 기술도입의 효과가 나타나는 것은 아니라는 것을 명심할 필요가 있다.

기술이전은 때로는 전문가의 도움을 받아 성사되기도 하는데, 이를 돕는 이가 기술중개자이다. 기술중개자는 기술의 공급자와 수요자 간 중개·알선 및 협상, 계약 지원을 통해 수익을 얻는다. 이전되는 기술의 대가에 비례하여 수수료를 징수하거나 도입기술을 사업화하는 기업에 직접 투자를 하여 이익을 창출하기도 한다.

마지막으로 국가·사회적인 관점에서 본다면 기술이전을 통한 사업화는 국가 연구개발 자원의 활용을 극대화하는 좋은 수단이다. 많은 비용과 노력을 투입하여 개발한 연구성과를 사장시키지 않고 사업화로 연결시킴으로써 국가 자원의 낭비를 방지할 수 있는 것이다. 뿐만 아니라 이미 개발된 기술의 활용을 유인함으로써 동일·유사 기술을 중복하여 개발하는 것을 방지할 수도 있다. 더 나아가서는 외부로부터 도입한 기술이 사업화에 성공하고 이로 인해 기업이 성장하는 경우에는 경제성장은 물론이고 일자리 창출에도 큰 도움이 된다.

2. 기술이전·사업화 생태계를 이루는 구성요소들

기술이전·사업화 생태계에는 기술공급자, 기술수요자, 기술중개자 그리고 기술평가기관, 기술금융기관과 기술사업화진흥기관이 존재한다. 이들 각각에 대한 속성과 역할은 다음과 같다.

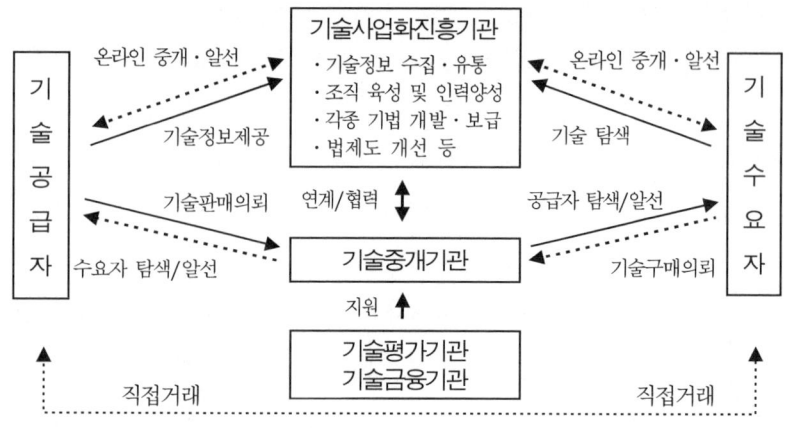

<그림 Ⅱ-2-1> 기술이전·사업화 생태계 구조도

기술을 생산하는 기술공급자

기술공급자는 기술 시장에 기술을 제공하는 주체이다. 기술을 직접 개발한 연구자이거나 해당 기술에 대한 권리를 보유한 자 또는 기관이 기술공급자에 해당된다. 때로는 기술에 대한 소유권은 없지만 처분을 위임받은 개인이나 기관도 기술공급자가 될 수 있다. 우리나라의 대표적인 기술공급자로는 대학 및 연구소가 있는데, 이들은 연구비의 상당 부분을 정부로부터 조달하여 기술을 개발한다. 개발된 기술을 새로운 연구에 활용하거나 산업계로 이전하며, 직접 제품을 생산하거나 판매하는 행위는 하지 않는다. 현재 많은 대학 및 연구소가 기술수요자 탐색 등을 지원하기 위한 중간조직으로 기술이전 전담조직을 설치·운영하고 있다. 용어상으로는 중간조직이지만 기술공급자를 대리한다는 측면에서 기술공급자로 보는 것이 더 적합하다. 참고로 2012년에 한국산업기술진흥원이 조사한 결과에 따르면 252개 대학 및 연구소 중 68.3%가 기술이전 전담조직(전담부서 포함)을 가지고 있으며, 기관당 평균 3.09명의 전담인력이 관련 업무에 종사하고 있는 것으로 나타났다(한국산업기술진흥원, 2012). 한편, 기업도 보유기술을 타 기관 또는 기업으로 이전코자 하는 경우에는 기술공급자가 될 수 있다.

기술을 소비하는 기술수요자

기술공급자로부터 기술을 이전받아 사업화를 추진하는 주체로서 제품을 생산 및 판매하는 기업체가 여기에 해당된다. 이들은 부족한 내부의 기술 역량을 보완하거나 연구개발에 따르는 시간과 비용을 절약하기 위하여 외부의 기술을 도입한다. 또한, 제품의 생산 및 판매와 관련하여 타인의 특허 등 지식재산권이 필요한 경우에도 기술도입을 추진한다. 외부로부터 도입한 기술을 독자적으로 또는 기존의 보유기술과 결합하여 새로운 제품을 개발·생산하여 판매한다. 대학이나 연구소도 타 기관으로부터 기술을 이전받는 경우에는 기술수요자라고 볼 수 있으나, 우리나라에서는 사례를 찾기가 쉽지 않다.

기술의 공급자와 수요자를 연결하는 기술중개자

기술의 공급자와 수요자 사이에서 기술이전활동을 지원하는 개인 또는 기관이다. 중개·알선 계약에 의해 기술공급자 또는 기술수요자 일방의 이익을 대변하게 되는데, 기술공급자에게는 기술수요자 탐색, 협상 및 계약의 업무를 그리고 기술수요자를 위해서는 기술공급자 탐색, 협상 및 계약의 업무를 지원한다. 보통 기술중개자는 이러한 업무를 지원하는 대가로 소정의 수수료를 선급금과 성공보수의 형태로 징수한다. 현재 우리나라에서는 "기술의 이전 및 촉진에 관한 법률"에 의거 정부로부터 자격을 부여받은 기술거래기관과 기술거래사가 중개·알선의 업무를 수행하고 있다. 현재까지 61개의 기술거래기관과 3,000여 명의 기술거래사가 배출되었는데, 기술거래기관 중 38개는 순수 민간 회사이다. 기술거래사는 개인, 기술거래기관 또는 관련 직종의 회사에 소속되어 활동을 하게 되는데, 실제로 중개·알선업무에 전념하는 기술거래사는 그리 많지 않은 것으로 알려져 있다.

기술이전·사업화에 필요한 수단들을 제공하는 평가기관과 금융기관

기술이 정당한 가격으로 거래되기 위해서는 거래되는 기술에 대한 정확한 가치평가가 전제되어야 한다. 그리고 기술수요자인 중소벤처기업이 금융권으로부터 자금을 조달하기 위해서도 보유 기술력에 대한 가치를 인정받아야 한다. 기술거래의 경우 기술의 공급자와 수요자 간 협상이 가격 결정에 가장 큰 영향을 미치게 되겠지만 공인기관의 기술평가서가 있는 경우에는 보다 효율적으로 협상을 마무리할 수 있다. 또한 기술력 평가는 담보력이 취약한 기술 기반 중소벤처기업의 신용도를 제고하고 필요 자금을 조달하는 데 큰 도움이 될 것이다. 이상의 중요성을 고려하여 우리 정부는 2000년대 초부터 공신력 있는 기관을 평가기관으로 지정하는 한편, 각종의 기술사업화 투·융자 지원제도를 운영하고 있다. 현재 정부로부터 지정을 받은 평가기관이 9개에 달하고 있으며, 기술보증기금, 중소기업창업투자회사, 신기술사업금융회사 등이 중소벤처기업에 사업화 자금을 지원하는 주도적인 역할을 수행하고 있다.

기술이전 · 사업화 생태계를 조성하고 관리하는 기술사업화진흥기관

정부를 대리하여 기술이전 · 사업화 생태계를 조성하고 관리하는 역할을 맡고 있다. 주로 중앙정부 산하기관으로서 기술공급자, 기술수요자, 기술중개자가 독자적으로 수행하기 어려운 기반 조성 성격의 업무를 수행한다. 예를 들면 기술이전정보를 수집하여 유통하거나 기술이전 · 사업화와 관련된 전문 인력을 양성한다. 기술이전 전담조직을 육성하고 기술평가 기법을 개발하여 보급하며, 사업화 자금을 조성 · 운영하는 것도 기술사업화진흥기관의 업무이다.

3. 기술이전 · 사업화 생태계 구성요소들 간의 상호작용

기술공급자의 기술은 발명의 신고, 발명의 평가, 특허출원 및 등록, 기술수요자 탐색, 협상 및 계약을 통해 기술수요자에게 이전된다. 먼저, 기술공급자 측 소속 교수 또는 연구원이 기술 개발의 성과인 발명을 기술이전 전담조직에 신고하면, 기술이전 전담조직은 발명의 산업계 이전 가능성, 상업적 잠재력 등을 평가한다. 그래서 신고된 발명이 가치가 있다고 판단되면 이 발명을 특허로 출원하여 지식재산권을 획득한다. 이후, 기술이전 전담조직은 자기의 기술을 공개적으로 홍보하거나 잠재적 수요기업을 직접 방문하는 등의 방식으로 기술수요자를 탐색한다. 기술수요자 탐색이 완료되면 각종의 조건을 붙여 협상을 진행하고, 협상이 완료되면 이를 문서로 작성하여 계약을 체결한다. 이상과 같은 업무를 수행함에 있어 교수나 연구자 본인이 직접 기술수요자를 탐색하거나 기술사업화진흥기관의 도움을 받아 기술을 홍보하기도 한다. 또한 외부의 전문기관을 이용하는 것이 효율적이라고 판단되면 비용을 지불하고 업무의 일부 또는 전부를 기술중개기관에 위탁하기도 한다.

반면, 기술수요자가 외부로부터 기술을 도입하는 절차는 다음과 같다. 먼저, 외부로부터 기술을 도입하는 것이 효과적인지를 검토한다. 외부로부터 도입하려는 기술이 자사가 개발 또는 생산하는 제품과 관련이 있는지, 자사의 비즈니스전략에 얼마나 중요한 영향을 미치는지, 자체 개발할 때와 비교하여 시간과 노력, 비용을 절감할 수 있는지 등을 종합적으로 분석한다. 그래서 외부기술 도입의 효과가 충분하다고 판단되면 어떤 절차와 방법, 조건으로 기술을 도입할 것인가를 결정한 후, 원하는 기술을 보유한 기술공급자 탐색에 나선다. 기술공급자 탐색이 완료되면 기술공급자가 보유한 기술이 회사가 필요한 기술규격에 부합하는지, 기술적 문제가능성은 없는지, 사업화 가능성은 충분한지 등을 검토한다. 이후 기술공급자의 기술이 도입목적에 맞다고 판단되면 앞서 결정한 기술도입 조건에 따라 협상을 실시하고, 이의 없이 협상이 완료되면 계약을 체결한다. 이상의 절차를 이행하는 데 있어 거래가격의 산정, 기술수요자 탐색 및 협상 등을 전문적으로 수행할 필요가 있다고 판단되면 기술평가기관 및 기술중개기관에 업무를 위탁하기도 한다. 이렇게 기술도입이 완료되고 나면 기술수요자는 자체 또는 기술금융기관에서 조달한 자금을 가지고 제품, 서비스를 개발하여 생산한다.

기술의 공급자 또는 수요자로부터 평가를 의뢰받은 기술평가기관은 해당 분야 기술자, 변리사, 회계사 등으로 팀을 구성하고 평가를 시작한다. 먼저, 기술공급자가 제시한 기술문서, 특허명세서, 기타의 증빙자료를 검토하고 현장실태 조사, 관련자 인터뷰 등을 통해 기술을 분석한다. 그리고 분석이 완료되면 평가결과를 점수, 등급, 의견, 금액 등으로 제시한다. 기술평가는 평가목적별로 평가요소를 달리하게 되지만 일반적으로는 기술성, 시장성, 사업성을 종합적으로 평가한다. 한편 보증기관은 기술평가를 통해 기술수요자인 기업에게 보증서를 발급하며, 보증기업이 대출금을 상환하지 못하는 경우에는 빚을 대신하여 갚아준다. 반면 기술금융기관인 은행은 기술보증기금이 발행한 보증서 또는 기업이 제공하는 자산을 담보로 대출을 시행하고 이자소득을 얻는다.

마지막으로 기술사업화진흥기관은 기술공급자와 접촉하여 그들이 보유한 기술의 정보를 수집하여 데이터베이스로 구축한 후, 이를 기술수요자에게 제공한다. 정보의 제공은 온·오프라인을 통해 이루어지는데, 기술수요자는 인터넷을 이용하거나 별도로 개최되는 기술설명회를 통해 기술정보를 얻을 수 있다. 기술수요자의 사업화 촉진을 위해서는 정부를 대신하여 사업화연계기술개발 등 각종 자금을 지원하고 관리한다.

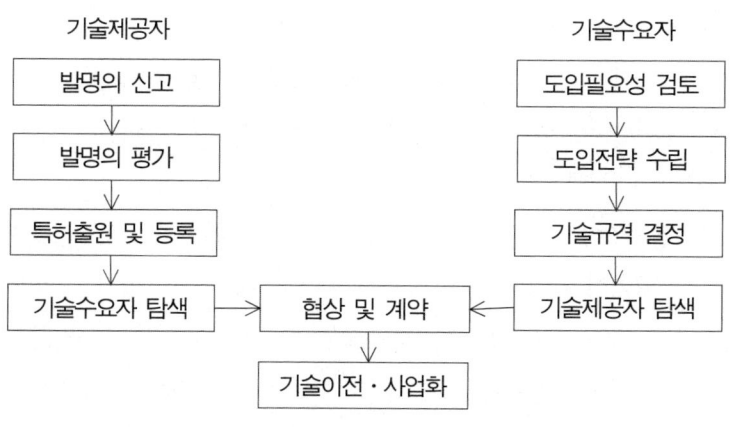

<그림 Ⅱ-3-1> 기술이전·사업화 절차

4. 기술이전·사업화 생태계 조성을 위한 정부의 노력

관련 법·제도 개선

우리나라 기술이전·사업화와 관련된 법으로는 "기술의 이전 및 사업화 촉진에 관한 법률", "발명진흥법", "벤처기업 육성에 관한 특별조치법", "산업교육진흥 및 산학협력촉진에 관한 법률", "연구개발특구의 육성에 관한 특별법", "외자도입법", "조세감면특별법"이 있다. 이 중 "기술의 이전 및 사업화 촉진에 관한 법률"은 기술이전·사업화의 기본법적인 성격을 갖는 법률로서 기술이전·사업화와 관련된 촉진계획의 수립, 기반의 확충, 촉진사업의 시행, 금융의 지원, 기술평가체계의 확립 등의 내용을 담고 있다. 이 법 제정 당시인 2000년에는 법률의 명칭이 "기술이전촉진법"이었으나, 2006년에 기술평가와 금융에 관련된 내용이 대폭 강화되면서 현재의 명칭으로 변경되었다.

"발명진흥법"은 발명의 권리화 및 사업화 지원에 관한 내용을 담고 있으며, "벤처기업 육성에 관한 특별조치법"은 특허, 실용실안 등의 현물출자에 관한 사항을 포함하고 있다. 그리고 "산업교육진흥 및 산학협력촉진에 관한 법률"과 "연구개발특구의 육성에 관한 특별법"은 각각 기술지주회사와 연구소기업 설립에 대한 내용을 규정하고 있으며, "조세특례제한법"과 "외국인투자촉진법"은 세금감면에 대한 내용을 명시하고 있다.

<표 Ⅱ-4-1> 한국의 기술이전관계 법률

법률의 명칭	주 요 내 용
기술의 이전 및 사업화 촉진에 관한 법률	기술이전·사업화 촉진계획의 수립 기술이전·사업화 기반의 확충, 촉진사업 시행 기술금융의 지원, 기술평가체계 확립
발명진흥법	직무발명의 권한 귀속 및 보상 발명의 평가 및 사업화 촉진
벤처기업 육성에 관한 특별조치법	벤처기업에 대한 특허권, 실용신안권 등의 현물출자 교수 및 연구원의 벤처기업 겸직 시 전용실시권 허락
산업교육진흥 및 산학 협력 촉진에 관한 법률	산학협력단의 기술이전·사업화 임무 기술지주회사의 설립 지원
연구개발특구의 육성에 관한 특별법	특구 연구개발성과의 사업화 기반 구축 연구소기업의 설립 지원
조세특례제한법	기술취득 금액에 대한 과세특례
외국인투자촉진법	해외기술 도입계약의 신고의무 기술도입 계약에 대한 조세감면

한편 정부는 "기술의 이전 및 사업화 촉진에 관한 법률"에 따라 기술이전 및 사업화를 촉진하기 위한 종합계획을 수립하여 시행하고 있다. 3년 단위로 수립되는 기술이전·사업화 촉진계획은 각 관계중앙행정기관이 소관 연구개발사업에 대한 기술이전·사업화 촉진계획을 수립하고 산업통상자원부 장관이 이를 통합하는 형식으로 수립된다. 2011년에 수립된 제4차 기술이전사업화 촉진계획은 4대 핵심과제의 추진으로 기술이전·사업화의 시장성을 제고하는 목표를 제시하고 있다. 여기서 4대 핵심과제란 기술과 시장의 연계활동 강화, 기술사업화 수행주체의 역량 제고, 융·복합 및 개방형 혁신 촉진, 시장메커니즘 작동을 위한 인프라 고도화이다.

기술이전·사업화 기반 구축

기술이전·사업화 촉진계획에 따라 시행되는 정부정책은 크게 기술의 공급자와 수요자 간 기술거래를 촉진하기 위한 사회적 기반을 확충하는 것과 기술사업화를 추진하는 기업에게 비용을 보조하는 제도로 구분된다.

이 중 기반 확충과 관련해서는 기술공급자가 보유한 기술의 발굴, 홍보 및 이전을 촉진하기 위한 조치의 하나로 기술이전 전담조직을 육성하고 있다. 정부의 기술이전 전담조직 육성정책은 크게 공공 부문과 민간 부문으로 나뉘어져 시행된다. 대학, 연구소에게는 전담조직의 운영에 필요한 경비를 보조하며, 민간 기술거래기관에게는 정부 지정제도를 통해 공신력을 부여하고 있다. 현재 공공 부문과 관련해서는 30개의 대학과 21개의 연구소, 그리고 8개의 지역기술이전센터가 정부로부터 운영을 지원받고 있다.

또한, 정부는 기술사업화 인력의 전문성 제고를 위해 기업 역량 강화, 전문코디 양성, 글로벌 협력, 기술경영인력 양성 등의 전문인력 양성 프로그램을 운영하고 있다. 이 중 기술경영인력 양성 지원사업은 기술경영 전문대학원 설치, 일반대학원의 기술경영과정 개설, 기업가센터 운영 등으로 구성되어 있다. 현재 3개의 전문대학원과 5개의 일반대학원 그리고 1개의 기업가센터가 산업통상자원부의 지원을 받고 있다. 정부가 이처럼 교육 프로그램을 제공하는 것은 기술사업화 전담인력의 부족현상을 해소하고 관련 전문기관 종사자의 역량을 강화시켜주기 위한 것이다.

기반 확충의 세 번째 과제로 기술공급자의 이전희망 기술정보를 수집하여 인터넷을 통해 유통하는 한편, 기술설명회를 개최하여 기술공급자와 수요자간 만남의 장을 제공하고 있다. 한국산업기술진흥원이 운영하는 국가기술사업화정보망에는 약 52,000여 건의 이전희망 기술정보가 등록되어 있으며, 온라인 중개 지원을 통해 연간 540여 건의 기술이 이전되는 것으로 나타났다. 또한 2001년부터 시작된 기술이전설명회를 통해 연간 180여 건의 기술을 기술수요자에게 소개하고, 기술공급자와의 상담을 주선한 바 있다.

이 밖에도 정부는 기술이전 및 평가에 소요되는 비용과 이전받은 기술의 개량 및 개선에 필요한 자금을 보조함으로써 기술수요자의 도입기술 사업화를 지원하고 있다. 산업통산자원부 및 미래창조과학부가 시행하는 기술지주회사 활성화 기반구축사업, 사업화연계 기술개발사업, 대학 보유기술 사업화 지원사업, 특구 기술 사업화 사업, 연구소기업전략 육성사업 등이 대표적인 사례이다.

<표 Ⅱ-4-2> 기술이전·사업화 관련 정부 지원사업

사업의 명칭	지 원 내 용
기술지주회사활성화 기반구축사업	- 기술지주회사 전담인력 역량강화, 사업화 컨설팅, 기술가치평가, 사업화 타당성 검증, 시작품 제작비 등
사업화연계 기술개발사업	- 비즈니스 모델(Business Model)의 발굴 및 사업화 기획 - 사업화 유망기술에 대한 추가기술 개발, 제품성능인증, 시제품제작 등
특허기술평가 지원사업	- 특허·실용신안의 사업타당성 및 가치평가 등을 수행하는데 소요되는 비용을 지원
대학보유기술 사업화 지원사업	- 학교기업을 기술지주회사(자회사)로의 전환시 소요경비 또는 산학연협력기술지주회사 설립 준비 및 기술 출자 등 비용 - 산학연협력기술지주회사 설립준비 및 기술출자를 위한 전담인력 인건비
연구소기업 설립용 기술평가 사업	- 연구소기업 설립 대상기술의 기술가치 및 사업타당성 평가비용
특구 기술사업화 사업	- 특구 내 공공기술의 이전·사업화를 추진하는 데 필요한 R&BD 비용
연구소기업 전략 육성사업	- 연구소 기업의 기술적 타당성 검증 및 상용화기술 개발 등

5. 우리 기술이전·사업화 생태계의 현황과 진단

앞서 언급한 바와 같이 "기술의 이전 및 사업화 촉진에 관한 법률"이

제정된 이래 기술 시장을 활성화하기 위한 다양한 시도가 이루어져 왔다. 정부가 나서 법제도를 개선하고 관련 인프라를 확충하였으며, 대학, 연구소도 연구성과의 산업계 이전을 촉진하기 위하여 전담조직과 인력을 확충 등 내부 시스템을 정비하는 데 관심을 기울여왔다. 민간 부문에서는 기술거래가 새로운 수익원이 될 것이라는 기대하에 다수의 기술거래기관이 탄생하기도 하였다. 이러한 산학연관의 노력은 일반인의 의식수준을 크게 향상시켰으며, 기술이전을 사업화의 중요한 수단으로 인식시키는 데 기여하였다. 그러나 이러한 노력과 기대에도 불구하고 아직까지 기술이전·사업화가 괄목할만한 성과를 보여주지 못하고 있다는 지적이다. 대학, 연구소가 보유한 기술의 산업계 이전성과가 수년간 답보상태에 있으며, 민간 기술거래기관도 중개·알선을 통한 수익 창출에 어려움을 겪고 있다. 이런 가운데 기술수요자인 기업은 여전히 사업화 유망기술의 탐색 및 도입기술의 사업화에 많은 애로를 호소하고 있다.

기술공급자 측면

한국산업기술진흥원의 조사결과에 따르면 2011년 말까지 전국의 252개 대학, 연구소가 보유한 기술 중 24.6%가 산업계로 이전되었다. 대학이 보유한 49,711건의 기술 중 19.1%가 산업계로 이전되었으며, 연구소 기술도 66,728건의 28.6%에 해당하는 기술들이 이전된 것으로 나타났다(한국산업기술진흥원, 2012). 미국 대학, 연구소의 기술이전율 25.9%, EU의 당해연도 기술이전율 22.9%에 견주어 본다면 그리 나쁜 편은 아니다. 하지만 기술이전율이 수년째 20%대 중반을 벗어나지 못하고 있으며, 투입 연구비 대비 기술료 수입 비중도 미국에 비해 3배정도 뒤지고 있다. 기술이전 전담조직에 대한 지원 확대, 연구소기업 및 산학협력기술지주회사 제도 도입 등 예전보다 나아진 환경을 감안한다면 성과가 좋다고

만 할 수도 없는 형편이다.

<표 Ⅱ-5-1> 공공연구기관의 연도별 기술이전 현황

구 분		2007년	2008년	2009년	2010년	2011년
전체	누적기술이전율(%)	22.4	23.5	25.9	26.8	24.6
	기술료수입(백만 원)	104,413	128,786	101,667	124,514	125,812
공공연구소	누적기술이전율(%)	14.1	15.2	17.4	20.3	19.1
	기술료수입(백만 원)	89,342	102,320	74,017	91,836	83,208
대학	누적기술이전율(%)	28.3	30.3	33.3	31.7	28.6
	기술료수입(백만 원)	15,071	26,466	27,650	32,678	42,603

자료 : 한국산업기술진흥원

아직도 대학, 연구소가 기업이 요구하는 수준의 기술을 창출하지 못하고 있다는 지적이 있다. 대부분의 기업이 당장 사업화가 가능한 응용단계의 기술을 필요로 하고 있음에도 불구하고 주요 기술공급자인 공공연구기관이 보유하고 있는 기술의 절반 정도가 원천기술이다(이병헌·차종석, 2005). 많은 기술수요자가 기술 시장에 공급되는 공공 부문의 기술들이 민간 부문의 기술들에 비하여 완성도 및 시장성이 매우 낮아 이전 가능성이 떨어진다고 지적하고 있다(전국경제인연합회, 2006 ; 박종복·조윤애, 2010).

또한, 사업성이 검증되지 않은 기술이 양산되고 있다는 지적도 있다. 한국학술진흥재단의 조사결과에 따르면 대학에서 특허출원 시 기술성과 사업성을 평가하는 경우가 전체 발명의 10% 정도에 머문다고 한다(한국학술진흥재단, 2007). 또한, 2010년을 기준으로 대학의 기술이전·사업화 전담인력 중 4%만이 기술분석·평가업무를 수행하고 있으며, 특허 관련 비용 중 2.6%만이 기술평가를 위해 지출되는 것으로 알려져 있다(한국연구재단, 2011). 결국 이처럼 취약한 기술평가 시스템이 사업성이 검증되지 않은 특허를 양산시켰고, 사업성이 낮은 기술들이 기술수요자의 불만을 유발한 것으로 보인다.

한편, 대학 및 연구소에 기술을 발굴, 평가, 관리, 홍보하기 위한 전문인력도 많이 부족하다. 대학, 연구소의 기술이전 전담 및 지원인력 규모가 기관당 4.1명으로 미국의 11.76명, 캐나다의 8.9명 그리고 일본 대학의 19.2명에 비하면 절반도 채 안 된다(한국산업기술진흥원, 2012). 특히, 대학의 경우 전담인력의 절반 가까이가 계약직형태로 고용되어 있으며, 학력도 학사 이하가 절반 이상을 차지하고 있는 점에 비추어볼 때, 이들의 지식과 경험 수준도 낮을 것으로 추정된다.

기술수요자 측면

기술도입이 기술획득의 중요한 수단으로 부상하고 있음에도 불구하고 우리의 기술수요자는 이를 잘 인식하지 못하고 있다. 아직까지도 외부로부터 기술을 도입하여 활용하기보다는 자체적으로 기술을 개발하는 것을 더 선호하고 있다. 우리나라 기업 중 외부 자원을 활용하는 Open R&D를 추진하는 기업이 40%를 넘지 못하고 있으며, 기술도입 경험이 있는 기업도 10% 남짓할 정도이다. 그나마 다행이라면 많은 기업이 외부로부터의 기술도입에 대해 긍정적인 반응을 나타내고 있다는 것이다(복득규, 2012 ; 김길해, 2007). 따라서 이러한 기술수요자의 기대가 실질적인 성과로 이어지기 위해서는 기술수요자가 가지고 있는 다음과 같은 문제들을 분석하고 해결하려는 노력이 필요하다.

대학, 연구소 보유기술에 대한 기술수요자의 신뢰가 부족하다. 기업은 사업화를 목적으로 기술도입을 추진하는 반면, 주요 기술공급자인 대학, 연구소는 소수만이 기술이전을 염두에 두고 특허를 출원하고 있는 것으로 나타났다(윤권순, 2006). 결국 이러한 인식의 차이가 기술의 공급자와 수요자 간 요구 수준의 격차를 유발하게 되고, 이로 인해 기업이 대학, 연구소 기술을 불신하는 결과를 초래한 것이다.

대부분의 기술수요자가 경험부족과 과대평가된 기술료 때문에 기술도입에 애로를 겪고 있다(양동우, 2007). 기술거래의 성공조건이 우수한 기술을 적정한 가격에 거래하는 것임을 감안할 때 부족한 기술가치평가와 협상능력이 이들의 기술도입을 저해한 것으로 보인다.

한편, 기술수요자가 외부로부터 도입한 기술을 사업화하기 위해서는 자사의 사업목적에 맞게 기술을 개량하는 것이 필요하다. 이때 기업이 도입기술을 소화·흡수하는 능력이 부족한 경우에는 기술의 개량 및 수준향상에 어려움을 겪게 된다. 이에 기술의 소화·흡수능력이 부족한 중소벤처기업들이 사업화 실패를 우려하여 기술도입을 꺼려하는 것으로 보인다.

기술중개자 측면

공공 부문에서는 2003년부터 지역 테크노파크에 설치된 지역기술이전센터(Regional Technology Transfer Center, RTTC)가 지방 중소벤처기업과 전국의 산학연 간 기술이전 중개·알선을 수행하여왔다. 그 결과 다소 미흡하기는 하나 다수의 중개·알선 실적을 달성하였으며, 그 규모도 계속해서 증가하는 추세이다.

<표 Ⅱ-5-2> 지역기술이전센터 중개·알선 현황

구 분	2003	2004	2005	2006	2007	2008
지역기술이전센터 수	4	8	8	12	14	14
중개·알선 건수	22	37	92	131	171	217
기술거래금액(백만 원)	1,625	2,388	3,908	6,954	12,047	9,883

자료 : 한국산업기술진흥원

또한, 민간 부문에서는 정부로부터 지정을 받은 기술거래기관들이 시장에서의 역할을 모색하고 있다. 정부 지정 제도가 생긴 이후 매년 실적이 증가하면서 2009년까지 총 500건의 중개·알선 실적을 기록한 바 있다. 하지만 이러한 실적은 지정받은 기관의 수가 증가해서 생긴 결과이지 이들 민간 기술거래기관의 역할이 커지거나 위상이 높아져서 그런 것은 아니다. 단적인 예로 이들 기관의 평균 중개·알선 건수가 2002년과 2006년을 제외하면 7건을 넘지 못하고 있으며, 기술거래 부문 사업과 매출비중도 20%대 초반에 미치지 못하고 있는 실정이다(한국산업기술진흥원, 2012 ; 양동우, 2008).

<표 Ⅱ-5-3> 민간 기술거래기관 중개·알선 현황

	2002	2003	2004	2005	2006	2007	2008	2009
민간 기술거래기관수	2	3	4	4	6	13	18	32
총 중개·알선 건수	23	14	14	11	67	80	102	189
평균 중개·알선 건수	11.5	4.7	3.5	2.8	11.2	6.2	5.7	5.9

자료 : 한국산업기술진흥원

이렇듯 민간 기술거래기관의 비즈니스가 활발하지 못한 것은 기술 시장의 미성숙 및 수익성 부족 때문이다. 대학, 연구소의 절반 이상이 직접 기술수요자를 탐색하고 있으며, 기업도 기술거래기관에 위탁하여 기술도입을 하는 경우가 아주 드물다. 반면, 민간 기술거래기관의 입장에서 보면 대학, 연구소 기술의 중개·알선은 거래 규모가 작아 수익성 확보가 어렵고, 기업이 보유한 기술의 중개·알선은 거래정보에 대한 접근이 쉽지 않아 영업활동에 제약을 받고 있는 것으로 알려져 있다.

기술평가 및 금융기관 측면

앞서도 언급한 바와 같이 기술평가는 기술이전 금액을 결정하거나 금융을 조달하는 수단이다. 따라서 기술평가 자체가 기술이전 및 금융조달에 선제적으로 영향을 미치는 것이 쉽지 않으며, 정부가 지정한 평가기관도 이러한 이유로 평가업무를 크게 키워나가지 못하고 있다. 그럼에도 불구하고 지금보다 기술 시장이 확대되고 기술평가의 용도가 많아지는 경우를 대비코자 한다면 평가기법을 선진화하고 인력을 확충하는 노력을 지속해야 할 것이다. 한편, 기술금융과 관련되어서는 정부의 모태펀드 조성, 기술보증제도 운영 등으로 시중의 자금여력은 충분해 보인다. 실제로 국내 벤처캐피털이 운영하는 펀드의 투자 잔액이 수조 원에 이르는 것으로 보고된 바 있다(한국벤처캐피털협회, 2013). 하지만 기술담보 투·융자에 대한 경험과 성공사례 부족은 금융기관이 기술 기반 중소벤처기업에 자금을 제공하는 것을 망설이게 한다. 따라서 이러한 문제를 해결하기 위해서는 무형재산의 중요성에 대한 금융권의 인식전환과 함께 기술평가에 대한 사회적 신뢰가 확보되어야 할 것이다.

기술사업화진흥기관의 공공 중개 · 알선 인프라 측면

일부 기술사업화진흥기관이 온라인으로 기술의 공급자와 수요자 간 중개 · 알선을 지원하고 있으나, 거래성사 실적이 기대 수준에 미치지 못한다는 지적이다. 국가기술사업화종합정보망(www.ntb.or.kr)의 경우 최근 5년간의 평균 기술거래 성사율2)이 5% 정도이며, 또 다른 시스템인 인터넷특허기술장터(www.ipmart.or.kr)도 2011년의 거래실적이 1%에 미달하는 것으로 알려져 있다(신선미, 2012). 이처럼 기술거래 성사실적이 저조한 것은 우수기술이 부족하거나 중개 · 알선 서비스체계가 미흡한 데서 비롯된 것이다.

먼저, 기술사업화진흥기관이 운영하는 공공 중개 · 알선 시스템이 이전 가능성이 높은 기술을 확보하지 못하고 있다. 단적인 예로 대학, 연구소 중 절반 가까이가 기술이전 성사율이 낮거나 기술정보 유출이 우려되어서 공공 중개 · 알선 시스템에 정보를 제공하는 것을 꺼린다고 한다. 또한, 공공 중개 · 알선 시스템에 등록된 특허들조차도 기업이 자체적으로 활용하기 위해 관리하는 특허에 비해 중요도가 낮은 진부한 기술들인 것으로 알려져 있다.

공공 중개 · 알선 시스템의 서비스체계가 취약한 것도 문제이다. 기술이전이 조기에 성공적으로 마무리되기 위해서는 기술공급자와 수요자의 요구사항을 수렴하고 문제해결을 지원할 전문가가 필요하다. 하지만 이들 기술사업화진흥기관에는 중개 · 알선을 지원하기 위한 전담인력이 부재한 가운데 주로 이전기술정보를 수집하고 유통하는 데만 노력을 투입하고 있다. 그리고 이러한 환경이 전문가의 도움이 필요한 많은 기술 공급자와 수요자들로부터 불만을 불러일으키는 큰 원인이 되고 있다.

---

2) 기술정보 DB에 등록된 기술 중 이전이 성사된 것을 의미한다.

6. 기술이전·사업화 생태계 개선을 위한 해결과제

기술공급자의 사업화 유망기술 창출 프로세스 구축

대학, 연구소가 기업이 요구하는 수준의 기술을 창출하지 못하는 것은 이들이 가지고 있는 연구개발 경험과 기술혁신 역량, 기술혁신 주체들과의 협력체계, 연구 지원 시스템 등이 원인을 제공한다. 그러나 문제를 기술이전 가능성이 높은 기술의 창출로만 놓고 본다면 기술수요자인 기업의 기술 수요 또는 사업화를 고려하지 않은 연구개발이 가장 큰 원인을 제공했을 것이다. 따라서 이 문제의 개선을 위해서는 대학, 연구소의 사업화 유망기술 창출 프로세스를 구축하는 것이 필요하다.

먼저, 교수, 연구원은 사업화를 고려하지 않고 학문적 호기심이나 주변의 연구 분위기 등에 편승해서 연구주제를 선정해서는 안 된다. 시장 수요를 반영하지 않은 채 기술의 규격을 설정해서도 안 된다. 연구주제를 선정하고 기술규격을 정할 때는 반드시 국내외 기술 및 시장동향, 개발기술의 시장진입 및 경쟁가능성, 수요기업의 존재 및 이전 가능성을 철저히 분석하여야 한다. 특히, 개발기술이 창출할 수 있는 경제적 이익과 파급효과를 예측해보아야 한다. 수시로 시장 변화 및 기업의 기술 수요를 예측하여 기술개발전략을 수정, 보완하는 것도 연구자가 해야 할 일 중의 하나이다.

이상의 것들을 실천하는 데 있어 기술이전 전담조직은 수시로 개발기술에 대한 기업의 기술 수요 및 이전 가능성을 점검하고 관련 정보를 연구자에게 제공한다. 그러면 연구자는 기술이전 전담조직이 제공한 기술 수요정보를 토대로 기술개발전략을 수정, 보완하고 실용성을 증대시키도록 한다.

기술공급자의 우수기술 발굴 및 이전 시스템 효율화

대학, 연구소에서 사업성이 검증되지 않은 기술이 양산되는 것은 특허출원 절차 및 방법에 문제가 있거나 이를 적절히 통제할 전문인력이 부족하기 때문이다. 따라서 이러한 문제들을 해결하기 위해서는 가장 먼저 내부의 기술 발굴 및 이전 시스템을 효율화해야 한다. 이는 기술수요자의 대학, 연구소 기술에 대한 신뢰부족 문제를 해결하는 데도 도움이 된다.

우선, 기술이전 및 사업화 가능성이 높은 기술만이 특허로 출원될 수 있도록 평가지표를 개선한다. 기술성, 시장성, 사업성을 모두 검토할 수 있도록 하되, 이미 규명된 기술이전 성공요인들을 평가요소로 채택하여 특허선별의 신뢰성을 높인다.

다음으로 기술이전 전담조직은 연구진과 유기적인 협력체계를 유지하되, 책임과 권한을 가지고 특허출원 여부의 결정, 기술이전 금액의 산출, 협상 및 계약 등을 수행토록 한다. 특허평가지표가 완벽하다 해도 연구진의 이해가 개입되는 경우에는 정확한 평가가 이루어지기 곤란하며, 부정확한 평가는 곧 특허비용만 낭비하는 결과를 초래하게 된다. 또한, 기술이전 전담조직이 연구진과 기술수요자 간 의사전달자의 역할만 수행해서는 기술이전 협상이 불리하게 진행되거나 지연될 수 있다. 따라서 기술이전 전담조직은 이러한 일들이 발생하지 않도록 일련의 업무를 주도하도록 한다.

전담인력을 확충할 때는 단순히 수를 늘리는 것을 지양하고 적은 인원이라도 실무경험과 역량이 풍부한 인력을 확보하는 데 주력한다. 기술이전 종사자의 고용을 안정시키고 무분별한 순환보직을 방지하며, 성과에 따른 금전·비금전적인 보상을 실시하여 전담인력이 안정적으로 경험을 쌓도록 한다. 이와 더불어 기술이전 전담조직의 장은 지속적인 보수교육을 통해 전담인력의 업무수행능력을 향상시키도록 한다.

기술수요자의 기술평가 및 협상 역량 강화

기술수요자가 기술도입 시 협상 및 계약에 어려움을 겪는 것은 주로 그간의 경험과 전문인력의 부족에서 비롯된다. 특히, 기술의 공급자와 수요자 간 주된 갈등요인이 거래가격 및 조건의 격차인 점을 감안한다면 기술평가와 관련된 전문성과 인력부족이 크게 영향을 미쳤을 것이다. 따라서 기술수요자가 기술도입을 성공적으로 마무리하고자 한다면 직접 혹은 간접적으로 기술의 가치를 평가하고 협상을 전개하는 역량을 확보할 필요가 있다.

그러나 기술의 가치평가는 시장성과 사업성을 종합적으로 검토하고 재무적인 작업을 병행해야 하는 작업이므로 기술수요자가 독자적으로 수행하기 어려운 부분이 있다. 따라서 기술가치를 평가할 때는 소정의 수수료를 지불하더라도 외부의 전문평가기관을 활용하는 것이 바람직하다. 다만, 기술의 가치가 낮아 평가수수료를 지불하는 것이 낭비라고 생각되거나 단순히 경상기술료만 지불하는 경우라면 기술사업화진흥기관이 제공하는 평가 서비스를 이용하는 것도 좋은 방법이다.

기술의 가격이 결정되면 기술적 위험과 사업화 가능성을 고려하여 기술도입 조건을 결정한다. 기술의 완성도가 낮을수록 기술개량 및 생산에 많은 문제가 발생하므로 기술수요자는 도입조건의 결정에 앞서 해당 기술에 대한 충분한 검증을 실시해야 한다. 그리고 기술검증이 성공적으로 완료되면 도입기술이 제공하는 경제적 편익을 추정하고 기술적 위험과 편익의 규모에 따라 기술도입의 유형을 결정한다. 기술적 문제발생이 적고 시장잠재력이 클 것으로 예상되는 경우에는 매입을 추진하되 반대의 경우는 실시권 허여를 통해 사업화 실패 시의 경제적 손실을 최소화한다.

기술수요자의 기술 소화·흡수능력 제고

기술수요자가 도입기술을 소화·흡수하는 능력이 부족한 것은 주로 도입기술의 수준이 높거나, 수요자의 기술혁신 역량이 상대적으로 취약한 데서 비롯된 것이다. 그러나 단기간 내에 기술혁신 역량을 증진시키는 것이 곤란하므로 일단은 자사 수준에 맞는 기술의 도입, 기술전수 교육, 사업화 관심증대 등을 통해 도입기술의 소화·흡수력을 높이는 것이 필요하다.

우선, 기술수요자는 자사의 기술 수용능력을 고려하여 도입기술의 규격을 결정한다. 기술 수용능력이 뛰어난 경우에는 완성도가 낮은 기술을 선택해도 무방하지만 그렇지 못한 경우라면 완성도가 높은 기술을 선택하여 기술개량에 따르는 위험과 시행착오를 줄인다. 또한, 기존의 사업과 연관성이 높은 기술을 선택하여 소화·흡수의 문제를 해결하고 시설, 인력, 장비 등 보유 자원의 활용성을 높인다.

한편, 사업화 과정에서 발생하는 시행착오를 줄이려면 도입기술을 정확하게 이해하는 것이 필요하다. 특히, 기술이 연구자에게 체화된 정도가 높을수록 도면, 특허명세서, 시제품만으로는 기술의 원리를 정확히 이해할 수 없으므로 이때는 반드시 기술공급자가 제공하는 기술전수 교육을 통해 비법을 습득토록 한다. 구두의 약속만으로는 교육·훈련이 잘 지켜지지 않을 수도 있으므로 관련된 모든 조건들을 기술이전계약서에 상세히 명시토록 한다. 그리고 도입기술의 불확실성이 제거되는 단계에 따라 기술료를 지불하는 등의 조치를 통해 기술공급자의 적극적인 기술전수 노력을 이끌어낸다.

기술중개자의 서비스 품질향상

기술중개자의 역할 및 수익구조가 취약한 것은 기술 시장의 미성숙, 취약한 수수료구조, 관련 업체 간 경쟁 등이 주요 원인이다. 그러나 기술 시장 미성숙과 수수료의 문제는 몇몇 개인이나 기업의 노력으로 해결될 사항은 아니며 우리 사회가 함께 풀어야 할 장기적인 숙제이다. 당장은 기술중개자 간 경쟁 우위를 통해 수익을 확보할 수밖에 없는데, 이의 해결을 위해서는 서비스체계를 개선하고 품질을 향상시키는 데 역량을 집중해야 한다.

대학, 연구소에 기술이전 전담조직이 설치되고 전담인력이 배치되면서 독자적인 힘으로 기술이전을 추진하려는 기관이 늘어나고 있다. 따라서 기술중개자는 이들이 독자적으로 추진하지 못하는 어려운 문제들을 해결해주고 높은 성공보수를 받을 수 있도록 해야 한다. 가령 정상적인 방법으로는 이전이 곤란한 다수의 기술을 묶어 경매 방식으로 판매하거나 기술이 꼭 필요할 것으로 예상되는 기업을 집중적으로 공략하여 좋은 조건으로 협상을 진행시킨다.

그럼에도 불구하고 기술중개자 특히 민간 기술거래기관은 규모가 작은 대학, 연구소 보유기술의 중개·알선 수수료만으로는 회사경영이 곤란할 것이다. 따라서 이러한 문제의 해결을 위해 민간 기술거래기관은 새로운 비즈니스의 개발 등을 통해 수익구조를 개선할 필요가 있다. 한 예로 성장가능성이 큰 초기단계의 기술을 발굴하여 국내외 특허출원, 기술수요자 및 특허침해자 탐색, 기술마케팅 및 소송 등을 도와주고 높은 가격의 기술이전을 통해 수익을 나누어 갖는다. 또한, 기술수요자에게 사업전략 수립, 우수기술 탐색, 기술도입 중개·알선, 사업화 자금 조달 등 종합적인 컨설팅을 제공함으로써 수임료의 규모를 키운다. 자금여력이 있다면 우수기술을 직접 사업화하거나 사업화를 추진하는 기업에 투자를 실시하는 것도 좋은 방법이다.

기술사업화진흥기관의 공공 중개·알선 인프라 개선

공공 중개·알선 시스템의 거래 성사율이 낮은 것은 앞서 설명한 바와 같이 우수기술이 적고 서비스체계가 취약한 데서 비롯된 것이다. 그러나 이들 시스템을 운영하는 기관이 우수한 기술을 독점하거나 거래에 직접 관여하게 된다면 민간 기술거래기관과 충돌이 발생하고 자율 시장의 형성에 장애를 초래하게 될 것이다. 따라서 공공 중개·알선 시스템을 운영하는 기관은 기술의 공급자와 수요자, 그리고 중개자가 이용할 수 있는 공공의 인프라를 개선하는 것으로 역할을 차별화할 필요가 있다.

먼저, 인터넷을 통해 제공하는 기술정보의 포맷을 바꾸고 사후 관리를 강화한다. 기술의 내역을 더욱 상세하게 서술하고 기술도입 의사결정에 도움이 될 만한 정보들을 부가적으로 제공한다. 한 예로 이전 대상기술의 신규·대체·동일기술 여부, 수명주기상 위치, 개발 진척도 및 완성도, 적용분야, 구성요소 등을 표기하여 기술수요자가 스스로 유망기술 여부를 판단할 수 있게 해준다. 이미 등록된 기술정보들에 대해서는 특허의 출원시점과 수명주기상 위치를 수시로 조사하여 시장 수요에 부합하지 않는 진부한 기술들을 삭제토록 한다.

또한, 기술의 공급자와 수요자 간 수동적 정보전달자 역할에서 벗어나 거래에 필요한 정보를 적극적으로 수집, 분석하여 유통한다. 여러 개의 기술을 패키지로 묶어 제공함으로써 기술수요자가 각각의 기술을 탐색하고 도입하는 데 따르는 번거로움을 줄여준다. 더 나아가서는 기술수요자가 가진 애로사항을 조사하고, 이를 해결해줌으로써 기술수요자가 보다 빠르고 쉽게 기술을 도입하고 사업화를 추진할 수 있도록 한다. 그러나 이러한 작업은 다양한 분야의 전문지식을 필요로 하므로 기술사업화진흥기관은 이 모든 것을 독자적으로 추진하려 하지 말고 전문기관, 전문가와의 협업을 통해 서비스를 개선토록 한다.

정부의 지원제도 개선

정부는 기술의 공급자, 수요자, 중개자가 스스로 해결하기 어려운 문제들을 찾아 지원하되, 해결하려는 과제가 기술이전·사업화 생태계 개선에 도움이 되는가를 최우선적으로 고려한다.

먼저, 국가적으로 개방형 기술혁신 시스템이 정착될 수 있는 분위기를 조성한다. 대학과 대학, 연구소와 연구소, 대학과 연구소 간 상호실시권 허여를 촉진하여 공공 연구성과의 활용을 확대하고 연구개발투자의 중복을 방지한다. 또한, 국가연구개발사업도 종전의 신규 기술개발 위주에서 이전기술 상용화까지로 확대하며, 기술이전 및 사업화 실적이 우수한 연구자를 우대하는 제도를 도입한다. 기술이전·사업화 성공사례를 발굴하여 홍보함으로써 기술수요자의 개방형 기술혁신에 대한 신뢰를 높이는 것도 정부가 해야 할 일이다.

다음으로 기술이전·사업화 관련 법제도를 현재의 여건에 맞게 개선한다. 대표적인 예로 지식재산보호 수준을 높여 기술수요자가 마음 놓고 기술을 사서 쓸 수 있도록 해야 한다. 어렵게 도입한 특허가 무효화되거나 타인의 지식재산권을 침해할 소지가 있다고 한다면 자연히 거래가 위축될 것이므로 심사제도의 강화 등을 통해 이를 개선토록 한다. 또한, "기술의 이전 및 촉진에 관한 법률"도 제정된 지 10년이 경과했으므로 일부 조항을 현실에 맞게 개선할 필요가 있다. 연구자에 대한 기술이전 성과배분, 공공기관 보유 연구개발성과의 통상실시권 허여원칙 등이 검토대상이 될 수 있을 것이다.

기술이전 전담조직 및 중개기관 지원 시스템을 개선한다. 현재와 같이 별도의 재원을 확보하여 소수에게 나누어주는 대신에 누구나 국가연구개발비의 일정 비율에 해당하는 금액을 운영비 등으로 사용할 수 있도록 기술이전 전담조직 지원 방식을 개선한다. 이는 기술이전 전담조직의 안정적인 운영과 연구자산 규모별로 차별화된 기술이전활동을 전개하는 데 큰 도움이 될 것이다. 또한, 기술중개자에게는 각종 정부 지원사업에 대한 참여폭을 확대하여 비즈니스 기회를 탐색하고 경험을 축적할 수 있도록 지원한다. 필요하다면 시장 규모 맞게 민간 기술거래기관의 수를 축소·조정하여 이들의 사업 및 수익구조가 개선되도록 돕는다. 다만, 이상과 같은 조치들을 취함에 있어 정부는 기술중개자를 시장의 주체로 육성하는 것을 목표로 해야지 이들을 인위적으로 부양하려 해서는 안 된다.

▣ 참고문헌

김길해, "기술거래기관 비즈니스모델 개발을 위한 조사·연구", 한국기술거래소, 2007.

김선근, "공공연구개발성과의 기술확산 메커니즘 분석과 정책방안 연구", 과학기술정책연구원, 2002.

류태규·이성상·임소진, "특허기술거래·이전 촉진을 위한 기술거래기관 간 네트워크 구축", 특허청, 2007.

박종복·조윤애, "우리나라 기술시장의 현황과 시사점", 산업연구원, 2010.

복득규, "한국기업의 Open & Global R&D 추진현황과 선도 사례 분석", 삼성경제연구소, 2012.

신선미, "인터넷특허기술장터 거래실적 쥐꼬리", 『전자신문』, 2012. 10. 4.

양동우, "기술이전사업화 단계별 애로요인에 관한 연구", 한국기술거래소, 2007.

_____, "산업기술시장 활성화를 위한 기반연구", 한국기술거래소, 2008.

윤권순, "국가연구개발사업 지식관리 현황분석과 정책과제", Issue Paper, 한국과학기술기획평가원, 2006.

이병헌·차종석, "출연(연)의 중소기업 기술지원에 대한 수요조사 분석", 국가과학기술자문회의, 2005.

전국경제인연합회, "기업의 산학협력 현황 및 애로요인 조사결과", 2006.

특허청, "기업의 지식재산활동 실태조사", 2006.

한국산업기술진흥원, "국내기업 R&D 협력 실태조사", 2009.

문병근·조규갑, 「대학 및 연구소와 산업계간 기술이전시스템의 구성 모델」, 『기술경영경제학회 학술발표회 논문집』 Vol.19, 2001.

여인국, 「기술이전 성과의 영향요인 분석을 통한 공공 기술이전전략 연구」, 건국대 대학원 박사학위논문, 2009.

한국벤처캐피털협회, 『Venture Capital News Letter』 Vol. 81, 2013.

한국산업기술진흥원, 『2010 기술이전·사업화 백서』, 2011.

_____, 『2012년 기술이전·사업화 조사분석 자료집』, 2012.

한국연구재단, 『2010 대학산학협력백서』, 2011.

한국학술진흥재단, 『2006 대학산학협력백서』, 2007.

Ⅲ장 벤처·창업 생태계

　'고용 없는 성장'에 대응한 일자리 창출과 국가경제성장의 핵심 대안은 벤처·창업활성화에 있다. 이미 '고용 없는 성장'을 경험한 미국도 신규 일자리는 창업을 통해서 창출되며 벤처·창업이 일자리 창출의 핵심 수단이라고 지적한다. 본 장에서는 벤처·창업 생태계의 기본개념, 구성요소를 정리하고, 우리의 현황이 어떠한지 진단하여 벤처·창업 생태계의 선순환 구조가 정착되기 위한 방안을 제시해보고자 한다.

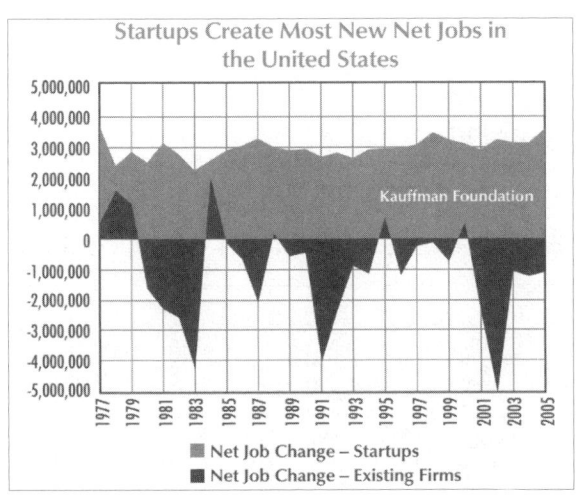

자료: Kauffman Foundation, 2010

<그림 Ⅲ-1-1> 미국의 일자리 창출 추이

1. 벤처·창업 생태계 정의와 구성요소

벤처·창업 생태계의 정의

1부에서 살펴본 바와 같이 생물학에서 출발한 생태계의 개념은 1980년대에 들어와 경영학 등 사회과학 분야에서 사용되기 시작하여(Porter, 2006; Tsai et al., 2008) 1990년대에 벤처 및 창업기업에 관한 비즈니스 생태계에 대한 개념이 나타났다. Moore는 1993년에 경쟁의 생태학, 1996년에 비즈니스 생태계(ecosystems of business)라는 용어를 사용하고, 창업 생태계(ecosystems for start-ups)라는 용어를 처음 창시하였다.

국내에서는 삼성경제연구소(1998)가 수행한 "벤처기업 창업 및 육성 5개년 계획"에서 최초로 사용된 것으로 알려져 있다(배영임 외, 2012). 여기서 벤처 생태계는 주인의식과 고유성을 가진 자발적 주체로서 환경에 기민하게 반응하는 유기체로 생존 및 이익 창출에 대한 욕구와 활발한 성장, 진화, 융합, 분화 등 자기증식의 특성을 가지고 있는 시스템으로 정의되고 있다. <표 Ⅲ-1-1>은 국내 연구에서 정의하고 있는 벤처 생태계의 다양한 정의이다.

<표 Ⅲ-1-1> 벤처 생태계의 정의에 관한 국내 문헌 고찰

구분	정의
삼성경제연구소 (1998)	• 주인의식과 고유성을 가진 자발적 주체로서 환경에 기민하게 반응하는 유기체로서 생존·이익 창출에 대한 욕구와 활발한 성장·진화·융합·분화 등 자기증식의 특성을 가짐
정대용·김영수 (1999)	• 벤처기업의 성장·진화·융합·분화가 이루어지는 자기증식 시스템 • 시장원리와 적자생존에 철저하며 변화 지향, 지식공유, 실패관용 등의 문화가 정착된 시스템

고정민 · 김정호 (2000)	• 벤처기업과 그 주위환경이 상호작용하는 공간 • 적자생존의 원칙 및 생산자−소비자−분해자의 먹이사슬 존재
윤종언 (2000)	• 지역의 벤처기업과 이것을 유지하고 있는 환경의 종합 시스템
한정화 (2000)	• 벤처기업의 생성−성장−성숙−퇴출의 순환이 이루어지는 시스템 • 지식, 정보, 인력, 자금이 원활하게 이루어지는 시스템 • 인프라와 지원환경, 특히 정부의 정책 지원이 상호작용을 이루는 시스템
설성수 외 (2002)	• 벤처기업, 벤처캐피털, 회수 시장 등의 비즈니스가 스스로 증식하고 진화하는 자기증식 및 진화 시스템
이철우 · 이종호 (2004)	• 기업과 기업을 둘러싼 물리적, 문화적, 제도적 환경이 서로 균형을 이루어 성숙해가는 시스템 • 지식, 정보, 기술, 인력, 자금 및 인프라가 원활하게 공급되고 정부의 정책적인 지원이 원활하게 이루어지는 가운데 기업의 분리창업, 산 · 학 · 연 네트워크 구축, 창업 활성화 등을 통해 기술이 재창출되고 있는 주변 환경과 벤처기업이 상호작용하는 공간
손동원 (2006)	• 벤처기업−벤처캐피털−회수 시장으로 구성되는 시장 생태계와 벤처기업의 혁신을 지원하고 지식을 공급하는 벤처기업−대학/연구기관−대기업으로 구성되는 혁신 생태계의 결합
한정화 외 (2007)	• 벤처기업들이 탄생하고 활동하며 개체군이 증식하거나 소멸하는데 영향을 줄 수 있는 물리적, 지역적, 경제사회적 조건들을 포괄하는 개념

자료 : 배영임 외, 2012

이를 종합해보면 벤처 · 창업 생태계란 기업 내부의 전략을 벗어나 기업 간의 협력과 경쟁을 바탕으로 비즈니스의 범위를 확장한 것이다. 즉, 벤처 · 창업 생태계는 생태계적 특성이 존재하는 기업과 그 기업을 둘러싼 네트워크구조로서, 기업과 주변요소의 관계를 통해 기업경쟁력과 더불어 생태계 경쟁력을 동시에 추구하는 전략의 틀이라 볼 수 있다.

벤처·창업 생태계의 구성요소

생산자, 소비자, 분해자의 기능을 수행하는 벤처·창업 생태계의 내부 구성요소는 벤처·창업기업, 벤처캐피털·엔젤투자, 회수 시장이다. 벤처·창업기업은 기술을 기반으로 제품 및 서비스를 생산하고, 벤처캐피털 및 엔젤투자자는 자본을 투입하여 벤처·창업기업의 지분을 소유하고 관리하며, 회수 시장은 벤처캐피털 및 엔젤투자로 성공적인 비즈니스를 실현한 기업들의 공개된 지분을 소화하고 다수의 일반투자자들에게 분배하는 역할을 한다.

또한 내부 구성요소 이외 벤처·창업 생태계의 자기증식이나 지속가능성에 대한 설명을 위해서는 다양한 환경적 요소 즉, 대학 및 연구기관, 기업, 정부, 소비자, 물리적 인프라, 경영 지원 인프라, 유통 채널, 기업가적 문화 등을 고려할 필요가 있다.

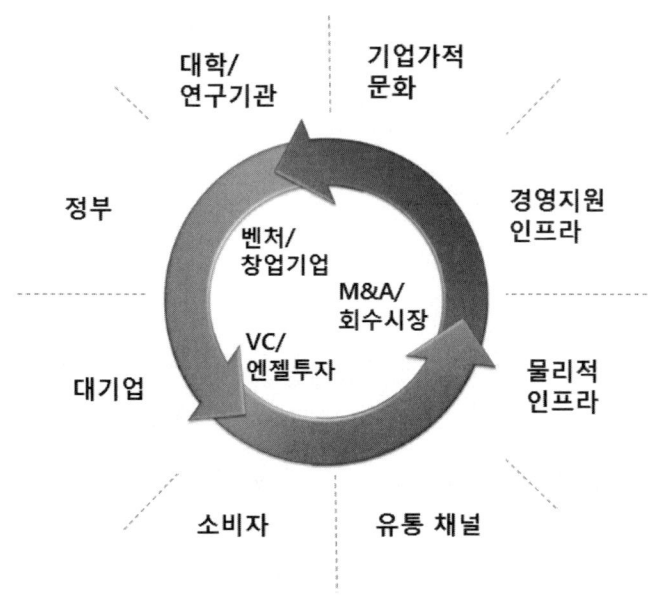

<그림 Ⅲ-1-2> 벤처·창업 생태계의 구성요소

우선, 대학 및 연구기관은 사람(human capital), 기술(intellectual capital), 인프라(infrastructure) 등 창업 생태계의 성장을 위해 필요한 핵심적 사항들을 대부분 보유하고 있어 창업 생태계의 허브이자 배태조직이라 할 수 있다.

둘째, 대기업은 원청-하청업체로서의 소규모 벤처 탄생환경을 제공하며 대기업 내 스핀오프 기업을 창조할 수 있는 환경을 제공한다. 또한 M&A를 통한 벤처기업과 벤처캐피털의 자금회수에도 기여한다.

셋째, 정부는 벤처·창업 생태계가 원활히 기능할 수 있도록 규제나 지원체계를 통해 전체 시스템을 감독·관리하는 역할을 수행한다. 한편 생태계 내 각 구성요소들의 이해를 조정하며, 생태계 내 본연의 역할을 수행할 수 있도록 지원한다(favorable rules of game).

넷째, 소비자는 제품이나 서비스를 단순히 소비하는 것 뿐 아니라 제품이나 서비스에 대한 경험을 통해 다른 소비자들을 유인하거나 벤처기업으로 하여금 해당 제품이나 서비스에 대한 다양한 의견 및 피드백을 받아들이도록 하여 계속적인 혁신을 돕는 역할을 수행한다. 따라서 벤처 생태계 내의 시장은 잠재고객의 수나 구매력 및 제품이나 서비스에 대한 경험과 지식의 공유 및 높은 충성도 등 다양한 기준에 의해 그 시장성이 평가되게 된다.

다섯째, 벤처·창업기업이 자리하기 좋은 입지 조건, 교통, 통신, 사무실, 공용설비 및 시설 등의 물리적 인프라이다. 벤처 생태계의 개념이 반드시 물리적인 집적을 의미하는 것은 아니나 많은 벤처 생태계가 지역적 집적 즉, 실리콘밸리와 같이 클러스터 혹은 사이언스파크 등의 형태로 물리적 인프라가 우수한 지역을 기반으로 하는 경우가 많다.

여섯째, 벤처 생태계 내에서는 개별 기업의 경영 관련 부분의 부족한 전문성을 보완할 수 있는 멘토 등의 전문가그룹, 경영 지원 인프라 서비스가 존재한다. 이들은 회계, 법률, 경영 및 전략 컨설팅 부문의 사업 서비스를 제공하여 자체적으로 경영 부문의 인력을 조달하는 것보다 비용을 절감할 수 있고 다양한 분야의 전문가들로부터 양질의 컨설팅을 받을 수 있는 장점이 있다.

일곱째, 벤처 생태계 내에서 공급자-해당기업-구매자-고객으로 이어지는 유통 채널이 존재하여 이를 통해 판로 개척과 마케팅을 진행하는데 이는 개별적으로 진행하는 것보다 용이하다. 이러한 잘 갖추어진 통합 물류 시설 및 시스템은 매출 규모가 작은 벤처기업들에게 비용 절감과 수익성 향상에 도움이 된다.

여덟째, 기업가적 문화인데 지금까지 언급한 벤처 생태계의 구성요소들을 갖추고 있다 하더라도 이에 대한 인식 및 문화가 뿌리내리지 못한다면 벤처·창업 생태계를 구축하기 어렵다. 생태계 내의 모든 구성원들로 하여금 창의성을 독려하는 문화, 실패가 용인되는 문화, 기업가가 존경받는 기업가적 문화도 벤처·창업 생태계의 필수 구성요소이다.

벤처·창업 생태계모형

벤처·창업 생태계를 연구한 초기 모형은 구성요소를 자연 생태계의 개념을 그대로 적용시키고 있다(고정민·김정호, 2000). 벤처기업을 생산자, 벤처캐피털 및 엔젤을 소비자, KOSDAQ/M&A를 분해자로 규정하고 각 구성요소들 간의 관계를 자본의 투입과 산출의 관계로 파악하였다.

이 모형은 탄생에서 성장까지의 동적인 설명보다는 정적인 관계만을 설명하고 있어 구성요소 간의 상호관계에 대한 파악이 어렵고, 다양한 지원 시스템이나 환경을 이루는 구성요소에 대해 설명하지 못하였으며, 규제와 감독기능을 담당하는 정부의 역할이 모호한 한계를 가지고 있다(배영임 외, 2012).

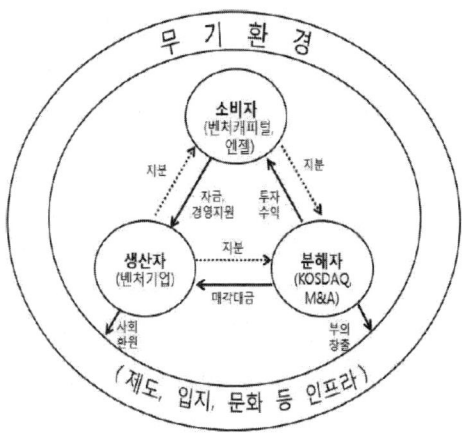

<그림 Ⅲ-1-3> 고정민·김정호(2000)의 벤처 생태계구조

한국적 벤처 생태계모형을 제시한 삼성경제연구소(1998)는 벤처 생태계의 복잡성과 상호작용을 보다 구체적으로 제시하고 있으며, 내부 구성요소 뿐만 아니라 정부나 인프라가 벤처기업의 성장에 일정한 역할을 수행함을 제시함으로서 기존 벤처기업에 집중되어 있던 벤처 육성에 관한 논의의 범위를 환경과의 상호작용까지로 넓혔다는 것에 의의가 있다.

그러나 이 모형은 1998년에 설계되어 현재 우리나라의 도약기 혹은 성숙기의 벤처 생태계의 발전단계에서의 모형으로는 적당하지 않다는 한계를 가지고 있다.

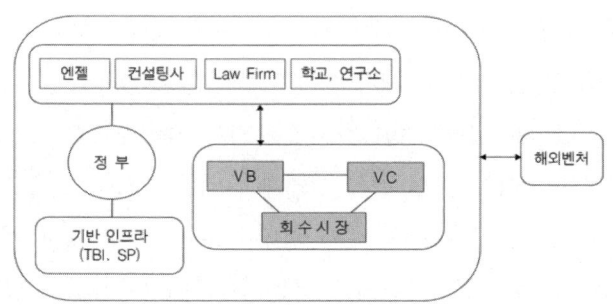

<그림 Ⅲ-1-4> 삼성경제연구소(1998)의 한국적 벤처 생태계모형

한정화(2000)는 다양한 형태의 벤처기업 및 창업 (venture incubation & creation), 기존의 벤처캐피털, 엔젤 및 주식 시장 외에 지자체, 연기금, 3부 시장까지 포함하는 다양한 원천으로부터의 벤처자금 지원 및 회수기능(venture & liquidation), 교육, 법률 지원, 컨설팅 기관의 벤처자문 및 육성기능(venture consulting & nurturing) 등 세 가지의 주요 기능 간의 상호작용으로서 벤처·창업 생태계를 설명하고 있다. 또한 벤처·창업 생태계를 올바르게 유지하기 위하여 투명성과 신뢰에 의한 경제 질서의 개선 노력과 정부의 관리 및 감독기능이 강화되어야 한다고 주장하였다.

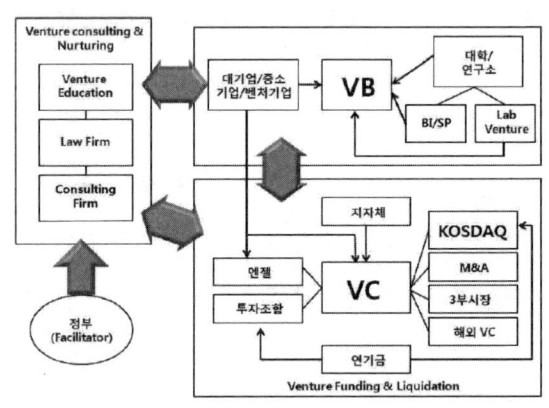

<그림 Ⅲ-1-5> 한정화(2000)의 벤처·창업 생태계모형

손동원(2006)은 시장 생태계(벤처기업-벤처캐피털-회수 시장)와 혁신생태계(대학 및 연구기관, 대기업, 벤처기업)를 정의하고 있다. 시장생태계를 비즈니스 서비스와 기타 시장 인프라가 지원하고 있으며, 문화·정책·물리적 인프라가 전체 벤처 생태계의 기반이 되고 있음을 강조하였다. 자본에 대한 흐름 중심의 시장 생태계에만 초점을 맞춘 벤처 생태계모형에 비해 벤처·창업활동에 지식을 공급하고 혁신을 지원하는 구성요소들 간의 혁신 기반의 관계에 대해 강조했다는 점에서 의의가 있다.

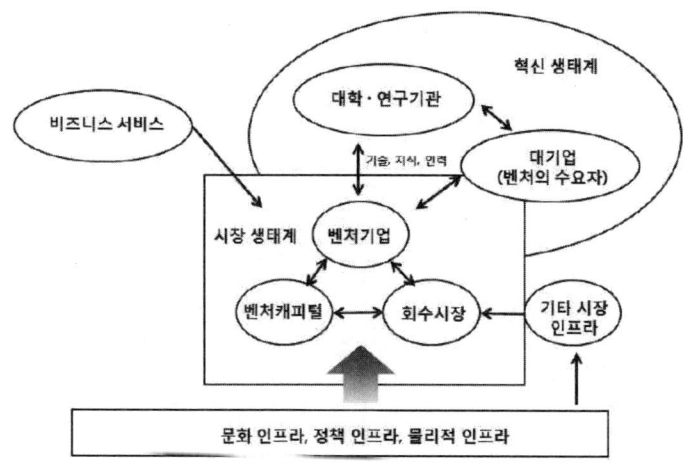

<그림 Ⅲ-1-6> 손동원(2006)의 벤처 생태계모형

임채윤 외(2006)는 자본의 흐름과 함께 벤처기업을 탄생시킬 수 있는 지식의 흐름과 회수 시장의 기능에 대해 강조한다. 양현봉·박종복(2011) 은 임채윤 외(2006)의 모형을 발전시켜 '청년창업 생태계모형'을 제시하였는데, 창업 초기 기업이 지식기술 기반기업으로 성장하기까지의 과정에 있어 자본 시장 뿐 아니라 멘토링, 지역 창업보육센터, 각종 정보 등을 제공하는 지원 인프라의 역할이 중요함을 강조하고 재도전의 기회를 가능케 하는 사회 여건이 조성되어야 한다고 주장하였다.

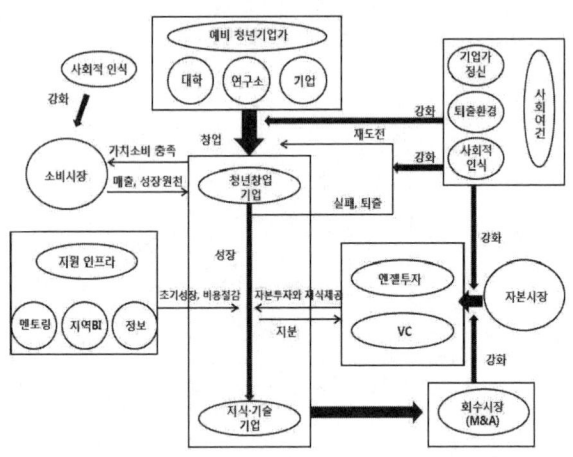

주 : 임채윤 외, 2006 재구성

<그림 Ⅲ-1-7> 양현봉·박종복(2011)의 청년창업 생태계의 구성체계

최근 한나라당 정책위(2011)에서 제시한 창업 생태계모형은 창업 생태
계를 창업자, 창업지원기관, 자금지원기관 등이 유기적으로 상호작용하
며 지속적으로 창업이 활성화되는 환경으로 정의하고 있다. 이 모형에서
는 엔젤투자 확대, 중간회수시장 활성화, 투자 중심의 지원, 대학의 창업
지원기능 강화와 투자자-창업자 간 네트워크 강화 등을 제안하고 있다.

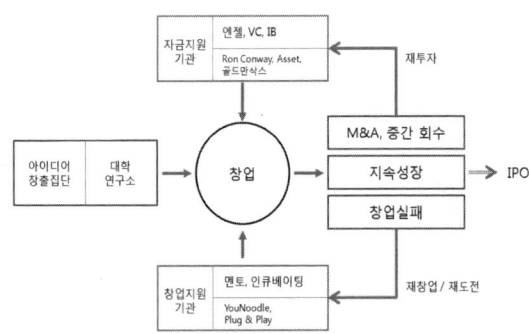

<그림 Ⅲ-1-8> 한나라당 정책위(2011)의 창업 생태계모형

2. 벤처·창업 생태계 진단

앞서 정리한 벤처·창업 생태계의 구성요소가 제대로 자리매김을 하고, 벤처·창업 생태계모형이 선순환되기 위하여 우리의 현실은 어떠한지 살펴보자.

3만 개 벤처의 허상

3만 개 벤처[1] 중 상낭수가 사실상 벤처기업으로서의 기능을 잃은 '허수'라고 한다[2]. M&A가 힘든 국내 벤처시장의 특성상 기업을 정리하고 싶어도 울며 겨자 먹기로 끌고 가는 벤처가 적지 않다는 뜻이다. 실제 벤처기업들이 코스닥 상장까지 가는데 평균 14년이 걸리고 그나마도 100개 중 1개 정도만 상장에 성공한다는 데 문제가 있다.

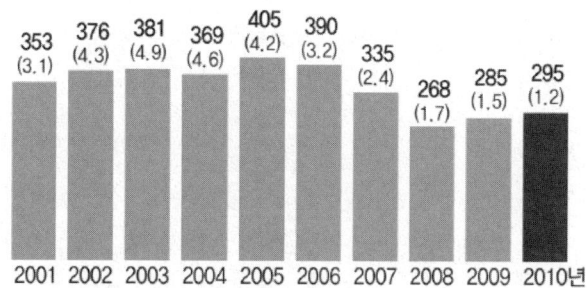

주 : 단위는 개이며 ( )는 비중(%)

자료 : 한국개발연구원, 2012

<그림 Ⅲ-2-1> 코스닥 상장 벤처기업 추이

---

1) 중소기업청이 운영하는 벤처포털 벤처인에 따르면 2013년 8월 말 현재 국내 벤처기업은 29,336개이다.
2) 『동아일보』, 2013. 9. 9, B01면.

늘어난 벤처투자 대부분이 공적 자금

우리나라의 벤처투자의 규모는 2011년 말 기준 3.6조 원으로 전체 채권금융의 1% 미만에 불과하며, GDP 대비 벤처투자 비율도 0.12%로 이스라엘의 0.66%, 미국의 0.22%에 비하여 낮은 수준이다.

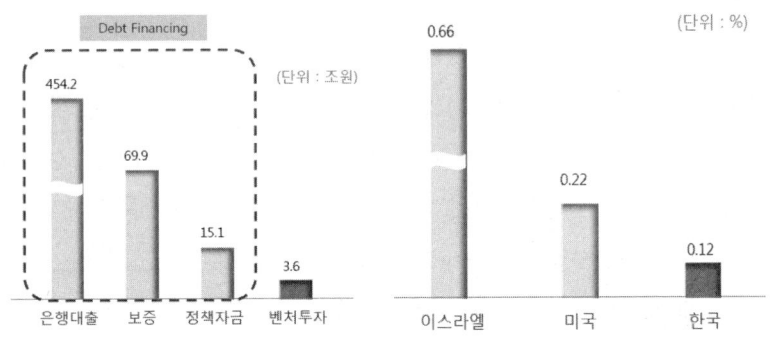

자료 : 금융감독원, "e-나라지표"

<그림 III-2-2> 벤처투자 규모 및 비율

2012년 벤처투자 실적은 1조 2,333억 원으로 2008년 이후 지속적으로 규모가 커지고는 있지만 2012년 신규조합 결성금액은 2004년 이후 최저 수준인 7,477억 원에 불과하다. 모태펀드, 정책금융공사 등 정책자금의 벤처펀드 참여 확대로 펀드 조성은 확대되고 있으나, 재원마련구조는 여전히 공적 자금에 크게 의존하고 있는 현실이다.

<표 Ⅲ-2-1> 연도별 벤처투자 추이

(단위 : 억 원, 개)

연도	2006	2007	2008	2009	2010	2011	2012
벤처투자 규모	7,333	9,917	7,247	8,671	10,910	12,608	12,333
펀드결성 금액	–	11,279	9,751	14,209	15,899	22,951	7,477
투자업체 수	617	615	496	524	560	613	688

자료 : 구본천, 2013

<표 Ⅲ-2-2> 주요 출자자 벤처펀드 참여 현황

(단위 : 억 원)

구분	2008	2009	2010	2011	2012
모태펀드	1,828	3,904	1,865	2,648	2,093
국민연금	–	1,300	800	4,290	600
정책금융공사	–	–	3,920	4,000	420
KIF	–	–	1,800	1,700	–
합계	1,828	5,204	8,385	12,638	3,113
4개기관 출자액/ 전체펀드 결성액	18.7%	36.6%	52.7%	55.3%	41.6%

자료 : 한국벤처캐피털협회 벤처투자정보센터

기업성장에 '유리 천장(glass ceiling)' 존재

정부 지원이 초기 벤처기업에 집중되면서 제2, 제3의 도약이 필요한 벤처들이 소외되고 있다. 여기에는 정부정책이 벤처기업이 몇 개 생겼고 일자리가 몇 개 생겼다고 강조하는 것도 한몫한다.

앞서 살펴본 것처럼 2006년 이후 벤처기업 수가 급증했지만 코스닥 예비심사 청구기업 수 및 IPO기업 수가 급감하고 있다. 2012년에 상장승인 기업 수는 22개 사로 매년 60~70개 사가 상장했던 것과 비교하여 3분의 1에 불과한 수치이다. 또한 IPO에 절대적으로 의존하고 있는 회수 구조는 여전히 정체상태이며, 코스닥 시장은 뚜렷한 성장 없이 위축되고 있는 현실이다.

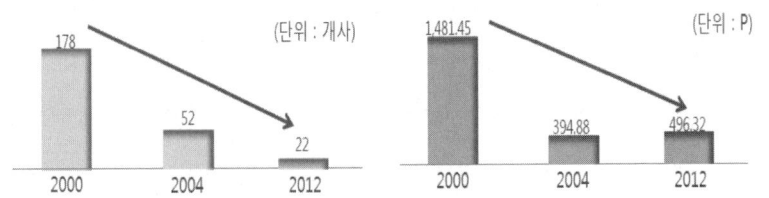

<그림 Ⅲ-2-3> IPO 수(左) 및 코스닥 지수(右)

회수 시장 또한 마찬가지다. M&A 시장이 정상적으로 운영되기 위해서는 IPO와 M&A 회수가 커져야 하는데, 현재 전체 회수금액의 20%에 불과하며 그중에서 M&A 비중은 7.4%로 이스라엘의 97.5%, 미국의 68.6%와 비교하여 매우 낮은 수치이다.

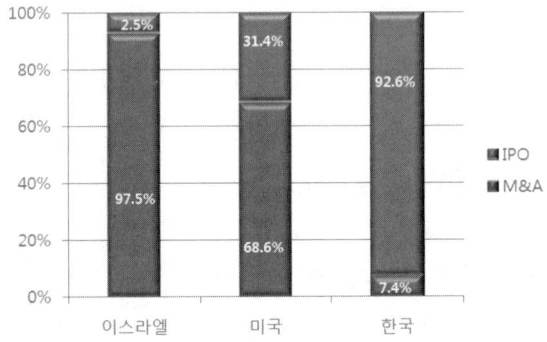

주 : IPO와 M&A, 2011년 기준

자료 : 한국벤처캐피털협회 벤처투자정보센터

<그림 Ⅲ-2-4> 투자 시장의 회수 수단 비교

초기 벤처에 대한 투자도 중요하지만 시간이 걸려도 벤처·창업기업이 성장할 수 있는 생태계가 마련되어야 한다.

제도보다 인식이 바뀌어야

2000년대 IT 벤처 붐 이후 다시 벤처·창업의 열기가 뜨거워진 것은 사실이나 여전히 젊은이들은 창업보다 취업을 선호하고 대기업에 취업하기 위한 스펙 만들기에 더욱 관심이 있다. 최근 대학생을 대상으로 창업의향과 준비정도 대상 조사결과를 보더라도 실제 창업에 대한 준비를 하는 학생의 비중은 낮은 편(4.9%)이며, 창업의향을 가지고 있으나 구체적인 준비를 하고 있지 않은 경우가 대부분이다(58.4%).

<표 Ⅲ-2-3> 대학생들의 창업의향과 준비 정도

구분	빈도(명)	비율(%)
향후 창업할 의향은 있으나 구체적으로 준비를 하고 있지는 않다	584	58.4
현재 창업 의향이 있고 실제 창업에 대한 준비를 하고 있다	49	4.9
창업할 의향이 없다	367	36.7
합계	1,000	100.0

자료 : 김선우 외, 2012

한편, 벤처가 대기업에 인수되면 '먹혔다'고 표현하는 부정적 인식 또한 없애야 한다. 실리콘밸리의 수많은 창업기업은 M&A가 일상화되어 있는데 이는 기업에 대한 인식이 우리는 소유의 개념이고 미국은 재화의 개념인데 있다. 아이디어에서 가볍게 창업하고, 시의 적절하게 기업을 팔며 계속 플랜 B, 플랜 C로 이어가는 저비용·고효율 창업 즉, 린 스타트업 방식이 필요하다.

성장사다리의 단절

창업 기업이 성장해서 그 가치를 회수하며 재투자·재도전으로 이어지는 성장의 사다리가 부재하다. 창업에 대한 사회적 인식이 부족하고, 위험을 기피하는 금융기관은 창업 초기 기업에 대한 자금 지원을 꺼린다. 성공 기업인이 창업 기업에게 재투자할 여건이 미흡하며, 코스닥 상장 외에는 벤처자금을 회수할 시장이 부재하다.

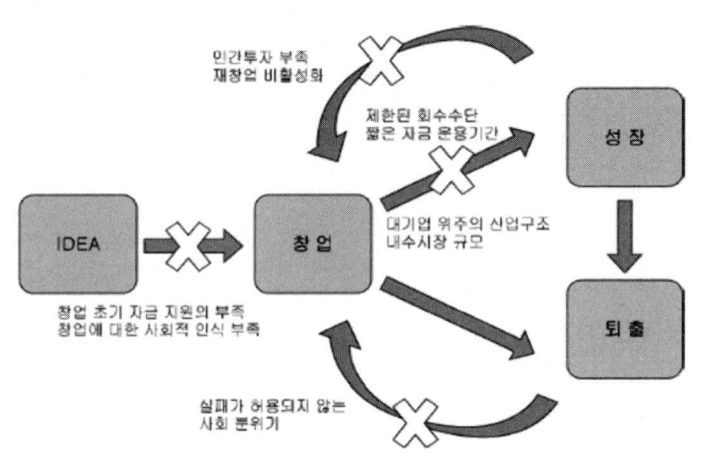

자료 : 박유리 외, 2012

<그림 Ⅲ-2-5> 우리나라 벤처 생태계의 구조적 문제점

기업가가 아이디어를 혁신으로 전환하고 상업화하여 새로운 시장과 일자리를 창출하는 벤처·창업이 활성화되기 위해서는 '창업→성장→회

수→재투자/재도전'의 성장사다리가 필요하다.

3. 벤처 · 창업 생태계 육성방안

벤처 · 창업활동이 활성화되기 위해서는 단순히 기업에 대한 지원으로 해결되지 않는다. 벤처 · 창업 생태계의 기반을 이루는 하드웨어 및 소프트웨어가 구축되어야 하며 특히, 생태계의 핵심요소로서 벤처기업 – 벤처캐피털 – 회수 시장 간의 상호작용과 연계가 시장원리에 입각하여 작동해야 한다.

이를 위해 장기적 관점에서 일관되고 지속적인 자금 부분의 원활한 흐름이 무엇보다 중요하며, M&A 등 회수 시장이 정상적으로 운영될 수 있는 인센티브가 마련되어야 한다. 또한 사회 전반의 기업가적 문화 조성이 필요하다.

벤처투자 등 자금 생태계 구축

벤처투자 규모 확대를 위하여 금융기관 회계제도 변경, 우선손실 충당제도 및 관행 폐지, 연기금 투자 Pool 확보, 중견기업 투자 확대 등이 이루어져야 한다(구본천, 2013). 우선, 금융기관 회계제도가 변경되어야 한다. 현재 회계제도 변화로 인하여 보험사 등이 벤처펀드 등에 출자를 기피하고 있다. 벤처기업은 초기에 적자가 나다가 나중에 큰 이익을 내고 상장해서 투자자에게 수익을 돌려주므로 초기에는 주로 손실로 인식된다. 따라서 여기 투자한 벤처펀드도 초기에는 오히려 가치가 떨어졌다가 나중에 오르는 J-curve를 그리게 된다. 또한 IFRS[3]의 도입으로 보험사

---

3) 국제적으로 통일된 회계기준 제정을 목표로 국제회계기준위원회(IASB)에서 제

등이 벤처펀드 등에 출자한 경우, 펀드가 모두 초기 손실로 인식되어 출자를 꺼리고 있어 회계기준에 유연성을 두어 벤처기업의 투자 라운드별 가치를 인정함으로써 잘못된 손실인식을 수정해야 할 것이다.

둘째, 우선손실충당제도 및 관행을 폐지하여야 한다. 우리나라의 벤처투자는 외국에 비해 리스크를 피하고 안전한 투자만 하려는 경향이 있다. 그 원인은 다양하겠으나 중심이 되는 원인으로 우선손실충당제도를 꼽을 수 있다. 우선손실충당이란 벤처펀드에서 손실이 발생했을 때 벤처캐피털이 출자한 돈을 먼저 손실로 잡고, 그 후 전체적으로 손실을 분담하는 제도이다. 이로 인해 벤처캐피털들은 위험도가 높은 투자 대신, 안전한 투자를 선호하게 된다. 외국에는 우선손실충당이란 개념조차 없으므로 국내 연기금의 우선손실충당 요구는 없어져야 할 것이다.

셋째, 연기금 투자 Pool을 확보하여야 한다. 현재 국민연금 등의 앵커출자금 이외에 펀드의 나머지 30~50%를 구성하기 어려운 것이 현실이다. 연기금 및 보험의 벤처펀드 출자환경을 조성하기 위해 이들 기관의 출자 Pool을 확보하여 관리할 필요가 있으며 연기금의 대체투자 한도를 확대하고 이들의 출자금을 Pool로 만들어 나머지 펀드를 채워 펀드 결성을 용이하게 할 필요가 있다.

넷째, 중견기업까지 투자를 확대하여야 한다. 창업지원법상 중소기업(7년 이내 창업 또는 벤처기업) 투자 중심으로 되어 있으나 이를 중견기업까지 확대하여야 한다. 중소기업을 통한 창업 못지않게 중견기업으로 성장 시 고용 기여도가 높으므로 중견기업도 정책적 고려대상으로 포함시켜야 한다.

정한 회계기준으로 국제증권감독자기구(IOSCO)에서 전 세계 다국적기업에 사용을 권고하고 있다(2011).

회수 시장 활성화

코스닥 시장의 활성화를 위해서는 상장심사 기준을 완화하고 코넥스 시장을 활성화할 필요가 있다(구본천, 2013). 현재 코스닥 심사가 거의 코스피 기업을 심사하는 정도라는 평이 있을 정도로 엄격한 편이다. 또한 현재와 미래 수익이 확실해야 상장되는 반면 기술성은 높게 평가하고 있지 않고 있다. 투자자 보호도 중요하지만, 코스닥의 원래 기능이 기술성 있는 기업을 투자자들에게 오픈해준다는 의미이므로 과감하게 상장 시장의 관문을 낮출 필요가 있다. 또한 개설된 코넥스(KONEX)[4]을 통해 회수 기반이 강화될 수 있도록 할 필요가 있다. 코넥스에서는 보통주만 거래토록 하고 있으나, 우선주도 거래 대상에 포함시켜 회수 시장으로서의 역할을 담당하도록 하여 코스닥 시장을 활성화시킬 필요가 있다.

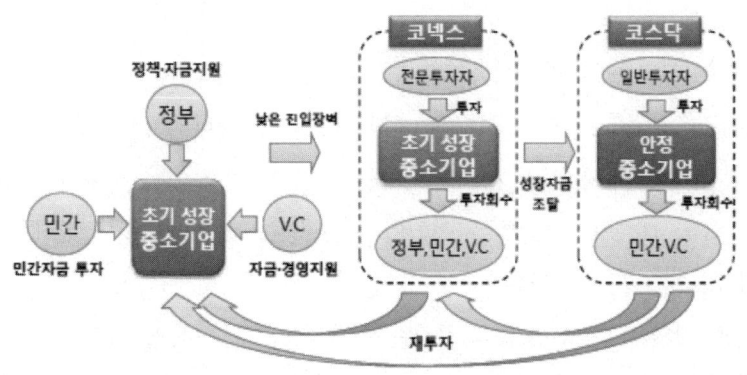

자료 : 한국거래소, 2013

<그림 Ⅲ-3-1> 코넥스를 통한 중소기업의 자금조달 선순환체계

---

4) 2013년 7월 1일 창업 초기단계 중소기업의 원활한 자금 조달 및 회수를 목표로 개설되었다.

M&A의 정상적인 운영을 위해서는 R&D 기업 인수 시 세제 해택을 줄 필요가 있다(구본천, 2013). 현재 대기업의 입장에서는 R&D를 내부에서 했을 때에는 세금혜택이 있지만, R&D를 많이 하는 벤처기업을 인수했을 때는 혜택이 없음을 물론이고, 오히려 프리미엄으로 지불한 금액을 매년 상각해야 하므로 M&A를 기피하려 한다. 따라서 이런 벤처기업을 외부 R&D로 인식한다면 세금공제는 자연스러운 것으로 인식할 수 있다.

기업가정신 제고 및 사회풍토 조성

대학 교육·연구 및 연구기관에 대한 기업가정신 제고를 통한 과학적·기술적 연구성과의 창출을 확대할 필요가 있다. 이를 위해 창업친화적 교육 시스템을 구축하고 창업교육 패러다임 확대를 통해 장기적인 관점에서 인적 및 사회적 환경을 구축하고 기업가적 문화를 조성하는 것이 중요하다.

또한 창업 생태계가 지속적으로 성장하기 위해서 '실패에 대한 관용(tolerance of failure)'의 문화가 조성되어야 한다. 대학 기반의 창업활동은 실패시 '사업의 실패'가 아닌 '프로젝트의 실패'로 간주될 여지가 상대적으로 높아 대학을 '창업활동 실험의 장(test-beds for startups)'으로서의 역할을 강화할 필요가 있다.

한편 창업자에게 시장을 제공하는 동반성장 의지가 있는 대기업의 사업 파트너가 될 수 있는 기회를 줄 필요가 있다. 벤처기업에 사회적 힘을 실어주기 위해 로펌과 같은 조직에서 전문적인 법률 지원 서비스를 저렴하게 받을 수 있는 기회가 필요할 것이다. 이 생태계에는 벤처기업, 동반성장 대기업, 사회적 약자를 대변하는 로펌, 엔젤투자자 단체, 벤처캐피털 단체 등이 모여 있는 생태계가 될 것이다. 그들이 곧 시장이고, 서로의 고객이고 서로의 동반자이다. 이것이 창조경제시대의 벤처·창업 생태계 모델이다.

▣ 참고문헌

"벤처경제 아직도 모험 중", 『동아일보』, 2013. 9. 9.

기획재정부·미래창조과학부·중소기업청·금융위원회, "벤처창업 생태계 선순환
　　방안", 2013.

김선우 외, "대학·연구기관發 기술창업 활성화 방안", 중소기업청·창업진흥원,
　　2012.

구본처, "벤처활성화를 위한 자금 생태계 구축전략", 2013.

박유리 외, "ICT 벤처 생태계의 구조적 문제점과 개선방안", KISDI Premium Report
　　12-08, 2012.

배영임·표한영·김영태, "벤처생태계의 내실화 촉진을 위한 정책연구", 중소기업
　　연구원, 2012.

삼성경제연구소, "벤처기업 창업 및 육성 5개년 계획", 1998.

윤종언, "집적지별 벤처생태계 현황", 벤처 심포지엄, 삼성경제연구소, 2000.

이도형·김이경, "성공적 벤처·창업 자금 생태계 조성을 위한 투자환경 분석", 이
　　슈페이퍼 2013년 5월, 한국과학기술기획평가원, 2013.

정대용·김영수, "벤처기업의 창업성장단계별 지원제도 평가와 벤처생태계 모델에
　　관한 연구", 『사회과학논총』, 숭실대 사회과학연구원, 1999.

한국거래소, "초기 중소기업의 자금조달을 위한 코넥스시장 설립방안", 2013.

한나라당 정책위·관계부처 합동, "희망한국, 청년창업 활성화 방안(안)", 당정협의
　　자료, 2011.

고정민·김정호, 「벤처생태계의 형성과 진화」, 『CEO Information』 240호, 삼성경제
　　연구소, 2000.

김기완, 『벤처기업의 성장요인에 관한 연구 : 벤처확인유형을 중심으로』, 한국개발
　　연구원, 2011.

배종태, 「청년창업의 생태계 실태와 발전과제」, 산업연구원 청년창업포럼 발표자

료, 2011. 9. 20.

설성수·박정민·서상혁,『대덕밸리의 형성과 진화』, 과학기술정책연구원, 2002.

손동원,『벤처 진화의 법칙: 벤처기업과 벤처생태계의 공진화』, 삼성경제연구소, 2004.

_____,『한국 벤처생태계의 성숙과 진화』, 과학기술정책연구원, 2006.

양현봉·박종복,『청년창업 생태계 조성 및 활성화 방안』, 산업연구원, 2011.

이철우·이종호,「지방대도시 벤처생태계의 제도적 및 문화적 환경: 대구지역을 사례로」,『한국경제지리학회지』7권 1호, 한국경제지리학회, 2004.

임채윤 외,『한국 벤처생태계 활성화 방안』, 과학기술정책연구원, 2006.

한정화,「한국의 벤처생태계 진단」벤처 심포지엄 발표자료, 삼성경제연구소, 2000.

한정화 외,「한국 교수·연구원 창업벤처생태계의 특징과 정책적 과제에 관한 탐색적 연구」,『중소기업연구』제29권 제3호, 한국중소기업학회, 2007.

Kauffman Foundation, The Importance of Startups in Job Creation and Job Destruction, 2010.

Moore, J. F., The Death of Competition: Leadership & Strategy in the Age of Business Ecosystems. New York, Harper Business, 297, 1996.

Jackson, D., "What is an Innovation Ecosystem?", National Science Foundation, Arlington, VA, 2011.

Porter, P. B., "Coevolution as a research framework for organizations and the natural environment", Organization and Environment, 2006.

Tsai, F. S., Hsieh, L. H. Y., Fang, S. C., and Lin, J. L., "The co-evolution of business incubation and national innovation systems in Taiwan", Technological Forecasting and Social Change, 2008.

e-나라지표(http://www.index.go.kr)

금융감독원 금융통계정보시스템(http://fisis.fss.or.kr)

한국거래소(http://www.krx.co.kr)

한국벤처캐피털협회 벤처투자정보센터(http://vcic.kvca.or.kr)

Ⅳ장 지역산업 생태계

　최근 산업정책의 화두는 '산업 생태계 조성'이다. 지역산업 육성정책에도 산업 생태계 조성에 대한 관심이 높아지고 있으나 산업 생태계 또는 지역산업 생태계에 대한 정확한 정의, 필요성, 구성요소, 정책수단 등에 대한 명확한 개념이 정립되지 못하여 다소 혼란함을 겪고 있다. 따라서 이 장에서는 산업 생태계와 견주어 지역산업 생태계를 규정하고 구성요소를 분석하였다. 또한 지역산업 생태계 조성을 위한 정책수단 등 중앙정부와 지방정부의 역할에 대해서 살펴보았다.

1. 지역산업 생태계의 정의와 필요성

지역산업 생태계의 정의

　김영수·박재곤·정은미(2012)는 산업 생태계란 최종재화를 생산하는 기업과 부품을 공급하는 기업 등을 포함한 산업환경 내 이해관계자들이 유기체처럼 긴밀히 연결되어 있는 경제공동체라고 정의하고 있다. 그들은 아래의 그림에 나타난 바와 같이 공급자와 소비자 중심의 협의의 산업 생태계와 정부기관 및 기타 규제기관과 경쟁업체까지 포함한 광의의 산업 생태계를 규정하고 있다. 그러나 이해관계자 속에는 촉매자로서의 대학교, 연구소, 기업지원기관 및 정부까지 포함되어야 하며, 그들 간의 상호작용이란 그 연결을 지속시켜 자생성을 확보하는 교류가 원활할 때 건강한 산업 생태계로서의 구실을 한다고 볼 수 있다.

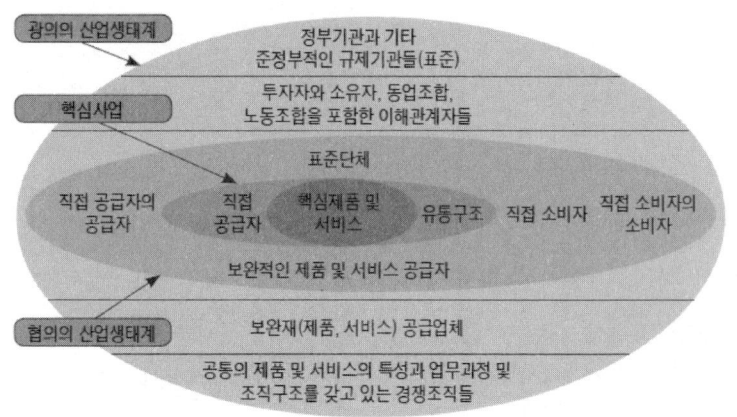

자료 : 김영수·박재곤·정은미, 2012

<그림 Ⅳ-1-1> 산업 생태계의 분석 프레임과 주요 구성요인(주체)

그렇다면 지역산업 생태계란 무엇인가에 대한 보다 근본적인 물음에 대한 고찰이 필요하다. 지역산업 생태계란 산업 생태계를 공간과 규모 면에서 보다 세분화한 개념으로 받아들일 수 있다. 아래의 그림에 요약된 바와 같이 산업의 규모에 따라 지역의 산업 생태계와 지역산업 생태계로 구분이 될 수 있으며, 그 생태계를 조성하기 위한 정부의 역할이 상이하다고 볼 수 있다.

일반적으로 산업의 규모가 큰 경우 중앙정부가 한 국가의 산업 육성을 위하여 산업 생태계를 조성하며, 이에 따른 공간적 고려가 이루어지는 경우 지역산업 생태계라고 할 수 있다. 이 경우 간접적인 지원이 일반적이지만 산업 발전단계가 초기인 경우 생태계 구성요소를 구축하기 위한 정부의 적극적 개입이 이루어질 수 있다. 바이오산업이나 항공우주산업이 이에 해당하며, 바이오산업은 충청권 일대, 항공우주산업은 경남지역에서 생태계를 구축하고 있다. 신재생에너지 및 주력기간제조업의 경우는 산업 발전단계상 성장기에 있어 중앙정부의 제도개선과 같은 간접적인 개입으로 산업 생태계의 질서를 확립한다.

반면 산업의 규모가 상대적으로 작은 경우 특정 지역의 지방정부가 지방의 중소기업을 적극적으로 지원하며 ICT융·복합기계산업이나 지식서비스산업 등이 이 범주에 속한다고 볼 수 있다. 비즈니스 서비스나 의료서비스산업 등은 사업화 초기에 있어 지역산업 생태계를 구성하는 요소들의 구축이 우선시되지만, 기계부품소재산업 등은 건전한 경쟁을 위한 지방정부의 기업환경 개선이 더욱 필요하다고 볼 수 있다.

이 장에서는 지역산업 생태계와 지역의 산업 생태계 모두를 분석의 대상으로 규정하며 포괄적인 함의를 지닌 지역산업 생태계로 분석하였다. 따라서 추후 지역산업 생태계의 조성방안 등에 대한 정책적 접근에 있어서 중앙정부와 지방정부의 역할을 모두 고려하였다.

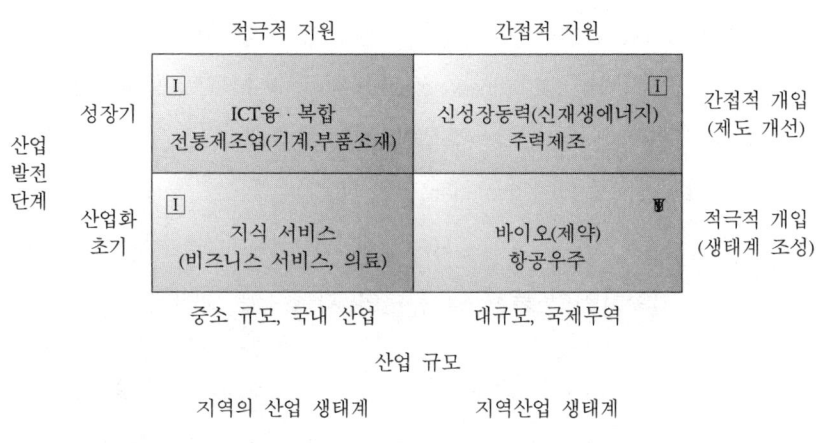

<그림 Ⅳ-1-2> 산업 생태계의 유형과 정부의 정책

지역산업 생태계의 필요성

☐ 산업 생태계의 필요성

산업 육성을 위한 정책 수단에 있어서 오랜 기간 동안 특정 산업에 대한 연구개발투자, 기술사업화 지원, 기업 지원, 인재양성 등이 추진되어 왔다. 때로는 보조금(subsidy 또는 grant)의 형태로 때로는 서비스 지원의 형태로 이루어져왔으나 특정 산업 분야의 집중 육성이 한계를 보이기 시작하면서 최근 산업 생태계 조성에 대한 관심이 높아지고 있다. 기존의 산업 육성정책의 지원 규모에 비해 비효율적인 성과와 지속적인 예산투입의 구조 및 기업들의 도덕적 해이 등의 문제점이 제기되고 있다. 반면, 산업 생태계 조성은 건전한 산업 생태계를 조성함으로써 산업 육성정책의 궁극적 목적을 달성하기 위한 지속 가능한 자생성(sustainable endogenous growth)을 지닌 산업 육성이 가능할 수 있다고 보기 때문이다.

무엇보다 잘 구축된 산업 생태계는 자생적인 진화과정을 통하여 산업경쟁력을 제고할 수 있기 때문이다. 즉, 대기업과 중소기업, 최종재화 생산기업(upstream)과 원부자재를 이용하여 중간재를 생산하는 기업(downstream)들 간 상호 유기적인 교류(open network)를 통하여 서로 득(mutual benefit)이 될 수 있는 생태계에서는 정부의 역할이 상대적으로 크지 않더라도 산업이 자생적으로 진화(evolution)할 수 있다.

☐ 지역산업의 특성 및 규모와 지역산업 생태계

일반적으로 산업 생태계에 대한 학문적·정책적 연구가 많이 이루어진 반면, 지역산업 생태계에 대한 연구는 많지 않은 편이다. 이 절에서는 앞에서 언급한 바와 같이 지역산업 생태계는 지역산업의 생태계를 조성하는 것과 지역의 산업 생태계 조성 두 가지 모두를 대상으로 한다. 하나의 국가에서 산업 생태계를 조성함에서 있어서는 산업 생태계를 구성하는 모든 구성요소의 완결성(completeness)이 필요하지만, 지역적으로는 그 구성요소가 완결성을 가져야 하는지는 지역산업의 특성 및 규모에 달려 있다고 볼 수 있다.

예를 들어 지역산업이 자동차 부품이라면 자동차산업 생태계 내의 일부이며 어느 특정지역에 완결성을 갖춘 형태로 조성한다는 것은 합리적이지 않다. 반면, 지역산업이 문화콘텐츠산업(예로 대구의 공연문화산업으로서의 뮤지컬산업)일 경우 문화산업 생태계를 구성하는 모든 요소를 갖춘 생태계가 적합할 수 있다. 이러한 점에서 지역산업 생태계는 지역의 주요 산업의 업종 분야 및 규모, 지역의 특성 등에 따라 모두 상이할 수밖에 없다는 점에서 각각 독립적(unique)인 성격을 지닌다.

지역산업 생태계와 창조지역경제

자생성을 지니고 스스로 진화할 수 있는 지역산업 생태계는 결국 창조적인 지역경제를 구현한다. 이는 기존의 경제가 생산요소투입형에서 혁신주도형으로 발전하고 최근 창조형으로 전환되어 가고 있는 패러다임과 궤를 같이 하고 있다고 볼 수 있다. 빠르게 변화하고 있는 현대 산업사회 속에서 생태계를 구성하고 있는 여러 주체들 간의 활발한 교류 없이는 산업구조의 변화의 트렌드를 읽을 수 없다. 다시 말하자면, 지역산업 생태계는 창조지역경제의 기반이다. 창조경제는 업종 간의 다양한 융·복합을 통해서 창출되고 있으며, 이러한 융·복합은 건전하고 완결성을 지닌 지역산업 생태계를 근간으로 하고 있다.

2. 지역산업 생태계의 구성

지역산업 생태계는 무엇으로 구성되어 있는가, 지역산업 생태계의 이해당사자는 누구인가, 지역산업 생태계의 구성이 완결성이 필요한가에 대한 논의가 필요하다.

지역산업 생태계의 구성요소

지역산업 생태계의 구성요소는 일반적으로 산업 생태계의 구성요소와 그대로 일치한다고 볼 수 있다. 다만 공간적인 측면에서 규모가 다소 작다고 할 수 있다.

무엇보다 가장 중요한 것은 건강한 기업들이 집적된 사슬구조라고 할 수 있다. 원부자재를 가공하는 기업들부터 최종재화를 생산하는 기업까지 건전한 기업환경을 통한 경쟁구조를 지녀야 한다. 수직계열화 또는 수평적 합병에 의한 독점적 구조는 일반적으로 바람직하다고 보기 어렵다. 두 번째는 원천기술 개발을 가능하게 하는 대학교이다. 기초기술 개발에서 산업기술까지 다양한 기술 개발은 물론 인력공급의 역할까지 담당하기 때문에 장기적인 관점에서 생태계에서 매우 중요한 구성요소라 할 수 있다. 세 번째는 연구소이며, 기술사업화를 담당한다. 기업의 다양한 수요에 맞추어 보다 용이하게 상용화할 수 있는 기술을 개발하는 것이 주된 임무라고 하겠다. 네 번째는 중앙정부와 지방정부이며 비전을 제시하고 지속적인 재정 지원을 통하여 기업과 대학교는 물론 연구소가 서로 활발하게 교류할 수 있도록 유도한다. 다섯 번째는 정부의 지원을 바탕으로 기업지원기관들이 연구개발에서 홍보, 마케팅, 산업동향분석 등에 이르기까지 직간접적으로 다양한 기업 지원을 한다.

그러나 이러한 구성요소가 갖추어져 있다고 해서 훌륭한 지역산업 생태계로서 인정받을 수 있는 것은 아니다. 이 구성요소들을 한 데 어울러 자발적인 시너지 효과를 창출할 수 있는 구성요소 간 개방형 혁신 네트워크 시스템(open innovation system)이 갖추어져 있어야 한다. 구성요소 내에서는 활발한 폐쇄형 혁신 네트워크(closed innovation) 또한 갖추어져 있어야 한다. 다시 말해 각각의 구성요소 간 상호 수요를 기반으로 한 교류가 있어야 한다는 것이다. Brochler(2013)는 상호 간의 이익이 될 수 있는 교류를 위하여 다양한 파트너십 프로그램 등의 기획이 필요하다고 역설하기도 하였으나 실효성을 거두기가 현실적으로 쉽지 않다는 점에서 많은 정책적 고민이 존재한다. 또한 이러한 상호작용에 있어서 가장 중요한 점은 수요에 기반을 두어야 한다는 것이다. 만일 어느 지역에서 상용기술 개발을 담당하는 연구소나 대학교가 첨단기술(hi-technology)에 집중하는 반면, 해당 지역의 기업들이 필요로 하는 기술은 상대적으로 낮은 수준의 단순기술(low-technology)이어서 서로 미스매치가 있다면 바람직한 산업 생태계라고 볼 수 없기 때문이다.

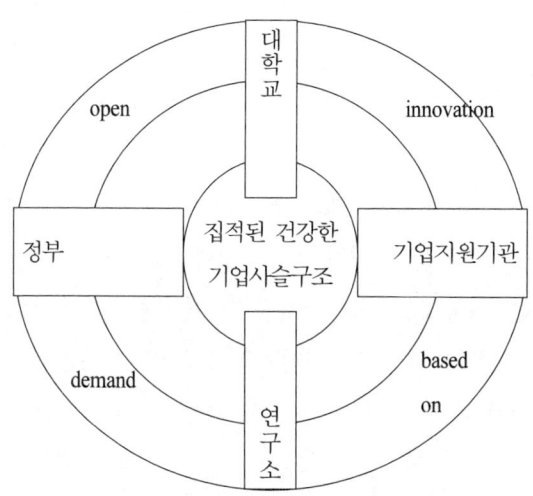

<그림 Ⅳ-2-1> 산업 생태계의 구성 : 마차바퀴모형

따라서 산업 생태계는 아래의 그림과 같이 건강한 기업사슬구조를 중심축으로 산학연관의 살과 수요에 기반을 둔 개방형 혁신 네트워크의 프레임을 지닌 마차바퀴의 모형을 닮고 있다. 대학교와 연구소 그리고 정부와 기업지원기관 중 어느 하나라도 역량이 부족하면 바퀴의 모형이 원형을 이룰 수 없고 수요 기반의 개방형 혁신 네트워크가 부족하면 프레임이 연결되지 못하여 구를 수 없게 된다. 결국 각각의 구성요소가 모두 비슷한 수준에서 제 역할을 하면서 상호 유기적인 교류작용을 할 때에만 비로소 마차바퀴로서의 기능을 할 수 있는 것이다.

지역산업 생태계의 규모와 완결성

지역산업 생태계를 고려함에 있어서 과연 일반적인 산업 생태계와 마찬가지로 모든 구성요소를 갖춘 완결형이어야 하는가의 문제가 제기된다. 예를 들면, 한 국가의 측면에서 이차전지산업의 생태계를 구성하는 모든 요소들을 갖추어야 하지만 시도 단위 혹은 시군구 단위의 지역의 범주 내에서 모든 요소를 갖춘 산업 생태계가 필요한지에 대한 의구심이 든다는 것이다.

이는 결국 지역산업의 규모, 구조 그리고 발전단계와 관계가 있다. 아래의 그림에서는 두 가지의 지역산업의 구조에 따른 피라미드형 지역산업 생태계를 제시하고 있다. 첫 번째 그림은 다수의 중소부품소재기업들과 소수의 최종재화 생산 대기업이 구성하고 있는 산업구조이다. 대표적인 산업으로는 자동차, 조선, 이차전지, 이동통신기기 제조산업 등이며, 이러한 경우 대학교, 연구소, 기업지원기관 및 정부와 같은 촉매자들은 상대적으로 원자재 가공 중소기업들의 경쟁력 제고를 위한 지원을 담당한다. 앞서 언급한 바와 같이 이러한 산업 생태계가 특정 지역에 완결성을 갖추어야 하는지에 대해서는 산업의 규모가 결정한다고 볼 수 있다.

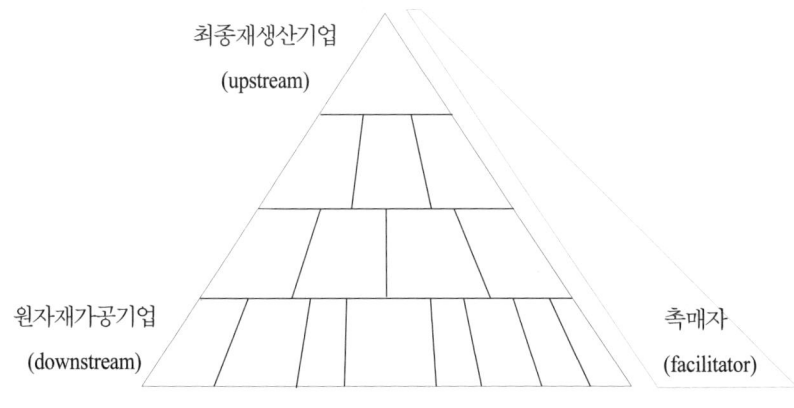

<그림 Ⅳ-2-2> 산업 생태계의 유형과 구성요소 1

아래의 두 번째 그림은 소수의 부품소재 대기업들과 다수의 최종재화 생산 중소기업이 구성하고 있는 산업구조이다. 대표적인 산업으로는 반도체 및 석유화학산업 등이며, 촉매자들은 상대적으로 최종재화 생산 중소기업들의 경쟁력 제고를 위한 지원을 담당한다. 이러한 경우 산업 생태계는 최종재화 생산 중소기업 및 지원기관을 중심으로 국한될 수 있다.

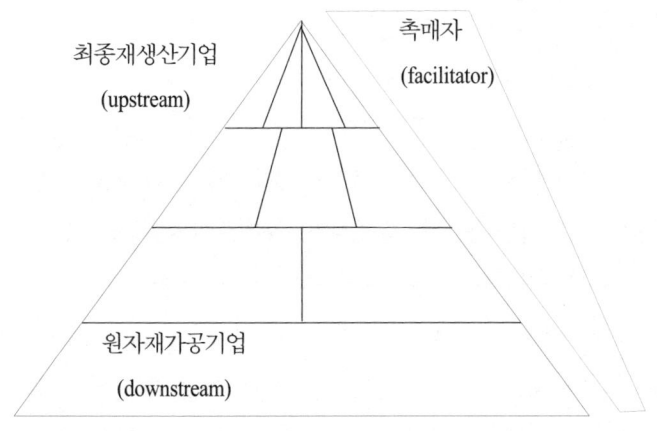

<그림 Ⅳ-2-3> 산업 생태계의 유형과 구성요소 2

3. 지역산업 생태계의 조성과 정부의 역할

이 절에서는 적절한 지역산업 생태계를 조성하기 위하여 중앙정부와 지방정부가 각각 무엇을 해야 하는지에 대하여 검토하였다.

지역산업 생태계의 조성방안

□ 산업 혹은 시장의 구조적 완결성 검토

지역산업 생태계를 조성함에 있어서 중요한 이슈는 완결성이 필요한 지에 대한 검토와 공급사슬구조의 적정성이다.

그동안의 지역산업 육성정책의 가장 큰 문제는 지역산업의 규모와 특징에 주목하지 못한 채 광역경제권 단위에서의 선도산업, 시도 단위에서의 전략산업, 시군구 단위에서의 특화산업이 모두 자기 완결성을 지닌 지역산업 생태계를 조성하고자 하였다는 것이다. 각각의 사업 모두에서 관련 산업의 산학연관 지역산업 생태계 주체를 구축하려는 노력은 결국 중복과 비효율 그리고 획일적인 생태계 구축으로 인한 전문성 부족으로 건강하지 못한 생태계를 양산하였다고 볼 수 있다.

지역의 특성에 따른 지역산업의 규모와 특징을 바탕으로 광역경제권이나 시도 수준에서 완결성을 갖춘 지역산업 생태계를 조성하고 이를 위하여 시군구 단위에서는 생태계의 일부로서의 특정기능을 담당하는 형태가 바람직하다. 지역산업이 자동차산업처럼 대규모 산업이라면 철강 및 자동차부품에서 완성차 조립까지 전(全) 가치사슬 또는 공급사슬을 포괄적으로 담아낼 수 있는 산업 생태계를 특정 지역에서 담당할 수는 없다. 그러므로 이렇게 대규모의 산업인 경우 지역산업 생태계가 구성

주체의 완결성을 지녀야 하겠지만 산업구조상 공급사슬 전체가 아닌 일부 분야로 국한되어야 할 것이다.

그러나 아쉽게 지역산업 육성사업의 경쟁 구도 속에서 많은 지방자치단체들 간의 기능적 역할 분담보다 모든 과정에서의 비교 우위를 점하고자 하는 과다 경쟁의 성향이 보여왔다.

□ 구성주체 간의 유기적 상호 교류 확대

기본적으로 산업 생태계를 구성하고 있는 기업을 제외한 모든 주체는 각각의 주체를 위해서 존재한다기보다 다른 주체(기업)를 위하여 존재한다. 대학교와 연구소는 기업이 필요로 하는 기술 개발을 하고, 기업지원기관은 원활한 기업활동을 위하여 존재한다. 정부는 각 주체들 간의 유기적인 교류를 통한 자생력 있는 산업 육성을 위하여 존재한다. 따라서 지역산업 생태계를 구성하고 있는 구성 주체 간의 유기적인 상호 교류는 생태계를 지속시키는 가장 중요한 열쇠라고 할 수 있다.

물론 이러한 활발한 교류는 각 주체들의 노력이 필요하지만 정부의 역할이 가장 기대되는 부분이라고 할 수 있다. 정부는 조정자 또는 매개자(coordinator)로서 각 주체들이 상호 교류를 적극적으로 할 수 있는 유인 정책을 마련하여야 한다. 이를 위하여 민간공공파트너십(Private Public Partnership, PPP)이나 지역의 대학교와 지역기업 간의 산학연계협력 등 다양한 교류 프로그램들이 기획하고 있으나 가시적인 성과를 거두지 못하고 있다.

가장 대표적인 사례로 1970년대부터 조성된 대덕연구개발특구의 경우 KAIST를 비롯하여 국내 유수의 정부 출연 연구기관이 밀집되어 있고 중앙정부의 지속적인 연구개발 예산이 지원되고 있으나 지역기업들의 성장이 더디고 우수한 촉매제의 기능을 충분히 활용하지 못하고 있는 실정이다. 각 주체 간 상호 교류를 유도하기 위하여 CONNECT Korea 등의 프로그램을 운영하기도 하였지만 뚜렷한 성과를 거두지 못하고 있다.

1990년대 후반부터 지속하여 온 지역산업 육성사업의 결실로 지역산업 생태계의 주요 촉매자라고 할 수 있는 테크노파크와 지역특화센터들이 구축되어 왔다. 아래의 그림에 나타난 바와 같이 2012년 말 기준으로 지역 전략산업진흥사업의 지역산업기반구축사업으로 전국에 18개의 테크노파크와 80개의 지역특화센터가 설립되었으며 연구개발, 기업 지원, 인력양성 등을 해당 지역의 전략산업에 맞추어 담당하고 있다. 그러나 한 가지 아쉬운 점은 이들 지원기관과 해당 지역의 기업 간의 상호작용에 있어서 실효성이 부족하다는 점이다. 지역기업들은 기업 내부의 정보유출을 우려한 나머지 개방형 혁신 네트워크를 활용하지 못하고 있고, 지원기관의 서비스는 지역기업이 필요로 하는 지원보다 지원기관이 제고할 수 있는 지원 중심이라는 자성의 목소리가 존재한다는 것이다. 또 한편 이들 지원기관 간의 내적 교류(closed network)를 통한 전문성 확보도 매우 미흡하다고 할 수 있다. 일부 지역특화센터협의회가 있으나, 정례적인 모임을 갖는 수준에 불과할 뿐 공동연구개발, 통계자료 공동 구축, 기업 지원 노하우 공유 등 실질적인 내적 교류를 통한 효율화 방안 마련이 필요하다.

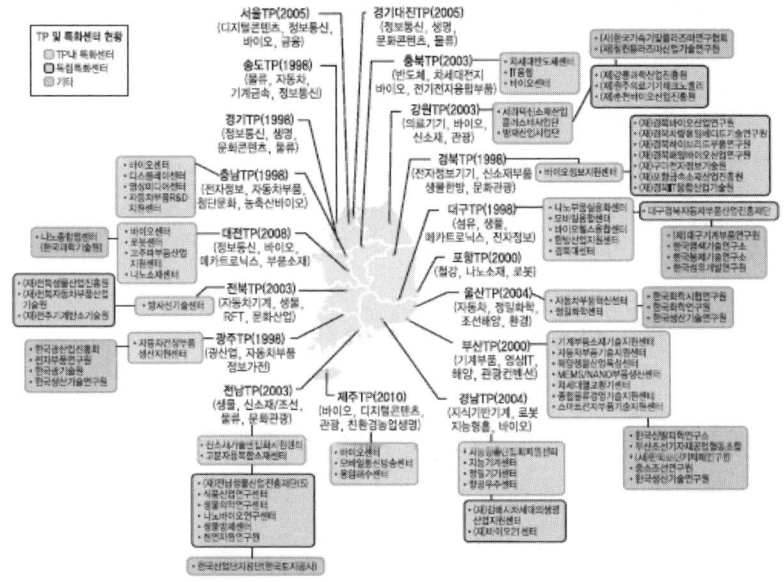

자료 : 김동수, 2012

<그림 Ⅳ-3-1> 테크노파크 및 지역특화센터

지역산업 생태계의 조성에 있어서 정부의 역할

지역산업 육성정책이 그렇듯 지역산업 생태계 조성에 있어서도 중앙
정부는 보다 거시적이고 일반적인 측면을 담당해야 하는 반면, 지방정부
는 각 지역과 지역산업에 따라 상이한 조건의 지역산업 생태계를 위한
구체적인 조성방안 마련으로 역할이 구분된다고 볼 수 있다.

□ 중앙정부의 역할

중앙정부는 지역산업정책 측면에서의 보다 거시적인 관점에서의 역할
이 요구되고 있다. 산업의 발전단계와 산업의 구모에 따라 지역 간 경쟁

이 필요한지 보완적 집중이 필요한지를 판단하고 그에 적합한 산업 생태계를 구축하는 데에 힘써야 한다.

예를 들면 신재생에너지산업이 지역 간 경쟁이 필요한지 불필요한 중복을 피하는 것이 적절한지를 판단하여 산업 생태계와 지역산업 생태계를 동시에 고려한 정책조율이 중앙정부의 몫이라고 볼 수 있다.

□ 지방정부의 역할

앞서 언급한 바와 같이 지방정부는 지역산업 생태계의 상이성(uniqueness)에 따른 차별적인 맞춤형(differentiated or tailor made) 지역산업 생태계 조성을 위한 전문성이 무엇보다도 요구되고 있다. 단순히 중앙정부의 예산 확보와 획일적인 기업 지원은 점차 심화하는 무한경쟁시대에 적응할 수 없기 때문이다.

산업의 트렌드를 읽어내고 그에 적합한 산업구조의 고도화를 추진하며, 필요한 생태계 구성 주체를 구축하고 각 주체 간 자발적인 상호 교류를 위한 다양한 사업 및 프로그램을 마련하여야 한다.

4. 지역산업 생태계의 조성 사례

지역산업 생태계 조성 우수사례

호남권의 광산업은 미래의 산업에서의 광산업의 비중을 예견하고 일찍부터 산·학·연·관이 생태계를 조성하고 활발한 교류를 통하여 육성시키고자 준비한 대표적인 사례이다. 1990년대 후반부터 약 15여 년간 지속되고 있는 광산업 육성정책이 여전히 진행 중이어서 성공사례로 평하기에는 이르지만, 광산업의 토대가 전혀 없었다는 점에서 무에서 유를 창조한 사례로 평가되고 있다. 광주과학기술원, 전남대학교, 조선대학교 등 지역의 대학교에서 광산업 관련 학과를 육성하였고, 중앙정부와 지방정부는 광산업 집적화 단지를 조성하여 한국광기술원, 한국전자통신연구원 광통신연구센터, 고등광기술연구소 등의 연구소와 한국생산기술연구원 광주센터, 광주테크노파크, 전자부품연구원 광주지역본부, 광주디자인센터 등을 집적화 단지에 입지시킴으로써 산업 생태계의 구성요소를 갖추었다. 산업통상자원부·한국산업기술진흥원(2013)이 발표한 지역산업정책백서에 따르면 2005년 광주테크노파크에서 창업한 주식회사 오이솔루션의 경우 2011년 매출 500억 원의 선도기업으로 성장하였고, 2012년 'World Class 300'으로 선정되는 성과를 거두었다. 백서에서는 호남권의 광산업 육성의 성공요인으로 미래 산업 분야의 선점, 정부의 적극적이고 일관된 지원, 산업 생태계의 활성화에 따른 시너지 효과 등을 들고 있다.

부산의 영화산업 또한 영화학교, 해운대 주변의 사회간접자본 구축의 관광자원화, 부산국제영화제(BIFF)를 통한 인지도 제고 등으로 영화산업을 부산의 대표산업으로 성장시켰다. 영화산업 생태계(산업환경)의 구축은 구심점을 마련하는 계기가 되었으며, 관광산업 등으로 확산되는 부수적인 효과까지 얻을 수 있었다. 대표적인 창조산업의 분야인 영화산업은 제조업 중심의 지역전략산업의 패턴을 전환한 성공사례이다. 2004년 영상·IT산업을 부산시의 전략산업으로 선정하면서 센터문화산업진흥지구를 선정하는 등 부산시의 적극적인 육성계획이 뒷받침되었다. 영화후반 작업시설, 영화의 전당, 영상산업센터, 부산문화콘텐츠콤플렉스, 부산디자인센터, 시청자미디어센터에 이르기까지 영화산업의 공급사슬의 전(全)단계를 아우르는 지원시설을 구축하였고, 모두가 영화산업의 육성을 위하여 한 방향으로 움직인 결과라 할 수 있다. 나아가 2014년부터 부산국제영화제와 부산영상위원회는 현재 운영 중인 단기 영화인 양성프로그램을 확대하여 상설 교육체계로 전환하여 아시아영화학교를 설립할 예정이다.

위에서 제시한 두 가지의 성공사례를 살펴보면 하나의 공통점이 있다. 구축된 산업 생태계 구성 주체들 간의 자발적인 상호작용(interaction)이다. 우리나라의 경우 경제가 발전함에 따라 대부분의 필요한 구성요소를 갖추는 데에는 어느 정도 충분한 상황에 이르렀다고 평가할 수 있다. 반면 각각의 주체들의 기능을 극대화하거나 그 주체들 간의 교류를 통한 시너지를 창출하는 데에 미흡한 부분이 있으며, 그러한 점이 결국 정책적 접근을 통하여 해결해야 하는 과제로 남아 있다고 하겠다.

지역산업 생태계 조성 미흡사례

대구의 섬유산업은 오랜 기간 지역의 대표산업으로 성장하여 왔으나 산업의 구조고도화에 따른 민첩한 생태계의 진화가 요구되었으나 이러한 변화에 미처 적절한 대처가 늦어져 산업이 다소 퇴화한 상태라고 할 수 있다. 섬유산업의 구성요소를 모두 갖추고도 활발한 네트워킹이 이루어지지 못하여 산업의 트렌드를 읽지 못하였다. 합섬의 수요가 감소하고 외환위기로 인한 가격경쟁력을 잃으며 섬유산업이 쇠퇴하기 시작하였으나, 밀라노 프로젝트를 통하여 패션, 디자인 등의 고부가가치화를 도모하였다. 그러나 브랜드화로 이어지지 못한 채 고부가가치 섬유소재 개발 등으로 선회하는 등 많은 부침을 겪었다. 이로 인하여 대규모의 예산이 투입된 직접적인 정책 지원은 경쟁을 유도하지 못한 채 오히려 한계 기업을 양산하는 등의 기업의 체질을 저하시키는 부작용까지 낳았다.

의료기기산업의 경우는 지역산업 육성정책의 대표적인 성공사례로 평가받고 있지만 이절에서는 지역산업 생태계 측면에서 고려하여 미흡한 사례로 분류하였다. 수도권의 기계산업과 의료산업, 강원 원주의 의료기기산업, 충북 오송과 대구의 첨단의료복합단지의 의료기기산업으로 무려 네 군데로 분산되어 있다. 규모 면에서 아직 산업화의 모습을 갖추지도 못한 상태라는 점을 감안하면 네 개의 지역에서 각각 완결성을 지닌 산업 생태계를 조성하려는 시도는 다소 비효율적일 수 있다. 각 지역에서 서로 차별화된 의료기기산업을 표방하고 있지만, 차별적인 경쟁력을 찾아보기 어려운 것이 현실이다.

5. 지역산업 생태계 조성의 당면과제

지역산업 육성사업의 추진 현황

지역산업 육성사업은 일반적으로 1999년 4개 지역전략산업 진흥사업을 시작으로 본격화되었다. 지역특화산업 육성사업과 광역경제권 선도산업 육성사업도 각각 1999년과 2009년부터 추진되었으나 지역전략산업 진흥사업이 사업의 체계 및 지원 분야 등의 측면에서 가장 대표적인 지역산업 육성사업으로 평가되고 있다.

아래의 표에서 볼 수 있듯이 1999년부터 테크노파크 조성 및 지역특화센터 설립 등의 산업 인프라를 확충하였고, 이러한 기관들을 통하여 기술 개발과 기업 지원기능을 강화하였다. 지역산업의 주체로서의 지역의 기획기능 강화를 위하여 전략산업기획단 운영사업도 추진하였다. 지역전략산업 육성사업은 모두 5개의 사업으로 구성되어 있다. 지역산업기반구축사업, 지역산업기술개발사업, 기업지원서비스사업, 지역전략산업기획단운영사업, 그리고 지역혁신거점운영사업을 통하여 전략산업의 육성을 도모하고 있다.

<표 Ⅳ-5-1> 4+9개 지역 지역전략산업진흥사업의 유형별 국비 지원 규모

(단위 : 억 원)

구분	4개 지역		9개 지역 (2002~ 2007년)	지역혁신산업 기반 구축사업 (2005~2009년)	Post 4+9 (2008~ 2012년)
	1단계 (1999~ 2004년)	2단계 (2004~ 2008년)			
소계	7,023	9,496	7,407	2,594	9,620
인프라	3,302	3,045	5,193	2,089	2,843
기술 개발	1,930	5,136	1,761	412	4,449
기업 지원 서비스	1,791	1,087	–	93	1,897
전략산업 기획단	–	228	453	–	431

자료 : 산업통상자원부 · 한국산업기술진흥원, 2013

지역산업 생태계 조성과 지역산업 육성사업의 당면과제

1990년대 후반부터 지금까지의 지역산업 육성이 지역산업 생태계의 구성요소를 구축하는 것이었다면, 앞으로의 지역산업 육성정책은 두 가지의 측면에서 추진되어야 할 것으로 보인다.

하나는 마차바퀴모형에서의 프레임을 의미하는 구성요소 또는 주체들 간의 네트워킹 활성화이다. 약 15여 년 동안 지역산업 생태계 주체는 어느 정도 구축(capacity building)된 반면, 주체들의 역량을 결집하여 시너지를 극대화하는 정책적 접근은 상대적으로 부족하였다. 두 번째는 지역산업 생태계의 조성에 있어서 어느 지역이나 어느 산업이건 동일하게 필요한 부분은 플랫폼형태로 구축되어야 하지만 지역과 업종 등에 따라 구분되어 구축되어야 하는 부분은 차별화하여 조성할 필요가 있다. 결국 지역과 산업에 대한 깊은 이해가 필요하며 지방정부를 포함하여 지역의 전문화된 역량이 요구된다. 이를 위한 지방정부의 주인의식·책임의식이 제고되어야 한다.

▣ 참고문헌

김동수, 「지역산업 기반구축사업의 효율화 방안」, 『계간 지역경제』, 산업연구원, 2012. 12.

김영수·박재곤·정은미, "산업융합시대의 지역산업 생태계 육성방안", 산업연구원 연구보고서 2012-625, 2012.

김창욱 외, "기업생태계와 플랫폼 전략", SERI 연구보고서』, 2012. 2.

산업통상자원부·한국산업기술진흥원, 『지역산업정책백서』, 2013.

Brochler, R., "Entrepreneurial Ecosystem and STPs", 2013 UNESCO-WTA 공동워크숍 발표자료, 2013.

"Entrepreneurial Ecosystem, retrieved on 8 August", IESEinsight(http://www.ieseinsight.com), 2009.

Moore, F. J., "Business Ecosystem and the view from the Firm", *Antitrust Bulletin*, Vol.51, No.1, 2006.

V장 HRD 생태계

1. 문제제기

기업이 비즈니스전략을 수립하는 과정에서 인적자원(Human Resource) 확보도 고려되어야 할 중요한 요소이다. 그러나 이 문제에 대해 사전에 심도 있는 고민을 하는 기업들은 그렇게 많지 않다. 비록 사업전략을 수립하는 단계에서 인적자원에 대한 계획을 포함하는 기업이라 할지라도, 대개 1인당 매출 등 노동생산성을 기준으로 향후 몇 명의 인력이 더 필요한가를 논의하는 단선적인 계획수립에 그치는 경우가 많다. 그러나 실제로 많은 기업들은 새로운 사업을 추진하는 과정에서 자본조달 문제 못지않게 인적자원 확보 문제가 커다란 장애요인으로 대두되고 있다. 기존 사업에서 새로운 사업으로 비즈니스 포트폴리오를 이행하는 기업에게는 필요한 인적자원을 확보하는 문제는 곧 사업의 성패를 좌우하는 결정적 요소가 되고 있는 것이다.

더구나 최근 우리나라는 저출산화에 따라 생산가능인구가 감소하고, 생산현장의 고령화 추세가 가속화되고 있다. 생산가능인구는 2017년을 정점으로 감소할 것으로 예상됨에 따라 향후 경제성장에 필요한 노동공급 총량이 부족할 것으로 전망된다. 특히 생산현장의 신규 인적자원 투입이 저조한 가운데 기존 인력의 고령화가 가속화되어 세대 간 숙련 단절로 인한 성장잠재력 저하가 우려되고 있는 실정이다. 이러한 상황에서 인력수급 미스매치 문제를 해소하는 것은 인적자원의 효율적 활용이라는 측면에서 매우 중요한 이슈라고 할 수 있다.

3대 사회위기

현재, 우리나라는 3대 사회위기에 있다. 일자리 위기, 청년 일자리 미스매치 문제, 대학의 구조조정 위기가 그것이다.

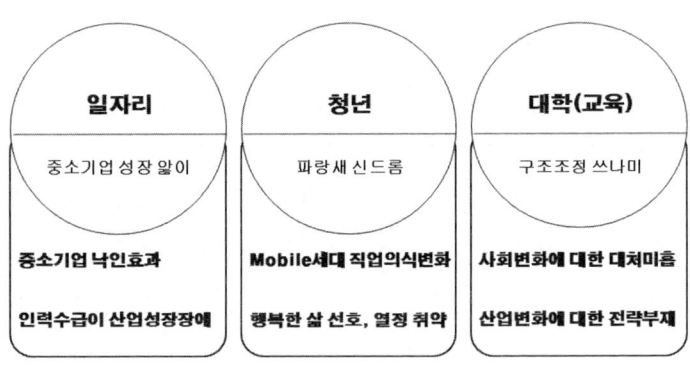

<그림 Ⅴ-1-1> 우리나라 3대 사회위기

첫째 일자리 위기는 중소기업의 위기를 말한다. 중소기업은 대기업의 고용 없는 성장을 극복할 국내 고용의 핵심이나, 그 중소기업이 인력수급 문제로 성장 한계를 토로하고 있다. 문제의 발단은 대·중소기업 간 격차에 있다. 대·중소기업 간 격차는 1990년대 이후로 지속적으로 확대[1]되어 왔다. 사실 대기업 대비 중소기업의 상대적 생산성은 1988년 50%대에서 최근에는 30%대로 감소, 이와 함께 중소기업의 상대적 임금

---

1) 지식경제부·KIAT, "산업구조 변화에 따른 고용창출 정책방향 연구", 2010. 12. 8.

수준도 대기업의 70%대에서 현재는 50%대로 하락한 상태다. 분명히 대기업보다 낮은 임금인데, 생산성 측면에서는 대기업보다 임금이 높은 아이러니한 현상도 보이고 있다. 이러다보니 갓 졸업한 청년들을 향해 무조건 중소기업으로 가라고 할 수도 없다. 결국, 대·중소기업 간 격차가 청년들의 대기업선호현상 심화와 중소기업 낙인효과를 심화시켰다고 볼 수 있고, 이로 인해 인력수급에 어려움을 겪고 있는 것이다.

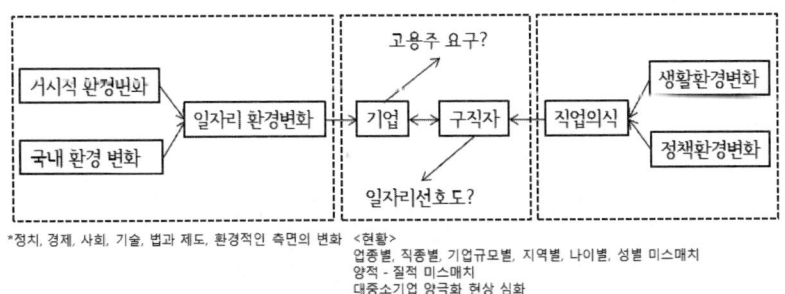

*정치, 경제, 사회, 기술, 법과 제도, 환경적인 측면의 변화 <현황>
업종별, 직종별, 기업규모별, 지역별, 나이별, 성별 미스매치
양적 - 질적 미스매치
대중소기업 양극화 현상 심화

<그림 V-1-2> 인력수급 미스매치 현황 연계도

둘째, 일자리 미스매치 문제다. 인력 수준별로 필요한 인력(Demand)과 배출되는 인력(Supply)의 규모 차이로 노동 시장에서 발생하는 고질적 미스매치현상이 더욱 심화되고 있다는 점이다. 인력수급 미스매치는 기본적으로 국가적으로 일자리가 부족한 데 원인이 있으나, 지금과 같이 구조화된 일자리 문제를 해소하기 위해서는 거시적 산업 추세 및 국내 환경 변화에 따른 일자리 환경과 생활 및 정부정책환경 변화에 따른 청년들의 직업의식 변화를 고려하는 등 양쪽 측면을 복합적으로 고찰할 필요가 있다. 지금과 같이 정부가 시행하는 단기적 대책만으로는 근본적인 일자리 문제해소가 어렵다는 것이 일반적 시각이다. 특히 청년 일자리 미스매치가 보다 더 심각해 사회위기로 발전하고 있는 현 단계에서는 양성에서 입직단계로 천이하는 과정에 보다 더 관심이 필요하다.

셋째, 대학의 위기다. 출산율 저하에 따른 입학 자원 감소, 등록금 인상 억제에 따라 재정위기를 맞고 있고, 기업으로부터는 자원의 질적 문제를 지적받고 있다. 저출산·고령화사회로의 진입으로 야기되고 있는 산업역동성·성장잠재력 저하를 극복하고, 사회환경 및 산업환경 변화에 대응한 교육 시스템의 체질 강화 요구도 뒤따르고 있다.

2. HRD 생태계의 개념, 현황과 문제점

HRD 생태계개념

인적자원 개발(Human Resource Development, HRD)은 개인, 집단, 조직, 지역사회, 국가, 나아가 인류 전체를 위해 개인 개발, 경력 개발, 조직 개발과 같은 다양한 학습과 수행 개선활동을 통해 일과 전문성을 신장하고 발전시키는 활동을 총체적으로 일컫는 용어로 정의할 수 있다. HRD의 개념 정립은 개인적인 역량을 향상시키기 위한 지극히 개인적인 학습활동에서 조직, 기업, 지역사회, 국가 등 점차 영향력을 미치는 범위가 확대되었을 뿐만 아니라 전문성 향상과 네트워크를 구성하는 활동에 이르기 까지 개발의 범위 또한 확대(McLean & McLean, 2001)되고 있다.

비즈니스환경이 점차 복잡화되고 지식에 기반을 둔 산업 트렌드의 변화로 인해 과거 기업에서 인적자원을 바라보는 시선에는 많은 변화가 이루어지고 있다. 우리나라만 하더라도 생산성에 기반을 둔 제조업을 시작으로 점차 지식 중심의 IT 및 자동차, 바이오, 에너지산업으로 산업의 중심이 이동함에 따라 생산 인력의 효율성을 제고하기 위한 인적자원 개발 노력에서 지식 중심의 계획적인 인력 양성의 필요성이 점차 강조되고 있는 시점이다. 또한 급변하는 시장에 대응할 수 있는 인력을 양성하기 위해서는 치밀한 인적자원 계획이나 전략 수립이 필요하나 이에 기업 역량을 양분하기에는 한계가 있는 상황이다. 이런 상황에서 기업에 즉시 활용 가능한 인력을 공급해줄 수 있는 인력양성전문기관들의 역할은 점차 커질 뿐만 아니라 기업, 즉 인력수요자들이 요구하는 역량을 갖춘 인력을 즉시에 공급할 수 있는 체계를 갖추어야 한다.

과거 인력 공급의 단방향성으로 인해 인력수요자들의 재교육에 대한 비용뿐만 아니라 인력공급자에 대한 불만은 점차 커지고 있다. 인력공급자와 수요자 간 괴리가 점차 커짐에 따라 기업 내부에서 자체적인 인력 양성의 기반을 확보하고자 하는 노력들이 도처에서 이루어지고 있는 상황이며 이는 공급자의 자연스러운 도태와 함께 인력수요자의 역량 분산으로 인한 경쟁력 약화로 이어지는 악순환이 가속화된다. 이와 같은 HRD 현황에 대한 문제점을 해결하기 위해서는 인력 공급과 수요 간의 단방향성을 순환형으로 전환하여 수요자가 원하는 인적자원 모델을 즉시 수렴하고 공급자에게 전달하여 즉각적인 인력 양성 피드백이 이루어져야 하며 수렴된 의견을 기반으로 인력 양성 시스템 구축과 콘텐츠 개발, 인력수요자에 공급을 통한 적합성 테스트, 피드백 등 순환적 생태계를 갖추어야 한다. 이를 위해서는 인력 수요의 공통적 요소를 찾는 것이 중요하며 이를 기반으로 특화된 공급자 양성이 시급한 시점이다.

우리나라의 경우 지역별로 특화된 산업을 중심으로 성장을 거듭하고 있으며 이에 따른 인력 수요 또한 지역별로 상이한 행태를 띄고 있다. 이런 상황하에서 선순환적 인력양성 시스템을 구축하기 위해 지역 단위 HRD전략들이 다수 제시되었으며 점차 중요성을 더해가고 있는 시점이다. 과거 수행되었던 정책과 기업 차원의 HRD활동을 확인해봄으로써 향후 고도화된 HRD 생태계를 갖출 수 있는 기반을 마련할 수 있을 것이다.

지역 HRD정책 동향 및 성과

급변하는 비즈니스환경에서 기업들의 경쟁력의 원천을 인력에서 찾고
자 하는 노력이 점차 경주되고 있을 뿐만 아니라 체계화된 인력 양성
계획과 전략을 갖추고자 하는 노력 또한 점차 가속화되고 있는 상황에
서 이를 지원하기 위한 국가 차원의 정책적 방향성에도 많은 변화가 이
루어지고 있다. 특히 지역적인 특화산업의 경쟁력을 제고하기 위해 지역
단위의 HRD활동들이 점차 가속화되고 있으며 정부의 정책 또한 이런
방향성에 맞춰 점차 발전을 거듭하고 있다.

우리나라 지역 HRD정책은 추진단계에 따라 지역 HRD 시범 운영기
(2002~2003), 지역 HRD 추진 기반 구축기(2004~2005), 지역 HRD 추진
체계 내실화 및 활성화기(2006~2007), 지역 HRD 전환기(2008~2009),
고도화 단계(2010 이후)로 구분할 수 있다.

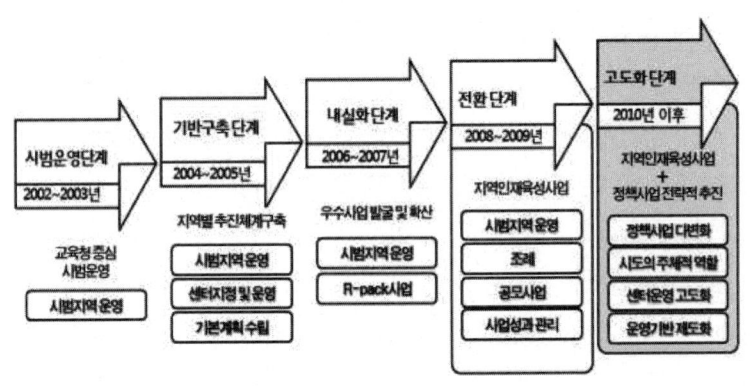

<그림 Ⅴ-2-1> 지역 HRD정책 변화단계(최병학, 2012)

정책의 방향성은 지역 중심의 HRD 추진체계를 갖추고 인력공급자와
수요자 간의 긴밀한 연결 창구인 지역 HRD 센터의 역할을 점차 강조하
는 것으로 요약할 수 있으며 지역적 HRD 거버넌스를 갖추고자 하는 노

력들이 점차 가시화되고 있는 상황이다.

지역 기반의 HRD체계의 중요성과 고도화를 제고하고자 현 정부에서는 산학연 지역 연계를 기반으로 창조산업 생태계 조성을 위해 지역 대학, 산업, 연구소와 지자체를 매개로 하는 융합공동체를 육성하고 이를 기반으로 창업과 신산업 창출의 생태계를 조성하고자 하는 목표를 수립하였다. 이를 통해 과학기술－인재－산업을 연계하는 지역과학기술혁신 체제를 정비하고 지역별로 특성화된 창조 생태계 및 HRD 생태계를 구축하고 있다. 또한 인력공급자의 경쟁력을 제고하고자 대학 특성화 및 재정지원 화대과제는 대학에 대한 재정 지원을 대폭 확대하여 교육 기회 확대 및 교육연구 여건 개선을 추구하고자 하며 지역 대학 특성화, 지역 대학생 채용 할당제 등을 통해 지역 HRD 기반을 확고히 하고 있다.

국가 차원의 지역 HRD정책 실행으로 다양한 성과가 창출되고 있으며 특히 지방자치단체별로 HRD의 지속적인 기반을 갖추기 위한 조직적인 구성 노력이 가시화되고 있다. 구체적인 성과항목은 지역 HRD 개발 전담 조직 정비, 지방자치단체의 지역 HRD 예산 확보, 지역 HRD 센터 설립, 지역 HRD기관과 네트워크 구축, 지역전략산업 및 주민 수요에 부응하는 인재 육성 등이다.(강경종 외, 2012 ; 최병학, 2012) 특히 지방자치단체의 지역 HRD 전담 조직 정비 측면에서는 지역 주도적인 HRD정책의 전개와 중요성 강조에 따라 지방자치단체 차원에서 전담 조직을 확대하거나 신설한 소기의 성과를 거두고 있으며 이를 점차 확대하고 있는 추세이다. 특히 지방자치단체 차원에서 교육 관련 기능부서의 신설 및 확대를 통해 지방 교육 및 인적자원 관련 정책 업무가 효율적으로 추진되었으며, 시도·교육청과의 교육 및 인적자원 업무의 연계가 가능해질 수 있는 기반을 구축하고 있다. 또한 HRD를 단순한 인력 양성, 즉 교육제공이나 기술경쟁력 향상의 수단으로 고려하는 단계에서 벗어나 지역의 정책 및 기획요소로 고려함으로써 장기적으로 지속적인 기반을 마련코자 하는 노력이 두드러지고 있는 추세이다.

<표 Ⅴ-2-1> 지역 HRD 총괄부서 및 센터 운영형태(강경종 외, 2012)

자치단체	지역 HRD 총괄부서	지역 HRD센터 운영형태
부산	자치행정(국) 교육협력과	지역 HRD센터 유지
경남	정책기획관실 교육지원계	지역 HRD센터 유지
대구·경북	기획관리실 교육협력담당관(대구) 행정지원국 인재양성과(경북)	평생교육진흥원으로 변경
대전	기획관리실(국) 교육지원담당관	평생교육진흥원으로 변경
울산	기획관리실(국) 교육혁신도시협력관	평생교육진흥원으로 변경
충북	정책기획관실 교육지원팀	평생교육진흥원으로 변경
충남	기획관리실 교육법무담당관	평생교육진흥원으로 변경
제주	자치행정국 자치행정과(교육지원팀)	평생교육진흥원으로 변경

지역 HRD의 구성은 공급자 측면의 교육 담당조직에서 탈피하여 지역 HRD기관과 네트워크 구축 측면에서 지방자치단체 부서, 공공기관, 민간 기관, 대학과의 네트워크를 지속적으로 구축해나가고 있는 상황이며 지역 HRD 추진을 통해 사업 및 정책 파트너십을 견고히 하고 사업의 효율성을 제고하고 있다. 지역 HRD구성은 단순한 공급자와 수요자 간의 관계 형성에서 벗어나 지역산업과 지역 주민과의 밀접성을 점차 제고하는 측면에서 접근이 이루어지고 있으며 이를 위한 노력으로 네트워크를 견고히 할 수 있는 노력들이 다수 이루어지고 있는 추세이다. 즉 HRD를 구성하고 성과를 지속적으로 창출할 수 있는 선순환구조를 구축하기 위해서는 인력양성의 수요자, 공급자, 중재자, 외부 영향 요소

들이 모두 참여할 수 있는 네트워크 거버넌스의 필요성을 점차 인식하고 있는 것이다.

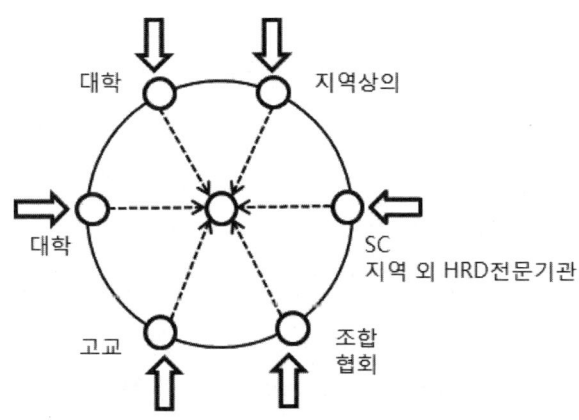

<그림 Ⅴ-2-2> 지역 HRD 네트워크 거버넌스

과거 10년간 HRD 생태계를 갖추기 위한 각고의 노력들이 추진되어져 온 것이 사실이나 여전히 사업성과 위주의 환경 구축으로 인해 한계를 보이고 있으며 향후 지속적인 HRD 생태계의 선순환구조를 구축하기 위해서는 현재의 문제점을 기반으로 이를 개선하기 위한 노력들이 지속적으로 이루어져야 할 것이다.

산학 간 소통환경의 부재

비즈니스 생태계가 생산자에서 물류, 유통을 거쳐 소비자에게 전달되는 단선적 비즈니스구조라고 하면, HRD 생태계는 생산과 소비 주체가 상호적으로 일어나는 순환형 생태계다. 인력양성 측면에서 교육기관은 생산자에 해당하고 기업은 소비자로 볼 수 있다. 기업은 일자리 창출 외에 교육신호, 고용 수요 및 교육훈련 위탁 수요를 제공하는 생산자가 되는 등 교육기관과 기업 간 생태계관계는 순환적 메커니즘 특성을 갖는다. 따라서 HRD 생태계는 비즈니스 생태계와 유사하게 생태계 경쟁력 차원에서 자원 확보, 수급 측면에서 공간근접성이 매우 중요하다. 공간근접성은 기업과 교육기관이 다양하고, 빈번한 신호를 상호 소통할 수 있는 환경에 유리하다. 그러나 공간근접성이 완전한 소통을 제공하는 것은 아니다. 소통이 완전하게 이루어지기기 위해서는 교육기관과 기업을 이어주는 중간조직, 소통문화, 표준화된 소통 신호체계가 조화를 이룰 필요가 있다. 비즈니스 생태계와 비교하면 소통문화나 표준화된 소통 신호는 물류환경과 관계되고, 중간조직은 유통환경과 같은 역할로 볼 수 있다.

그러나 우리나라의 경우, 공간적 측면에서 교육기관과 기업 간 괴리가 심각하다는 평가이고, 교육기관의 핵심 비중을 차지하는 대학과 기업 간 공간괴리는 청년 일자리 미스매치의 원인으로 지적되고 있다. 근본 원인은 도심 개발과 함께 제조업의 경우 도심 밖으로 이전하고, 대학의 경우 교지, 교사 충족요건 등 대학준칙주의 법적요건을 만족시키기 위해 저렴한 부지를 찾다보니 상호 공간적 괴리가 심화되어 왔다고 판단된다. 소통시그널은 산학 간 소통 미스매치를 야기하는 원인이다. 첫째, 기업의 의사가 불분명하다. 기업은 교육기관에 인적자원의 질적 문제를 야기하지만 기업의 지적에도 불구하고 그 지적이 모호하다. 불만만 존재할 뿐이지 정확한 내용이 없다. 바로 다양한 기업의 의견을 체계적으로 정리한 시그널이 없기 때문이다. 이러한 문제 때문에 현 정부에서 NCS가 국정과제로 탄생했다. 기업의 현장 목소리를 체계적인 매뉴얼형태로 만들어 배포하겠다고 한다. 2014년까지 주요 분야를 개발하여 배포한다고 하니 기다려볼 일이다. 두 번째는 통계다. 산업, 고용 등 다양한 분야의 통계가 있지만 교육기관에서 양적 미스매치 해소에 도움이 될 만한 통계 데이터가 보이지 않는다. 이러한 문제 때문에 양적 미스매치는 더욱 심화되고 있다. 교육기관이 학생들과 학부모들이 선호하는 학과 위주로 교육과정을 확대하고 있기 때문이다. 셋째, 미래 예측이 부실하다. 새로운 선도 산업을 육성하고자 장밋빛 그림을 그리는 것은 좋으나 실현시기와 규모를 보다 정확하게 제시해야 실패가 없다. 여전히 양성 시기의 불일치로 인해 미스매치가 심하다.

지역 단위 소통환경 부재

인적자원 미스매치 해소의 최소 단위는 지역이 되어야 한다. 지역이라 함은 사람의 생활범위를 기준으로 한다. 이 지역 단위에서 산업이 요구하는 인재 수요와 교육기관의 양적 배출 규모가 합리적으로 조정되어야 한다. 인재의 질적 요구도 산업 추세를 반영하여 빠른 시간 내에 해소될 필요가 있다. 이를 위해 중간조직이 필요하다. 생산자와 소비자 사이에 소통을 원활하게 할 코디네이터가 필요한 것이다. 이것이 지역인적자원협의체다. 그런데 우리나라의 경우 산업별 인적자원협의체는 있으나 지역인적자원협의체는 없다.

교육기관 내부의 소통부재

교육기관 내의 소통도 문제다. 교육의 양적, 질적 미스매치를 해소하기 위해서는 대학 내 각 부서가 연계되어 효과적으로 대처해야 하나, 잘 작동되지 않는다. 대학의 행정이 통합적 차원에서 이뤄지고 있지 못하다는 것이다. 기존 편안함에 외부 자극에 둔감하다.

3. 정책방향

국가 단위 통합적 인력수급정책 실현

인력수급 미스매치는 국내외 환경 변화가 복합되어 업종별, 직종별, 기업 규모별, 지역별, 나이별, 성별에 따라 구조적 일자리 문제를 야기하고 있으며, 이러한 유형별 요인들이 복합적으로 연계되어 복잡한 미스매치현상이 발생하고 있다. 따라서 지금과 같이 복잡하고 구조화된 일자리 문제를 해소하기 위해서는 단기적 대책만으로는 일자리 문제해소가 어려우며, 근본적인 요인을 치유하는 방향으로 정책을 수립할 필요가 있다. 이를 위해 통합적 시각이 필요하다. 즉, 거시적 산업 추세 및 국내 환경 변화에 따른 일자리 환경과 생활환경 및 정부정책환경 변화에 따른 직업의식 변화를 고려하는 등 일자리 문제의 당사자인 기업과 구직자 양쪽 측면을 함께 고려하여 고용주의 요구와 구직자의 일자리에 대한 기대를 일치시키는 방향으로 정책을 수립할 필요가 있다.

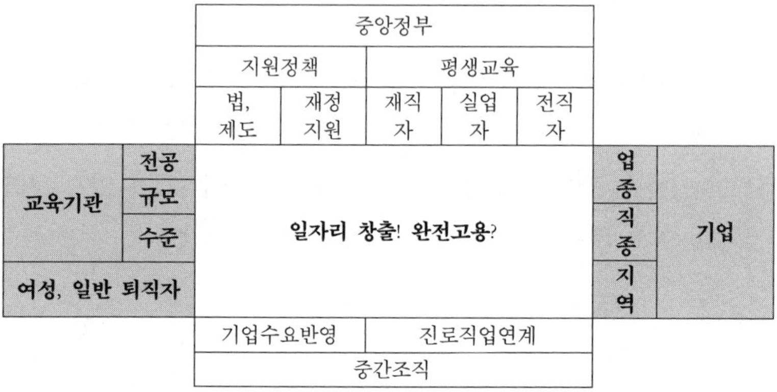

<그림 Ⅴ-3-1> 일자리 미스매치 해소방안개념도

'일자리 미스매치 해소방안'은 광의의 의미에서 새로운 일자리 창출(일자리 만들기), 기존 일자리 지키기(일자리 보듬기) 및 확대를 포함한다. 그러나 협의의 의미에서 현재 시점 또는 현재 시점으로부터 일정 기간 내에 필요한 일자리와 구인자의 상호 불일치를 해소(일자리 채우기)하는 것을 의미한다. 보다 구체적으로 정의하면, 교육기관과 기업과의 사이에 업종별, 직종별, 지역별로 요구되는 일자리 스펙에 교육기관이 배출하는 전공별, 수준별 인력이 자발적 의지에 따라 일자리를 선택할 수 있도록 배출 규모 및 매칭과정을 체계적으로 통제할 필요가 있으며, 정부 차원의 환경 조성이 요구된다.

지역인적자원협의체

인력 미스매치는 지역 단위에서 최우선으로 해소될 필요가 있다. 이를 위해서는 지역 단위에서 산학 간 소통조직과 문화가 필요하다. 소통조직은 기업인 단체와 교육기관이 연계되는 지역인적자원협의체가 될 것이다. 인적자원협의체는 교육부-고용부-산업부의 지원정책을 지역 단위에서 소화할 수 있는 조직이 되어야 할 것이며, 조직의 미션은 지방인재가 고향에서 일할 수 있는 환경을 조성하는 것이 되어야 한다. 또 소통문화는 산·학·관이 만들어가는 연계활동을 의미하며 수요반영, 교육혁신, 고용연계, 평생교육으로 이어지는 지역 단위 HRD 생태계 혁신활동이 되어야 한다.

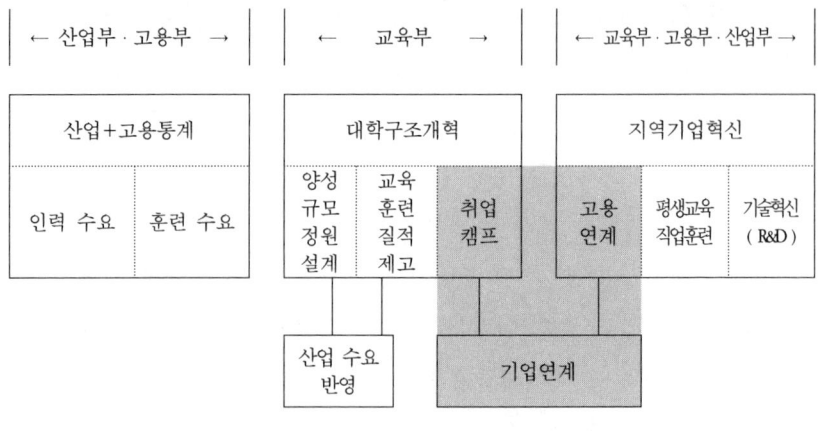

| ← 산업부·고용부 → | ← 교육부 → | ← 교육부·고용부·산업부 → |

산업＋고용통계	대학구조개혁	지역기업혁신
인력 수요	훈련 수요	양성 규모 정원 설계	교육 훈련 질적 제고	취업 캠프	고용 연계	평생교육 직업훈련	기술혁신 (R&D)

산업 수요 반영   기업연계

<그림 Ⅴ-3-2> 지역 HRD 협업방안

지역 HRD의 기반을 확고히 하기 위해서는 인력양성 측면의 접근뿐만 아니라 지역산업과의 연계성을 필수적으로 고려하여야 한다. 이를 위해서는 지역산업의 고도화를 통해 대졸 고급인력이 자연스럽게 지역 전문기업을 찾아 취업할 수 있는 환경이 조성되는 것이다. 예로 산업고도화를 달성한 동남권의 경우 대졸인력 유출률이 15%에 불과하며 타 권역 또한 대졸인력의 수도권 집중현상을 상당 부분 완화할 수 있을 것으로 기대하고 있다. 지역의 주력산업, 지식기반제조업, 지식서비스산업 중심으로 QWL(Quality of Working Life)사업을 통해 노동생활의 질을 높일 수 있는 산업단지 고도화를 실현하여 지역 우수인력을 유치할 수 있는 적극적인 환경 조성이 필수적인 상황이다. 지역산업의 특화로 인력공급자인 대학 또한 대학 및 학과 특성화를 유도할 수 있으며 자연스럽게 우수 졸업생이 지역기업에 취업할 수 있는 선순환구조가 갖추어지게 된다.

인력공급자와 수요자뿐만 아니라 관련 정책을 수립 및 실행하고 있는 관련 기관들이 개별적으로 수행해왔던 역할들을 중재하고 역할을 명확히 할 수 있는 지역인적자원협의체를 갖춤으로써 조직적인 구성과 함께 지속적인 자치단체의 예산 투입과 독립성을 유지할 수 있는 기능을 부여함으로써 진정한 지역 인적자원 생태계 구축이 가능해질 것이다.

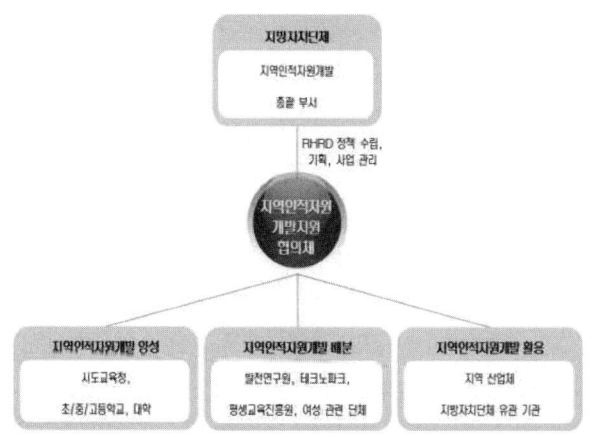

<그림 V-3-3> 지역인적자원개발지원협의체 운영방안

수요반영 시스템

지역인적자원협의체 활동의 첫 번째는 지역 단위에서 산업별 규모(기업 수, 종사자 수, 매출액 성장 등)와 성장률을 고려하여 지역 단위 인력 양성 규모를 설계하는 단계가 되어야 할 것이다.

석 사				정책 지원 단위 (국가산단)	광역시·도	
학 사	전공#1					
전문학사		업종#1	산업통계			전국권
석 사			×			
학 사	전공#2			기초자치단체	광역경제권	
전문학사						

<그림 V-3-4> 산업통계 기반 전공별, 수준별 인력 수요 예측[2]

---

2) 산업구조가 안정된 주력산업의 경우, 산출이 용이하나 신성장동력이나 신산업

산학협력 기반교육

지역 단위에서 산업 수요에 부합되는 인재 양성을 위하여, HRD 생태계 운영 주체로서 '지역 HRD 협의회'를 구성하고, 지역 HRD 협의회는 지역혁신기관의 관계자가 공동으로 참여하여 기업 현황조사, 지역 인재 및 교육훈련 수요조사, 국가직무능력(NCS) 개발, 관련 자료의 지역 내 확산 추진할 필요가 있다. 협의회는 활동 성격에 따라 중장기 교육혁신을 추구하는 '교육혁신분과', 단기교육을 중점으로 하는 '단기 재교육분과', 취업연계를 전담하는 '고용연계분과' 등으로 나눠 추진하고, 지역 수요에 맞는 교육과정 개발(NCS 개발) 등은 개발 업종에 따라 비상시적으로 NCS교육과정 개발 TFT를 운영하여 추진한다면 지역 단위 혁신을 주도할 것으로 예상된다.

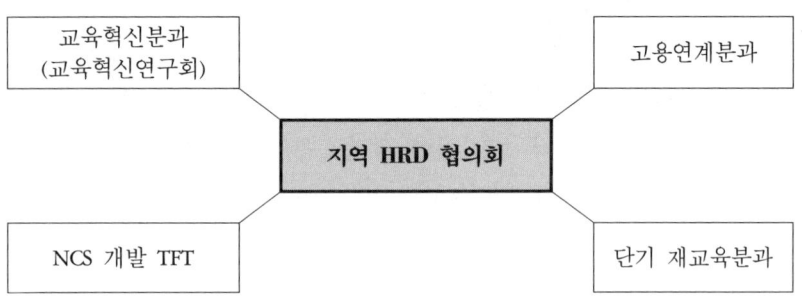

<그림 V-3-5> 지역 HRD 협의회의 활동

예로 식품산업 클러스터가 형성된 호남권의 경우, 식품 관련 학과인 식품영양학과, 농과대학, 축산대학 관련 학과의 산학협력이 가능하며, 특히 대학생의 현장실습을 확대하여 대학은 지역기업이 필요로 하는 인력

의 경우에는 사업체가 생겨나는 과정에 있음으로 사업화 일정과 규모, 인력 수준 필요시기 등 산출방법을 다르게 고려할 필요가 있음.

을 개발, 공급하는 수요자 중심의 HRD체계를 갖출 수 있다. 또한 산업체 기술인력교원화, 기술부설연구소 대학 내 설립, 창업교육, 현장교육 등 지역산업과 연계한 교육 프로그램을 지속적으로 개발할 수 있는 기반은 대학과 지역기업의 긴밀한 산학협력을 통해서만 가능할 것이다. 산학협력을 넘어 산학융합을 통해 대학교육 시스템은 수요자 중심의 체계로 재편될 것이며 취업 미스매치 및 지역 우수 인재 이탈과 같은 고질적인 인력 문제는 점차 개설될 것이다.

교육기관의 내실화

지역 HRD 협의회를 통해 만들어진 기업 수요(교육훈련, NCS 및 취업 수요 등)는 각 교육기관별 '교육혁신센터', '평생교육원' 등을 통해 교육기관의 교육혁신 프로그램에 반영되어야 한다. 대학의 경우, 교육혁신센터가 중심이 되어 지역 통계, 기업의 인재 및 교육 수요를 바탕으로 학과인원조정 및 교과설계, 수요맞춤전공교육 및 기업가정신 교육, 직업교육 등에 반영할 수 있는 싱크탱크 역할을 수행할 필요가 있다. 즉, 교육혁신센터의 기획에 따라 대학 교무처가 중심이 되어 교육 분야 구조개혁을 주도할 필요가 있다는 점이다. 또한 수요맞춤교육의 경우, 현장실습센터를 중심으로 현장실습·인턴십·코업 등을 연계하고 교육과정 중에 겸임교수 등을 활용하여 전공의 현장성을 제고할 수 있도록 추진할 필요가 있다.

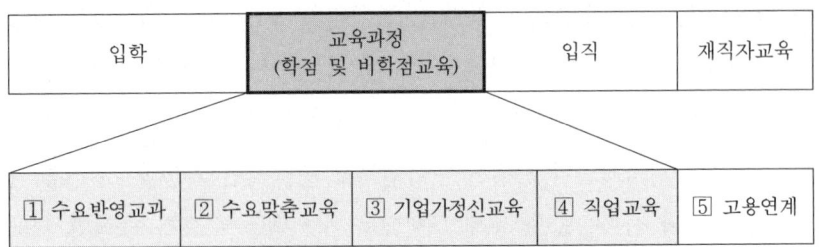

<그림 Ⅴ-3-6> 교육과정혁신

직업교육도 매우 중요하다. 올바른 직업비전을 함양하여 이직률 경감을 지향할 필요가 있다. 취업진로센터를 중심으로 취업연계구조를 갖되, 교양과목과 연계하여 학년별 직업교육강좌 개설을 통한 취업 역량 강화가 필요하다. 지역 단위 가족 회사들이 정기적으로 대학 교양강좌 직업교육 참여를 통해 기업 소개를 통해 청년들에게 바른 직업의식을 고취하고, 기업은 리크루트 기회로 활용할 필요가 있다.

산학 간 취업・고용연계활동도 중요하다. 지역인적자원협의체가 주체가 되어 조사・분석된 기업 자료를 바탕으로 산학 및 지자체와 공동으로 지역취업캠프를 통해 취업연계 활성화가 필요하다. 영국의 랭카스터 대학은 2003년 타임즈의 졸업생 전망 순위에서 영국 내 최하위권(94위)이었으나 기업 친화적 교육과정개설, 직업교육강화 등으로 이후 대학원생 취업 부문에서 북잉글랜드 지역 1위로 도약한 바 있다. 대학이 '바닥에서 대박으로(from zero to hero)'라는 슬로건을 걸고 직업교육을 강화한 성과이다.

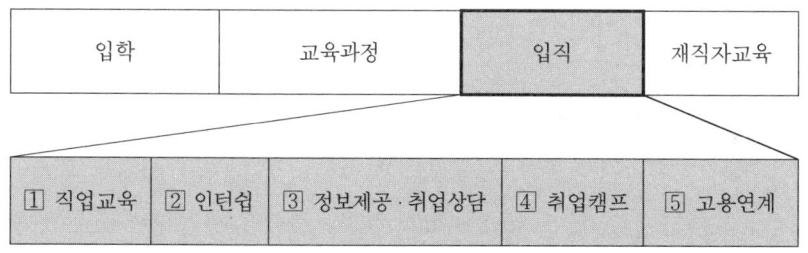

<그림 V-3-7> 직업교육혁신

　　산업 추세에 따라 단기적으로 대응하는 기업 교육훈련 수요 반영과정
도 중요하다. 이는 각 대학의 '평생교육원' 또는 산학협력단 내에 설치된
재직자교육센터 등이 활용될 수 있다. 평생교육원의 경우, 비학위·비학
점 교육 분야를 중심으로 기업의 교육수요를 반영한 단기교육과정 전문
성강화도 지역 단위 재직자교육의 핵심 기반이 될 수 있다.

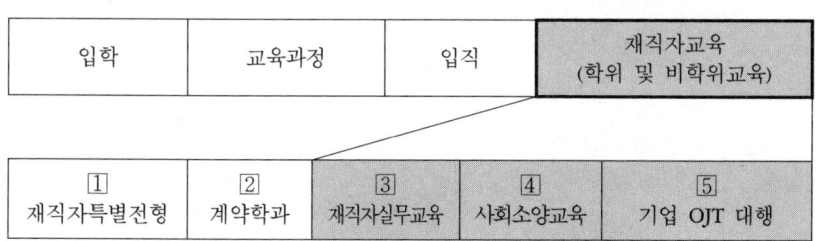

<그림 V-3-8> 평생교육체제 기반 구축

지역 HRD 거버넌스 구축

2010년 이후 인적자원개발기본법 폐지논의 가시화 및 지역인재 육성사업비 국비 지원 격감, 관련 정책사업 다변화로 지역 HRD 생태계 구축의 위기가 도래하고 있으며, 특히 지방자치단체 중심의 사업 추진으로 인해 장기적 차원의 투자가 절실한 HRD 영역은 점차 후순위 정책으로 인식되고 있는 것이 현실이다. 이에 대한 근원적인 해결을 위해서는 지역 HRD 사업에 대한 시도의 주체적 역할 강조와 함께 지역 HRD 센터 운영의 고도화 및 지역 HRD 운영 기반의 제도화 본격추구, 고도화 단계로 이행되면서 이제 지방자치단체에서 주도적으로 지역 인적자원 개발을 추진해야 하며 또한 지역 인적자원 개발 정책환경 변화에 따라 시도 평생교육진흥원, 발전연구원, 유관기관과의 거버넌스 체제를 구축함으로써 역할 정립과 함께 지속적인 지역 인재 육성의 기반을 확고히 할 수 있다.

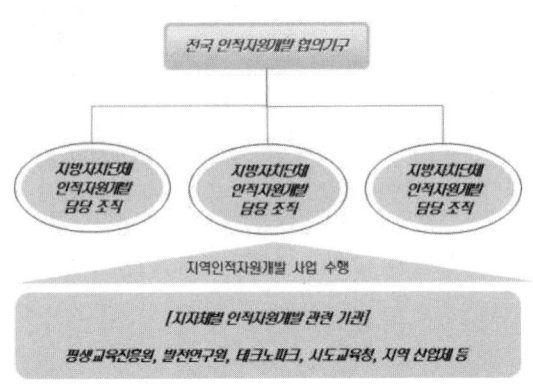

<그림 Ⅴ-3-9> 지역 HRD 추진 거버넌스 구축

정부의 지역 HRD정책 변화 및 지역 HRD 지원센터의 흡수통합 및 폐지에 따라 지방자치단체가 중심이 된 지역 HRD 거버넌스체제 구축은 선택이 아닌 필수사항이 되었다.

지역 HRD 플랫폼 구축

지역 HRD의 지속적인 발전을 위해서는 수요자들의 적극적인 참여를 유도할 수 있는 방안을 강구해야 하며 장기적인 평생학습체제를 구축하기 위해서는 단계적으로 지역 HRD의 전반적인 플랫폼을 구축함으로써 현실화된 정책의 수립 및 실행이 가능해질 것이다. 이를 위해 지역 HRD 구성 초기에는 지역 기반 기업의 수요에 부합하는 인력 공급 역할을 충실히 수행할 수 있도록 지역 인력들에 대한 재교육 프로그램을 기반으로 기업의 핵심 역량인 R&D와의 연계를 도모할 수 있는 체계를 구축해야 한다. 기업의 규모와 역량에 따라 차등화된 인력 양성이 실행될 수 있도록 수준별 교육 기관들이 참여하고 각자의 역할을 충실히 수행할 수 있도록 지자체, HRD센터, R&D센터, 기업 등 관련자들이 참여하고 각자의 역할을 수행할 수 있는 플랫폼을 구축해야 한다.

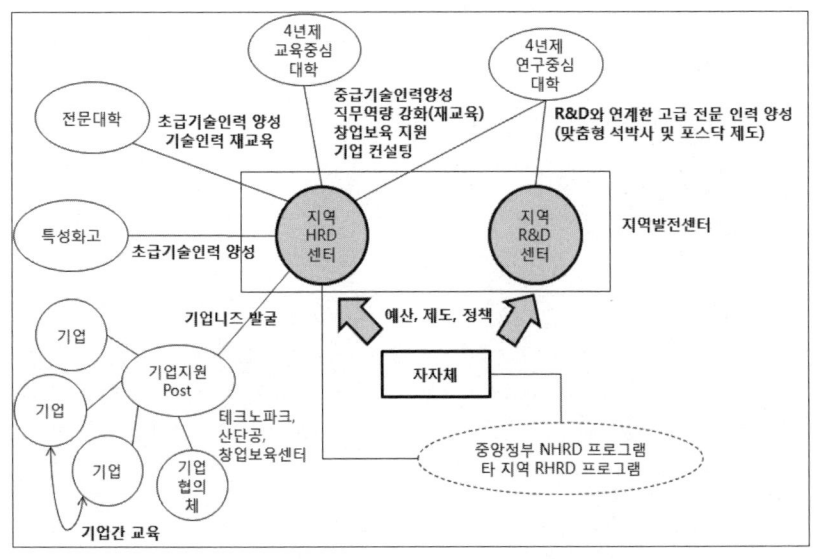

<그림 Ⅴ-3-10> 지역 HRD 플랫폼

지역 HRD 플랫폼의 안정적인 정착이 이루어지면 기업이 요구하는 인재의 공급체계를 갖추게 되며 이후 중장기적으로 이들의 지역 이탈을 방지하고 안정적인 삶의 기반과 국가 평생교육체계에 입각하여 삶의 질의 제고할 수 있는 평생교육 기반을 갖추어야 할 것이다.

▣ 참고문헌

강경종 외, "지방자치단체 주도형 지역인적자원개발 정책 연구", 한국직업능력개
　　발원, 2012.

최병학, "RHRD 추진전략 구도설정", 한국지역인적자원개발협의회, 2012.

McLean, G. N. & MeLean, L., "If we can't Define HRD in One Country, How can we
　　Define it in an International Context?", *Human Resource Development International*,
　　Vol.4, No.3, 2001.

VI장 노동 시장·노사관계 생태계

1. 노동 시장·노사관계에서 생태계 관점

생태계의 의미 – 생물학적 생태계 차용?

근래 국가정책이나 비즈니스 영역의 문제 해결을 위해 생태계 관점의 정책 형성 등의 필요성을 주장하는 제안이 잇따르고 있다.[1] 도대체 생태계적 관점에서 얽히고설킨 실타래를 풀어나가는 것이 어떤 방식인지 왜 생태계적 관점이 필요한 것인지 의문이 제기될 것이다. 이를 위해 먼저 생태계의 원래적 의미를 먼저 보지 않을 수 없다.

주지하시다시피 생태계는 생물학적 생태계로 제안된 개념이다. 본서 제1부(III. 생태계의 개념과 유형)에서 소개된 생물학적 생태계의 설명을 차용하자면, 생태계란 생산–소비–분해–재생산의 과정 속에서 생물체(유기체)와 이를 둘러싼 환경(무기체) 간의 상호작용을 통해 자생적이며 자기영속적인 독립적 통합체라고 한다. 이 때문에 통상 생물학적 생태계

---

1) 가령, 윤상직 산업부 장관, "프랜차이즈 업계, 건전한 생태계 조성 위해 노력해야"(http://sbscnbc.sbs.co.kr/read.jsp?pmArticleId=10000597460), <SBS 뉴스>, 2013. 10. 3 ; 미래창조과학부, "SW산업 생태계 악순환 고리 끊는다"(http://www.korea.kr/policy/economyView.do?newsId=148768064&call_from=extlink), 정책브리핑, 2013. 10. 8.

는 먹이사슬, 물질순환, 에너지 흐름, 환경요인 등이 상호 균형을 이룰 것이고, 생물 군집의 종류나 개체수도 항상 일정한 수준을 유지하고 있다고 한다.

이러한 상태를 생태계 평형이 유지되고 있다고 표현할 수 있고, 통상 생태계는 스스로 어느 정도의 항상성을 꾸준히 유지하여 평형을 유지한다고 한다. 그러는 한편, 생태계는 단위 내에 존재하는 다양한 종들이 생존을 위해 치열하게 경쟁하고 그 결과 환경에 잘 적응하는 종들이 비중을 확대하는 유전적 진화가 일어난다고 한다. 자연 생태계는 짧은 기간에서는 항상성을 지니지만 장기적으로는 끊임없이 동태적으로 진화한다는 것이다.

그러나 생태계의 평형은 깨질 수 있게 된다. 평형이 유지되고 있는 생태계에 인간에 의한 인공적인 영향이나 예상치 못한 자연재해 등 외부의 영향력에 의해 이러한 상호 균형이 깨질 수도 있다. 이를 생태계 파괴라 할 수 있다. 특히 특정 개체의 숫자가 지나치게 증가하는 경우 생태계 자체가 가지고 있는 동태적 진화의 원리가 생태계 파괴로 변질될 수 있을 것이다.

이러한 경우 생태계의 평형을 인위적으로 복원시켜야 하는 꽤 어려운 일이 동반될 것이다. 이미 깨진 자연 생태계의 균형력을 복원하기가 여간 어려운 일이 아닐 것이다. 가령, 생태계가 완전히 파괴된 경우 인위적으로라도 개체 조정을 다시 해야 할 것이고, 생태계 내에서 지나친 갈등과 경쟁이 발생되면 이를 조정하는 경쟁 규칙도 만들어주어야 하며, 경쟁에서 밀린 종을 복원하기 위한 발전적 지원방안도 모색해야 하는 등 매우 까다로운 작업이 필요하기 때문이다.

노동 시장·노사관계에서도 생태계 관점 필요

생태계 관점의 정책을 제안하는 다양한 내용 중 특히 IT산업정책의 영역에서 제안된 생태계 관점의 정책 제언이라는 표현이 많다. 가령, 대표적으로 2012년 12월 4일 개최된, 구 지식경제부(현 산업통상자원부), 미래 IT정책 심포지엄에서는 "생태계 중심의 미래 IT 경쟁력 강화방안"이라는 주제 발표가 제언되고 있다.[2]

이 주제 발표는 IT산업에서 기기-네트워크-플랫폼-콘텐츠, 기기-SW-부품 등 개별 산업 간의 협력·경쟁·갈등관계를 파악하고 생태계 전체의 경쟁력을 제고하는 방안을 도출하는 내용을 담은 것이다. 말하자면 IT산업의 생태계는 콘텐츠-플랫폼-네트워크-단말기라는 가치사슬의 존재를 전제로, 이들 네 가지 가치사슬을 구성하는 기업들이 서로 협력하고 경쟁하면서 맺는 관계를 뜻하는 것이라 한다.[3] 이러한 의미에서 IT업종에서는 애플 생태계, 안드로이드 생태계라는 표현도 사용한다고 한다.

그렇다면 본 장에서 이야기하고자 하는 노동 시장과 노사관계에서도 생태계 관점이 응용될 수 있을까? 다시 말하면, 왜 노동 시장·노사관계에서 생태계 관점의 정책이 필요한지의 의문에 대한 답이 필요하다. 그간 노동 시장·노사관계 영역에서도 이른바 노동 시장 유연안정화라든지 노사관계 선진화 등의 정책 제언들이 많았다(노동부, 2003; 경제사회발전노사정위원회, 2012). 주로 국내의 기업 내지 산업경쟁력을 도모하기 위해, 그리고 불합리하거나 불공정한 노사관계 제도 및 관행 개선을 위해 현행 노사관계 및 노동 시장의 문제점을 개선하기 위해 제안하는 방안들이다.

---

2) "글로벌 IT 생태계 강국 실현 위한 전략 모색"(http://www. korea.kr/policy/press ReleaseView.do?newsId=155864954&pWise=www2), 지식경제부, 2012. 12. 4.
3) "IT산업 생태계"란 무엇인가? ― 그 의미와 시사점(http://shincho.tistory.com/71).

노동 시장과 노사관계의 문제점을 파악하고 이에 대한 대안을 제시하거나 개선방안을 쏟아놓는 작업들이 있음에도 불구하고 이러한 여건 하에서 과연 노동 시장과 노사관계개혁을 위해 굳이 생태계 관점이 필요한가? 필요하다면 노동 시장·노사관계의 생태계를 위하여 어떠한 개선방안이 필요한 것인지가 문제로 된다.

생각건대, 노동 시장·노사관계 영역에서도 생태계 관점의 접근이 필요하다. 오늘날 기업 등 산업경쟁력 요소 중 노동 시장·노사관계 요소가 기업경쟁력을 좌우할 정도는 아니지만 노동 시장·노사관계에 문제가 생기면 기업이나 해당 업종 내지 산업이라는 단위 내의 생태계에 큰 문제로 될 수 있다. 구체적으로, 그간 우리나라 노동 시장·노사관계 생태계환경에 커다란 변화가 진행되었다. 다시 말하면, 산업화 시대의 생태계환경은 일자리 부족 문제나 비정규직 문제, 그리고 대·중소기업 간 임금 격차와 같은 문제가 심각하지 않았다. 노사관계도 산업화 시대에는 과거 여타 선진 산업국가에서처럼 당연히 대립적 체제가 필요하였고, 협력적 노사관계의 필요성이 적었다.

그러나 글로벌산업시대에는 일자리 문제나 비정규직 문제, 그리고 대·중소기업 간 임금 격차 문제 등이 심각하게 진행되고 있고, 이들을 둘러싼 갈등과 해법을 두고 다양한 논쟁이 벌어지고 있다. 노사관계도 종전과 같은 대립적 노사관계가 아니라 협력적 노사관계의 필요성이 전통적으로 노동운동이 강하였던 선진국에서부터 등장하고 있다.

결국 오늘날 우리나라의 노동 시장·노사관계는 생태계 관점에서 새로운 생태계환경과 상호작용을 통해야만 발전적인 진화를 할 수 있다는 것을 의미한다. 또한 대기업 정규직과 같은 강자와 중소기업 비정규직과 같은 약자의 비중이 이상하게 되는 경우에는 생태계의 균형이 깨져서 그 생태계가 파괴되도록 방치해둘 것이 아니라 그 균형 회복을 위해 조정과 경쟁에 요구되는 규칙 마련이 필요하다면 적극적으로 그 역할을 해야 생태계의 평형이 복원될 것이다. 그렇지 않으면 우리 노동 시장·노사관계 생태계에 문제가 생기고, 이것은 우리 기업이나 산업경쟁력 생태계에 문제가 생기는 것을 의미하고, 이는 결국 국가경쟁력 차원의 생태계 문제로 발전하기 때문이다.

이하에서는 현재의 우리나라 노동 시장·노사관계 생태계에 무슨 일이 생기고 있는지 문제점을 정리하고 이 문제를 생태계 관점에서 극복하기 위한 상호작용 내지 복원방안을 찾기로 한다. 기업 내지 산업의 경쟁력 기반으로 되는 노동 시장·노사관계 생태계가 현재 또는 가까운 장래에 훼손되거나 파괴시킬 우려가 있는 요소들을 하나씩 찾아보고, 이를 생태계 복원 관점에서 풀어가야 하는 대응방안을 모색해보는 것으로 구성한다.

2. 노동 시장 현황과 문제점

노동력 구성의 문제

☐ 비정규직 등 다양한 고용형태 문제

기간제 근로와 단시간 근로, 그리고 파견 근로 등을 비롯한 비정규직 근로자의 비중이 소폭의 등락도 있지만 여전히 많은 모습을 보여주고 있다(<표 VI-2-1>). 근래 우리나라는 비정규직 보호법 제·개정을 통해 차별시정 및 고용안정을 도모하고자 하였으나, 여전히 차별 문제와 비정규직 규모가 줄어들지 않고 있다.

<표 Ⅵ-2-1> 연도별 비정규직[1] 규모 현황 추이(통계청, 2013)

(단위: 명, %)

	2003	2004	2005	2006	2007.3	2008.3
임금근로자	1.415(100)	1.458(100)	1.497(100)	1.535(100)	1.573(100)	1.599(100)
비정규직	461(32.6)	539(37.0)	548(36.6)	546(35.6)	577(36.7)	564(35.3)

	2009.3	2010.3	2011.3	2012.3	2013.3
임금근로자	1.608(100)	1.662(100)	1.707(100)	1.742(100)	1.774(100)
비정규직	537(33.4)	550(33.1)	577(33.8)	581(33.3)	573(32.3)

주 1) 비정규직: 한시적근로자(기간제 등), 시간제근로자, 파견근로·용역근로·특수형태고용
·가정 내 근로·일일근로 등 비전형근로자

우리나라에서는 비정규직의 비중에 대해서는 다양한 논란도 제기되고 있지만, 국제통계 기준에 의하더라도 적지 않은 규모이다. 가령 우리나라에서 비정규직으로 파악되는 시간제근로와 비전형 근로 중 용역과 특수형태고용 및 가정 내 근로는 OECD에서 비정규직으로 불리우는 임시직(temporary worker)에 해당되지 않는데, 이를 제외하더라도 2012년 현재 OECD 기준으로 우리나라 비정규직 비중은 24.8%로서, OECD 평균 11.9%에 비해 여전히 높은 수준이다(<표 Ⅵ-2-2>).

<표 Ⅵ-2-2> 2012년 현재 OECD 기준 회원국 비정규직 비율 비교(고용노동부, 2013)

(단위: %)

국가	한국	OECD	스페인	포르투칼	폴란드	독일	프랑스	일본	이태리	아일랜드	영국
비율	24,8	11.9	23.6	20.7	26.9	13.9	15.2	13.7	13.8	10.2	6.3

또한 우리나라의 비정규직 규모는 기업 규모가 작을수록 비정규직 비중이 높은 것으로 나타난다. 그만큼 중소기업과 영세사업일수록 비정규

직 비중이 높다는 것을 의미한다(<표 Ⅵ-2-3>).

<표 Ⅵ-2-3> 2013년 3월 현재 기업 규모별 비정규직 현황(통계청, 2013)

(단위: 명, %)

구분	합계	5인 미만	5~9	10~29	30~99	100~299	300인 이상
임금 근로자	17.743	3.379	3.074	3.966	3.452	1.767	2.107
비정규직	5.732	1.562	1.108	1.326	1.034	383	320
비율	32.3	46.2	36.0	33.4	29.9	21.7	15.2

최근 노동 시장의 커다란 특성 중 하나는 다양한 고용형태의 등장이라 할 수 있다. 특수형태고용종사자와 사내하도급 근로자의 증가 추세가 그러하다. 특수형태고용종사자는 비전형 근로자 중에서도 상당 부분을 차지하고 있다(<표 Ⅵ-2-4>). 특수형태고용종사자는 독립자영인적 성질을 내포하고 있기 때문에 노동법상 근로자로서의 지위는 없지만 근로자에 가까운 노무를 공급하고 있다는 점에 착안하여 필요 최소한의 보호가 필요하다는 요구가 지속되고 있다.

<표 Ⅵ-2-4> 비정규직 및 특수형태고용 등 비전형근로의 현황(통계청, 2011)

(단위 : 천 명, %, 전년동월대비)

	2010. 3		2010. 8		2011. 3		
		구성비		구성비		구성비	증감(률)
<비정규직 근로자>	5,498	100.0	5,685	100.0	5,771	100.0	273 (5.0)
ㅇ 비전형 근로자	2,178	39.6	2,289	40.3	2,311	40.0	133 (6.1)
- 파 견	212	3.9	211	3.7	214	3.7	2 (1.0)
- 용 역	550	10.0	608	10.7	612	10.6	62 (11.3)
- **특수형태고용**	589	10.7	590	10.4	579	10.0	-10 (-1.7)
- 일일근로	856	15.6	870	15.3	901	15.6	44 (5.2)
- 가정 내 근로	65	1.2	70	1.2	89	1.5	24 (37.7)

한편 사내하도급 활용과 관련한 공식적인 통계는 없으나, 그간 고용노동부가 지방노동청을 통한 자체 조사 내용이 간헐적으로 있어 왔는데, 이를 기초로 보면, 꾸준히 증가하고 있음을 알 수 있다. 구체적으로 사내하도급 활용 업체 비율은 증가와 감소현상이 동반되는 것으로 나타난다, 이에 비해 사내하도급 근로자 비율은 꾸준히 증가하는 현상을 보이고 있다(<표 Ⅵ-2-5>). 그러나 이는 사내하도급 근로자의 순증이라기보다 전반적인 고용 감소세 속에서 원청업체 근로자가 더 빨리 감소한 결과로 분석되기도 한다(경제사회발전노사정위원회, 2011).

<표 Ⅵ-2-5> 사내하도급 활용 현황[1]

(단위: 개, 명, %)

		2004년 (500인 이상)	2008년 (300인 이상)	2010년 (300인 이상)
사업체	원청	653개소	1,764개소	1,939개소
	하청	**238개소**	**963개소**	**962개소**
근로자	원청	497,337명	1,317,405명	1,000,108명
	하청	**149,520명**	**368,590명**	**325,932명**
활용비율	하청업체	36.4%	56.4%	41.2%
	하청근로자	23.1%	21.8%	24.6%

주 1) 고용노동부, 2004년, 2008년, 2010년 사내하도급 현황 조사; 은수미 외, 사내하도급과 한국의 고용구조, 한국노동연구원, 2011; 조성재외, 사내하도급 활용실태 및 개선방안, 노동부, 2007; 연합뉴스(2010.12.2) 등을 재가공

업종별로 사내하도급을 활용하는 비율을 보면, 조선, 철강, 사무판매서비스 업종이 많이 활용하는 것으로 나타났다(<표 Ⅵ-2-6>). 조선, 철강은 제조업에서도 주력수출산업에 해당하는 영역이다. 자동차 업종에서도 활용 비율은 상대적으로 낮지만 완성차사 중 사내하도급을 특히 많이 활용하는 사업장도 있다.

<표 VI-2-6> 업종별 사내하도급 활용 사업장 및 활용 비율(고용노동부, 2010)

(단위: 개, %)

구분	사업장수 (비율)	근로자수(천 명)		
		원청하청합계	하청	하청비율
합계	799(41.2%)	1326	326	24.6
조선	14(100%)	138	85	61.3
자동차	14(100%)	92	15	16.3
철강	27(87.1%)	65	29	43.7
기계금속	84(72.4%)	84	17	19.7
화학	87(68.5%)	89	17	18.8
전기전자	106(59.9%)	220	31	14.1
사무판매 서비스	278(33.5%)	450	95	21.1
기타	189(30.0%)	185	38	20.3

사내하도급 근로자의 고용이 불안정하기 때문에 종종 원청기업이 그 고용안정에 대한 책임을 져야 한다는 것과 관련한 장기 노사분규 사례가 자주 등장하여 사회적 관심을 집중시키기도 한다.

□ 청년고용 미스매치 문제

청년고용 문제는 현시점에서도 큰 문제로 되고 있지만, 미래의 시점에서도 여전히 풀기 어려운 문제이다. 청년층은 일자리 문제는 단순한 수요공급의 문제가 아니라 일자리 미스매치에서 비롯하기 때문이다. 따라서 청년고용 문제는 미스매치 문제의 해결 여부에 달려 있는 것이라 할 수 있다.

청년고용 미스매치현상은 현시점에서도 청년층이 진입할 수 있는 일자리는 있으나 일자리의 질 측면에서 청년고용이 실제 진입하고자 하는 일자리의 공급이 없는 것을 말한다. 특히 청년층 취업자의 이직과 미취업자로 전환이라는 이른바 "파랑새 신드롬 현상"(이상희, 2012)이 심각하다(<표 Ⅵ-2-7>).

<표 Ⅵ-2-7> 졸업 전후 첫 직장 경험자의 졸업 4년 후 경제활동 상태
(한국고용정보원, 2012)

(단위: 명, %)

		첫 직장 → 취업상태 유지		첫 직장 → 미취업상태 전환		합계
		첫 직장 유지	첫 직장에서 이직	실업	비경제활동	
전체		154,495(40.5)	176,336(46.3)	15,065(4.0)	35,218(9.2)	381,114(100.0)
대학	전문대	50,746 (32.7)	81,337 (52.4)	7,480 (4.8)	15,760 (10.1)	155,324[40.8]
	4년제	103,749(45.9)	94,999(42.1)	7,585(3.4)	19,457(8.6)	225,790[59.2]

주: 1) 전체분석대상자는 2007년 졸업자 중 첫 직장을 경험한 자임
    2) 졸업당시 연령이 30세 이상인 자와 교육대 출신자는 분석대상에서 제외
    3) 〔 〕는 세로 비율

청년고용 문제는 내국인의 일자리 부족 문제가 현실적으로 해소되는 2020년 이후에도 해결되지 못할 가능성이 높다. 우리나라의 1980년 대학 진학률이 27.2%에 비하여 2009년 대학진학률은 무려 82.9%에 이르고, 반면 대졸자를 필요로 하는 일자리는 1993년 15.3%에 비하여 2009년에도 21.1% 수준에 불과하기 때문이다. 말하자면 대부분의 청년고용 미스매치 문제의 대상이 대졸자라는 점이 확실하지만, 대졸자는 엄청 늘었지만 대졸자를 필요로 하는 일자리는 조금만 상승했다는 것이다(허재준, 2012). 따라서 2020년 이후의 미래사회에서도 청년고용 문제는 미스매치 문제가 해소되지 않는 한 여전히 지속될 것으로 보인다.

노동 시장 이중구조 문제

□ 대·중소기업 간 노동 시장 양극화 문제

우리나라의 노동 시장 문제 중 가장 커다란 문제는 이중노동 시장 내지 노동 시장 양극화 문제임을 부정할 수 없다. 이중노동 시장 또는 양극화 원인들 중에서도 가장 으뜸을 차지하는 요소는 기업 규모별 격차, 즉 대·중소기업 간 노동 시장 양극화 문제라 할 수 있다.

대·중소기업 간 노동 시장 양극화를 단적으로 보여주는 것은 기업 규모별 임금 격차 현황이 될 것이다. 아래의 표를 보면, 기업 규모별로 시간의 흐름에 따라 정액급여와 특별급여의 격차가 심화되고 있고, 특히 특별급여의 격차가 매우 심한 것을 보여주고 있다(<표 Ⅵ-2-8>).

<표 Ⅵ-2-8> 2006년~2011년 기업 규모별 임금(조준모·이상희 외, 2010)

(단위 : 천 원)

급여 종류	기업 규모	2006	2007	2008	2009	2010	2011
정액 급여[1]	5인 미만	1,245.47	1,332.79	1,364.63	1,370.95	1,370.67	1,426.16
	5~29인	1,725.46	1,712.26	1,842.52	1,838.92	1,913.90	1,986.26
	30~299인	1,818.65	1,887.53	2,026.63	2,042.91	2,109.18	2,161.61
	300인 이상	2,230.08	2,372.77	2,494.49	2,507.33	2,658.58	2,751.83
초과 급여	5인 미만	17.31	7.24	9.76	8.18	9.57	8.68
	5~29인	94.09	55.53	62.92	56.85	64.57	75.31
	30~299인	175.43	183.84	205.26	197.51	211.11	216.35
	300인 이상	271.94	291.08	257.70	231.12	249.68	290.53
특별 급여[2]	5인 미만	898.71	740.65	776.44	692.36	656.01	664.23
	5~29인	3,564.55	2,645.84	2,680.33	2,445.52	2,406.91	2,399.77
	30~299인	4,651.27	4,430.63	4,642.05	4,319.55	4,173.09	4,222.39
	300인 이상	11,525.58	11,620.16	11,756.24	10,766.87	10,396.40	12,103.53

주 1) 기본급+통상적수당+기타수당

   2) 전년도 연간 상여금 및 성과급 총액

대·중소기업 간 4대 사회보험 가입율의 비교에서도 매우 커다란 격차를 보여주고 있는 것으로 나타났다. 특히 5인 미만 사업장의 사회보험 가입율이 두드러지게 저조한 것으로 나타난다. 대·중소기업 간 근로자들 간에는 임금격차는 물론 사회안전망에 속하는 사회보험 적용율 마저 낮은 실태를 확인시켜주고 있다(<표 VI-2-9>).

<표 VI-2-9> 2006년~2011년간 기업 규모별 4대 사회보험 가입 현황
(조준모·이상희 외, 2010)

(단위: %)

보험 종류	기업 규모	2006	2007	2008	2009	2010	2011
고용 보험	5인 미만	0.50	0.45	0.47	0.47	0.48	0.44
	5~29인	0.81	0.83	0.84	0.82	0.82	0.81
	30~299인	0.90	0.90	0.90	0.91	0.89	0.89
	300인 이상	0.90	0.89	0.89	0.91	0.90	0.89
건강 보험	5인 미만	0.49	0.44	0.46	0.46	0.46	0.43
	5~29인	0.81	0.85	0.84	0.82	0.82	0.80
	30~299인	0.91	0.91	0.91	0.92	0.91	0.88
	300인 이상	0.93	0.92	0.92	0.93	0.93	0.92
국민 연금	5인 미만	0.47	0.41	0.44	0.43	0.43	0.41
	5~29인	0.77	0.80	0.79	0.76	0.76	0.74
	30~299인	0.88	0.88	0.88	0.88	0.87	0.84
	300인 이상	0.90	0.90	0.91	0.92	0.91	0.89
산재 보험	5인 미만	0.56	0.50	0.53	0.53	0.54	0.50
	5~29인	0.89	0.93	0.92	0.92	0.92	0.91
	30~299인	0.93	0.94	0.93	0.94	0.94	0.94
	300인 이상	0.94	0.93	0.93	0.93	0.94	0.93

기업 규모 간 임금 등 근로조건 격차의 심화는 중소중견기업 종사 근로자들의 근로의욕을 떨어트리고 사회적 갈등을 유발하는 등 부정적인 영향이 크다. 특히 대·중소기업 상생협력정책 내지 동반성장정책이 꾸

준히 추진되고 있음에도 불구하고 대·중소기업 간 근로조건 격차가 지속되는 점이 문제로 되고 있다.

□ 정규직·비정규직 노동 시장 양극화 문제

우리나라는 비정규직 노동 시장과 정규직 노동 시장의 고용형태에 따른 이중구조화도 심각하다. 무엇보다도 비정규직과 정규직 간의 임금격차가 시간이 흐를수록 심화되고 있음을 보여주고 있다. 임금의 형태별로 보면, 정액급여에서 격차가 점점 심화되고 있고, 특별급여는 10배를 훨씬 넘는 격차를 보이고 있다(<표 Ⅵ-2-10>).

<표 Ⅵ-2-10> 2006년~2011년 고용형태별 임금(조준모·이상희 외, 2010)

(단위 : 천 원)

급여 종류	고용형태	2006	2007	2008	2009	2010	2011
정액 급여[1]	비정규직	1,274.49	1,281.23	1,313.65	1,311.73	1,327.98	1,402.69
	정규직	1,671.25	1,893.28	2,012.87	2,063.37	2,139.26	2,224.89
초과 급여	비정규직	60.54	31.32	31.30	29.36	31.76	39.50
	정규직	110.83	134.12	138.31	135.25	145.42	160.06
특별 급여[2]	비정규직	1,116.57	442.82	404.06	383.36	332.96	355.69
	정규직	3,950.00	4,895.07	5,012.00	4,883.86	4,712.19	5,152.23

주 1) 기본급+통상적수당+기타수당
2) 전년도 연간 상여금 및 성과급 총액

퇴직금제도 설정, 평균 근속기간에서도 비정규직과 정규직 간의 격차가 크게 나타나고 있다(<표 Ⅵ-2-11>).

<표 Ⅵ-2-11> 2006년~2011년 고용형태별 퇴직금 유무 및 평균

근속기간(조준모·이상희 외, 2010)

(단위 : 기간, %)

유형	고용형태	2006	2007	2008	2009	2010	2011
퇴직금	비정규직	0.66	0.34	0.32	0.32	0.32	0.31
	정규직	0.72	0.84	0.86	0.88	0.89	0.88
근속 기간[1]	비정규직	3.00	2.99	2.96	3.12	3.11	3.08
	정규직	4.27	4.64	4.73	4.87	4.90	4.81

주 1) 근속기간은 범주형 변수(1. 1년 미만, 2. 1년 이상~2년 미만, 3. 2년 이상~3년 미
만, 4. 3년 이상~4년 미만, 5. 4년 이상~5년 미만, 6. 5년 이상~10년 미만, 7. 10년 이
상)로 되어 있으나 순위형 변수이기 때문에 연속형 변수로 가정하고 평균을 산출함. 따라서 5
인 미만 사업장의 2006년 근속기간 3.47은 '2년 이상~3년 미만'에 해당되는 결과임.

비정규직과 정규직, 즉 고용형태 간 격차는 사회보험 가입 유무의 현황
에서도 존재하고 있다. 사회보험 중에서도 비정규직의 가입이 안 되고 있
는 영역은 국민연금, 건강보험, 고용보험, 산재보험 순으로 보여주고 있다
(<표 Ⅵ-2-12>). 비정규직의 사회보험 미가입 문제는 노동 시장의 불안
정성을 사회적 안전망으로 보완하려는 정책 시도에 가장 치명적인 것으로
파악된다.

<표 Ⅵ-2-12> 2006년~2011년 고용형태별 4대 사회보험 가입 현황

(조준모·이상희 외, 2010)

(단위 : 비율)

보험 종류	고용형태	2006	2007	2008	2009	2010	2011
고용 보험	비정규직	0.65	0.37	0.37	0.37	0.36	0.37
	정규직	0.75	0.87	0.88	0.90	0.90	0.90
건강 보험	비정규직	0.64	0.33	0.31	0.31	0.30	0.29
	정규직	0.75	0.90	0.91	0.93	0.93	0.93
국민 연금	비정규직	0.59	0.29	0.27	0.27	0.25	0.24
	정규직	0.72	0.87	0.88	0.90	0.89	0.89
산재 보험	비정규직	0.75	0.52	0.49	0.52	0.51	0.51
	정규직	0.81	0.91	0.91	0.93	0.94	0.93

한편 우리나라에서 비정규직의 분포는 주로 중소영세사업체에 밀집되고 있다. 아래의 표를 보면, 특히 비정규직 중 반수 이상이 10인 미만 영세사업체에 근무하고 있다. 10인 미만부터 정규직과 비정규직 사용 비율이 역전되고 있다(<표 Ⅵ-2-13>). 이 때문에 비정규직과 정규직 간의 심한 임금격차는 앞서 본 기업 규모별 임금격차가 발생하고 있는 것을 감안하면 비정규직이라는 고용형태에 기인한 것과 더불어 기업 규모 요소에 의해 한층 더 영향을 받고 있는 것이라 할 수 있다.

<표 Ⅵ-2-13> 기업 규모 분포 현황: 정규직 vs. 비정규직(노동연구원자료*)

(단위:%)

기업체 규모	정규직	비정규직
1～9인	25.8	45.7
10～29인	17.7	18.3
30～99인	17.4	11.9
100～299인	10.9	6.5
300～999인	8.6	4.8
1000인 이상	19.5	12.7

* 노동연구원, 『한국노동패널조사』, 1998~2008

3. 노사관계 현황과 문제점

노사관계 체제 문제

우리나라의 노동조합 조직률은 1980년대 후반에서 1990년대 초반을 정점으로 이후 계속 하락세를 보이고 있다. 특히 2000년대 이후부터 한 자리 숫자로 가까이 하는 모습을 보일 정도로 노조조직률이 지속적으로 하락하고 있다(<그림 Ⅵ-3-1>).

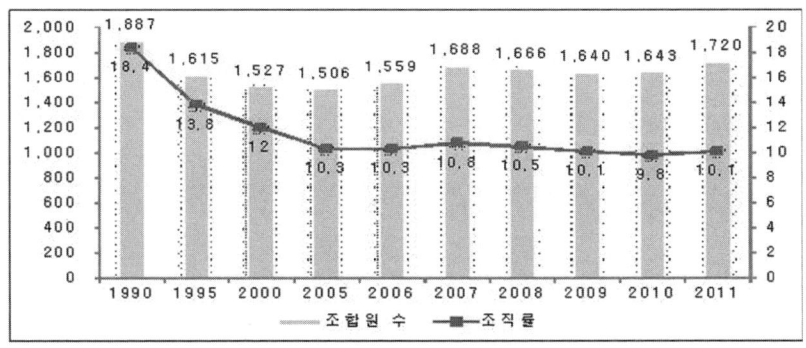

<그림 Ⅵ-3-1> 연도별 노동조합 조직률 추이(홍석범, 2013)

또한 연도별 노사분규 발생 건수와 근로손실일수도 2000년대 중반 이후 지속 하락하고 있다(<그림 Ⅵ-3-2>). 노조조직율 하락과 노사분규 발생 건수와 근로손실일수의 하락은 일견 노사관계의 안정화 지표로 보일 수도 있다.

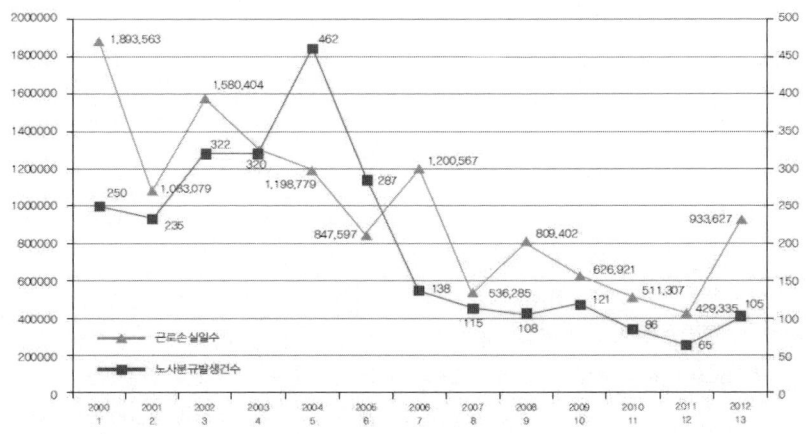

보기: △ 근로손실 일수, □ 노사분규 발생 건수(수십 개 사업체가 모인 금속노조 중앙교섭사업장은 1건으로 계산)

<그림 Ⅵ-3-2> 연도별 노사분규 발생 건수·근로손실 일수(고용노동부)

그러나 이러한 안정적인 지표는 다른 국가와 비교할 때 우리나라의 노사분규로 인한 근로손실 일수가 상대적으로 높은 것으로 나타나고 있다(<표 VI-3-1>).

<표 VI-3-1> 근로자 1,000명당 근로손실 일수 국제비교(1995~2004년)

(조준모·이상희 외, 2012. 1)

	1995	1996	1997	1998	1999	2000	2001	2002	2003	2004	평 균[2]		
											1995 ~ 1999	2000 ~ 2004	1995 ~ 2004
한 국	31	68	34	119	109	144	79	111	90	81	73	106	90
영 국	18	55	10	11	10	20	20	51	19	34	21	29	25
오스트리아	0	0	6	0	0	1	0	3	398	0	1	81	41
덴마크	85	32	42	1,317	38	51	24	79	23	31	306	42	172
프랑스	300	57	42	51	64	114	82	n.a	n.a	n.a	102	n.a	n.a
독 일	8	3	2	1	2	0	1	10	5	2	3	4	3
아일랜드	132	110	69	32	168	72	82	15	26	14	102	41	68
네덜란드	115	1	2	5	11	1	6	35	2	9	26	11	18
스페인	157	165	182	121	132	296	152	379	59	306	150	238	200
스웨덴	177	17	7	0	22	0	3	0	164	4	45	34	39
EU 평균	96	53	37	53	36	60	43	109	50	57	54	63	59
스위스	0	2	0	7	1	1	6	6	2	10	2	5	4
호 주	79	131	77	72	89	61	51	33	54	46	89	49	68
캐나다	133	280	296	196	190	125	162	218	122	226	218	171	193
일 본	1	1	2	2	2	1	1	0	0	n.a	2	n.a	n.a
미 국	51	42	38	42	16	161	9	5	32	8	38	43	40
OECD 평균	77	51	41	46	29	86	27	47	35	39	48	47	48

주 : 1) 몇몇 피용자 수치는 추정되었음.
2) 자료가 이용 가능했던 각각의 연도들의 연평균치를 고용으로 가중하여 계산함.

자료 : Beardsmore, R.(2006), "International Comparisons of Labour Disputes in 2004", Labour Market Trends, April, p.119. ; 근로손실일수는 ILO; Eurostat; National Statistical Offices. 피용자는 OECD; National Statistical Offices. 한국은 고용노동부 내부자료와 통계청의 「경제활동인구조사」 원자료를 활용함.

또 파업 발생 건수 중 불법행위와 직장폐쇄 건수가 여전히 적지 않은 지표를 보이고 있다(<표 Ⅵ-3-2>). 불법행위의 존재와 직장폐쇄는 여전히 우리나라 노사관계 체제가 불안정적이라는 것을 의미한다.

<표 Ⅵ-3-2> 불법행위 및 직장폐쇄 건수 현황(이성희, 2012)

(단위: 건, %)

구분	'99	'00	'01	'02	'03	'04	'05	'06	'07	'08
불법 노사 분규 건수	95 (48.0)	67 (26.8)	55 (23.4)	66 (20.5)	29 (9.1)	58 (12.6)	17 (5.9)	24 (17.4) <24> (9.5)	17 (14.8) <17> (8.0)	17 (15.7) <32> (29.6)
직장 폐쇄 신고 건수	22	58	47	49	65	65	36	41	26	30

주1) ( )는 전체분규건수 대비 백분율, ⟨ ⟩는 2006~2008년도 노사분규건수를 종전과 같은 방식(다수의 사업장이 산별노조 파업에 참가 시 사업장수대로 계상)으로 산출시 현황
주2) 2006년부터 노사분규 산정방법 변경: ILO기준 및 노동연구원의 노사분규 통계 개선방안 연구결과에 따라 2006년부터 산별노조 파업을 사업장수가 아닌 1건으로 계상

출처: 2009년판 노동부백서

우리나라는 노사분규로 인한 산업의 피해도 적지 않다. 연도별 노사분규로 인한 생산 및 수출차질액을 보면 여전히 높은 액수를 보여주고 있다(<그림 Ⅵ-3-3>).

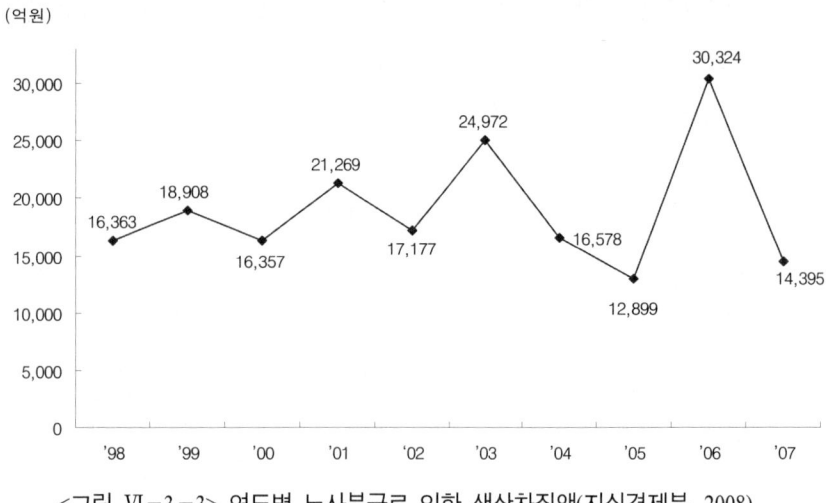

(억원)

<그림 Ⅵ-3-3> 연도별 노사분규로 인한 생산차질액(지식경제부, 2008)

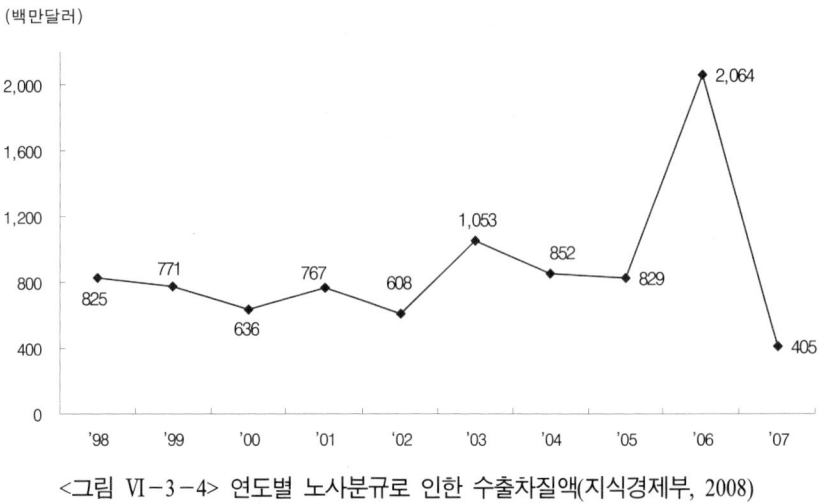

(백만달러)

<그림 Ⅵ-3-4> 연도별 노사분규로 인한 수출차질액(지식경제부, 2008)

노사분규 건수의 안정적 저하에도 불구하고 생산 및 수출차질액이 적지 않은 것은 주로 대규모 사업장의 파업으로 인한 생산 및 수출차질액 규모가 커기 때문인 것으로 해석된다.

노사관계 이중구조 문제

□ 대·중소기업 간·고용형태 간 노사관계 양극화 문제

우리나라는 노사관계체제에서도 이중적 내지 양극화 현상을 보여주고 있다. 노동조합 조직율을 보면 기업 규모가 클수록 조직률이 높게 나타나고, 역으로 기업 규모가 적을수록 조직률이 낮아 무노조 비율이 높게 나타난다(<그림 Ⅵ-3-5>). 노동조합 프리미엄이 비교적 보상이 양호한 대기업에서 더 많이 작동되고 있음을 의미한다.

또한 우리나라는 고용형태별 노사관계제제에서도 이중적 내지 양극화 현상을 보여주고 있다. 그림에서 보는 바와 같이 비정규직 부문에서는 기업 규모와 무관하게 모두 노동조합 조직률이 매우 낮은 것으로 나타난다(<그림 Ⅵ-3-5>).

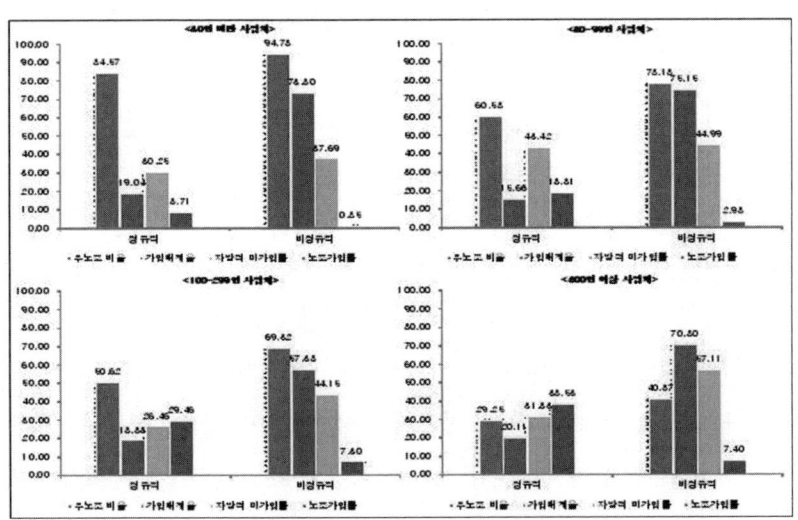

자료: 통계청, 「경제활동인구조사 부가조사」 원자료, 2011년 8월

<그림 Ⅵ-3-5> 사업체 규모별·고용형태별 노동조합 조직률(2011년 8월)

(홍석범, 2013)

노동조합 조직 프리미엄으로 말미암아 근로에 대한 보상이 대기업 정규직 유노조에 집중되고 반대로 중소기업 비정규직 무노조에게는 치명적인 낮은 보상이 이루어질 가능성이 높다. 이러한 실태는 실제 기업의 생산성과 보상 간의 괴리를 초래하는 호봉제 도입 유무 현황을 보면 강하게 추정될 수 있다. 아래를 보면, 호봉제가 기업 규모가 클수록 도입률이 높고, 유노조 부문일수록 도입율이 높은 것으로 나타나고 있다(<표 VI-3-3>). 대기업 및 유노조 프리미엄이 확인되고 있다.

<표 VI-3-3> 기업 규모별·노조유무별 호봉제 유무(노동부, 2008)

		있다	없다	사례수
	전체	80.7	19.3	4876
규모	100~299인	78.8	21.2	3328
	300~999인	84.5	15.5	1166
	1000인 이상	86.8	13.2	380
	전체	80.8	19.2	4874
노조	무노조	74.1	25.9	2376
	유노조	87.1	12.9	2488
	전체	80.7	19.3	4864

□ 노사분규의 이중화·양극화 문제

앞서 본 바와 같이 우리나라의 노사분규는 점차 줄어들고 있지만, 여전히 노사분규 부문에서 불안정한 요인을 안고 있는 것으로 나타났다. 특히 노사분규의 양상이 이중화·양극화 현상을 보이고 있다.

구체적으로, 앞서 본 바와 같이 기업 규모가 클수록 노동조합 조직률이 높은 것으로 나타났는데, 노동조합 조직 비중이 높을수록 근로손실일수 비중이 훨씬 높게 나타나고 있다(<표 VI-3-4>). 기업 규모가 클수록 노동조합 조직률만 높은 것이 아니라 노사분규도 높다는 것이다. 그만큼 대기업 정규직 유노조 부문에 양호한 보상이 집중되고 있음을 의미한다.

<표 VI-3-4> 사업체 규모별 노조 조직 비중과 근로손실 일수 비중의 비교

(조준모·이상희 외, 2012)

(단위: %)

	조직 비중 (2005년 말 기준)	근로손실 일수 비중(2005년과 2006년 비중의 단순평균)
100인 미만	8.2	3.1
100~299인	14.8	12.8
300~999인	14.4	10.5
1,000인 이상	62.6	73.6
전 체	100	100.0

주 : 조직비중은 조합원 수 규모로, 근로손실일수 비중은 종업원 수 규모로 측정한 것이기 때문에 엄밀한 비교는 아님.

자료 : 노동부, "노사분규 DB"에서 계산.

또 아래의 <표 VI-3-5>를 보면 조합원 수 규모별 노동조합 수는 적지만 파업발생 비중이 훨씬 높은 것으로 나타난다. 노동조합 규모가 큰 부문에서 파업발생 비중이 높다는 것은 이 부문에 노조 프리미엄이 그만큼 많게 될 것으로 추정된다.

<표 VI-3-5> 조합원 수 규모별 노동조합 수와 파업발생 건수 및 비중

(조준모·이상희, 2012)

(단위: 개, %)

	전 체	100인 미만	100~299인	300~999인	1,000인 이상
조합수(2005. 12)	5,971	4,017	1,350	418	186
2005년 분규건 수	287	91	107	50	39
조합수 대비(%)	4.8	2.3	7.9	12.0	21.0
2006년 분규건 수	138	41	30	27	40
조합수 대비(%)	2.3	1.0	2.2	6.5	21.5

주 : 노조 규모는 조합원 수로 측정하고, 사업체 규모는 종업원 수로 하기 때문에 엄밀한 비교지표가 되기 어려움.

자료 : 고용노동부, "노사분규 DB"에서 계산

4. 우리나라 노동 시장 · 노사관계 생태계 방향

의의

앞서 본 우리나라의 노동 시장과 노사관계 생태계는 여러 가지 심각한 문제점을 안고 있다. 이들 문제점은 쉽게 치유될 수 있는 것이 아니어서 자칫 미래의 건강한 노동 시장 및 협력적 노사관계 생태계의 영속성을 어렵게 할 수도 있다.

노동 시장 생태계에서, 노동력 시장은 미래사회의 노동력 부족 문제, 청년고용 미스매치 문제, 비정규직 문제, 그밖의 다양한 고용형태로서 특수형태고용 및 사내하도급 근로자 문제가 무겁게 대두하고 있다. 더 심각한 것은 이중노동 시장 문제로서 대·중소기업 간 노동 시장 양극화 문제, 비정규직 노동 시장 문제, 근로빈곤층 노동 시장 문제 등이다. 이들은 미래의 생태계 유지를 어렵게 할 정도로 노동 시장 생태계 훼손 가능성을 높이고 있다.

노사관계 생태계에서 노사관계가 일응 안정적인 모습을 보이면서도 노사분규의 건수와 내용 면에서 여전히 불안정적인 요소를 보이는 노사관계 체제를 보여주고 있다. 노사관계에서도 심각한 것은 이중노사관계 문제로서 대·중소기업 간 노사관계 및 고용형태 간 노사관계 양극화 문제, 노사분규의 이중화·양극화 문제, 분쟁의 내용과 원인의 양극화 문제 등이다. 이들도 이중노동 시장과 더불어 미래의 노동 시장 생태계 진화에 치명적인 결함으로 작용할 가능성이 높다.

오늘날 지구촌은 경제산업정책을 통한 건강하고 풍요로운 생태계 조성 유지를 위해 치열하게 경쟁하고 있다. 이에 맞추어 노동 시장과 노사관계 영역에서도 노동보호와 대립적 노사관계 체제를 통해 균형을 유지하여 왔던 산업사회의 그것과는 다른 변화를 꾀하여 왔다.

노동 시장·노사관계 생태계의 글로벌 경향은 오래전부터 상호작용을 극대화하고 생태계 평형을 유지하기 위한 복원력을 보여주었다. 선진 산업 강국들은 1970~80년대를 전후하여 노사관계 개혁을 통해 협력적 노사관계 생태계로 진화토록 하여 왔다. 1970년대 영국의 노사관계 개혁과 1980년대 미국의 노사관계 질서개혁 사례가 이에 해당한다. 또 선진 산업 강국들은 실업 문제해결과 고용 창출을 위한 노동 시장 유연성 제고 정책을 강화하여 노동 시장 생태계로 진화토록 하여왔다. 1990년대 이후 독일 등 유럽 산업 국가들의 사례가 이에 해당한다.

기업 등 산업경쟁력에서 노동 시장·노사관계는 중요하다. 기업 등 산업경쟁력에 지속 가능한 발전적 관점이 필요한 것과 마찬가지로 노동 시장·노사관계에서도 지속 가능한 자연 생태계적 관점이 필요하다. 기업이든 국가이든 변화하는 환경에 상호작용에 실패하면 도태되므로 상호작용을 극대화할 필요가 있다. 노동 시장·노사관계도 마찬가지이다.

경제도 고용도 지속 가능한 성장이 유지되어야 산업경제 생태계가 유지될 수 있다. 만일 경제·고용의 지속 가능한 성장의 유지가 안 되게 하는 요소가 있다면 생태계를 교란시키고 있는 것이므로 생태계 유지를 위해서도 상호작용의 극대화와 복원력이 필요하다. 만일 노동 시장·노사관계 생태계를 교란시키는 사단이 발생한 경우 생태계 유지를 위한 상호작용과 복원력을 감행해야 한다는 것이다. 이 경우 생태계 유지 내지 생태계 상호작용 극대화의 방향과 복원력의 방법 내지 수단이 적절한 것인지를 찾아내는 것이 중요하다.

글로벌 노동 시장·노사관계 생태계 경향

☐ 선진국의 노동 시장 생태계

선진 각국의 노동 시장 생태계는 그 환경이 다르다. 그럼에도 선진 각국의 노동 시장은 자기 생태계환경에 맞게 적극적인 상호작용을 통하여 현재의 발전적인 생태계를 유지하고 있다.

가령, 독일은 원래 해고제한법 등 노동보호 규제가 적지 않은 국가에 해당한다. 그러나 1980년대 이후부터 발생한 높은 실업률이라는 독일 노동 시장 생태계에 치명적인 돌연변수가 발생하였다. 이 때문에 독일은 오랜 고민 끝에 이른바 기간제, 파견근로자 등과 같은 비정규직 고용을 활용하도록 하는 수단을 동원하여 고용을 제고할 수 있는 노동 시장 생태계로 복원력을 추진하였다(이상희, 2008). 그러나 이것으로도 충분한 복원이 되지 않아 2000년 이후부터 하르츠 개혁을 통해 대폭적인 파견근로 사용유연화, 그리고 mini-job midi-job 등 저임금 일자리 활성화를 통해 오늘날 고용률 70%를 넘는 노동 시장 생태계로 진화하였다.

구체적인 발현 내용은 차이가 있지만 독일과 같이 노동 시장 유연성 제고를 통해 높은 실업률과 저고용 문제를 해결하여 생태계 관점의 복원력을 보여주는 사례는 많다. 가령, 네덜란드와 덴마크의 노동 시장의 유연안정성 제도정책도 노동 시장 생태계의 복원력을 보여주는 사례로 볼 수 있다. 이들 국가는 해고보호 등을 완화하여 노동력 이동을 활발하게 하되 실업 시 높은 수준의 실업보상 등 사회보장제도를 통하여 고용률 제고를 복원한 사례라 할 수 있다. 영미국가는 원래부터 고용의 유연성이 존재하여 왔고, 일본의 경우에도 파견근로 활용4) 등을 통해 고용

---

4) 2012년 일본은 급증하는 파견근로와 이들의 불안정한 고용 문제 등을 개선하기 위해 파견근로자 차별금지 규정 신설 및 제조업에 대하여 파견근로를 금지하는 근로

창출력을 제고하고 있는 사례에 속한다.

오늘날 선진 노동 시장 생태계는 비정규직 및 다양한 고용형태 활용 제고를 통해 고용 창출과 경제의 활력을 복원하는 생태계 방향을 채택하고 있다고 보아도 좋다. 비정규직 고용 등을 통해 기업의 인력 활용의 유연성 제고를 통해 경쟁력을 확보하되 차별금지 등 다른 장치를 통해 비정규직 고용의 안정화를 도모하는 방식의 복원력을 도모하는 것이라 할 수 있다.

□ 선진국외 노사관계 생태계

선진 각국의 노사관계 생태계도 그 환경이 다르다. 그러나 선진 각국의 노사관계 역시 자신의 생태계환경에 맞게 적극적인 상호작용을 통하여 현재의 발전적인 노사관계를 유지하고 있다.

가령, 영국은 대처 수상에 의한 노사관계 개혁이 있기 전까지는 불법파업이 난무하고 노사관계가 영국경제 및 정치의 발목을 잡는 악순환이 반복되는 등 노사관계 생태계에 심각한 문제를 안고 있었다. 그러나 1980년대 중반 대처 수상은 이러한 노사관계를 더 이상 방치할 수가 없어 파업 시 노동조합에 대한 보호의 내용을 축소하고 불법파업에 대한 치밀한 대응을 통해 오늘날 영국의 건강한 노사관계 생태계로 복원을 이루었다. 이러한 사례는 강력한 노동조합 육성에 따른 단점을 제거하고자 다시 노동조합에 대한 규제를 가한 과거 미국의 태프트-하틀리 노사관계법제도개혁에서도 발견된다. 전 세계에서 가장 강력한 독일의 금

자파견법 개정안을 의회에 상정하였으나, 차별금지 규정만 채택되고 제조업 파견근로 금지는 재검토하는 것으로 보류되었다. 아마도 고용률에 적지 않은 파장을 끼칠 것을 적극적으로 고려한 것으로 추정된다. 개정 파견법은 2012. 10. 1부터 발효되었다(http://www.mhlw.go.jp/seisakunitsuite/bunya/ koyou_roudou/koyou/haken-shoukai/kaisei).

속노조도 조합원들의 일자리 문제 해결을 위해 2001년 독일의 폭스바겐 해외공장 이전 대신 스스로 인건비를 줄이고 독일 내 Wolfsburg에 Auto5000 Gmbh라는 폭스바겐 자회사 생산공장을 유치하여 대규모 일자리를 유지한 사례가 있다.5)

이처럼 오늘날 선진 각국의 노사관계 생태계는 합법적 노동운동과 협력적 노사관계라는 적극적인 상호작용을 통해 조합원의 실리와 일자리 창출에 노력하고 있다. 말하자면 조합원의 영속적인 고용안정 도모 방식을 노사 간 균형 회복을 위한 법제도 개선과 협력적 노사관계라는 생태계 진화로 해결하고 있는 것이다.

우리나라 노동 시장 · 노사관계 생태계 방향

□ 상호작용(정책방향)

① 우리나라에서 전형적 고용형태가 아닌 비정규직이나 아웃소싱 등 비전형 고용형태가 다양하게 등장하는 것이 글로벌 경향이긴 하지만 이러한 노동 시장 생태계가 결코 바람직한 것은 아니다. 그렇다고 오늘날 지구촌의 경제산업구조하에서 필연적으로 등장한 다양한 고용형태를 무조건 규제해야만 하는 것도 아니다.

특히 비정규직이나 사내하도급 등 다양한 고용형태가 초래하는 고용의 불안정성 등이 우리나라의 노동 시장 생태계 특성상 다른 나라에서보다 유별나게 심하게 체감되곤 한다. 우리나라 노동 시장 생태계환경이 사회보장 등이 오래전부터 완비되어 구축된 유럽 등 선진국과 다르기 때문이다. 게다가 우리나라는 파트타임(시간제근로) 등 자발적 비정규직

---

5) 그 후 2008년 11월 독일 금속노조와 폭스바겐사는 자회사 Auto5000을 폭스바겐사로 통합하기로 합의하고, Auto5000 전 직원들은 2009년부터 폭스바겐사로 소속이 변경되었다고 한다.(박지순, 2010)

고용이 많은 선진 생태계와 달리 비자발적 비정규직 고용이 대부분이다. 이 때문에 전형적 고용 방식이 아닌 비정규직이나 사내하도급 등의 경우 실제 체감하는 고용불안이 심한 것이 사실이다.

그러나 불안정한 고용형태이기 때문에 이들 다양한 고용형태의 등장 자체를 억제하기 위한 정책을 추진하는 것은 문제가 많다. 비정규직 내지 사내하도급 등 다양한 고용형태는 주로 업무의 효율적 달성 이외에 고용의 경직성 확보의 이면에 다름 아니기 때문이다. 이 때문에 앞서 본 선진 노동 시장 생태계 경향에서도 대부분 기업경쟁력 강화를 통한 고용률 제고를 위해 노동 시장 유연성 제고정책을 추진하여온 것이다. 이러한 글로벌 경향을 무시하고 우리만이 비정규직 내지 아웃소싱 등 다양한 고용 방식을 사용하지 못하도록 한다면 아마도 단기간 내에 기업과 산업경쟁력 약화가 나타나게 되고, 이어서 고용이 축소되는 등 노동시장 생태계 자체가 파괴될 가능성이 높아진다.

물론 선진국의 유연안정성 정책 추진 시 제반 여건이 우리나라의 그것과 다르기 때문에 우리나라의 유연안정성 정책도 달라야 할 수 밖에 없을 것이다. 사회보장제도 등이 일천한 우리나라의 경우 고용불안에 대한 보상이나 대응책이 적을 수밖에 없다. 높은 사회보장제도를 기반으로 유연안정성 정책을 과감하게 추진한 선진 노동 시장 생태계에 비해 낮은 수준의 노동 시장 생태계를 가진 우리나라의 아픈 현실이 고려되어야 한다는 것이다. 오래전부터 단백질 높은 육식을 체질로 다져온 선진국이 가벼운 운동화를 신고 뛰고 있는데, 이를 따라 잡아야 하는 쌀밥 체질의 우리나라가 모래주머니 하나를 차고 뛰게 하여서는 안 된다는 의미이다.

따라서 우리나라의 노동 시장 생태계 현실에 부합하는 고용의 유연성을 제고하는 상호작용과 유연성에 의해 발생되는 고용 불안정성에 대응할 수 있는 상호작용을 적극적으로 할 수 있도록 하는 정책방향이 필요하다. 비정규직 등 다양한 고용형태가 너무 많이 증가하는 것이 문제가 아니라 이들 고용형태에 대한 적정한 조정과 활용의 규칙을 찾는 것이 중요하다는 것이다.

☑2 청년고용 미스매치 문제 해소를 위해서는 청년고용을 유인할 수 있는 여건과 기업의 청년고용 수용가능성 등이 모두 고려되어야 한다. 이 때문에 청년취업 미스매치 문제는 특정 부처만의 힘으로 해결할 수 있는 문제가 아니다. 청년고용 일자리 문제야말로 산업부·고용노동부·교육부 등 전 부처에 의한 강한 상호작용을 통해 해결할 수 있다. 청년고용 미스매치 문제는 산업, 교육, 훈련 등 모든 문제가 복잡하게 혼재하고 있기 때문이다.

☑3 우리나라에서 노동 시장의 이중성 즉, 대·중소기업 간 노동 시장 양극화나 정규직·비정규직 간 노동 시장 양극화 문제는 심각하다. 특히 이러한 양극화 문제는 선진 사례에서도 어느 정도는 발견될 수 있으나 우리나라의 경우 그 정도가 좀 더 심한 것으로 인식되고 있다. 극심한 양극화는 결국 양극화의 끝단에 있는 특정 개체만이 남고 반대에 있는 나머지는 모두 사라질 수도 있는 최악의 생태계로 전락할 수도 있다는 것이다.

문제는 이러한 생태계 문제를 극복하는 방식이다. 이러한 경우 대체로 거론되는 것은 두 가지 방식이다. 하나는 대기업과 정규직 부문의 양보를 얻어내어 그 격차를 줄이는 방식을 들 수 있고, 다른 하나는 중소기업과 비정규직 부문에 대한 획기적인 보호(규제)와 대폭적인 보상을 높여서 그 격차를 줄이는 방식을 들 수 있다. 전자의 방식은 대기업과 정규직이 자발적으로 단체협상 등을 통하여 종전의 보상을 줄이도록 하자는 것을 말한다. 후자의 방식은 중소기업 보호와 비정규직 사용규제 및 사용비용을 높이는 정책을 추진하자는 것이다.

그런데 최근 우리나라의 논의 동향을 보면, 전자의 방식 실현가능성이 거의 없을 것이므로 주로 후자의 방식에 매달리는 경향이 많다. 가령 입법부의 동향을 보더라도 주로 대기업으로부터 중소기업을 보호하고 비정규직 보호를 위한 여러 가지 수단이 홍수같이 제안되고 있다. 그러나 이러한 방식은 많은 문제점을 안고 있다. 물론 우리나라 노사관계 생태계환경이 노사 간 신사협정이나 중앙집권력 등 리더십 등이 잘 구축된 유럽 등과는 다르기 때문에 대기업 정규직 부분의 양보를 유도하기가 쉽지가 않다. 그러나 이 방식이 어렵다고 하여 손쉬운 후자의 방식을 취할 수는 없다. 더구나 중소기업을 보호하고 비정규직 사용규제 및 사용비용을 높이는 후자의 방식은 입법 작업은 쉬울지 모르겠지만, 실현 후 수출 주도 대기업의 경쟁력 약화나 고비용 부담으로 인한 중소기업의 구조조정 초래 등 노동 시장 생태계에 심각한 문제를 노정시킬 수 있다.

따라서 노동 시장의 이중구조 문제는 대기업 정규직 부문의 과도한 보상 생태계가 어떻게 형성되었는지 근본적인 원인을 파악해볼 필요가 있다. 만일 그러한 보상 생태계가 대기업 정규직에 의한 노사담합이라는 구조적 문제에 따라 생긴 것이라면 이를 깰 수 있는 여건 내지 환경이 무엇인지를 고민해야 할 것이다. 말하자면 대기업 정규직 부문의 노사담합을 깰 수 있는 생태계환경을 만들어 이를 통해 노사의 적극적인 상호작용이 이루어지도록 할 필요가 있다는 것이다.

④ 우리나라의 노사관계는 전반적으로 안정적인 체제를 보여주고 있지만, 불안정한 노사분규 체제, 특히 불법파업의 존재와 노사관계의 이중화·양극화에 따른 노사분규의 양극화 문제가 심각하다. 중소기업·비정규직 중심의 안정적 노사관계와 달리 대기업·정규직 중심의 불안정안 노사관계는 주요 노사분규를 대부분 차지하고 있고, 특히 대기업 정규직 중심의 파업으로 인한 생산수출의 손실 초래도 적지 않다. 나아가

이러한 요인들은 결국 대기업으로 하여금 교섭 시 양보 유인과 중소기업과 거래 시 납품단가 인하 등의 유인으로 이어지기도 한다.

결국 우리나라 전체적인 노사관계는 안정성을 찾고 있는데, 일부 불법적 노사분규와 대기업 정규직 유노조 부문에서 발생되고 노사분규가 노사관계 생태계를 흔들고 있는 것이다. 그러나 노사분규 실태로부터 문제가 분명하게 드러나고 있는 것이므로 이 문제를 여전히 해결하지 못하는 원인이 무엇인지도 분명하게 하지 않을 수 없다. 따라서 불법파업에 대해 법과 원칙에 따른 처리 방식이나 대기업 정규직 유노조 노사관계 경직성을 유연하게 할 수 있는 정책방향을 찾아 정면으로 해결하는 수밖에 없다.

□ 복원력(정책수단)

① 현행 비정규직 관련법제는 다른 나라에 비해 적지 않은 규제를 가지고 있다. 이러한 구조하에서는 인력운용의 경직성은 물론 고용비용 부담의 강화로 노동 시장의 인사이드 부문의 안정화에는 성공할 수 있으나 반면, 노동 시장의 아웃사이드 부문이 훼손되는 등 노동 시장 생태계의 파괴를 초래할 수 있다.

구체적으로 현행 "기간제 및 단시간 근로자 보호 등에 관한 법률"상 기간제 근로 사용규제가 지나치게 단기간으로 설정되어 있고 "파견근로자 보호 등에 관한 법률"에서는 파견근로를 광범위하게 금지하고 있다. 그리고 기간제 근로자와 파견근로자에 대한 차별금지 대상과 차별시정 절차를 구비하고 있으므로 비정규직 사용비용에서 인건비 절감 등을 위한 차별은 금지되고 있다.

그러나 이중노동 시장 문제의 심각성도 문제이지만, 그렇다고 이를 극복하는 방안을 글로벌 경향을 고려하지 않고 정반대로 가는 것도 위험하다. 글로벌 노동 시장 생태계 경향에 의하면, 고용률 제고와 기업경쟁력 확보를 위해 비정규직 활용 유연성 제고는 필수적임을 알 수 있다. 또 비정규직에 대한 차별금지를 통해 비정규직 보상의 보호라는 안정성 제고는 마땅하지만, 비정규직 활용과 관련한 유연성 제고가 필요함을 알 수 있다. 따라서 비정규직 활용 방식의 유연성 제고를 통해 우리나라 노동 시장 생태계를 한층 더 진화시킬 필요가 있다. 특히 파견근로 활용 방식의 유연성 제고를 글로벌 기준에 맞추도록 복원력을 추진할 필요가 있다.

<표 VI-4-1> 주요 비정규직 노동 시장 생태계 비교

	독일	프랑스	일본	영국/미국	한국
비정규직 차별금지	○	○	△	△	○
기간제 근로 사용기간	원칙 2년, 창업시 4년, 일시적 사유/고령자 기간제한 ×	원칙 제한, 일시적 사유 허용	최장 3년, 전문직 등 5년	제한 ×	일률적으로 2년, 전문직/고령자는 기간제한 ×
파견대상 업무제한	×	원칙 제한, 일시적 사유 허용	네거티브 리스트: 제조업 허용	제한 ×	포지티브 리스트 제조업 금지
파견근로 사용기간	제한 ×	일시적 사유 등	26개 전문직은 기간제한 ×, 제조업은 3년	제한 ×	일률적으로 2년

비정규직 규모의 적절성이 문제가 된다면 증가한 비정규직의 보호를 위한 보상방안으로 대응해야 한다. 비정규직의 규모 때문이 문제가 아니라 보상 등 비정규직의 고용불안이 문제이기 때문이다. 비정규직의 차별이나 고용불안 때문에 비정규직을 아예 활용하지 못하도록 하는 것은 정규직이라면 양질의 고용의 확보된다는 것을 전제로 하는 것이다. 그러

나 그러한 생태계는 존재하지 않는다. 따라서 비정규직 문제는 글로벌 노동 시장 생태계와 궤를 같이하되 우리나라에서 특히 강화되어야 할 부분, 가령 사회안전망 구축 등의 강화에 주력해야 할 것이다.

② 이중노동 시장과 노사관계의 이중성·양극화에서 공통적인 점은 대·중소기업 간 양극화 문제이다. 우리나라 노동 시장·노사관계 생태계에서 기업 규모라는 매개변수를 제외하고는 이중구조 내지 양극화 문제를 해결할 수 없게 되어 있다. 글로벌 노동 시장·노사관계 생태계에서도 이중구조요소가 없는 것은 아니다. 그러나 유럽 등 글로벌 노동 시장·노사관계 생태계에서는 전통적으로 구축된 산업별 업종별 노사관계와 직무 또는 성과에 의존한 임금체계가 자리 잡고 있다. 이 때문에 기업 규모 간 발생되는 양극화 요소가 우리보다 덜하다는 것이다.

우리나라의 대·중소기업 간 노동 시장 양극화는 노사관계 양극화가 겹쳐서 상승시킨 문제라 할 수 있다. 따라서 우리나라 노동 시장·노사관계 생태계 진화를 위한 핵심 연계고리는 대기업 정규직 유노조 부문이라 할 수 있다. 특히 양극화의 끝단에 있는 중소기업 비정규직 부문을 끌어올려서 대기업 정규직 부문과 균형을 맞출 수 있는 것도 아니다. 어느 국가이든 경제산업구조상 그렇게 할 수 있는 것이 아니기 때문이다. 이 때문에 노동 시장·노사관계의 이중구조 내지 양극화 문제는 대기업 정규직 부문의 양보를 유도하는 정책을 구사할 수밖에 없다는 것이다.

특히 우리나라의 대기업 정규직 부문의 경직적 노사관계 요소는 이미 현행 노사관계법제도로부터 예견되어 있는 것이다. 현행 노사관계법제도에 의하면 기업의 경영악화 시 주요 근로조건을 정한 취업규칙의 불리한 변경이 필요함에도 노동조합의 동의를 필요로 하고 있고(근로기준법 제94조 1항 단서), 파업 시 사측의 주요 대항수단인 대체근로도 금지되고 있다(노동조합 및 노동관계조정법 제43조 1항, 2항). 따라서 한 번 정해진 근로조건의 변경이 거의 불가능하고, 더구나 단체교섭 시 파업에 대항할 수단이 없는 사용자로서는 협상과정에서 대부분 그 요구를 수용할 가능성이 높다. 이 때문에 잘 나가는 대기업일수록 파업이 길게 가지 않도록 노동조합에 대한 보상은 높여주기 마련이다.

우리나라의 노동 시장·노사관계 생태계의 이중구조 내지 양극화 문제는 이러한 제도적 요인 때문에 발생되는 것이 적지 않다. 따라서 점점 심각해지고 있는 이중적 노동 시장 내지 노사관계의 이중구조를 진화된 생태계로 발전시키기 위해서는 문제로 되고 있는 노사관계법제도를 개선하지 않을 수 없다. 구체적으로 근로기준법상 취업규칙 불리한 변경시 유연한 변경절차로 개선과 파업 시 대체근로의 허용에 대한 적극적인 개선 등과 같은 복원력이 필요하다.

<표 Ⅵ-4-2> 파업 시 대체근로 금지 관련 주요 노사관계 생태계 비교

	독일	프랑스	일본	영국/미국	한국
파업 시 대체근로 금지규정	×	×	×	×	○

③ 청년취업 미스매치를 해결하기 위해서는 이른바 "파랑새 신드롬 현상"을 극복할 수 있는 방안이 마련되어야 한다. 구체적으로 산학협력 교육 역량 강화, 중소중견기업 근무환경 여건 조성 시 청년층의 선호도 반영, 중소중견기업 고용 유인을 위한 다양한 의무근무 국가장학금 혜택 등을 통해 국가의 허리 산업에 대한 청년고용 유인 투자 강화가 필요하다. 이 때문에 각각의 정책 영역에 해당하는 부처별 파편식, 쪼가리식 정책이 아니라 협업정책을 통한 청년고용 미스매치 복원력이 절실히 필요하다고 하겠다.

<표 Ⅵ-4-3> 청년고용 미스매치 해결 위한 생태계 복원방안

	산학융합· 산학협력강화	중소기업 근무환경개선	중소기업 의무근무 장학금
기획재정부	○	○	○
산업통상자원부	○	○	○
교육부	○		○
고용노동부	○	○	
국토교통부		○	

<보 론>

최근 우리나라 국회에서는 사내하도급 근로자 보호법안이 발의되고 있다. 사내하도급 근로자에 대하여 원청기업의 직영근로자에 비해 광범위한 차별을 금지하는 등 원청기업이 사내하도급 근로자 고용안정에 대한 적지 않은 책임을 지우도록 하는 것을 주요 골자로 하고 있다. 그러나 이러한 입법정책은 노동 시장 생태계에 적지 않은 충격을 주는 것으로 작용한다. 사내하도급 근로자보호법과 같은 방식이 글로벌 노동 시장 생태계에서는 발견되지도 않을뿐더러 사내하도급은 다른 고용경직성과도 상당한 관계에 있기 때문이다. 따라서 사내하도급 근로자 보호법이 제정되면 향후 노동 시장 생태계 복원에 적지 않은 비용이 발생시킬 것이다.

<표 Ⅵ-4-4> 사내하도급 근로자 보호 관련 주요 노동 시장 생태계 비교

	독일	프랑스	일본	영국/미국	한국
사내하도급 근로자 활용	○	○	○	○	○
사내하도급 근로자 보호법	× (발의경험 ×)	× (발의경험 ×)	× (발의경험 ×)	× (발의경험 ×)	△ (의회 발의)

▣ 참고문헌

경제사회발전노사정위원회, "노동시장선진화위원회 활동보고서(2011. 1~2012. 1)", 2012.

고용노동부, "2004년, 2008년, 2010년 사내하도급 현황 조사", 2010.

노동부, "노사관계법제도 선진화 방안", 2003.

노동부/공정거래위원회, "조선업종 임금 등 근로조건 및 하도급거래실태 합동점검 결과", 2004. 5. 28 보도자료.

노동부, "2006 국정감사 자료", 2006.

노동부, "연봉제·성과배분제 실태조사", 2008.

노동연구원, "한국노동패널조사", 1998~2008.

박지순, "외국의 사내하도급·파견 현황 및 제도 실태조사, 고용노동부, 2010.

이상희, "비정규직관련 법제도의 문제점 및 개선 방안(자문보고), 지식경제부, 2008.

이성희, "한국형 노사관계 개혁 전략과 노사관계 전망/과제", 경제사회발전노사정 위원회, 노사관계비전 포럼 활동보고서, 2012.

은수미 외, "사내하도급과 한국의 고용구조, 한국노동연구원, 2011.

조성재 외, "사내하도급 활용실태 및 개선방안, 노동부, 2007.

조준모·이상희 외, "임금격차 등 임금체계 유연화 저해요인 및 극복방안, 2010.

조준모·이상희 외, "노사관계선진화 성과와 과제－일자리친화적 노사관계 발전방 향 연구, 고용노동부, 2012.

지식경제부, "2007년도 노사분규로 인한 생산수출차질액 조사, 2008.

통계청, "2011년 3월 근로형태별 부가조사 결과, 2011.

통계청, "경제활동인구조사 근로형태별 부가조사, 2013. 3.

한국고용정보원, "2010년 대졸자직업이동경로조사 추적조사 결과 보도자료, 2012. 1. 27.

허재준, "노동시장의 미래", 경제사회발전노사정위원회, 노사관계비전포럼 활동보 고서, 2012.

홍석범, "정체된 노동조합 조직률, 조직화에서 답을 찾으라", 시화노동정책연구소
2013-5월 이슈페이퍼, 2013.

Beardsmore, R., "International Comparisons of Labour Disputes in 2004", Labour Market
Trends, 2006. April.

VII장 사회적 혁신 생태계 활성화 방안[*]

1. 머리말

기술혁신을 통해 환경, 안전, 보건·의료, 고령화, 교육, 양극화와 관련된 사회문제를 해결하려는 사회적 혁신(societal innovation)이 등장하고 있다. 산업혁신이 산업의 기술혁신을 촉진하여 경쟁력 강화와 경제성장을 지향하는 활동이라고 한다면, 사회적 혁신은 사회 서비스 영역에서 기술혁신을 촉진하여 삶의 질을 높이고 지속가능성을 향상시키는 활동이다(NESTA, 2007).

혁신정책에서도 사회적 혁신정책이 나타나고 있다. 산업부는 '사람 기반 따뜻한 R&D 중장기 전략로드맵'을 제시하였고 미래부는 '과학기술기반 사회문제 해결 종합실천계획'을 세우고 있다. 그동안의 산업혁신정책을 통해 민간의 혁신능력이 향상되어 글로벌 기업들이 나타나고 있기 때문에, 이제 정책의 초점을 공공·복지 부문의 혁신활동으로 맞추는 흐름이 형성되고 있다. 또 심화되고 있는 사회양극화에 대응하기 위해서는 사회적 혁신을 통해 사회 서비스를 고도화하고 사회통합을 강화하는 것

* 이 글은 송위진(2011), 송위진·장영배(2009), 송위진·성지은·김왕동(2012)을 바탕으로 작성되었다.

이 요구되고 있다.

사회적 혁신은 산업혁신과 목표와 방향이 다르기 때문에 산업혁신과 차별화된 관점과 방식을 요구하고 있다. 이렇게 사회적 혁신은 기존의 혁신 모델인 산업혁신과 다른 새로운 모델이기 때문에 개념, 방향, 생태계에 대한 논의는 시작단계에 있으며 이에 대한 다양한 연구가 필요하다.

이 글은 새로운 혁신 모델로 등장하고 있는 사회적 혁신의 특성을 살펴보고 그것을 활성화하기 위한 생태계 구축방안을 다룬다. 2절에서는 사회적 혁신의 개념과 특성을 살펴보고 그 의미를 검토한다. 3절에서는 사회적 혁신의 핵심적 주체인 사회적 기업을 중심으로 현황을 정리한다. 그리고 4절에서는 사회적 혁신을 촉진하기 위한 생태계 구축방안을 다룬다.

2. 사회적 혁신과 사회적 혁신 생태계

사회적 혁신의 정의와 특성

사회적 혁신은 보건복지 · 의료 · 교육 · 위생 · 환경 · 안전 분야 등에서 '사회적 목표'를 달성하기 위해 '새로운 아이디어를 개발하고 구현하는 활동'이다. 산업혁신이 새로운 아이디어를 바탕으로 신제품이나 공정, 비즈니스 모델을 개발해서 수익을 창출하는 활동이라고 한다면, 사회적 혁신은 새로운 제품 · 공정 · 서비스 · 비즈니스 모델을 개발해서 사회문제를 해결하는 활동이다(The Young Foundation, 2006; Mulgan et al, 2007). 환경오염 물질 배출 축소, 기후 변화에 대응하기 위한 이산화탄소 배출량 축소, 지역사회의 환경 · 위험 · 보건 문제의 대응, 인수공통 전염병의 방지, 환경친화적인 주거공간 · 도시의 건설, 에너지 절약적이고 환경친화적인 에너지 시스템 구축, 재해방지 시스템의 구축 등이 사회적 혁신의 목표가 된다.

사회적 혁신은 조직·관리혁신과 기술혁신으로 나누어 볼 수 있다. 이들은 서로 분리되어 있지 않으며 동시에 이루어진다. 조직·관리혁신은 기술혁신을 필요로 하고 기술혁신은 조직·관리혁신을 요구하기 때문이다. 그러나 새로운 혁신의 출발점이 조직·관리 분야에 있는 혁신과 기술분야에 있는 혁신은 구분될 수 있다.1) 백신기술 개발, 새로운 상하수도 처리 시스템 도입, 건강진단 시스템 도입, 인터넷 기반 교육 시스템 도입, 재생에너지 확산 등은 기술혁신에 기반한 사회적 혁신이라고 할 수 있다. 이 글에서는 이 '기술혁신 기반 사회적 혁신'에 초점을 맞춰 논의를 전개한다.

<표 Ⅶ-2-1> 혁신의 유형

	사회적 혁신	산업혁신
조직·관리혁신	개방대학 전 국민 의료보험제도	컨설팅 기업 결혼중매 서비스
기술혁신	백신기술 개발 및 확산 상하수도 시스템 도입	인터넷 기반 쇼핑 신약 개발

자료: 송위진·장영배, 2009

한편 사회적 혁신은 고도의 첨단기술을 토대로 한 기술혁신이 아니다. 사회적 혁신은 기존 기술들의 개량이나 새로운 결합을 통한 기술혁신과

---

1) 조직·관리혁신은 기술혁신에 대비되는 사회혁신(social innovation)으로 이야기될 수 있다. 사회혁신은 비즈니스 모델이나 일하는 방식의 변화에 초점을 맞춘다. 본 글에서 이야기하는 사회적 혁신(societal innovation)은 산업혁신과 대비되는 개념이다. 따라서 사회적 혁신에는 기술혁신 기반 사회적 혁신도 있고 사회혁신 기반 사회적 혁신도 있다. 여기서는 기술혁신 기반 사회적 혁신에 초점을 맞춘다.

비즈니스 모델의 혁신을 결합해서 이루어지는 '파괴적 혁신(disruptive innovation)'의 특성을 지니고 있다(Christensen et al, 2006).2) 사회적 혁신은 1) 정부나 시장을 통해 사회 서비스가 제공되지 않았던 부문과 사용자를 대상으로 한다는 점, 2) 고가의 첨단기술보다는 간단하고 사용하기 쉬우며 사용자 친화성이 높은 기술을 활용한다는 점, 3) 수익 창출만이 아니라 사회적 목표를 동시에 추구하는 새로운 비즈니스 모델이 필요하다는 점 때문에 파괴적 혁신과 유사한 성격을 지니고 있다(Willis et al, 2007).

사회적 혁신의 주체

사회적 혁신활동에는 시민사회, 공공 부문, 기업 부문 등이 참여한다. 참여자 측면에서 산업혁신과 사회적 혁신에는 차이가 있다. 산업혁신의 핵심 주체는 기업이다. 이들은 경쟁력을 확보하고 이윤을 창출하기 위해 혁신활동을 수행한다. 그리고 정부나 공공연구소가 기업들의 산업혁신을 지원한다. 이를 통해 경제 발전을 이룩하고 고용을 창출할 수 있다. 시민사회나 소비자는 산업혁신과정에서 수동적인 존재인 경우가 많다. 최근에는 소비자의 지식·정보력이 향상되어 사용자의 참여가 조금씩 이루어지고 있지만 혁신을 주도하는 것은 아니다.

사회적 혁신의 특징은 시민사회와 공공 부문이 혁신활동에서 중요한 역할을 한다는 점이다. 시민사회에 의한 사회적 혁신은 협동조합과 같은

---

2) 파괴적 혁신은 가격·편리성·단순함 등을 바탕으로 새로운 시장이나 하위 시장의 요구에 부응하는 혁신을 말한다. 파괴적 혁신은 굳이 최첨단 기술을 활용할 필요가 없다. 오히려 기존 기술을 활용해서 제품과 서비스를 저가에 제공하는 접근을 취한다. 메인프레임 컴퓨터와 미니 컴퓨터가 지배하던 컴퓨터산업에서 PC 중심으로 산업이 재편된 것은 전형적인 파괴적 혁신이라고 할 수 있다. 필요한 기능만을 가진 저가 제품을 토대로, 그동안 컴퓨터를 사용하지 않았던 일반인을 대상으로 대규모 시장이 창출되었기 때문이다.

사회조직, 사회적 기업3) 등이 혁신활동을 주도한다.

한편 사회적 혁신은 공공조직, 공공연구조직이 주도하는 사업을 통해 구현되는 경우가 많다(Windrum and Koch, 2008; Louis Lengrand & Associes, 2008). 지자체가 새로운 공정을 도입하여 폐기물 재활용사업을 시행하는 경우가 이에 해당한다. 또 공공 부문은 규제나 보조금 지급 등을 통해 민간에 대한 인센티브 제도를 변화시켜 사회조직이나 기업들의 사회적 혁신활동 촉진한다. 간접적으로 혁신주체들의 사회적 혁신활동에 영향을 미치는 것이다. 환경규제, 안전규제를 통해 안전하고 환경친화적인 제품과 공정 개발을 촉진하는 것이 그 예가 될 수 있다.

영리기업들도 수익을 확보할 수 있으면 혁신적 사회 서비스를 제공한다(Hockerts et al, 2007). 새로운 기술과 비즈니스 모델을 도입하여 그동안 무시되어 왔던 사회적 혁신을 수행할 수 있다. MinuteClinic은 건강 상태를 간단하게 측정할 수 있는 측정기기를 사용해서, 오랜 경험을 쌓은 간호사가 사람들의 접근성이 높은 쇼핑몰과 같은 공간에서 저가의 건강검진을 시행하여 의료 서비스혁신을 이끌고 있다(Christensen et al, 2006).

다양한 주체들이 사회적 혁신활동을 수행하지만 그중에서 사회적 기업은 핵심적인 역할을 담당한다. 사회문제 해결활동을 기업의 역동성을 가지고 전개하기 때문이다. 이 조직은 사회적 목표에 대한 지향성이 약한 영리기업과 차별화되고 관료적 조직을 통해 사회 서비스를 제공하는 공공 부문과도 구분된다. 다음에서는 사회적 기업을 중심으로 사회적 혁

---

3) 사회적 기업은 공공조직이 아니다. 또 사익을 추구하는 전형적인 민간 기업도 아니다. 사회적 기업은 제3섹터에서 사회문제해결을 위해 활동하고 있는 조직이다. 사회적 기업은 민간과 공공 자원을 통합해서 혁신적인 사회 서비스를 제공하여 사회문제를 해결하고 경제적 수익을 취한다. 사회적 기업은 사회적 목표를 우선적으로 추구하는 기업으로서, 주주나 소유자를 위한 이윤 극대화를 추구하기보다는 창출된 수익을 사회적 목표 달성을 위해 지역사회에 재투자 하는 조직(DTI, 2002)이다.

신에 대한 논의를 전개하기로 한다. 협동조합과 영리기업의 사회적 혁신은 아직 공식적으로 파악하기 어렵기 때문이다.

사회적 혁신과정과 생태계

사회적 혁신이 전개되는 과정을 사회적 기업을 중심으로 살펴보면 다음과 같이 정리할 수 있다. 사회적 혁신은 우선 사회문제에 대한 인식에서 시작한다. 이 과정에서 사회문제가 중요 정책의제로 부상하게 되면 이를 해결하기 위한 노력 속에서 사회적 기업의 발전이 이루어진다. 사회적 기업은 새로운 사회적 제품과 서비스를 제공하여 사회문제를 해결하기 위해 노력한다. 이런 활동이 활성화되면 사회적 혁신 관련 시장의 확대가 이루어지며, 이것이 가속화되면 기존 사회관계와 사회 시스템의 변화가 이루어진다. 결국 사회적 혁신을 통해 사회가 변화되며, 이를 통해 새로운 사회적 가치가 확립된다(Tanimoto and Doi, 2007).[4]

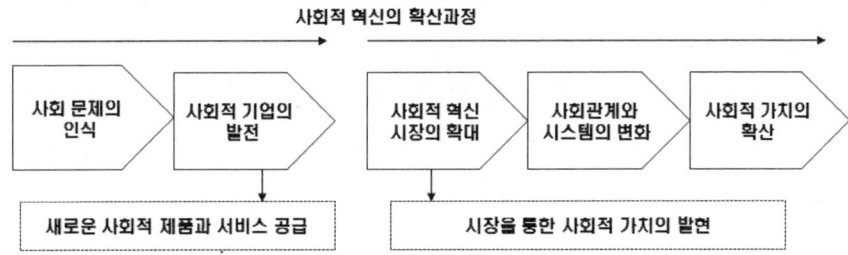

자료: Tanimoto and Doi, 2007

<그림 Ⅶ-2-1> 사회적 혁신의 전개과정

사회적 혁신이 활성화되기 위해서는 사회적 기업에 필요한 지식과 경

---

4) 여기서는 개념적 틀을 제시하기 위해 선형적 과정으로 이야기하지만 사회적 혁신은 계속 상호작용하면서 피드백이 이루어지는 과정이다.

영능력을 제공해주는 조직, 자본을 투자하거나 융자해줄 수 있는 사회적 기업 관련 금융 시스템, 사회적 기업가를 훈련시킬 수 있는 교육·훈련 시스템, 사회적 기업을 통해 제공되는 서비스를 구매해줄 수 있는 민간 ·공공 부문의 수요 촉진 시스템, 사회문제를 공동으로 해결하는 시민사회 조직 등이 체계적으로 갖추어져야 한다. 즉 사회적 기업을 둘러싼 생태계가 효과적으로 구축되었을 때, 사회적 혁신이 활성화되어 사회 서비스가 고도화된다(DTI, 2002).

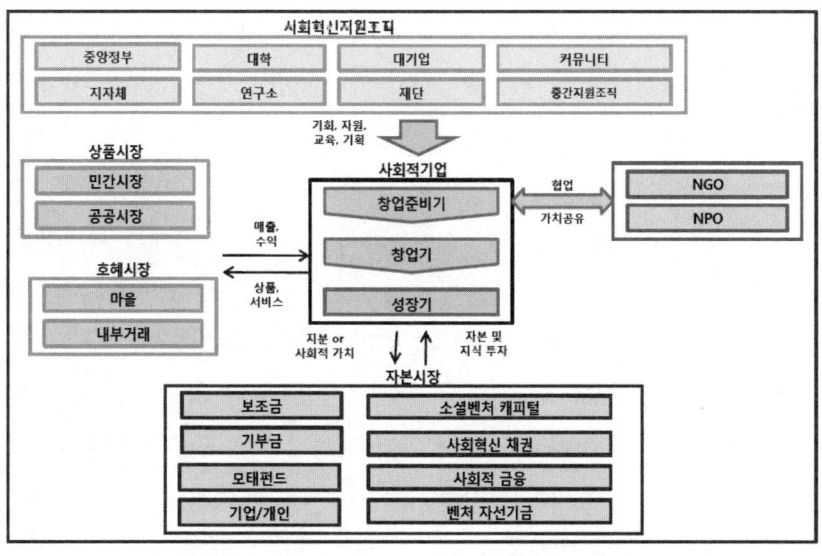

자료: 정상훈, 지역사회적 경제 생태계 활성화와 주체별 역할, 2013

<그림 Ⅶ-2-2> 사회적 기업을 중심으로 한 사회적 혁신 생태계

벤처기업이 활성화되기 위해서 효과적인 벤처 생태계가 구축되어야 하는 것처럼, 사회적 기업이 활성화되고 발전하기 위해서는 건강한 사회적 혁신 생태계가 구축되어야 한다. 특히 벤처기업과 마찬가지로 창업 후 나타나는 '죽음의 계곡'을 넘어 지속 가능한 사회적 기업으로 발전하

기 위해서는 이 생태계의 역할이 매우 중요하다.

3. 사회적 기업 혁신활동의 현황과 문제점

한국 사회적 기업의 정의와 현황

사회적 기업은 사회적 목적을 우선적으로 추구하면서 영업활동을 수행하는 기업 및 조직으로서 지속 가능한 발전과 사회통합에 기여한다(사회적 기업육성법). 사회적 기업은 교육, 환경, 문화·예술, 청소, 보건, 복지 등의 영역에서 국가와 영리기업이 인식하지 못한 새로운 사회 서비스를 발굴하고 공공 서비스를 혁신한다. 또한 취약계층에게 일자리를 제공하고 지역사회문제를 해결하여 지역사회 발전에 기여한다. 기업의 사회적 책임을 제고하고 착한 소비문화 조성을 통해 경제의 윤리성을 강화시킨다.

정부는 2007년 "사회적기업육성법"을 제정하여 일정 요건을 갖춘 사회적 기업을 인증하고 인건비·세제·경영·인력 등을 지원하고 있다. 2007년 50개, 2010년에는 500여 개가 사회적 기업으로 인증되었다. 2012년 9월 현재 인증 사회적 기업 수는 913개로 빠르게 증가하고 있다. 또한 사회적 기업의 대체적인 요건을 갖추고 있으나, 수익구조 등 법상 인증요건의 일부를 충족하지 못하고 있는 곳을 지방자치단체장이 지정한 예비사회적 기업도 급증하고 있다. 이들은 요건을 충족하면 사회적 기업으로 전환 가능하다. 2012년 9월 기준 사회적 기업 종사자는 총 17,410명이다. 사회적 기업 종사자 중 취약계층에 해당하는 인원은 10,640명으로 전체 고용 대비 61.1% 차지하고 있다.

<表 Ⅶ-3-1> 사회적 기업 현황

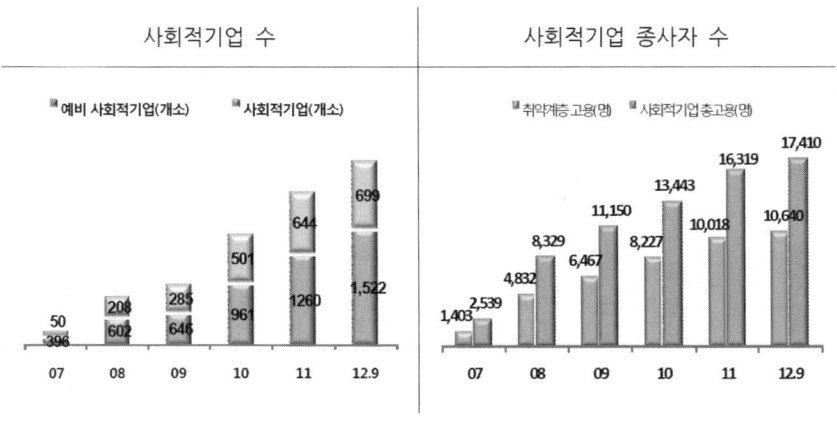

자료: 국회예산정책처, 2012

사회적 기업 혁신활동의 문제점

정부의 지원활동을 통해 사회적 기업의 수는 크게 늘었다. 그러나 자생력이 여전히 취약하다. 인건비 지원이 종료되는 사회적 기업들의 경우 '재정상황 악화 → 인력 축소 → 사회 서비스 감소'로 인해 지속가능성 문제가 제기되고 있다(기획재정부, 2011). 사회적 기업이 지속 가능한 기업이 되기 위해서는 생산성과 혁신능력 향상이 필요하다.

또 사회적 기업 정책이 사회적 일자리 사업에 연원을 두고 있기 때문에 사회적 기업의 사업 목적이 고용 창출에 맞추어져 있다. 사회 서비스, 공공 서비스혁신, 지역사회혁신이 사회적 기업의 중요한 역할이지만 우선 순위가 낮다. 일자리 제공에 초점을 둔 사회적 기업의 틀을 넘어 기술혁신·서비스혁신을 강조하는 혁신형 사회적 기업으로의 발전이 필요하다.

사회적 기업은 시장에서 경쟁하면서도 사회적 목표 달성에 초점을 맞추고 있기 때문에 일반 기업보다도 더 혁신적이어야 한다. 그러나 사회적 기업은 인력구조가 취약하고 연구개발활동이 미흡하기 때문에 이를 보완해줄 수 있는 기술 지원 프로그램이 필요하다. 2009년 일반중소기업 근로자와 숙련 수준 비교할 때 사회적 기업 근로자는 기획·창의력, 신지식·기술습득능력, 정보통신기술능력을 비롯해 모든 면에서 낮은 수준(장홍근 외, 2011)을 보여주고 있다.

사회적 기업은 국가연구개발사업이나 과학기술 연구조직과의 연계도 약하고 과학기술 기반 활용에 대한 인식도 낮다. 사회적 기업은 중소기업 지위를 획득(중소기업기본법 개정, 2011. 7)하여 중소기업 지원시책에 참여할 수 있게 되었지만 인지도가 낮아 실제 지원 획득에는 어려움이 있다.

그동안 사회적 기업에 대한 지원은 개별 기업에 대한 인건비 지원 등 직접적 지원 중심의 정책이 취해져 왔다. 따라서 사회적 기업의 혁신능력 향상보다는 기업 수의 양적 확대 중심의 정책이 추진되었다. 이제는 사회적 기업의 지속가능성을 높이는 정책이 요구된다. 이를 위해서는 사회적 기업의 혁신능력 향상을 위한 생태계 조성이 필요하다. 사회적 혁신을 위한 기금 조성, 사회적 혁신 중간조직, 기술 지원 서비스체제 구축, 사회적 혁신 클러스터 등 혁신적 사회적 기업을 활성화하기 위한 생태계 구축정책이 필요한 것이다.

4. 사회적 혁신 생태계를 위한 정책방향

건강한 사회적 혁신 생태계를 구성하기 위해서는 생태계를 구성하는 혁신주체의 새로운 활동이 필요하다. 다음에서는 각 주체별로 사회적 기업의 사회적 혁신을 강화하기 위한 정책방향을 다룬다. 내용은 다음과 같다.

<표 Ⅶ-4-1> 사회적 혁신 생태계 강화를 위한 정책방향

혁신주체	정책방향
정부	· 사회적 혁신 프로그램 운영
과학기술계	· 사회적 혁신을 위한 전문연구센터 설립
민간 기업	· 민간 부문의 사회적 혁신 활성화 · 영리기업의 사회적 기업 지원 강화
교육기관	· 사회적 혁신 인력양성 프로그램 운영
시민사회	· 시민사회 참여를 위한 플랫폼 구축 · 사회적 혁신과 과학문화사업 연계
하부구조	· 사회적 혁신 클러스터 구축

'사회적 혁신 프로그램' 운영

사회적 혁신을 촉진하기 위해서 연구개발사업으로서 '사회적 혁신 프로그램(Program for Societal Innovation)'을 추진하는 것이 필요하다.

이 프로그램은 사업구성·운영·평가 방식을 기존 연구개발사업과 다르게 설계할 필요가 있다. 사회적 혁신은 고도의 기술이 아니라 기존 기술을 활용하여, 새로운 소비 방식과 비즈니스 모델을 창출하는 혁신이다. 따라서 첨단기술, 기초기술연구보다는 기존 기술의 다양한 활용 방식과 함께 기술이 사용되는 맥락에 대한 사회적·문화적·경제적 연구가 수반되어야 한다. 예를 들어 시각장애인들이 책을 읽는 것을 지원하는 제품 개발(예: 휴대용 문자인식 음성 전환 장치)의 경우 시각장애인의 장애상황, 독서 행동과 제품 유통채널, 사업화 방식, 의료보험, 복지 서비스에 대한 종합분석이 이루어지는 프로젝트를 추진하는 것이 필요하다. 과학기술지식과 사회·인문·경제가 결합되는 연구가 요구되는 것이다.

이 프로그램을 기획할 때에는 산·학·연과 사회적 기업, 시민사회가 기획·평가·시행에 참여하여 기술 개발만이 아니라 서비스 전달체계도 구성하는 방식으로 프로그램을 설계하는 것이 필요하다. 그리고 사회정책 분야에서 이루어지는 정부 구매와 시범사업과의 연계를 통해 사회적 혁신을 위한 시장 창출, 사회적 기업 육성 기회를 확보하는 것도 사업설계의 중요한 요소로 고려해야 한다. 그리고 프로그램 하부 사업평가에서도 특허·논문·경제적 성과와 관련된 평가지표보다는 개발된 기술이 실증·실용화되어 나타난 사회적 효과평가지표에 가중치를 부여하는 것이 필요하다.

현재 미래부의 '사회문제 해결형 연구개발사업', 산업부의 '국민편익증진 기술개발사업'이 추진되고 있다. 이들은 새로운 유형의 사업이고 기존의 관성이 존재하기 때문에 아직 이런 내용을 구현하는 데에는 아직 어려움이 있다. 여러 실험이 이루어지면서 새로운 내용을 담은 틀이 구축될 것이다.

한편 사회문제를 조사하는 연구개발사업 운영도 필요하다. 사회적 혁신을 촉진하기 위해서는 사회문제에 대한 정확한 인식이 요구된다. 현재 사회문제와 관련된 체계적인 조사가 부족하고 파편적으로 이루어지고 있다. 도시에서 발생하는 폐식용유 및 동물성 기름 양, 고령자의 심리와 행동, 장애자 보조 기기의 기능과 역할, 폐기물 배출 행동 및 대응, 독거노인의 행동에 대한 체계적 조사가 부재한 것이다.

이를 극복하기 위해서는 시민사회조직·사회적 기업, 중간조직과 대학·관련 기관이 공동연구를 수행하는 '사회문제 조사사업'을 추진하여 삶의 질이나 복지와 관련 당사자들의 행태·심리·건강 등에 대한 현장밀착조사가 필요하다.

서울시의 서울커뮤니티랩사업은 조사사업의 사례가 될 수 있다. 서울시는 지역 내의 현안을 잘 알고 있는 지역활동단체들을 통하여 도시사회문제를 발굴하기 위한 커뮤니티랩사업을 실시(2012. 11)하고 있다. 사업의 목표는 도시 사회문제 발굴·분석 등을 통해 대안을 모색하고 도시 사회문제 해결방안의 프로토타입 등 다양한 결과물을 제안하는 것이다. 현재 지원대상은 서울 지역 내 사업자등록을 한 기관(개인사업자, 법인 등)으로 지역사회와 관련하여 교육, 현황분석 등의 역할을 담당할 수 있는 NGO(시민단체 등), 교육·연구기관, 조사분석기관 등이다. 캐나다의 CURA(Community-University Research Alliance)사업에서는 사회문제 해결을 지향하는 지역사회 기반 연구(community-based research)를 대학에서 수행하고 있는데 이것도 중요한 참고자료가 될 수 있다.

사회적 혁신을 위한 전문연구센터 설립

사회적 혁신을 촉진하기 위해서는 사회문제 해결형 연구활동을 전문적으로 수행하는 연구센터를 운영하는 것이 필요하다.

이 연구센터는 조직 구성, 과제 운영, 평가에서 전통적인 센터와는 다른 접근을 필요로 한다. 사회적 문제 해결에 초점을 맞추기 때문에 센터 운영에 과학기술계 인사만이 아니라 사회정책을 담당하는 공무원, 사회적 기업, 시민사회의 참여가 필요하다. 그리고 과제 발굴과정에서 사회적 수요를 반영할 수 있는 메커니즘을 필요로 한다. 이와 함께 연구개발 결과를 실용화하기 위해 연구개발과 사회 서비스를 연결하는 기능을 수행하는 사회적 기업의 참여가 필요하다.

한편 전문연구센터가 아니더라도 일반 연구개발활동을 수행하는 출연연구소나 대학과 같은 혁신주체들도 사회적 혁신을 중요한 목표로 설정하고 사회문제 해결형 연구개발사업을 기관고유사업으로 수행하는 것이 필요하다. 그리고 출연 연구소나 대학의 사회공헌활동으로서 '사회적 기업 기술지원사업'을 생각할 수 있다.

이런 활동들은 사회적 기업의 기술능력을 향상시키는 하부구조를 형성하는 데 많은 도움을 줄 것이다. 더 나아가 출연 연구소와 대학의 현실문제 해결능력을 향상시키는 데 기여할 수 있을 것이다.

사회적 혁신을 위한 Living Lab사업도 추진할 필요가 있다. Living Lab은 사용자들이 생활하는 실제 현장에서 니즈를 반영하여 기술혁신을 수행하는 '사용자 주도형 개방형 혁신 모델'에 입각한 산학연 공동연구센터다. 이 연구센터는 혁신과정에서 발생하는 불확실성을 현장에서 점검하고, 사용자 참여를 통해 니즈에 부합되는 기술을 개발하고 실증한다. 이를 통해 연구개발과 기술이 활용되는 삶의 현장 사이의 격차를 축소하고 사회적 기업의 부족한 실증능력과 제품 검증활동을 지원할 수 있다. EU의 경우 2006년 Living Lab사업이 시작된 이후 The European Network of Living Labs(ENoLL)을 결성하여 2012년 현재 약 300개의 Living Lab이 운영되고 있다. 이들은 보건, 농촌 및 지역 개발, 민주주의와 거버넌스, 에너지 효율성 분야에서 Living Lab을 설립하고 네트워크를 구축하여 지식과 경험을 공유하고 있다.

민간 부문의 사회적 혁신 활성화

사회적 기업들이 과학기술 전문지식을 활용한 사회적 혁신 모델을 개발하는 대회를 개최하여 새로운 비즈니스 모델을 탐색하고 실험하는 장을 만드는 것도 필요하다. Index Award 같은 것이 좋은 사례일 수 있다. 비영리기구인 인덱스(Index)는 '더 나은 삶을 위한 디자인(Design to improve life)'을 추구하고 있다. 인덱스는 사회문제 해결을 위해 디자인이 어떤 기여를 할 것인지를 고민하면서 여러 행사를 진행하고 있다. 그중 가장 중요한 사업이 많은 상금이 수여되는 디자인상인 Index Award이다. 덴마크산업재단이 인덱스를 지원하고 있는데, 이를 통해 덴마크 기업들의 사회적 혁신활동을 고취하고 있다.

영리기업들의 사회적 혁신활동을 향상시키는 것도 사회적 혁신을 활성화하는 좋은 방안이 될 수 있다. 이를 위해서는 사회적 혁신을 수행하는 영리기업이 그것을 바탕으로 수익을 올릴 수 있는 기회를 확보하는 것이 필요하다. 외국의 몇몇 기업은 '역행혁신(reverse innovation)'을 수행하여 사회적 혁신을 산업혁신을 위한 기회의 창으로 활용하고 있다.

'역행혁신'은 개발도상국이나 사회 기층(bottom of pyramid)을 위한 혁신활동의 결과물을 활용하여 글로벌 시장에 진출하는 혁신전략이다. 선진국이나 주류 시장에서 개발된 기술을 후발국이나 저소득층 시장에 적용하는 전략과 반대로 개발도상국·저소득층 시장에서 개발된 기술을 선진국에 적용하는 전략이다. GE china가 중국의 보건소에 보급한 염가형·보급형 초음파진단기기를 활용해 선진국의 구급차나 응급의료 분야에서 활용하는 휴대용 초음파 진단기 시장에 진입하는 것이 그런 전략이라고 할 수 있다(Immelt et al, 2009). 이런 모델들이 만들어지면 지역의 사회적 혁신 경험을 바탕으로 후발국과 사회기층 시장에 진출할 수 있는 계기를 마련할 수 있다.

영리기업의 사회적 기업 지원 강화

영리기업들의 '지식기반 사회공헌'의 일환으로 사회적 기업 지원활동이 필요하다. 영리기업들은 다양한 방식으로 사회적 공헌활동을 수행하고 있으나 자신들이 축적한 생산능력과 제품 개발능력을 공헌활동에 활용하지 못하고 있다. 이 능력은 개별 기업의 자산이지만 기업경영에 큰 문제가 되지 않는 일반화된 지식의 경우에는 공개 및 공유도 필요하다. 이러한 활동은 기업의 사회적 인지도와 정당성 제고에 크게 기여할 수 있다.

구체적인 프로그램으로서 영리기업이 축적한 기술과 노하우를 활용해서 사회적 기업의 기술적·사업적 애로사항을 해결하는 프로그램 활성화가 필요하다. LG전자는 예비사회적 기업 성장지원사업을 통한 재활용 사회적 기업 에코시티서울 생산 라인을 합리화하는 사업을 추진했는데 유사한 사업을 추진할 필요가 있다. 이와 함께 사회적 기업을 위한 지식재산권 무상실시 프로그램 운영해볼 필요가 있다. 일정조건을 갖춘 사회적 기업을 대상으로 무상실시권이 부여되는 '사회기술 지식재산권 풀'을 설치하여 운영하는 것이다. 이 풀에는 기업이나 연구소 등에서 무상실시권이 부여된 기술의 수집된다.

사회적 혁신 인력양성 프로그램 운영

사회적 혁신에 대한 논의가 활성화되면서 사회적 혁신가(social entrepreneur)를 위한 다양한 교육·훈련 프로그램이 운영되고 있다. 이 프로그램들은 주로 사회적 기업의 경영에 초점을 맞추고 있기 때문에 기존의 창업 및 벤처 관련 프로그램과 차이가 없다. 사회적 혁신가를 활성화하기 위해서는 경영능력 향상과 함께 과학기술지식 활용능력, 사회문제 해결능력 배양 프로그램을 포괄한 교육·훈련 프로그램이 필요하다.

이 교육·훈련 프로그램에서는 첨단 기술이 아니더라도 사회적 수요에 부응할 수 있는 기술들이 많이 있으며, 이런 기술을 개발하기 위해서는 사용자와 상호작용을 통해 기술이 활용되는 맥락을 정확히 이해해야 한다는 점이 강조되어야 한다. 기술은 기술 그 자체로 존재하는 것이 아니라 사회와 결합하여 사회·기술 시스템으로 작동하기 때문에, 사회적 맥락을 충분히 검토하여 그와 부합되는 기술을 개발하고 사업화하는 데 프로그램의 초점이 맞추어져야 한다.

최근 여러 대학에서는 공학교육혁신의 일환으로 '소외된 90%를 위한 창의적 공학설계 프로그램'을 운영하거나 경진대회를 개최하고 있다. 이

프로그램은 발전도상국과 빈곤층에 적합한 적정기술을 실제로 개발하는 프로젝트들로 구성되며, 기술개발과정에서 기술적 문제만이 아니라 사회적 문제까지도 해결하는 활동을 지향하고 있다.

미국의 MIT에도 저개발국에 적합한 기술을 개발하고 확산시키는 연구개발활동과 교육을 담당하는 D-Lab이 있다. 여기서는 저개발국의 맥락에 맞는 사용자 친화적인 기술을 설계·개발하면서 학생들을 교육시키는 프로그램을 운영하고 있다.

이 프로그램들은 '사회의 맥락에 부합되는 기술'의 보급과 활용을 강조한다. 이 프로그램이 일회성 행사나 봉사활동 수준에 그치지 않고 사회적 혁신으로 연결되기 위해서 좀 더 장기적인 관점이 필요하다. 개별 기술만으로는 새로운 기술이 보편적으로 널리 쓰이기 어렵기 때문에, 그 기술의 창출·확산·활용을 선순환으로 이끌 수 있는 생태계설계를 깊이 고려해야 한다.

시민사회 참여를 위한 플랫폼 구축

사회적 혁신은 최종적으로 시민사회에서 사회 서비스의 형태로 활용된다. 공공기관, 민간 기업, 사회적 기업, 사회조직과 같은 다양한 통로를 통해 사회 서비스가 공급되지만 결국에는 시민사회에서 사회적 혁신이 구현되는 것이다. 따라서 혁신에 대한 시민사회의 니즈를 파악하고 반영하는 것이 매우 중요하다. 게다가 시민사회는 문제를 낱개로 분리해서 접근하는 것이 아니라 공동체 차원에서 종합적으로 접근하는 경향이 있기 때문에 혁신활동을 통합적으로 접근하는 데 도움을 준다.

이와 같은 사회적 혁신의 특성으로 인해 사회적 혁신과 관련된 정책과정에 시민사회의 니즈를 좀 더 정확하게 파악하고 반영할 수 있는 시스템 구축이 필요하다. 이것이 충분하지 않으면 좋은 의도로 시도된 사회적 혁신이 시민사회에 착근되지 못하고 실패할 수도 있다.5) 공공·복지 지향적인 기술 개발 프로젝트가 추진되고 있지만 인상적인 성과가 없는 것은 시민사회의 니즈를 충분히 파악하고 있지 못하기 때문이다.

시민사회의 의견을 체계적으로 수렴하기 위해서는 '사회적 혁신 플랫폼'을 구축해서 의견을 수집하고 조율하는 활동이 필요하다. 기술 개발을 수행하는 기업이나 대학·연구소의 의견만이 아니라 지역사회 사용자의 의견을 파악하고 혁신공급자와 협의할 수 있는 통로가 필요한 것이다. 대학·연구소, 민간 기업, 사회적 기업과 같은 혁신공급자와 시민사회 대표가 참여하는 협의체인 플랫폼을 구축하여 사회적 혁신의 방향과 주요 이슈들을 발굴하고 숙의(deliberation)하는 공간이 필요한 것이다. 그동안 이런 유형의 중간조직 참여자는 주로 산업계와 과학기술 관련조직에 한정되었지만 사회적 혁신의 경우에는 시민사회, 사회적 기업, 사회정책 관련 공공조직까지 확장하는 것이 필요하다.

시민사회가 참여하는 공식적인 플랫폼을 당장 구성하기 어렵다면 사회적 혁신 연구회나 사회적 혁신 포럼을 운영하면서 사회적 혁신에 지

---

5) 풍력, 바이오가스, 태양광과 같은 재생가능에너지는 환경 친화적인 좋은 기술이지만 시민사회와 충분한 협의를 거치지 못하면 지역사회에 도입되지 못하는 경우도 많다. 이에 대한 자세한 논의는 Create Acceptance(2007)의 논의를 참조할 것. ESTEEM(Engage STakeholdErs through systEmatic toolbox to Manage new energy projects)은 이런 문제에 대응하기 위해 체크 리스트의 형태로 이해 조정방안을 제시한 도구이다. ESTEEM은 프로젝트 책임자와 NGO, 정책담당자, 지역 시민사회 등과 같은 이해관계자 사이의 의사소통을 활성화하고, 프로젝트 책임자가 프로젝트의 사회적 수용도를 높이기 위해 수행해야 하는 다양한 실행계획을 개발하는 것을 목표로 하고 있다.
　ESTEEM은 재생가능에너지기술을 지역사회에 착근시킬 때 프로젝트 책임자가 지역사회의 경제적·사회적·지리적·문화적 특수성을 이해하고 자신의 계획을 지역사회의 조건에 적응시켜가는 '학습과정'이 중요함을 역설하고 있다. 이와 함께 외부 평가자나 컨설턴트의 참여를 통해 프로젝트 책임자가 자신의 의사결정에 성찰적 접근 방식을 취할 수 있도록 하는 것이 필요하다고 주장한다. 그리고 지역 시민사회의 참여를 장려하는 것이 사회적 수용에 긍정적인 영향을 미친다는 관점을 취하고 있다.

식과 정보를 공유하고 그것의 의미를 심화시켜나가는 활동이 필요하다.

사회적 혁신과 과학문화사업 연계

사회적 혁신은 시민사회의 참여가 필요하기 때문에 문화사업(과학문화 포함)과도 밀접한 연계를 형성하는 경우가 많다. 최근의 과학문화 사업은 과학기술지식의 홍보와 소개(제1세대)를 넘어 일상생활에서 체험하는 과학기술(제2세대), 그리고 더 나아가 시민사회의 과학기술활동과 정책과정에의 참여(제3세대 과학문화활동)까지 확장되고 있다.6) 시민사회는 수동적인 기술 수용자가 아니라 기술의 개발 및 수용과정에 적극적으로 참여하여 자신들이 필요로 하는 기술을 도입하고 구현하는 적극적 주체로 부각되고 있는 것이다.

시민사회의 참여가 필요한 사회적 혁신활동은 사회문제를 해결하는 활동이지만, 다른 측면에서 보면 시민사회가 기술의 구성과정에 개입하는 제3세대형 과학문화활동이라고 볼 수 있다. 따라서 사회적 혁신정책은 과학문화정책과 통합적인 접근이 가능하다. 이런 과정을 통해 사회문제를 해결하게 되면 과학기술의 사회적 위상은 더욱 높아질 것이다.

사회적 혁신 클러스터 구축

지역사회에 사회적 혁신 관련 혁신주체들을 군집시켜 사회적 혁신을

---

6) 현재 과학관이나 과학축전을 중심으로 전개되는 다양한 사업들은 제1세대형 정책들이 많다. 과학문화 공급자의 관점에서 사업을 추진하는 이런 사업들은 이미 상당한 수준에 올라와 있다. 이제 과학문화사업은 일상생활에서 과학기술체험을 강화하고, 과학기술이 우리 삶과 사회 속에서 어떻게 위치하고 있고 어떤 효과를 주는지, 그리고 여러 사회문제를 해결하기 위해서 과학기술을 어떻게 활용해야 하는지를 고민하는 단계로 넘어가야 한다.

추진하는 클러스터를 구축하는 정책도 필요하다. 클러스터는 군집효과와 함께 외부효과를 형성해서 사회적 혁신 주체들을 육성하고 사회적 혁신을 널리 확산시킬 수 있는 좋은 수단이다.

사회적 혁신 클러스터에는 사회적 혁신을 수행하는 기업들과 대학, 연구소들이 군집되어 있고, 혁신과정에서 활발한 상호작용을 한다. 또 사회적 혁신의 결과로 생태적인 순환이 가능하며, 안전할 뿐만 아니라 문화적 품격이 높은 지역 발전이 이루어질 수도 있다. 말 그대로 Social Silicon Valley도 가능하다는 것이다.

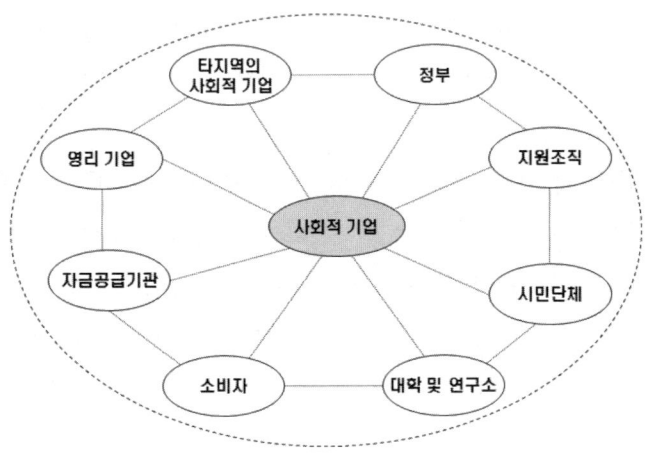

자료: Tanimoto and Doi, 2007

<그림 Ⅶ-4-1> 사회적 혁신 클러스터

사회적 혁신에 참여하는 혁신주체들은 사회적 목표를 중요시하기 때문에 클러스터 발전을 위해 요구되는 사회적 자본을 사전에 쉽게 공유할 수 있다. 따라서 사회적 혁신의 경우 클러스터 구축 효과가 산업혁신보다 크게 나타날 수도 있다.

Bilbao의 Social Innovation Park 실험은 참조할 만한 사례이다. 이 혁신

공원은 지역산업이 쇠퇴하고 실업이 증대하면서 발생한 사회문제를 사회적 혁신을 통해 해결하려는 시도이다. Social Innovation Park는 사회적 혁신을 위한 기반을 구축하고 개별 프로젝트를 지원하는 프로그램 운영하고 있다. Society Lab는 새롭게 등장하는 사회트렌드를 파악하고 충족되지 않은 사회적 수요를 연구·발굴하는 연구소로서 시민사회 참여형 연구추진 체제를 활용한다. Social Innovation Laboratory는 사회적 혁신을 추구하는 사람들을 위한 창업 인큐베이터이다. Social Enterprise Generator는 Park 내에서 사회적 혁신이나 사회적 기업을 추구하는 사람들에 대한 사회부장 서비스를 제공해주는 프로그램이다. Social Innovation Academy는 사회 서비스의 질을 제고하기 위한 교육의 제공한다. 한편 지방정부는 공공사업을 통해 새로운 사회적 혁신 모델 개발을 지원하고 있다. 지역사회의 문제를 해결하는 공공사업과 연계해서 Hospice at home 모델을 개발하고 있다.

▣ 참고문헌

국회예산정책처, "사회적 기업 육성사업 평가", 2012.

기획재정부, "사회적 기업 경쟁력 제고", 2011.

송위진·성지은·김왕동, "기술집약형 사회적 기업 활성화 방안", 국가과학기술위원회, 2012.

장홍근 외, "사회적 기업과 인적자원전략", 한국노동연구원, 2011.

정상훈, "지역사회적 경제 생태계 활성화와 주체별 역할", 발표자료, 2013.

송위진, 「'사회적 혁신정책'론 서설」, 『과학기술정책』 제184호, 2011.

송위진·장영배, 「사회적 혁신과 기술집약적 사회적 기업」, 『기술혁신연구』 제17권, 2009.

Christensen, C., Baumann, H., Ruggle, R., and Sadtler, T., "Disruptive Innovation for Social Change", *Harvard Business Review*. Vol. 84, No.12, Dec. 2006.

CreatAcceptance, *Factors Influencing the Social Acceptance of New Energy Technologies*, EU, 2007.

DTI, *Social Enterprise: a Strategy of Success, Department of Trade and Industry*, UK, 2002.

Hockerts et al., *CSR-Driven Innovation: Towards the Social Purpose Business*, Copenhagen Business School, 2007.

Immelt, J., Govindarajan, V. and Trimble, C., "How GE is Disrupting Itself", *Harvard Business Review*, October, 2009.

Louis Lengrand & Associes., *Society Driven Innovation, Global Review of Innovation Intelligence and Policy Studies*, Inno-Grips, 2008.

Mulgan, G., Ali, R., Halkett, R. and Sanders, B., *In and Out of Sync: The Challenge of Growing Social Innovation*, NESTA, 2007.

NESTA, "Innovation in Response to Social Challenges", *NESTA Policy Briefing*, March 2007.

Tanimoto, K. and Doi, M., "Social Innovation Cluster in Action: A Case Study of the San

Francisco Bay Area", *Hitotsubashi Journal of Commerce and Management*, Vol. 41, 1-17, 2007.

The Young Foundation, *Social Silicon Valleys: A Manifesto for Social Innovation*, The Young Foundation, 2006.

Willis, R., Webb, M., and Wilsdon, J., *The Disrupters: Lessons for Low-Carbon Innovation from the New Wave of Environmental Pioneers*, NESTA, 2007.

Windrum, P. and Koch, P.(eds), *Innovation in Public Sector Services*, Edward Elgar, 2008.

찾아보기

필자 소개

박철우

연세대 공학박사·광운대 이학박사. 한국산업기술대 기계공학과 교수. 한국산업기술대 정책기획단장 및 기획처장 역임. 현재 교육부 고등교육정책 자문위원, 경기산학융합본부 이사, 고용노동부 고용노동정책평가위원회 위원.

고혁진

서강대 경영학박사. 한국산업기술대 경영학부 부교수. FRMKorea 대표 역임. 현재 한국산업기술대 창업교육센터장.

이병윤

한양대 경영학박사. 한국산업기술진흥원 정책기획팀장. 한국산업기술진흥원 인력기획팀장, 한국산업기술재단 정책연구팀 선임연구원, 한국산업기술평가원(구 한국산업기술정책연구소) 연구원 역임.

손웅희

한양대 메카트로닉스공학박사. 한국생산기술연구원 산업융합진흥본부 본부장. 한국생산기술연구원 로봇기술본부 본부장, 서울시 서울경제비전 2020 자문위원 역임. 현재 한양대 겸임교수, 한국로봇산업진흥원 사외이사, 산업부 전략기획단 융합신산업 자문위원, 전략기획단 웰니스포럼 자문위원, 산업융합포럼 운영위원, 국무총리실 경제규제 민관합동협의회 위원, 성남시 산업진흥재단 자문위원, 국가산업융합지원센터 본부장.

손병호

KAIST 산업경영공학박사. 한국과학기술기획평가원 미래전략본부장. 미국 조지워싱턴대학 국제과학기술정책센터 방문연구원, 국가과학기술자문회의 파견 연구위원, 기술경영경제학회/기술혁신학회 이사 및 편집위원, 국가지식재산위원회 창출분과 전문위원, KISTEP 정책기획본부장 역임. 현재 KIST 유럽연구소 학술·경영 평가위원, 국가과학기술심의회 기초연구진흥협의회 위원.

박창우

고려대 건축·사회환경공학박사. 서울대 공과대학 객원교수, 엔지니어링 프로젝트 매니지먼트(EPM) 과정 책임교수. 포항공대 엔지니어링대학원 객원교수, 한국과학기술원 전자부품재료설계인력교육센터 PM기술연구실장, 행정안전부 국가정보화교육센터 PM 교수요원, (주)벤처타이거 대표이사, 벽산엔지니어링(주) 책임엔지니어 역임.

윤성원

헬싱키 경제경영대 국제디자인경영전공 석사·홍익대 브랜드매니지먼트전공 석사. 한국디자인진흥원 서비스디지털융합팀 팀장. (사)한국서비스디자인협의회 부회장, 한국디자인진흥원 전략연구팀 과장, 지식경제 R&D 전략기획단 전문위원 역임.

김광선

미국 University of Kansas 박사. 한국기술교육대 메카트로닉스공학부 교수. 현재 한국산학연협회 명예회장, 소방정책연구회 회장, 한국 반도체디스플레이기술학회 명예회장.

여인국

건국대 기술경영전공 박사. 한국산업기술진흥원 본부장. 국방과학연구소 연구원, 한국산업기술평가원 실장, 한국기술거래소 본부장, 한국산업기술진흥원 기술전략단장, 지식경제부 기술개발기획단 정위원, 연구개발특구발전계획수립 자문위원, 건국대학교 대학원 겸임교수 역임. 현재 한국기술혁신학회 이사.

김선우

고려대 기술정책학 이학박사. 과학기술정책연구원. 중소기업연구원 책임연구원, 한국천문연구원 선임연구원, 중기청 녹색성장 자문위원 역임.

김동수

조지워싱턴대 도시경제학 박사. 산업연구원 연구조정실 실장.

서종현

KAIST 산업공학 박사. 한국산업기술대 경영학부 교수. 중소기업진흥공단 전문위원, LG CNS Entrue Consulting Partners 선임 역임.

이상희

숭실대 법학박사. 한국산업기술대 지식융합학부 교수. 산업연구원 연구위원, 경제사회발전 노사정위원회 전문위원, 상지대 민주사회정책연구원 연구교수, 행정안전부 정책자문위원, 산업자원부 장관자문관 역임. 현재 고용노동부 근로시간면제심의위원회 공익위원, 경제사회발전노사정위원회 공정노동시장연구위원회 위원, 한국노동법학회 상임이사, 한국사회법학회 상임이사.

송위진

고려대 법학박사. 과학기술정책원구원. 현재 한국연구재단 과학기술-인문사회 전문위원, 공공기술연구회 기획평가위원.

미래 산업사회를 선도하는 창조경제 육성전략

시스템 어프로치! 생태계전략

인쇄 2013년 11월 20일 | 발행 2013년 11월 26일

지은이 • 박철우, 고혁진, 이병윤, 손웅희, 손병호, 박창우, 윤성원, 김광선, 여인국,
　　　　김선우, 김동수, 서종현, 이상희, 송위진
펴낸이 • 한 봉 숙
펴낸곳 • 푸른사상사
주　간 • 맹문재
편집/교정 • 지순이 · 김재호 · 김소영 | 마케팅 • 이상만

등록　제2-2876호
서울시 중구 충무로 29(초동) 아시아미디어타워 502호
대표전화　02) 2268-8706(7)　팩시밀리　02) 2268-8708
메일　prun21c@hanmail.net / prunsasang@naver.com
홈페이지　www.prun21c.com

ⓒ 박철우, 고혁진, 이병윤, 손웅희, 손병호, 박창우, 윤성원, 김광선,
　여인국, 김선우, 김동수, 서종현, 이상희, 송위진, 2013

ISBN 979-11-308-0067-7 93320
　값 28,000원